L'ORTHOGRAPHE, UNE NORME SOCIALE

Bernadette Wynants

L'orthographe, une norme sociale

La construction sociale et les transformations
de l'orthographe française

MARDAGA

© 1997, Pierre Mardaga, éditeur
Hayen 11 - B-4140 Sprimont
D. 1997-0024-28

Préface

Le 6 décembre est en Belgique le jour de la fête des écoliers. En 1990, ce jour-là, un cadeau de taille leur fut offert. Il s'agissait d'alléger un de leurs plus pénibles fardeaux. Le *Journal officiel* français publiait une liste de rectifications de l'orthographe, élaborée par des spécialistes (dont les éditeurs de dictionnaires) et approuvée à l'unanimité par l'Académie française ainsi que par les instances francophones compétentes. La suite ne se fit pas attendre : une campagne de dénigrement et de désinformation, où les principaux intéressés ne purent faire entendre leur voix, campagne clôturée par un communiqué de victoire un peu trop rapide : « La réforme ? Enterrée ! »

Cette campagne, et les arguments qu'on y a entendu, n'auront en rien surpris l'historien de l'orthographe. Ce sont en effet les mêmes poncifs que l'on ressasse depuis le début du XIXe siècle ; ce sont les mêmes sottises pontifiantes depuis Louis-Philippe : non, aucune étude n'a jamais montré qu'il y avait une corrélation entre développement intellectuel et maîtrise de l'orthographe ; non, celle-ci ne nous aide pas — et c'est même le contraire — à comprendre le fonctionnement de notre langue ; non, elle ne nous apprend rien sur l'étymologie ; non, l'orthographe des écoliers d'aujourd'hui n'est pas pire que celle de leurs ancêtres ; oui, le phonétisme — dont on fait une sorte de sida culturel — reste bien le principe de base de l'écriture française ; oui, le prétendu « système » de cette écriture n'est fait que de bricolages, de rafistolages, d'approximations...

Ces rumeurs, les nombreuses études linguistiques, historiques et pédagogiques menées sur le sujet depuis une trentaine d'années — et surtout au début des années 70 et à la fin des années 80 — auraient dû permettre de les extirper. Elles ont été impuissantes à le faire.

Pourquoi, se demande-t-on ?

Ce n'est pas seulement parce que le chercheur n'a pas toujours le temps ou le souci de diffuser ses trouvailles. C'est aussi, et surtout, parce que l'orthographe, c'est bien plus que l'orthographe.

En son principe, cette dernière constitue tout simplement une technique : un ensemble de procédés graphiques mis au point pour rémunérer la langue de ses faiblesses. L'écriture fixe la parole qui vole, en lui permettant de franchir le double obstacle de la distance et du temps.

Mais l'histoire nous montre que, dans l'instant même où cette technique naquit, d'autres fonctions lui furent d'emblée confiées. Et l'écriture, monopole des clercs et instrument de puissance, se fit puissante pourvoyeuse de symboles.

Ainsi, chez nous, l'orthographe n'a jamais été la simple technique qu'on prétend parfois y voir ; elle a tantôt signifié la force du pouvoir royal, et tantôt celui de la bourgeoisie ; elle a servi de drapeau à certains groupes soucieux de distinguer les gens de biens « des ignorants et des simples femmes » ; elle a été le couronnement d'un enseignement dont l'idéal était que chaque petit français pût lire et écrire...

Le résultat de cette longue histoire est là : l'orthographe renvoie désormais à un imaginaire collectif, où viennent se cristalliser les contradictions des différents systèmes de valeurs sur lesquels notre société s'est érigée. Elle pose la question du rapport entre la langue, le plus sophistiqué de nos moyens de communication et d'identification, et la communauté de ses usagers. Elle reflète les relations de pouvoir entre ceux qui détiennent la légitimité culturelle et les autres. Et il n'est pas exagéré de dire qu'elle se donne comme une sorte de pivot autour duquel tourne notre univers : pour certains, réformer l'orthographe est la même chose que d'ordonner au soleil de se lever à l'Ouest et aux poules d'avoir des dents. Pas exagéré non plus de souligner que son discours est sacralisant : alors qu'en matière d'arithmétique, on parle d'« erreur », c'est de « faute » qu'il s'agit lorsqu'on entre en orthographe.

La question se pose de savoir comment s'est constitué cet imaginaire collectif et quelles sont ses fonctions sociales. De savoir s'il se renouvelle et pourquoi.

Sur ce terrain sociologique-là, «l'orthographologie» — si on me permet ce mot — avait bien pris du retard. Certes, les pédagogues, dont on sait qu'ils sont en première ligne, avaient déjà solidement accroché le grelot. Certains (on pense notamment à un ouvrage de Jean Guion) avaient déjà proclamé haut et fort que l'orthographe était une institution. Mais il fallait encore mettre l'objet orthographe sous la lumière rasante de la sociologie, de cette sociologie des productions culturelles qui a naguère trouvé à s'appliquer avec bonheur au language.

C'est chose maintenant faite avec l'ouvrage de Bernadette Wynants.

Parfaitement au courant des travaux sémiotiques sur l'orthographe, l'auteur n'a pas voulu ajouter sa pierre à l'édifice que les historiens ont patiemment construit. Il s'agissait moins en effet, d'étudier les modifications survenues aux structures de l'orthographe française que d'articuler cette dernière aux structures sociales. D'où un portrait tout en nuances, où les innombrables contradictions qui se lisent dans les premières renvoient aux failles qui traversent les secondes. Replacer les positions prises sur l'orthographe au sein des discours tenus sur la culture, et rapporter ces derniers aux fractures idéologiques, voilà une des originalités de l'analyse.

Un des intérêts de la démarche est de faire voir que le problème de l'orthographe ne saurait rester le monopole d'un groupuscule d'habits verts, le souci dérisoire de philologues chenus ou d'aimables scrabbleurs, ou encore la préoccupation de linguistes technocrates. Le travail de B. Wynants nous fait en effet voir que l'écriture, loin de n'être que le vêtement de la langue, est un enjeu crucial dans une société démocratique, un problème qui se pose en termes nouveaux à l'ère des autoroutes de l'information et de la mondialisation des échanges culturels et économiques.

La langue est en effet pour le citoyen le principal instrument de développement et d'identification, en même temps qu'il est pour la société le vecteur de l'information et du savoir. Il est donc juste de dire à ce citoyen la vérité au sujet d'une écriture qui a orienté et ne cesse d'orienter son existence, et salutaire de donner à cette société les moyens d'envisager avec lucidité les améliorations que tous les groupes culturels apportent régulièrement à leur instrument de communication.

La «guerre du nénufar», dont B. Wynants se fait ici l'intelligente chroniqueuse, aura au moins eu le mérite de relancer ce débat-là. A ce débat, le présent ouvrage apporte une contribution solide, et à ceux qui y participent, il offre une méthodologie à la fois souple et rigoureuse.

Jean-Marie Klinkenberg
Professeur à l'Université de Liège
Président du Conseil supérieur de la langue française

Introduction

Comprendre par la sociologie l'émergence de l'orthographe et ses usages dans les pratiques sociales suppose une mise à distance des discours prescriptifs sur les normes graphiques tels par exemple que l'école en laisse la trace dans notre mémoire. Il faut notamment renoncer à saisir l'orthographe comme un corpus de normes techniques mystérieusement façonné dans le mouvement d'une raison universelle. C'est un code social tout autant qu'un code linguistique. Non seulement parce qu'elle est utilisée dans les pratiques sociales et politiques de sélection professionnelle ou de célébration rituelle de la nation, dans la configuration française. Mais plus fondamentalement parce que le code lui-même est la cristallisation d'échanges sociaux complexes encastrés et engagés dans la production de la société. L'hypothèse initiale de cet ouvrage peut s'exprimer en ces termes : l'orthographe française est socialement construite ; il faut saisir la logique des activités qui la créent, lui donnent sens et contribuent à la transformer.

Ce questionnement vise aussi la compréhension des mutations culturelles et politiques contemporaines. *A priori*, l'orthographe peut être définie comme un système de normes explicites qui a émergé au cours d'un processus d'institutionnalisation dont l'Etat fut l'acteur central et que l'école a très largement contribué à diffuser. Cette image un peu trop nette nous parvient aujourd'hui dans un univers culturel profondément transformé : les acteurs semblent confrontés à une pluralité de normes et de valeurs; la figure de l'Etat unificateur, garant d'une culture légitime, s'est effritée; l'évidence des «missions» de l'école est devenue plus floue et son avenir plus incertain. L'orthographe et plus généralement l'univers de la langue écrite sont au cœur de ces mutations elles peuvent nous en donner une clé de compréhension.

Les pratiques sociales qui ont contribué à créer l'orthographe et celles qui continuent à la construire aujourd'hui sont étroitement et nécessairement liées au développement des pratiques d'écriture mais elles débordent largement du cadre étroit du domaine des pratiques de transcription linguistique. La diffusion et l'approfondissement de la logique de l'écriture ne renvoient pas seulement à une transformation des techniques et du support de la communication; elles engagent des activités multiples d'ordre cognitif, symbolique et politique. L'orthographe désigne un ensemble de normes sociales qui ne ressemblent en rien au pâle reflet d'un modèle culturel dont la substance serait ailleurs. Elle n'en n'est pas non plus une variante aléatoire. Nous affirmons plutôt que l'orthographe française synthétise les orientations politiques et culturelles de la France moderne.

Même si l'orthographe comme corpus de normes concrètes peut sembler à certains égards singulièrement figée, momifiée depuis le XIXe siècle, on ne peut se contenter d'élucider son émergence comme si elle avait cessé d'être soutenue dans les pratiques contemporaines. La permanence des normes elle-même mérite aussi d'être interrogée. D'abord parce que l'immuabilité du code risque de masquer des transformations importantes du rapport que les usagers de l'orthographe entretiennent avec la norme. Aussi parce que la vivacité des débats sur la réforme de l'orthographe, en 1990-1991, suggère qu'elle n'a rien d'une survivance d'Ancien Régime. L'orthographe apparaît aujourd'hui comme un objet paradoxal : vivante et survivante, célébrée pour elle-même comme norme substantielle mais soumise à une relativisation dans beaucoup de pratiques concrètes, à la fois norme unique soutenue par des principes de cohérence et plurielle, éclatée dans les contradictions de l'expérience sociale.

Trois repères analytiques permettent d'éclairer non seulement la construction et les transformations des normes de la langue écrite, mais aussi les développements et les altérations de la modernité dans son ensemble : l'approfondissement des processus d'objectivation et de subjectivation dans le rapport à la connaissance et au monde; la tension entre deux représentations de la dynamique sociale, la cohésion et l'intégration sociales; et les transformations du rapport aux normes.

A. LES PROCESSUS D'OBJECTIVATION ET DE SUBJECTIVATION

L'histoire de la langue écrite, des développements de la pratique de l'écriture et des formes de rationalité dont elle procède sont au cœur des mutations culturelles caractéristiques de la modernité, avec laquelle nous prenons aujourd'hui une distance partielle et inquiète. La généralisation de la communication écrite est une condition nécessaire des processus de rationalisation et de subjectivisation dont il faut saisir la coïncidence. La pratique de l'écriture et les formes de relations sociales qu'elle fonde ont contribué de façon décisive à l'émergence d'une pensée rationnelle, critique, susceptible de définir des objets de connaissance. En même temps qu'elle est engagée dans le développement de la rationalité instrumentale, l'écriture joue aussi à fond le jeu de la subjectivisation. Non seulement parce que la diffusion des textes donne à ceux, de plus en plus nombreux à partir du XVIe siècle, qui peuvent les déchiffrer, la possibilité de construire eux-mêmes leur interprétation et de partir à la quête de la vérité. Mais surtout, l'écriture elle-même comme pratique généralisée contribue à fonder l'individu comme l'acteur de sa propre histoire. L'acte d'écriture est ainsi une métonymie de l'historicité des sociétés : l'individu est le principe de la construction du sens et l'aboutissement des entreprises politiques.

La construction de l'orthographe aujourd'hui est profondément affectée par l'éclatement de la modernité telle qu'A. Touraine l'a éclairé, entre le monde de la rationalité instrumentale et l'univers des émotions, entre objectivation et subjectivation. Dans le débat public, l'orthographe est l'enjeu d'un conflit de légitimité entre des acteurs engagés dans des entreprises modernisatrices travaillés par la rationalité instrumentale et ceux qui entendent résister à cet assaut « technocratique » au nom de l'authenticité des émotions, des corps et des mémoires. Un des enjeux principaux de ces débats est sans doute l'articulation de l'initiative politique et de la démarche de connaissance. La critique de la position d'expertise, qui affirme que la science peut guider les transformations de la langue écrite et, finalement, de la société, pourrait déboucher sur la recherche d'articulations alternatives. Par exemple celle selon laquelle les connaissances doivent d'abord être utilisées pour nourrir et élargir les délibérations politiques.

B. COHÉSION ET INTÉGRATION SOCIALES

Sous la continuité du code, on peut lire son déchirement entre deux définitions de la dynamique sociale qui étaient encore profondément articulées au XIXe siècle : l'intégration et la cohésion sociales. Ces deux types de représentations de la société, distinguées par O. Tschannen, touchent d'une part à la manière dont les individus sont attachés à la société (intégration) et d'autre part à l'emprise d'un système de normes sur les acteurs sociaux (cohésion).

Les discours sur la réforme de l'orthographe (1989-1991) ont construit un affrontement autour de ces deux représentations de la société : d'un côté, on insiste sur l'ordre moral, sur la cohérence d'un système de normes ; de l'autre côté, l'accent est mis sur la dynamique sociale et les conditions de participation à la société. Alors que ces deux pôles avaient été fondus dans la langue nationale et singulièrement dans l'orthographe elle-même, aujourd'hui ils se font face et sont présentés comme deux versions contradictoires du destin politique de la société.

C. LES TRANSFORMATIONS DU RAPPORT À LA NORME

Le débat sur la réforme de l'orthographe révèle plus une crise du politique qu'un processus de dérégulation : l'Etat a perdu une grande part de sa légitimité dans les interventions sur la langue. Par ailleurs, la confrontation des observations des usages contemporains de l'orthographe à l'hypothèse de la déformalisation des normes débouche sur un constat contradictoire : certains usages de l'orthographe, notamment dans l'univers scolaire, peuvent donner lieu à une interprétation en termes de déformalisation, dans la mesure où la norme est interprétée selon les caractéristiques des situations d'échange. En revanche, dans le débat public français, où la dimension symbolique de l'orthographe est centrale, on continue à célébrer la norme formelle et absolue pour elle-même.

Le paradoxe de l'orthographe tient à ce que le code résiste jusqu'à présent à ces transformations. Il reste un ensemble de normes célébrées pour elles-mêmes. Mais sa préservation n'est en rien le signe qu'il est resté à l'abri des transformations culturelles. Il faut au contraire saisir la reproduction du code dans l'éclatement des principes de sa genèse.

Pour saisir les logiques de construction de l'orthographe, il faut définir une perspective théorique qui éclaire ce qui se joue dans les échanges langagiers, dans la construction et les usages des normes linguistiques. Le chapitre 1 retrace l'itinéraire théorique poursuivi. Le chapitre 2 tente d'éclairer et de synthétiser les grands axes de la construction historique du code graphique dans les activités d'écriture, les pratiques politiques et pédagogiques principalement. L'orthographe n'est pas seulement un corpus concret de normes graphiques ; elle est aussi créée, dans le même mouvement, comme une institution moderne fondée sur la congruence, dans l'école française du XIXe siècle, de la rationalisation scripturale, de l'affirmation du statut conquis et de l'édification de l'Etat-nation français.

Mais les principes de la genèse de l'orthographe n'éclairent pas totalement les logiques de sa reproduction et de ses transformations dans la dynamique sociale contemporaine. Pour comprendre comment l'orthographe continue à être construite aujourd'hui et comment elle se transforme, deux champs d'activité ont fait l'objet d'une observation : l'univers scolaire et l'espace public français, à travers les débats de presse sur la réforme de l'orthographe au cours de l'hiver 90-91. Le chapitre 3 livre les résultats de ces explorations et les interprétations auxquelles on les a soumises. L'orthographe contemporaine, comme système de normes est caractérisée à la fois par l'inertie du code (la permanence des règles orthographiques) et par la transformation des pratiques qui en font usage et lui donnent sens.

Chapitre 1
Les normes linguistiques

Quels sont les acteurs et les pratiques significatives engagés dans le processus de construction de l'orthographe ? Et comment cette émergence participe-t-elle à une dynamique sociale ? Pour entamer la réflexion sur ces questions, il faut à la fois consentir à explorer la dynamique de genèse et de transformation des normes sociales, en général, et saisir la spécificité du domaine du langage. A première vue, les repères les plus évidents pour traiter ces questions nous semblent éclatés en différentes traditions théoriques dont il faut comprendre les présupposés et les implications. Avant de préciser le type particulier de regard qui est privilégié ici, on confrontera et on discutera plusieurs points de vue en organisant un débat entre les théories du langage les plus susceptibles d'éclairer la question de l'émergence et des usages des normes.

1. L'ÊTRE SOCIAL DE LA LANGUE

Dans les conversations ordinaires, la langue est souvent un terme générique qui renvoie à des objets très variés : elle désigne à la fois un code particulier (la langue française), une façon de parler (la langue de bois) soumise à une appréciation esthétique (une belle langue) ou normative (la langue correcte)... On pourrait y voir tout un jeu de métonymies enchâssées, qui part de l'acte phonatoire individuel (et d'un de ses organes) pour aboutir à l'outil de communication et de reconnaissance de toute une communauté. Le plus souvent, l'emploi de ce terme suppose une attention particulière au code de la communication ou à la manière de communiquer plutôt qu'au message échangé ou aux locuteurs en présence. Cette façon de définir la langue est en partie soutenue par les distinctions proposées par Saussure dans le *Cours de linguistique générale*. Mais la langue trouve chez lui une acception plus précise et plus étroite. Il l'oppose à la fois au langage, terme général qui désigne tous les aspects de l'activité du sujet parlant, et à la parole, qui en est une réalisation concrète et individuelle. La langue encadrée par le langage et la parole est définie comme la partie sociale du langage qui constitue l'instrument, le code commun nécessaire à la réalisation des actes de parole.

Depuis la publication du *Cours de linguistique générale*, cette définition de la langue apparaît comme la marque même de la linguistique moderne. Les dichotomies saussuriennes (langue/parole; synchronie/ diachronie; signifiant/signifié) constituent un cadre de référence obligé. Elles ont marqué profondément toutes les sciences humaines et ont donné lieu à de nombreux débats et critiques. Comment comprendre ces diverses positions, et quelle voie peut-on se frayer parmi elles ? Et surtout, la linguistique saussurienne est-elle susceptible d'éclairer la question de l'articulation entre langue et lien social et celle de l'émergence des normes linguistiques ?

Le caractère social de la langue est reconnu par tout le monde, à commencer par Saussure, qui affirmait que la langue est sociale dans son essence ou encore, que «sa nature sociale est un de ses caractères internes»[1]. Si personne n'a démenti cette proposition, il en est peu qui lui donnent un statut central dans l'analyse. On pourrait penser qu'il s'agit chez certains d'un topos creux, d'une affirmation aux vertus purement incantatoires. D'autres entreprennent «l'étude de la langue dans son contexte social», mais leur définition du social est souvent assez étroite : elle se borne à décrire le social comme un décor ou un ensemble de variables explicatives des phénomènes linguistiques. Par exemple, certaines recherches contemporaines ont l'ambition de saisir des «facteurs» à travers des indicateurs pré-construits comme l'âge, le sexe, la profession... Le simple dénombrement des fréquences des «variables sociologiques», reportées à des variables dites linguistiques est parfois la seule attestation du caractère «sociologique» de leur démarche. D'autres encore prennent explicitement comme objet central de leurs analyses non la langue elle-même mais les usages et l'activité linguistique. Par là, ils réalisent une ouverture décisive pour une sociologie du langage qui cherche à éclairer l'intrication complexe des dimensions linguistiques et sociales des échanges. Il ne s'agit pas ici de faire une revue complète de la linguistique, de la sociolinguistique, de la pragmatique et de la sociologie du langage, mais plutôt de sélectionner des auteurs, des courants de recherche, des ancrages théoriques qui peuvent éclairer notre propos. Et pour ce faire nous avons retenu trois ensembles de questions.

1. L'étude de la langue doit-elle privilégier la recherche des structures ou doit-elle placer l'accent sur les variations linguistiques? Comment rendre compte du changement? Quel statut accorder aux approches synchronique et diachronique? Ces quelques questions sont au centre du débat qui a mis aux prises les linguistes post-saussuriens et les sociolinguistes. Elles nous permettront de définir deux premiers types d'approche : *la langue-structure et la langue-variation.*

2. Faut-il privilégier une perspective qui constitue la langue en système ou un regard sur l'activité linguistique, sur l'échange verbal, l'énonciation, le discours? Place-t-on l'accent sur l'autonomie du système ou sur la notion d'activité sociale? Quel objet-langue construisent ces deux types d'approche? La confrontation entre la linguistique structurale d'une part, la phénoménologie, la philosophie du langage et certains développements de la pragmatique, d'autre part constituera le point d'appui d'une définition de *la langue-système et de la langue-activité.*

3. Les définitions de la langue ou du langage se fondent sur diverses représentations du lien social. Tous «courants» confondus, elles opèrent fréquemment un découpage topologique de l'expérience sociale-linguistique, en assignant à des types d'échanges des lieux particuliers, parfois réels, le plus souvent métaphoriques. La langue est-elle produite au cœur de l'échange social ou s'impose-t-elle comme une réalité déjà construite, extérieure à l'expérience sociale concrète des groupes ou des communautés? Comment définir ceux-ci? D'où vient la langue, quels sont les lieux où se construisent les normes? On tentera de définir *une endo-langue et une exo-langue* comme types de représentations et on examinera les problèmes posés par ces définitions topologiques.

1.1. Saussure et Durkheim

Le *Cours de linguistique générale*, publié en 1916, est une référence fondamentale pour toute étude du langage, non seulement parce qu'il figure comme le texte fondateur de la linguistique contemporaine, mais aussi parce qu'il a alimenté différentes discussions théoriques qui sont loin d'être apaisées aujourd'hui. S'il est incontestable qu'il est fondé sur la transcription des cours donnés par Saussure entre 1907 et 1911, il faut cependant préciser qu'il s'agit d'une publication posthume qui n'offre pas toutes les garanties d'une conformité parfaite avec le cours effectivement prononcé. Tullio de Mauro[2] ou encore Louis-Jean Calvet[3] insistent notamment sur la volonté manifeste des éditeurs de faire du cours un texte qui affirme sans ambiguïté l'autonomie du point de vue de la linguistique. Par exemple, l'ordre de présentation du cours et certains énoncés «ajoutés» aux notes des étudiants procéderaient de cette intention éditoriale. Non seulement Saussure n'avait pas cherché à publier le Cours, mais tout semble indiquer que sa réflexion à cet égard n'était pas achevée et qu'il plaidait lui-même pour une grande prudence dans l'utilisation de concepts qu'il considérait comme des formulations provisoires et imparfaites[4]. Quoi qu'il en soit, le cours publié en 1916, largement diffusé, constitue bien le texte décisif qui a contribué à construire la linguistique structurale, même s'il s'agit, comme le dit Calvet, d'une «vulgate saussurienne».

Comment caractériser la représentation du social qui fonde la démarche saussurienne? Une telle question fait à la fois violence au propos du Cours, parce que son objet central n'était pas une définition de la société, mais en même temps, elle n'est pas dénuée de toute pertinence puisque Saussure affirmait que la langue est sociale dans son essence. Qu'entendait-il par là? Calvet, à la suite de Doroszewski, caractérise la démarche saussurienne comme fondée sur une sociologie durkheimienne. Lorsque l'on examine de près le *Cours de linguistique générale* et *Les Règles de la méthode sociologique*, on voit que ce rapprochement n'est pas sans fondement. Cependant il mérite d'être nuancé, au moins parce que Saussure, à la différence de Durkheim, ne fait pas du social une réalité sui generis; c'est uniquement à la langue qu'il assigne les vertus d'un système.

Durkheim (1858-1917) et Saussure (1871-1913) étaient contemporains, et la réflexion qui fut à la base du Cours de linguistique générale avait déjà commencé lorsque, en 1895, parurent *Les règles de la méthode sociologique*. Mais la simultanéité des deux approches ne suffit pas à rendre compte du sentiment étrange de familiarité qui saisit le lecteur de Saussure qui s'aventurerait chez Durkheim, ou bien l'inverse. Ces deux ouvrages, qui constituent, bien qu'ils soient largement contestés, des textes fondateurs de la linguistique et de la sociologie, ont entre eux de profondes affinités, déjà mises en évidence en 1932 par W. Doroszewski. Les deux textes laisseraient pourtant supposer que leurs auteurs ignoraient tout l'un de l'autre. Pas de citations mutuelles, pas de référence à leurs disciplines respectives (Saussure utilise le terme de psychologie sociale, pas de sociologie), ni à leur objet, ni à leurs méthodes.

C'est à travers Meillet, linguiste français, ami de Saussure et lecteur convaincu de Durkheim, que le lien s'établira de manière plus explicite entre la linguistique et la sociologie. Celui-là publie en effet dans l'Année Sociologique [1905-1906] un article intitulé «Comment les mots changent de sens», où la référence à Durkheim est directe : «... le langage est donc éminemment un fait social. En effet, il entre exactement dans la définition qu'a proposée Durkheim; une langue existe indépendamment de chacun des individus qui la parlent, et, bien qu'elle n'ait aucune réalité en dehors de la somme de ces individus, elle est cependant, de par sa généralité, extérieure à chacun d'eux; ce qui le montre, c'est qu'il ne dépend d'aucun d'entre eux de la changer et que toute déviation individuelle de l'usage provoque une réaction. [...] Les caractères d'extériorité à l'individu et de coercition par lesquels Durkheim définit le fait social apparaissent donc dans le langage avec la dernière évidence»[5]. Cette phrase de Meillet ouvrira une nouvelle voie à la sociolinguistique, principalement chez William Labov. Mais pour revenir au parallélisme que l'on est en droit d'établir entre le CLG et *Les règles de la méthode sociologique*, il faut noter qu'il s'agit probablement plus d'une convergence entre les deux approches que d'une inspiration de l'une par l'autre.

Saussure (tel qu'il apparaît dans le CLG) et Durkheim semblent tout d'abord inspirés par le même projet intellectuel : il s'agit de **fonder les bases d'une discipline autonome**, distinguée des autres sciences (la philologie, la grammaire, la psychologie, l'anthropologie, la physiologie chez Saussure; la biologie et encore la psychologie chez Durkheim). Par exemple, Saussure : «La tâche de la linguistique sera : [...] c) de se délimiter et de se définir elle-même»[6] et Durkheim : «La sociologie n'est donc l'annexe d'aucune autre science; elle est elle-même une science distincte et autonome...»[7] Pour fonder une discipline autonome, il faut selon eux **se doter d'un objet propre** : la langue chez Saussure, le fait social chez Durkheim. «Le mot de social n'a de sens défini qu'à condition de désigner uniquement des phénomènes qui ne rentrent dans aucune des catégories de faits déjà constituées et dénommées. Ils sont donc le domaine propre de la sociologie»[8] et encore : «Une science ne peut se regarder comme définitivement constituée que quand elle est parvenue à se faire une personnalité indépendante. Car elle n'a de raison d'être que si elle a pour matière un ordre de faits que n'étudient pas les autres sciences.»[9]

Cet objet propre de la sociologie et de la linguistique peut-il être considéré comme une **substance ou comme un artefact**, un objet construit pour les fins de l'entreprise scientifique? Les deux ouvrages retracent la patiente et minutieuse construction d'un objet créé à des fins disciplinaires et annoncées comme telles. Mais, en même temps, les auteurs ont tendance à fonder leur objet en réalité, à le présenter comme un fait concret, une «donnée». Par exemple, chez Saussure : «Bien loin que l'objet précède le point de vue, on dirait que c'est le point de vue qui crée l'objet»[10]; «de quelque côté que l'on aborde la question, nulle part l'objet intégral de la linguistique ne s'offre à nous»[11] mais aussi : «La langue n'est pas moins que la parole un objet de nature concrète.»[12] De plus, on peut avoir le sentiment que Saussure suppose la réalité d'un objet sans genèse, déjà-là, pré-social : «Sous ce rapport, on peut comparer la langue à une symphonie, dont la réalité est indépendante de la manière dont on l'exécute; les fautes que peuvent commettre les musiciens qui la jouent ne compromettent nullement cette réalité.»[13]

Cet objet, Durkheim et Saussure vont le construire en le **dégageant d'une totalité**, de réalités plus confuses ou plus globales : la vie sociale chez Durkheim, caractérisée par la diversité et la mobilité de ses «courants», et, par là, incapable de servir de point de départ à l'observation sociologique qui doit se fonder sur «un point de repère constant et identique»; le langage chez Saussure : «Si nous étudions le langage par plusieurs côtés à la fois, l'objet de la linguistique nous apparaît un amas confus de choses hétéroclites sans lien entre elles. C'est quand on procède ainsi qu'on ouvre la porte à plusieurs sciences — psychologie, anthropologie, grammaire normative, philologie, etc. — que nous séparons nettement de la linguistique, mais qui, à la faveur d'une méthode incorrecte, pourraient revendiquer le langage comme un de leurs objets. Il n'y a, selon nous, qu'une solution à toutes ces difficultés : il faut se placer de prime abord sur le terrain de la langue et la prendre pour norme de toutes les autres manifestations du langage. En effet, parmi tant de dualités, la langue seule paraît être susceptible d'une définition autonome et fournit un point d'appui satisfaisant pour l'esprit.»[14] Ou encore : «Non seulement la science de la langue peut se passer des autres éléments du langage, mais elle n'est possible que si ces autres éléments n'y sont pas mêlés.»[15]

La définition d'une science autonome caractérisée par un objet spécifique contient aussi son principe de **clôture**. Il s'agira, dans les deux démarches, de laisser en marge de l'analyse les phénomènes qui n'entrent pas dans la définition de l'objet constitué. Cependant, il faut ici nuancer le propos : alors que les limites de la discipline sont marquées dans le CLG par l'exclusion explicite de certains ordres de faits, qui non seulement ne sont pas utiles à l'analyse mais pourraient aussi l'entraver, la clôture Durkheimienne est réalisée de manière plus positive en réaffirmant la spécificité de l'explication sociologique et sans exclure explicitement la prise en compte des phénomènes qui pourraient relever d'une autre démarche (la seule exclusion explicite dans les règles est celle des prénotions) : « La cause *déterminante* d'un fait social doit être cherchée parmi les faits sociaux antécédents, et non parmi les états de la conscience individuelle »[16] et : « Un fait social ne peut être expliqué que par un autre fait social. »[17] Le chapitre V du CLG, intitulé « Eléments internes et éléments externes de la langue » propose sans ambiguïté « d'écarter tout ce qui est étranger au système de la langue », c'est-à-dire essentiellement l'ethnologie et l'histoire des peuples, les relations langue-histoire politique, le rapport de la langue avec les institutions (Eglise, Ecole...), et tout ce qui se rapporte à l'extension géographique des langues et au fractionnement dialectal.

La clôture de la discipline sur elle-même est une conséquence directe de la définition de son objet propre. Mais, dans la construction de celui-ci, les deux auteurs opèrent encore une **disjonction** analogue (ou peut-être homologue) **entre deux ordres de faits de nature différente** : conscience collective versus conscience individuelle chez Durkheim; langue versus parole chez Saussure. Il ne s'agit pas pour le moment d'établir une correspondance terme à terme entre ces deux disjonctions, mais plutôt de saisir les principes de distinction et d'articulation des deux ordres. Durkheim définit les faits sociaux comme « des manières d'agir, de penser et de sentir, extérieures à l'individu, et qui sont douées d'un pouvoir de coercition en vertu duquel ils s'imposent à lui »[18]. Dès cette définition et dans l'ensemble de l'ouvrage, il **oppose le social à l'individuel**. Par exemple : « n'ayant pas l'individu pour substrat, ils (les faits sociaux) ne peuvent en avoir d'autre que la société »[19]; « Le fait social est distinct de ses répercussions individuelles »[20]; le fait social « existe indépendamment des formes individuelles qu'il prend en se diffusant »[21], etc., etc. Ces deux ordres qu'il distingue, Durkheim cherche aussi à les **articuler** : « Quant à leurs manifestations privées (celles des faits sociaux), elles ont bien quelque chose de social, puisqu'elles reproduisent en partie un modèle collectif; mais chacune d'elles dépend aussi, et pour une large part, de la constitution organico-psychique de l'individu, des circonstances particulières dans lesquelles il est placé. Elles ne sont donc pas des phénomènes proprement sociologiques. Elles tiennent à la fois aux deux règnes; on pourrait les appeler socio-psychiques. Elles intéressent le sociologue sans constituer la matière immédiate de la sociologie. »[22] La distinction réalisée entre le social et l'individuel procède d'une intention de construire l'objet propre de la sociologie et d'en définir les méthodes. Il ne faudrait pas nécessairement y voir un rejet pur et simple de toute problématique individuelle : un des thèmes centraux de la sociologie durkheimienne est précisément celui de l'intégration de l'individu à la société. Ce point de vue est cependant assez peu explicite dans les Règles. Il sera davantage soutenu par exemple dans *Le suicide* ou dans *Les formes élémentaires de la vie religieuse* où il indique que la pratique religieuse a pour fonction de resserrer les liens qui unissent l'individu à la société. Mais ce qui a surtout retenu l'attention, dans les règles de la méthode sociologique, c'est l'affirmation du **social comme réalité sui generis**, irréductible à la somme des actions individuelles, tout comme la conscience collective sublime les consciences individuelles : «Certaines de ces manières d'agir ou de penser acquièrent, par suite de la répétition, une sorte de consistance qui les précipite, pour ainsi dire, et les isole des événements particuliers qui les reflètent. Elles prennent ainsi un corps, une forme sensible qui leur est propre, et constituent une réalité *sui generis*, très distincte des faits individuels qui la manifestent»[23]; «Un sentiment collectif, qui éclate dans une assemblée, n'exprime pas simplement ce qu'il y avait de commun entre tous les sentiments individuels. Il est quelque chose de tout autre. Il est la résultante de la vie commune, un produit des actions et des réactions qui s'engagent entre les consciences individuelles; et s'il retentit dans chacune d'elles, c'est en vertu de l'énergie spéciale qu'il doit précisément à son origine collective»[24] ou encore : «En s'agrégeant, en se pénétrant, en se fusionnant, les âmes individuelles donnent naissance à un être, psychique si l'on veut, mais qui constitue une individualité psychique d'un genre nouveau»[25]; c'est la conscience collective. Cette distinction individuel/social, et l'insistance sur la nature spécifique des faits sociaux mènent Durkheim à en formuler les **conséquences méthodologiques** : il faudra traiter les faits sociaux comme des choses, c'est-à-dire «considérer les faits sociaux en eux-mêmes, détachés des sujets conscients qui se les représentent»[26]. «Quand, donc, le sociologue entreprend d'explorer un ordre quelconque de faits sociaux, il doit s'efforcer de les considérer par un côté où ils se présentent isolés de leurs manifestations individuelles»[27].

Ce rapide exposé des principes durkheimiens bien connus n'avait d'autre but que d'en préciser la logique, pour la confronter à celle qui préside à la publication du *Cours de Linguistique Générale*. Il semble en effet que l'on puisse établir une homologie entre la distinction social/individuel chez Durkheim et la distinction langue/parole chez Saussure. Tout comme le premier, Saussure distingue et articule ses deux termes, et consacre celui qui correspond à l'objet spécifique de sa discipline comme une réalité sui generis, irréductible. La **distinction langue/parole** est l'un des éléments les plus remarqué du CLG. Elle représente un des exemples de l'effort terminologique de Saussure pour fonder la linguistique. « En séparant la langue de la parole, on sépare du même coup : 1° ce qui est social de ce qui est individuel; 2° ce qui est essentiel de ce qui est accessoire et accidentel. »[28] La langue est la partie sociale du langage; c'est une empreinte acoustique commune, « un trésor déposé par la pratique de la parole dans les sujets appartenant à une même communauté, un système grammatical existant virtuellement dans chaque cerveau, ou plus exactement dans les cerveaux d'un ensemble d'individus; car la langue n'est complète dans aucun, elle n'existe parfaitement que dans la masse »[29]. La parole désigne au contraire l'acte individuel d'exécution : « Il n'y a donc rien de collectif dans la parole; les manifestations en sont individuelles et momentanées. »[30] « L'étude du langage comporte donc deux parties : l'une essentielle, a pour objet la langue, qui est sociale dans son essence et indépendante de l'individu; cette étude est uniquement psychique; l'autre, secondaire, a pour objet la partie individuelle du langage, c'est-à-dire la parole y compris la phonation : elle est psychophysique. »[31] Ces deux ordres distingués, Saussure s'applique également à expliciter **leur profonde articulation**. « Sans doute, ces deux objets sont étroitement liés et se superposent l'un l'autre : la langue est nécessaire pour que la parole soit intelligible et produise tout ses effets; mais celle-ci est nécessaire pour que la langue s'établisse; historiquement, le fait de parole précède toujours. [...] Enfin, c'est la parole qui fait évoluer la langue : ce sont les impressions reçues en entendant les autres qui modifient nos habitudes linguistiques. Il y a donc interdépendance de la langue et de la parole; celle-là est à la fois l'instrument et le produit de celle-ci. Mais tout cela ne les empêche pas d'être deux choses absolument distinctes. »[32] La complexité à saisir le couple langue-parole tient probablement à la double démarche saussurienne : séparer et articuler (sépare-t-il ce qui est articulé ou articule-t-il ce qui est séparé?). Elle fut la source de nombreuses polémiques, les uns reprochant la mise à l'ombre de la parole; les autres répondant que l'importance de son rôle pour l'étude du changement linguistique était parfaitement explicite dans le cours. A tel point — et ce n'est pas à ce seul propos — que l'on peut parfois croire que le CLG contient les principes mêmes de sa critique. Tout comme Durkheim insiste sur la spécificité du social, Saussure établit le caractère irréductible de la langue. Mais la formulation saussurienne diffère : la langue est bien une réalité sui generis, dotée d'un « corps propre » comme dit Durkheim; mais ce n'est pas seulement parce qu'elle sublime les paroles individuelles, c'est surtout parce qu'elle est un **système**. Et c'est bien sûr une donnée fondamentale du CLG : « La langue est un système de pures valeurs que rien ne détermine en dehors de l'état momentané de ses termes »[33]; « La langue est un système dont toutes les parties peuvent et doivent être considérées dans leur solidarité synchronique »³⁴; « La langue est un système qui ne connaît que son ordre propre »³⁵; et encore « de toutes les comparaisons qu'on pourrait imaginer, la plus démonstrative est celle qu'on établirait entre le jeu de la langue et une partie d'échecs. De part et d'autre, on est en présence d'un système de valeurs et on assiste à leurs modifications »³⁶. La langue est bien plus qu'un objet à « forme propre », qu'un « produit doué d'une énergie spéciale », c'est un **système de rapports**. Même tendance à consacrer un objet sui generis, mais Saussure lui a certainement donné une forme plus radicale.

Cette comparaison des démarches épistémologiques à l'œuvre dans le CLG et dans les Règles serait peut-être gratuite et purement anecdotique si les termes mêmes des disjonctions durkheimienne et saussurienne étaient incomparables. Examinons à présent si, de manière plus « substantielle », les deux auteurs articulent des **objets analogues**. A première vue, la distinction durkheimienne social/individuel contient le couple langue-parole, puisque la langue est la partie sociale et la parole la partie individuelle du langage; et surtout cette équivalence fonde (en partie) la disjonction saussurienne. La « sociologie implicite » de Saussure serait-elle de la même veine que la sociologie durkheimienne, comme le suggère Calvet en précisant : « à l'époque le terme même de sociologie ou de fait social ne peut renvoyer qu'à Durkheim. Pour lui, le fait social se définissait comme une sorte de représentation collective, de conscience collective, grâce à laquelle l'individu était unifié en un groupe. [...] Que Saussure ait lu ou non Durkheim, c'est à cette vision qu'il songe lorsqu'il déclare que la langue est un fait social, parce que c'est cette vision qui prévaut à l'époque »³⁷. Or, il semble, à la lecture parallèle des deux ouvrages en question ici, que si Saussure établit bien le social comme le terme contraire de l'individuel, tout comme Durkheim, leur définition du social diffère cependant. Chez Durkheim, nous l'avons vu, le social est doté d'un corps propre, d'une énergie propre. Cela ne signifie pas qu'il est constitué d'une autre substance que les actions individuelles mais plutôt qu'il les sublime. Chez Saussure, le social relève de deux formulations. Soit il renvoie à la communauté, sans autre précision, notamment sur la nature du lien communautaire : « C'est un trésor déposé par la pratique de la parole dans les sujets appartenant à une même communauté. »³⁸ Et il faut noter ici que la définition de la langue présuppose cette communauté non définie. Soit le social est simplement défini par sa relation de contrariété avec l'individuel, et il désigne alors la masse, une agrégation d'individus : « il faut une masse parlante pour qu'il y ait une langue »³⁹. Le problème n'est pas de déplorer la sociologie sommaire du CLG, ni surtout d'établir une comparaison à Durkheim qui soit défavorable à Saussure. Mais bien de noter, contrairement à Calvet, qu'à cet égard la sociologie implicite du CLG n'est pas durkheimienne mais bien **pré-durkheimienne**. Pour Saussure, le social n'est pas doué d'une énergie propre; il n'y a pas de logique du social; ce n'est pas le social qui fait système, c'est la langue : «le déplacement d'un système se fait sous l'action d'événements qui non seulement lui sont étrangers, mais qui sont isolés et ne forment pas système entre eux»[40]. En termes durkheimiens, on pourrait dire qu'il y a dans le CLG une confusion entre le général et le collectif : «Ce n'est pas leur généralité qui peut servir à caractériser les phénomènes sociologiques. Une pensée qui se retrouve dans toutes les consciences particulières, un mouvement que répètent tous les individus ne sont pas pour cela des faits sociaux.»[41]

Mais sur d'autres aspects, et non les moindres, le CLG rejoint davantage les Règles. Durkheim définissait essentiellement le social par le caractère de contrainte qu'il exerce sur l'individu. Sans aller aussi loin, Saussure précise aussi que les individus n'ont aucune prise sur la langue : «La langue est le produit que l'individu enregistre passivement»[42]; «Elle est la partie sociale du langage extérieure à l'individu, qui à lui seul ne peut ni la créer ni la modifier»; elle est placée «en dehors de la volonté des dépositaires»[43]; «Elle fait corps avec la masse sociale, et celle-ci étant naturellement inerte, apparaît avant tout comme un facteur de conservation»[44]... Il y a manifestement chez les deux auteurs la même idée : les institutions fonctionnent indépendamment de l'usage que les individus en font. Le social et la langue sont extérieurs à l'expérience individuelle. «Les croyances et les pratiques de sa vie religieuse, le fidèle les a trouvées toutes faites en naissant; si elles existaient avant lui, c'est qu'elles existent en dehors de lui»[45] et «La langue apparaît toujours comme un héritage de l'époque précédente. [...] c'est un produit hérité des générations précédentes et à prendre tel quel»[46], c'est une partition que l'on exécute. Le caractère d'extériorité du social et de la langue en regard de l'expérience individuelle implique chez les deux auteurs une conception du travail pédagogique analogue : il s'agit essentiellement d'une entreprise d'intériorisation d'un objet pré-constitué en dehors de l'individu : «l'individu a besoin d'un apprentissage pour en connaître le jeu (celui de la langue); l'enfant ne se l'assimile que peu à peu»[47], «C'est en entendant les autres que nous apprenons notre langue maternelle; elle n'arrive à *se déposer* dans notre cerveau qu'à la suite d'innombrables expériences»[48]; «il saute aux yeux que toute éducation consiste dans un effort continu pour imposer à l'enfant des manières de voir, de sentir et d'agir auxquelles il ne serait pas spontanément arrivé. [...] Si, avec le temps, cette contrainte cesse d'être sentie, c'est qu'elle donne peu à peu naissance à des habitudes, à des tendances internes qui la rendent inutile, mais qui ne la remplacent que parce qu'elles en dérivent »[49]. Dans les deux textes, l'individu a essentiellement un **rôle passif** à jouer dans le processus éducatif; c'est essentiellement un récepteur. Il n'est pas considéré d'abord comme l'acteur du social ou comme l'acteur de sa propre langue. En conséquence, le CLG et les Règles n'éclairent guère le processus de construction sociale de la réalité, et en particulier la construction sociale de la langue.

1.2. Structure et variation

La question de l'articulation langue-social peut être éclairée par le débat autour de la question de la variation linguistique qui a mis aux prises les linguistes saussuriens et, depuis William Labov, les chercheurs qui se réclament de la sociolinguistique. Ceux-ci reprochent essentiellement au CLG, à travers le concept de langue, l'association univoque entre structure et homogénéité. Si la langue est définie comme un système stable, homogène, indifférent à ses multiples actualisations, comment peut-on rendre compte des variations observées *empiriquement* dans une même communauté linguistique? Les variationnistes font l'hypothèse que la variation linguistique est systématique. A côté d'une linguistique de la langue, il faut élaborer une linguistique de la parole qui enregistre et qui explique les phénomènes de variation. Ceux-ci permettent également de comprendre les mécanismes du changement linguistique. Meillet avait déjà ouvert la voie de l'étude du changement; elle sera confirmée par Labov et par de nombreux chercheurs depuis lors.

L'importance accordée aux phénomènes de variation va donc fréquemment de pair avec la critique du primat saussurien d'une linguistique synchronique. En effet, celui-ci distinguait une linguistique synchronique et une linguistique diachronique qui devaient faire l'objet d'une étude séparée parce que l'une permet de saisir la langue comme un système, alors que l'autre décrit des états successifs de la langue qui ne forment pas système entre eux. Enfin, les sociolinguistes dénoncent souvent l'imprécision et la généralité de l'affirmation saussurienne du caractère social de la langue. Ils cherchent à démontrer, par leurs analyses de la variation et du changement linguistique, que les faits de langage sont des indicateurs des phénomènes sociaux. Enfin, malgré la radicalité des critiques adressées au CLG, on peut voir la linguistique variationniste comme l'expression d'un point de vue qui ne vise pas à mettre en question les notions de structure et de système, mais plutôt à les conserver en les élargissant : il faut briser la réduction saussurienne à l'homogénéité et à la synchronie pour mettre au jour les structures de la variation et du changement linguistique.

1.2.1. Antoine Meillet et le changement linguistique

Meillet est sans doute le «père» de la sociolinguistique variationniste. Ses études sur le changement linguistique ont profondément inspiré Labov, et, dans un ouvrage récent qui vise à faire le bilan de la sociolinguistique, Calvet place le débat Meillet-Saussure à l'origine de la nouvelle discipline. Disciple de Saussure, Meillet s'en écarte pourtant partiellement par l'accent qu'il place sur l'analyse diachronique et sur ses déterminants sociaux : «en séparant le changement linguistique des conditions extérieures dont il dépend, Ferdinand de Saussure le prive de réalité; il le réduit à une abstraction qui est nécessairement inexplicable»[50].

Pour comprendre le changement linguistique, il faut chercher les éléments variables de la langue et c'est la structure sociale qui offre le cadre de ces éléments variables. «Mais il y a un élément dont les circonstances provoquent de perpétuelles variations, tantôt soudaines, et tantôt lentes, mais jamais entièrement interrompues : c'est la structure de la société.»[51] Du même coup, Meillet précise davantage que Saussure le caractère social de la langue : «la réalité de la langue est sociale : elle résulte de ce qu'une langue appartient à un ensemble défini de sujets parlants, de ce qu'elle est le moyen de communication entre les membres d'un même groupe et de ce qu'il ne dépend d'aucun des membres du groupe de la modifier»[52]. De plus, la langue est un fait social au sens strictement durkheimien du terme; par là, Meillet souligne les caractères d'extériorité et de contrainte qu'exerce la langue sur les individus. Meillet cherchera ainsi à établir un rapport entre le développement linguistique et les autres faits sociaux : «Dès lors il est probable *a priori* que toute modification de la structure sociale se traduira par un changement des conditions dans lesquelles se développe le langage. [...] mais du fait que le langage est une institution sociale, il résulte que la linguistique est une science sociale, et le seul élément variable auquel on puisse recourir pour rendre compte du changement linguistique est le changement social dont les variations du langage ne sont que les conséquences parfois immédiates et directes et le plus souvent médiates et indirectes.»[53]

Pourquoi la linguistique est-elle restée étrangère à toute considération systématique du milieu social où se développent les langues? Selon Meillet, parce qu'elle était essentiellement orientée vers l'étude des langues qu'on ne parle pas naturellement : les langues étrangères mais aussi les langues sacrées des rituels religieux ou juridiques. Cette orientation des recherches a souvent exclu l'étude des causes des phénomènes linguistiques. Or, parmi les faits linguistiques, les innovations apportées au sens des mots sont généralement reconnues comme déterminées par des causes sociales. C'est donc à cet aspect du changement linguistique que s'attacheront les recherches de Meillet. Une des conditions de possibilité de tous les changements linguistiques est pour lui la discontinuité de la transmission générationnelle. Notons à cet égard la nuance qu'il introduit par rapport à l'idée saussurienne d'une langue toute faite, à prendre telle quelle : «l'enfant qui apprend à parler ne reçoit pas la langue toute faite : il doit la recréer toute entière à son usage d'après ce qu'il entend autour de lui, et c'est un fait d'expérience courante que les petits enfants commencent par donner aux mots des sens très différents de ceux qu'ont ces mêmes mots chez les adultes dont ils les ont appris»[54]. W. Labov reprendra à son compte l'idée de la discontinuité de la transmission générationnelle, notamment en définissant l'âge comme une des variables de l'étude du changement linguistique.

Le développement du sens des mots reflète l'organisation sociale. Il faut surtout retenir, parmi les causes sociales du changement de sens des mots, l'action de la division des hommes en classes distinctes : «Le fait fondamental est donc qu'un mot qui, dans la langue commune d'une société, a un sens étendu s'applique, dans un des groupes restreints qui existent à l'intérieur de cette société, à des objets plus étroitement déterminés et inversement. [...] Chaque groupe d'hommes utilise d'une manière particulière les ressources générales de la langue.»[55] Meillet désigne par là non seulement les groupes définis sur base professionnelle mais aussi tout groupe spécifique, permanent ou transitoire comme la caserne, les étudiants... Le sens des mots tend à varier en fonction de l'isolement du groupe, de sa fermeture et de son autonomie : chaque groupe a tendance à marquer son indépendance et son originalité. Ainsi, «tandis que l'action de la société générale tend à uniformiser la langue, l'action des groupements particuliers tend à différencier [...] le vocabulaire des individus qui y prennent part»[56]. Ou encore : «la résistance à l'innovation linguistique, qui est chose normale dans l'ensemble du groupe social, est anéantie sur un point particulier dans le petit groupe en question où, en se singularisant à l'égard de l'ensemble, l'individu ne fait que mieux marquer sa solidarité avec le groupe étroit dont il fait partie»[57]. Meillet met ainsi en évidence une double logique : uniformisation de la société «générale» ou «globale» et différenciation des groupes dont elle est composée. De plus, Meillet précise aussi l'importance qu'il faut accorder à la stratification des groupes dans la société :

« Quand, comme il est arrivé assez souvent au cours de l'histoire, les éléments dominants d'une nation ont parlé une langue différente de celle des autres groupes, les parties de la nation qui approchent immédiatement la caste dominante et qui nécessairement apprennent plus ou moins la langue de cette caste se constituent un vocabulaire où figurent un grand nombre de termes étrangers au moins pour les notions qui importent à la caste. »[58] Le changement de sens des mots, créé au sein d'un groupe particulier, se diffuse ensuite notamment grâce au prestige du groupe qui est à l'origine de la particularité lexicale. Cette diffusion, réalisée par emprunt à l'intérieur d'une même langue, s'opère à travers des groupes particuliers (par exemple les militaires ou les commerçants), et non par la « langue générale ». Celle-ci à son tour emprunte aux langues particulières, mais cette opération implique encore des glissements de sens : les mots ainsi empruntés ont alors un sens beaucoup plus vague que celui du groupe étroit qui l'avait caractérisé. « On voit par là que la valeur générale des mots est, dans une large mesure, un fait social, et que la généralité du sens d'un mot a souvent chance d'être proportionnée à l'étendue du groupe. »[59]

Meillet établit des relations de causalité directe et indirecte entre les faits sociaux et les faits linguistiques. La variation linguistique reflète la division sociale. Selon lui, la société « globale » ou « générale » est composée de groupes particuliers, plus ou moins étroits, définis par divers types d'appartenance et auxquels les individus appartiennent. Mais comment caractériser cette société globale ? Meillet la définit uniquement par le fait qu'elle contient les groupes particuliers et qu'elle est un vecteur d'uniformisation linguistique. L'imprécision de ses termes pourrait susciter la critique selon laquelle l'existence d'une telle société globale relève de la fiction. Il n'existerait que des groupes différenciés, et les individus font l'expérience de l'appartenance multiple à différents groupes. Le caractère fictif de la société globale dont parle Meillet pourrait du même coup s'appliquer à la langue « générale » qui la caractérise. Malgré les quelques distances qu'il prend avec Saussure, Meillet reste profondément attaché à l'idée d'un système doué d'un ordre propre, au « système général de la langue ». Mais chez Meillet, s'il est réaffirmé, ce système perd quelque peu de sa substance. Tout comme chez Saussure, il présuppose l'existence d'une société définie de manière extrêmement vague. Tout au plus peut-on penser qu'il l'associe à l'idée de la nation : « Le langage a pour première condition l'existence des sociétés humaines dont il est de son côté l'instrument indispensable et constamment employé; sauf accident historique, les limites des diverses langues tendent à coïncider avec celles des groupes sociaux qu'on nomme des nations; l'absence d'unité de langue est le signe d'un Etat récent, comme en Belgique, ou artificiellement constitué, comme en Autriche.»[60]

1.2.2. William Labov et la variation linguistique

William Labov s'inspire manifestement de Meillet : il reprend à son compte l'importance du thème du changement linguistique et prolonge l'étude des causes sociales des faits linguistiques, notamment par une analyse de l'effet des stratifications sociales. Mais ce qui caractérise surtout sa démarche, c'est une critique explicite du modèle saussurien. Le point de vue adopté par Labov est résolument empiriste : il dénonce l'exclusion de la prise en compte des faits linguistiques dans la tradition saussurienne. Il attribue cet attitude au paradoxe saussurien : «Si chacun détient la connaissance de la structure de la langue, si celle-ci est bien «un système grammatical existant dans chaque cerveau», on devrait pouvoir s'appuyer sur le témoignage du premier venu, soi-même y compris. Mais d'autre part, les faits de parole ne peuvent s'observer qu'en examinant le comportement des individus au moment où ils emploient la langue. D'où le paradoxe saussurien : l'aspect social de la langue s'étudie sur n'importe quel individu, mais l'aspect individuel ne s'observe que dans le contexte social.»[61] C'est ainsi que les linguistes qui suivent la tradition saussurienne «travaillent dans leur bureau avec un ou deux informateurs, ou bien examinent ce qu'ils savent eux-mêmes de la langue»[62]. Au contraire, pour Labov, il faut étudier «le langage tel que l'emploient les locuteurs natifs communiquant entre eux dans la vie quotidienne»[63]. Cela implique la prise en compte de toute une série de données écartées par la linguistique saussurienne, qui entend limiter l'explication linguistique aux interrelations des facteurs structuraux internes.

La critique la plus fondamentale que Labov adresse à la tradition saussurienne, mais aussi à Chomsky, c'est qu'elle se fonde essentiellement sur l'idée d'une communauté linguistique parfaitement homogène. Il précise en effet que leur objet d'étude adéquat est «une communauté linguistique homogène abstraite, où chacun parle de la même façon et apprend instantanément la langue»[64]. La linguistique saussurienne associe étroitement la structure linguistique à l'homogénéité. L'analyse prend ainsi uniquement en compte la partie du comportement verbal qui se révèle uniforme et homogène et exclut de son modèle tous les phénomènes de variation linguistique. Par exemple, Martinet : «Pour simplifier notre analyse, nous supposerons que la langue qui évolue est celle d'une communauté strictement unilingue et parfaitement homogène, en ce sens que les différences qu'on y pourrait constater ne correspondraient qu'aux stades successifs d'un même usage, et non à des usages concurrents. [...]

Il faudra donc ici, comme nous l'avons fait ci-dessous en matière de description, nous abstraire de ces variations (sociales et géographiques) et supposer une homogénéité qui ne doit se réaliser que très exceptionnellement. »[65] Dans cette perspective, toute variation, tout changement linguistique sont perçus comme une corruption d'une langue homogène et uniforme. Ou encore, comme le précise Encrevé, dans sa préface à Labov : « Du langage, tout ce qui différencie, distingue, oppose les locuteurs, tout ce qui divise la communauté linguistique, est renvoyé à l'enfer du fait individuel : la « variation libre ». »[66]

Or, pour Labov, la variation est une donnée fondamentale de la langue; elle est inhérente au système. « Mais, depuis quelques années, nous en sommes venus à reconnaître qu'une telle variation est normale, que non seulement l'hétérogénéité est courante, mais qu'elle constitue le résultat naturel des facteurs linguistiques fondamentaux. Nous soutenons que c'est l'absence de permutations stylistiques et de systèmes de communication stratifiés qui se révélerait dysfonctionnelle. Dès lors qu'on a défait le lien supposé entre structure et homogénéité, on est libre de construire les outils formels que réclame le traitement de la variation inhérente à la communauté linguistique. »[67] Alors que la linguistique saussurienne place le phénomène de la variation en dehors du système de la langue, Labov cherche à l'y incorporer. La variation est systématique; elle peut et elle doit faire l'objet d'une analyse précise. La question labovienne à cet égard est posée en ces termes : comment peut-on décrire la structure de la variation ? Il définira essentiellement une variation stylistique (selon le degré d'attention porté au discours) et une variation sociale (selon la position du locuteur dans la stratification sociale); toutes deux jouant un rôle fondamental dans les processus de changement linguistique.

Si tous les linguistes reconnaissent que le langage est un fait social, cette affirmation ne va généralement pas plus loin, selon Labov, que la pure incantation. L'ouverture réalisée par Meillet est restée lettre morte; sa tentative d'expliquer le changement linguistique par les transformations de la structure sociale a avorté : « En 1905, Meillet prédisait que le vingtième siècle aurait pour tâche essentielle de dégager les causes du changement linguistique du sein de la matrice sociale où le langage s'insère. Prédiction non vérifiée. En fait, pendant les cinquante ans qui ont suivi la déclaration de Meillet, il ne s'est fait pour ainsi dire aucune étude du changement linguistique dans son contexte social. »[68] La linguistique dominante s'en tient exclusivement à une explication par les facteurs linguistiques internes et réduit à l'insignifiance l'influence de la société. Dans cette perspective, l'intervention des facteurs sociaux relève soit d'une interférence dont l'effet est dysfonctionnel, soit d'un accident purement aléatoire qui donne ensuite lieu à des réajustements internes. Parallèlement à cette linguistique asociale s'est développé un courant de recherches davantage sensible à la question des déterminations sociales des faits linguistiques. Mais ces chercheurs n'ont sans doute pas été assez convaincants. Leur analyse sociale des faits linguistiques se bornait souvent à évoquer des «circonstances extérieures» ou des expériences imaginaires comme celle du naufragé sur une île déserte. Ce qui pousse Labov à affirmer : «On ne peut plus prétendre que ces auteurs en savaient plus que les autres quant à l'impact de la société sur la langue; ils en parlaient plus, c'est tout.»[69]

La variation linguistique est pour Labov socialement stratifiée : «Il paraît raisonnable de relier le comportement linguistique à la mesure des statuts assignés aux locuteurs et acquis par eux. [...] Il s'agit là de ce qui touche au statut assigné — ethnie, religion, caste, sexe, famille — et au statut acquis — éducation, revenu, profession et, éventuellement, amis —. On peut donc relier les changements dans la langue à ceux qui affectent la position des sous-groupes auxquels chaque locuteur s'identifie.»[70] Labov définit ainsi un certain nombre de variables sociales : la classe socio-économique, l'ethnie, l'identité locale, la définition sociale des rôles sexués, la restructuration au sein des groupes de pairs... Mais c'est sans doute la variable classe socio-économique qui lui inspirera ses analyses les plus fécondes. Il définit quatre classes en combinant, à l'instar des sociologues américains qui lui sont contemporains, la profession, l'éducation, le revenu et le lieu de résidence : la classe ouvrière, la petite bourgeoisie, la moyenne bourgeoisie et la haute bourgeoisie. Les locuteurs de ces différentes classes produisent des performances linguistiques différenciées, mais surtout ont une sensibilité différente au contexte de l'énonciation et présentent ainsi des profils de variation stylistique différenciés. Le comportement de la petite et moyenne bourgeoisie est particulièrement remarquable; il est caractérisé, selon Labov, par l'hypercorrection : les locuteurs de cette classe dépassent ceux de la haute bourgeoisie dans leur tendance à employer les formes réputées correctes et appropriées au style soigné en contexte formel. De plus, ils sont plus nettement marqués par l'insécurité linguistique. Celle-ci se traduit par une très large variation stylistique, par d'importantes fluctuations au sein d'un contexte donné, par un effort de correction, par une auto-évaluation sévère et par des réactions très négatives aux traits phonétiques les plus stigmatisés. Un des facteurs importants du changement linguistique est la mobilité sociale. Le thème de l'hypercorrection de la petite bourgeoisie peut aisément donner lieu à une interprétation dans les termes de la théorie des groupes de référence et de la socialisation anticipée de

Merton. Mais ce n'est pas une référence explicite chez Labov. Par la suite, Bourdieu réinterprètera l'analyse labovienne de l'hypercorrection dans le modèle de la distinction[71].

Comment Labov définit-il l'articulation entre faits sociaux et faits linguistiques ? Ceux-ci sont essentiellement des indicateurs des processus sociaux. «Par elles-mêmes, les variations du comportement linguistique n'agissent guère sur l'évolution sociale, pas plus qu'elles ne lèsent de façon dramatique les chances d'un individu. Bien au contraire, la forme du comportement linguistique se modifie rapidement, en même temps que la position sociale du locuteur. C'est cette malléabilité du langage qui fait son utilité comme indicateur du changement social.»[72] Labov utilise un modèle de causalité où les indices linguistiques constituent les variables dépendantes et les faits sociaux les variables indépendantes. On a parfois l'impression que la société est faite pour Labov d'une somme de variables, dont il relève parfois l'aspect dynamique, mais qui ne relèvent d'aucune logique spécifique. La démarche sociologique de Labov peut ainsi être caractérisée par la référence aux théories de la stratification et de la mobilité sociales, et par la construction d'un modèle causal simple, assez mécanique, où les faits linguistiques sont expliqués par un «contexte» social, un décor qui a certes son importance, mais qu'il situe encore en dehors (ou à côté) de l'activité linguistique.

Même si elle est fondamentale pour le sociologue, cette critique de Labov mérite d'être quelque peu nuancée. Dans plusieurs de ses études empiriques, il recourt à un registre explicatif plus riche, mais encore imprécis. C'est le cas par exemple de son étude sur Martha's Vineyard, où il établit que les variantes linguistiques correspondent aux deux identités conflictuelles qui divisent l'île et ses habitants ; ou encore de son étude du vernaculaire noir américain, qui débouche sur la conclusion que l'échec scolaire des jeunes issus du ghetto noir, et particulièrement l'échec dans leurs performances linguistiques peut être expliqué par les conflits politiques et culturels à l'intérieur de la classe. Mais il faut préciser que de nombreuses recherches en sociolinguistique ont surtout retenu de Labov le modèle causal simple et l'articulation univoque langue-social.

Sur un autre aspect de ses travaux cependant, Labov offre encore des perspectives intéressantes à la sociologie. A côté de la collecte et de l'analyse des performances linguistiques, il enregistre aussi l'évaluation que les sujets ont de leur propre langue ou des performances d'autrui comme Wallace Lambert l'avait fait avant lui. Selon Labov, les variations linguistiques socialement stratifiées donnent lieu chez les individus à des évaluations. Ces évaluations, qu'il qualifie de « subjectives », sont uniformes dans toute la communauté linguistique. Il relève par exemple que New York constitue une communauté linguistique unifiée par une même évaluation mais diversifiée par une stratification croissante au niveau de la performance « objective ». Il poursuit en concluant : « La communauté linguistique se définit moins par un accord explicite quant à l'emploi des éléments du langage que par une participation conjointe à un ensemble de normes. »[73] On trouve ici ce qui manifestement faisait défaut chez Saussure et Meillet : une définition précise de la communauté linguistique. Alors que le CLG laisse supposer que la communauté est unifiée par une langue, un système commun, dans un jeu de présupposition réciproque entre langue et communauté linguistique ; que la société « globale » de Meillet peut être comprise comme une référence directe à la nation ; Labov précise que c'est la norme qui unifie la communauté, et non pas les pratiques qui, elles, restent différenciées. Il s'agit ici d'une norme évaluative plutôt que d'une norme pragmatique, ou encore autrement dit d'une norme soutenue, même si elle n'est pas appliquée. Mais pourquoi les individus ne conforment-ils pas leurs pratiques à leur principe d'évaluation ? Labov suppose, pour expliquer ce phénomène, l'existence dans certains contextes, de normes alternatives, de contre-normes voilées qui attribuent des valeurs positives aux performances qui s'écartent des formes de prestige : « Les locuteurs des classes inférieures ne veulent pas adopter les normes de la classe supérieure ; même s'ils les endossent au cours des tests, ils n'en possèdent pas moins un système de valeurs opposé, qui n'apparaît pas alors, et qui soutient les formes du vernaculaire. »[74] La communauté linguistique est ainsi traversée par des conflits de valeurs, même si elle est fondée sur le partage d'une seule norme de prestige.

L'explication des faits linguistiques par les processus sociaux a pris une importance considérable chez Labov. Mais elle n'est pas sans limites. Elle est pertinente pour l'étude des règles de surface qui régissent le comportement phonatoire dans un grand nombre de performances, mais pas pour l'étude du changement linguistique au niveau des règles profondes de la langue, qui se laissent largement expliquer par un réajustement interne. « Lorsqu'on veut parler du rôle des facteurs sociaux qui influent sur l'évolution de la langue, il convient de ne pas surestimer l'importance du contact, voire du recouvrement entre valeurs sociales et structure linguistique. Les structures du langage et de la société ne sont en aucune façon coextensives. Dans leur grande majorité, les règles linguistiques sont bien éloignées de toute valeur sociale : elles sont les pièces de la machinerie intriquée dont le locuteur ne peut se passer s'il veut transposer sous forme linéaire l'ensemble complexe de ce qu'il entend signifier ou exprimer. [...] C'est seulement lorsqu'il y a variation qu'une valeur sociale est attribuée aux règles linguistiques.»[75] Ou encore : «Il faut noter que la signification sociale est tributaire de la variabilité. En ce sens, la signification sociale est parasite à l'égard du langage : elle se limite aux zones de variation, généralement situées sur le front d'un changement linguistique en voie de généralisation où existent différentes façons de «dire la même chose».»[76] On voit ici que la distance prise avec le modèle saussurien est loin d'être complète. Labov garde manifestement l'essentiel de la distinction langue-parole de Saussure, mais il élargit considérablement le cadre analytique qu'il avait jugé trop étroit, réducteur et abstrait. «On verra qu'il ne s'agit pas de rejeter la distinction système/manifestation du système, mais de refuser de la laisser recouvrir par l'opposition invariance/variation elle-même redoublée par social/individuel.»[77] En ce sens, la sociolinguistique de Labov, comme il le précise lui-même, n'est pas une sociologie du langage : «c'est d'abord la linguistique, toute la linguistique — mais la linguistique remise sur ses pieds»[78].

1.2.3. La sociolinguistique variationniste

A la suite de Labov, de nombreux travaux viendront enrichir les acquis de la nouvelle voie qu'il a ouverte à la linguistique. Ces recherches aborderont principalement l'étude de l'évaluation des performances linguistiques, celle des situations plurilingues et des langues en contact. A partir de Labov s'est généralisée une véritable méthode variationniste. Pierre Achard la résume en ces termes :

« 1. La *variable sociolinguistique* est un *même* phénomène comportant plusieurs *réalisations*.

2. Ces réalisations sont étudiées *statistiquement* dans un *corpus d'observations*. L'observation suppose la détermination des *variables explicatives pertinentes*, et une *stratégie d'observation*.

3. Les variables explicatives *internes* sont les éléments linguistiques susceptibles de favoriser ou de défavoriser les différentes réalisations.

4. Les variables *externes* se divisent à leur tour en deux : les *variables sociales* et la *variable stylistique*.»[79]

Les premiers travaux mettaient au jour des corrélations entre variables linguistiques et variables sociales. Ensuite, le traitement statistique de la variation aura recours aux modèles plus sophistiqués de régression et d'analyse factorielle [Sankoff]. A travers ces choix méthodologiques, se pose très clairement la question de l'articulation théorique entre fait social et fait linguistique. La constitution de deux ordres de variables mis en relation dans un modèle statistique pourrait laisser penser que le social est un ensemble de variables sans lien systématique entre elles. C'est par exemple l'impression qui se dégage du *Que sais-je?* de Calvet qui, à plusieurs reprises, insiste sur la nécessité de faire la liste de toutes les variables sociales. De plus, cette façon de procéder assigne encore un statut d'externalité au social par rapport au linguistique, ou tout au moins une distinction ontologique des deux ordres. Ce qui amène à la question non résolue de déterminer le point de départ de l'analyse : faut-il partir de la langue ou de la société définies comme topos disjoints? «Partons-nous d'une analyse de la langue qui nous dit quelque chose sur la société, partons-nous d'une analyse de la société qui nous permet de comprendre la langue, ou encore est-il possible de prendre en compte ces deux éléments dans la même analyse?»[80]

On serait tenté de considérer le point de vue variationniste comme l'expression d'un dualisme qui institue la langue et le social en deux ordres disjoints. Mais la réflexion à cet égard n'aboutit généralement pas à ce dualisme naïf; elle débouche plutôt sur une inquiétude embarrassée, sur une perplexité qui trouve souvent son apaisement par la référence à Bourdieu, qui sert véritablement de caution sociologique à la linguistique variationniste contemporaine. Par exemple, Calvet poursuit : «En d'autres termes, est-il possible de réaliser le programme de Pierre Bourdieu pour qui «une sociologie structurale de la langue, instruite de Saussure mais construite contre l'abstraction qu'il opère, doit se donner pour objet *la relation qui unit des systèmes structurés de différences linguistiques sociologiquement pertinentes et des systèmes également structurés de différences sociales?*»»[81] Par là, on a évité l'écueil d'une conception fragmentée et non systématique du social comme ensemble de variables disjointes. Mais on n'a pas véritablement dépassé le dualisme topologique qui interdit de saisir ensemble langue et société, on a renoncé à proposer une définition théorique du caractère social de la langue; bref, on n'a pas rompu avec la distinction saussurienne entre linguistique interne et externe.

Parmi les thèmes abordés par le courant variationniste, il faut certainement retenir l'analyse des situations plurilingues. Dans certains contextes, le contact des langues peut donner lieu à des phénomènes d'alternance codique (passage d'une langue à l'autre dans un même discours) ou à des phénomènes d'emprunt. Au sein d'une même communauté, le plurilinguisme (souvent étudié à travers le modèle du bilinguisme) peut donner lieu à une répartition fonctionnelle des usages. Les sociolinguistes utiliseront fréquemment le concept de diglossie élaboré en 1959 par Fergusson pour décrire les bilinguismes inégalitaires. La diglossie décrit la coexistence, au sein de la communauté, d'une variété dite haute, prestigieuse et réservée aux situations formelles (Eglise, littérature, enseignement...) et une variété dite basse, moins prestigieuse et réservée aux situations familières.

Pour Pierre Achard, les études sur l'emprunt et l'alternance, qu'elles soient ou non interprétées en référence à la diglossie, posent le problème des limites de la méthode variationniste. Celle-ci, nous l'avons vu, suppose la possibilité d'isoler différentes variantes, différentes réalisations d'un même phénomène linguistique (par un système d'équivalence entre différentes formes). Si cette méthode semble bien adéquate pour saisir les différentes variantes phoniques d'un même mot, ce modèle ne peut s'appliquer aux choix lexicaux et syntaxiques qu'au prix d'une réduction sémantique. «En phonologie, le problème est assez simple : dans la mesure où les mêmes mots sont prononcés différemment, on peut aisément étudier le système de la variation. Par contre, lorsqu'on aborde la syntaxe on ne peut plus tabler sur un *même*, car le sens se construit par un choix de forme parmi les possibles. [...] Mais alors qu'il existe en phonologie une équivalence naturelle entre les réalisations, en syntaxe et en sémantique, les règles différentes (les alternatives) produisent des variables différentes.»[82] Il en conclut que «les variables sociolinguistiques s'arrêtent là où l'utilisation signifiante commence»[83]. Si on veut rendre compte de l'usage signifiant des discours, le modèle variationniste doit céder le pas à une analyse du discours, c'est-à-dire à une étude de l'usage du langage comme activité sociale.

Parmi les thématiques développées par la sociolinguistique variationniste, il faut encore souligner celle qui s'attache à décrire l'évaluation des performances. Dans ce cadre, on cherche à cerner les attitudes et les représentations linguistiques, souvent désignées sous le terme de normes subjectives, en contraste aux normes objectives, effectivement réalisées dans les performances, ou encore en termes d'imaginaire linguistique[84]. Nous l'avons vu, la voie avait été tracée par Labov. Les recherches contemporaines sur l'évaluation aboutissent souvent à poser le problème de la légitimité des normes. Ici encore, c'est la sociologie de Bourdieu que l'on évoque le plus souvent. Dans *Ce que parler veut dire*, il insistait sur le fait social de l'imposition d'une variété légitime. Il proposait de caractériser la variété légitime comme la langue de l'Etat républicain, façonnée notamment à travers le système scolaire.

Il faut cependant signaler que les recherches sociolinguistiques dans ce domaine tendent quelquefois à réifier la variété légitime et à en occulter le processus d'imposition. Par exemple, dans le domaine francophone, on a souvent tendance à dénoncer la tyrannie du «bon usage» et de la variété parisienne du français, sans s'interroger sur les processus sociaux qui construisent et actualisent cette légitimité. On risque alors de réduire l'insécurité linguistique à une pure représentation, à une opinion généralisée indépendamment de toute considération des pratiques sociales. Cette réflexion ne vise pas à minimiser le poids des normes sur les représentations linguistiques, mais plutôt à mettre en question l'existence d'une variété légitime substantielle, figée, en quelque sorte suspendue dans l'espace social. Il faudrait plutôt insister sur les processus sociaux qui construisent l'insécurité et l'actualisent dans les échanges concrets, comme le suggère par exemple M. Francard lorsqu'il insiste sur l'importance de la socialisation scolaire dans son étude de l'insécurité linguistique[85]. Bref, on pourrait souhaiter que l'ouverture labovienne sur la variation et le changement linguistique n'aboutisse pas à réifier et à figer des processus sociaux.

1.2.4. Sociolinguistique et sociologie du langage

La sociolinguistique, même si elle est essentiellement une linguistique, a ouvert des voies importantes pour une sociologie du langage. La discussion sur le modèle variationniste permet de préciser le choix d'une étude de la langue sous l'angle des *processus sociaux*, qui met en évidence les *limites de la notion de structure*, cherche à rendre compte de l'*intrication complexe du langage et de la société*, et cherche à comprendre les phénomènes de *construction et d'usage des normes*.

1. L'insistance sur l'importance de la variation et du changement linguistiques fait écho à une démarche sociologique qui privilégie une conception dynamique du social et cherche à rendre compte de processus sociaux dans lesquels sont engagés des acteurs. Par exemple, Norbert Elias avait insisté sur la nécessité de forger des «concepts qui intègrent le caractère de processus des sociétés et leurs différents aspects»[86]. Cependant, c'est la même option d'une sociologie dynamique qui permet d'écarter une représentation du social comme ensemble de variables sans liens entre elles qui prévaut souvent dans des recherches empiriques inspirées par la sociolinguistique. De plus, le choix d'une étude du social en termes de processus interdit que l'on considère la langue comme un objet préconstruit (qu'il présuppose ou qu'il soit présupposée par la société comme chez Saussure). On cherchera ainsi à éclairer les *processus de construction sociale de la langue*.

2. La linguistique variationniste ne critique pas radicalement la distinction saussurienne entre langue et parole, entre le système et ses réalisations, mais tend à l'assouplir, et à élargir le cadre d'analyse à la prise en compte des aspects systématiques, structuraux de la variation. Or, si ce modèle permet de rendre compte sans équivoque des phénomènes de variation phonétique, nous avons vu qu'il était inadéquat (sous risque de réductionnisme) pour l'étude des choix syntaxiques et lexicaux, bref, pour décrire et expliquer la dimension sémantique des énoncés qui ne peut être abstraite de l'échange social. Sans nier que la langue puisse faire l'objet d'une étude (linguistique) comme système de rapports internes, ce n'est pas l'angle d'analyse que l'on privilégiera ici. On cherchera plutôt à éclairer *l'usage du langage comme une activité sociale qui met aux prises des acteurs en échange concret*. Dans cette perspective, on pourrait tout au plus retenir le couple langue/parole comme une distinction des moments institués et instituants des processus de construction sociale de la langue.

3. Les méthodes et les techniques d'analyse généralement utilisées en sociolinguistique présupposent une définition du langage et de la société comme deux objets distincts, comme deux ordres ontologiquement différenciés. On *refusera ici de disjoindre a priori ces deux ordres* et on tentera de les saisir dans leur intrication complexe. Etudier les processus de construction sociale de la langue, envisager le langage comme activité sociale, ce n'est pas éclairer le social par la langue ou bien l'inverse, ni successivement l'un et l'autre, c'est considérer comme *objet d'étude des activités sociales qui sont aussi des échanges langagiers*.

4. Enfin, les recherches sociolinguistiques, à la suite de la psychologie sociale, ont insisté sur l'importance des phénomènes d'évaluation des performances. Cependant, certaines d'entre elles tendent à réifier les normes et à les substantialiser sous une forme linguistique. Les échanges sociaux contribuent à construire et à actualiser des normes. Qu'elles soient réalisées dans les performances ou simplement soutenues, qu'il s'agisse de norme «objectives» ou «subjectives» ou encore «imaginaires», *les normes doivent être rapportées à un usage, c'est-à-dire à un contexte pragmatique d'échange social*. Quelles normes les échanges sociaux construisent-ils et quel usage les différents acteurs qui y sont engagés en font-ils?

1.3. Système et activité

Parmi différentes thèses sur le langage, il en est une qui retiendra particulièrement l'attention, parce qu'elle répond en principe à une des orientations privilégiées *a priori* par une sociologie du langage : c'est l'étude du langage comme activité sociale, perçu dans ses réalisations concrètes, et qui met aux prises différents énonciateurs en position d'acteurs. Cette orientation, ou plutôt les différents travaux qui peuvent être rassemblés autour de cette position, inspirés de la phénoménologie, de la philosophie du langage ou de la pragmatique, opèrent une rupture avec le modèle saussurien encore plus radicale peut-être que celle qui fut réalisée par le variationnisme. Ici, c'est le cœur de la linguistique structurale que l'on vise, puisque c'est la notion même de système interne qui est contestée et qui est présentée comme une fiction, une abstraction rationaliste, qui n'éclaire pas l'usage réel du langage en situation d'énonciation. Cette voie, si elle ouvre des pistes décisives pour la sociologie du langage, a aussi ses limites, notamment parce qu'elle occulte la dimension normative de l'activité linguistique en découpant comme objet un échange social à l'abri de toute conscience linguistique, ou plutôt métalinguistique. C'est-à-dire que le modèle de l'activité linguistique rend insuffisamment compte de la réflexivité de l'acteur sur la langue comme système de normes.

1.3.1. Le geste linguistique et les jeux de langage

Sous l'impulsion de la phénoménologie et de la philosophie du langage, l'étude du langage va opérer un glissement vers la notion d'énonciation. L'accent sera placé sur l'usage du langage, sur l'activité linguistique, sur les énonciateurs. Merleau-Ponty notait par exemple que la théorie des images verbales, qui s'applique à décrire une langue comme l'ensemble des traces laissées en nous par les mots prononcés ou entendus, évacue complètement le sujet parlant. «La parole prend place dans un circuit de phénomènes en troisième personne, il n'y a personne qui parle, il y a un flux de mots qui se produisent sans aucune intention de parler qui les gouverne.»[87]

Il récuse tout aussi bien la thèse du sujet pensant, selon laquelle c'est la pensée qui a un sens alors que le mot reste une enveloppe vide. Or, pour lui, «La dénomination des objets ne vient pas après la reconnaissance, elle est la reconnaissance même.»[88] La parole n'est ni une fixation ni une enveloppe de la pensée, c'est la présence de la pensée dans le monde sensible, c'est son corps. Dans ce cadre, la parole est un geste qui porte lui-même son sens. Le geste linguistique est avant tout une activité par laquelle l'homme se projette dans le monde. Et la question du sens ne peut être envisagée que sous l'angle de cette activité. La signification n'est pas traduite par la parole, elle est réalisée par la parole elle-même. Notons ici le recours à la métaphore musicale, tout comme Saussure, mais l'accent est placé ici sur l'exécution : la sonate de Merleau-Ponty n'est pas avant tout une partition, un texte déjà écrit, un ensemble de signes, c'est avant tout une expérience d'audition. «La signification musicale de la sonate est inséparable des sons qui la portent : avant que nous l'ayons entendue, aucune analyse ne nous permet de la deviner; une fois terminée l'exécution, nous ne pourrons plus, dans nos analyses intellectuelles de la musique, que nous reporter au moment de l'expérience; pendant l'exécution, les sons ne sont pas seulement les signes de la sonate, mais elle est là à travers eux, elle descend en eux.»[89]

Les langages constitués (les langues saussuriennes) sont le dépôt, la sédimentation des actes de parole. Merleau-Ponty distingue une parole parlante, dans laquelle l'intention significative se trouve à l'état naissant, et une parole parlée, qui jouit des significations disponibles comme d'une forme acquise. C'est l'acte de parole qui est ici au centre de son étude. Et celui-ci n'est pas dissociable de l'expérience. «Quant au sens du mot, je l'apprends comme j'apprends l'usage d'un outil, en le voyant employer dans le contexte d'une certaine situation. Le sens du mot n'est pas fait d'un certain nombre de caractères physiques de l'objet, c'est avant tout l'aspect qu'il prend dans une expérience humaine, par exemple mon étonnement devant ces grains durs, friables et fondants qui descendent tout faits du ciel.»[90]

Le sens du mot n'est pas ici perçu avant tout comme un sens conventionnel; c'est avant tout un sens émotionnel, qui exprime l'essence émotionnelle des objets de notre expérience. Le langage n'est pas un objet que l'on peut mettre à distance, c'est avant tout une expérience du sujet dans le monde. Dans ce cadre, la parole s'oublie elle-même : «Le sujet parlant se jette dans la parole sans se représenter les mots qu'il va prononcer.»[91] «Il n'y a pas d'analyse qui puisse rendre clair le langage et l'étaler devant nous comme un objet. L'acte de parole n'est clair que pour celui qui effectivement parle ou écoute, il devient obscur dès que nous voulons expliciter les raisons qui nous ont fait comprendre ainsi et non autrement.»[92] Le langage de Merleau-Ponty est ainsi fondamentalement une activité de l'homme qui se projette dans le monde et qui oublie sa propre parole.

Le Wittgenstein des Investigations philosophiques critique également une théorie mentaliste de la signification, selon laquelle la pensée, intérieure au sujet, doit être extériorisée, traduite en mots. Il place la notion d'usage au centre de sa philosophie du langage ordinaire : c'est l'usage des phrases dans des situations d'action, construites en référence à des finalités pratiques qui leur donne le sens; la signification d'un mot, c'est son usage dans le langage. «Chaque signe, isolément, semble mort. Qu'est-ce qui lui donne vie? Il n'est vivant que dans l'usage. A-t-il alors un souffle de vie? Ou bien l'usage est-il son souffle?»[93]

Wittgenstein désigne le type d'activité qui donne sens aux mots, aux phrases, sous le terme de jeu de langage. C'est une situation pragmatique qui permet d'interpréter et de comprendre des énoncés. «Le mot jeu de langage doit faire ressortir que le parler du langage fait partie d'une activité ou d'une forme de vie. Représente-toi la variété des jeux de langage à l'aide de ces exemples et d'autres encore : - ordonner ou agir selon des ordres; - décrire un objet en fonction de son apparence ou de mesures; - fabriquer un objet d'après une description; ...; - faire une hypothèse et la mettre à l'épreuve; - représenter par des tableaux et des diagrammes les résultats d'une expérience; - inventer une histoire; - faire du théâtre; - chanter des rondes; - deviner des énigmes; - demander; - remercier; - maudire; - saluer; - dire une prière.»[94]

La signification, la relation entre un nom et un dénommé (entre un signifiant et un signifié), procède des situations pragmatiques; et celles-ci sont aussi variées que les formes de vie. Dans ce cadre, seule une description des actes de langage est autorisée. En effet, si des jeux de langage peuvent avoir entre eux certaines ressemblances, celles-ci sont toujours partielles, non essentielles. Searle affirmera pour sa part, avec d'autres théoriciens de la pragmatique et contre Wittgenstein, la nécessité d'établir une taxinomie des jeux de langage. L'interdit théorique posé par Wittgenstein peut probablement être compris à travers son affirmation du langage comme forme de vie, toujours singulière : «Se représenter un langage signifie se représenter une forme de vie.»[95]

1.3.2. Actes de langage et discours

Critiquant l'option saussurienne d'une langue sans énonciateurs, sans sujet, la pragmatique étudie la relation des signes aux usagers des signes, des phrases aux locuteurs. Ce n'est plus une étude de la langue, du système des structures syntaxiques et sémantiques mais une exploration du langage qui vise une interprétation totale des énoncés dans la situation d'échange. L'insistance sur l'activité langagière fut notamment réalisée par Austin, avec sa définition de l'acte de langage : selon lui, le langage ne sert pas avant tout à représenter le monde, mais surtout à accomplir des actions ; il n'a pas seulement une fonction descriptive mais actionnelle. Austin décrit trois types d'actes de langage : l'acte locutionnaire (le fait de dire), l'acte illocutionnaire (ce qu'on fait en parlant) et l'acte perlocutionnaire (l'effet produit par le discours sur les partenaires de la communication). Searle poursuivra l'entreprise taxinomique des actes de langage, et notamment la classification des actes illocutionnaires.

Un des autres thèmes développés par les pragmaticiens mérite attention, parce qu'il permet de comprendre que l'investigation peut se tourner vers l'énonciation, le discours, plutôt que vers la langue. La pragmatique distingue la phrase de l'énoncé. La phrase est une entité abstraite qui renvoie aux structures syntaxiques et à la signification, déduite de la signification des mots qui la composent. Les phrases sont les objets de la linguistique. En revanche la pragmatique envisage surtout les productions discursives : « Mais dans la communication, les locuteurs n'échangent pas des phrases : ils échangent des énoncés. »[96] L'énoncé est le produit d'une énonciation, d'un échange contextualisé. Il ne peut être réduit à une phrase parce qu'il relève d'une interprétation fondée sur des données contextuelles et sur la définition de la situation de communication qui contribuent à lui donner sens.

A la différence de la linguistique structurale, Apostel choisit de donner la priorité au discours plutôt qu'à la langue, qui n'est qu'un système obtenu par abstraction à partir des actes de parole. Cela implique la constitution d'un corpus qui est très différent de celui de la linguistique saussurienne. « Tel énoncé est une phrase du point de vue de sa structuration interne et un discours dans la mesure où il est effectivement prononcé ou écrit par telle personne, dans telle circonstance. Ce qui en fait une phrase, c'est sa conformité à un système (la langue saussurienne), ce qui en fait un discours, c'est le caractère réel, effectif de son usage. »[97]

Le centrage sur le discours appelle une théorie de l'action. Celle-ci peut se fonder sur différentes traditions sociologiques, par exemple celle de l'individualisme méthodologique ou encore celle de l'interactionnisme et de l'ethnométhodologie. La référence à l'individualisme méthodologique tourne souvent court, comme le montre Achard[98], parce qu'il n'assigne au langage aucune place, aucun rôle spécifique dans l'activité stratégique. La rationalité dont procède l'agir stratégique n'est pas construite par le langage. Le langage ne fait qu'expliciter une rationalité universelle, externe aux locuteurs. L'ethnométhodologie et l'interactionnisme en revanche affirment prendre en compte la dimension langagière des processus sociaux. Ils construisent à ce propos la notion de compétence communicative, qui renvoie non seulement à une maîtrise de la langue mais aussi à celle des normes de l'interaction, et la notion d'accountability, la capacité des membres à rendre compte des raisons de leur action.

L'acteur de l'ethnométhodologie, à la différence de celui de l'individualisme méthodologique, sait ce qu'il fait et peut en rendre compte. Cela signifie-t-il que l'énonciateur puisse rendre compte de ses propres actes de parole ? Autrement dit, la réflexivité qui est accordée à l'agir en général, qui est au cœur de l'action, peut-elle s'appliquer aux actes de langage ? L'énonciateur oublie-t-il sa propre parole, comme le laissait entendre Merleau-Ponty, ou peut-il en rendre compte ? Si le langage est décrit comme le lieu privilégié de l'intelligibilité du monde, comme la condition de la réflexivité, il semble encore être une substance parfaitement translucide qui à elle seule, pour elle-même, n'est pas l'objet de comptes-rendus, d'une activité réflexive. Autrement dit encore, l'ethnométhodologie ne semble pas étudier spécifiquement l'activité réflexive-langagière des acteurs à propos de leur propre parole ; cependant elle en ouvre la voie. L'immédiateté de l'expérience linguistique fut affirmée avec force par Mikhaïl Bakhtine contre l'objectivisme abstrait saussurien, mais avec des accents différents de ceux de Wittgenstein ou Merleau-Ponty. Elle sera l'objet d'une attention spécifique, parce qu'elle renvoie à la question de l'usage des normes linguistiques en situation d'énonciation.

1.3.3. Le dialogisme de Mikhaïl Bakhtine

Bakhtine formule une critique radicale de l'objectivisme abstrait saussurien. Saussure décrit la langue comme un objet abstrait, idéal, comme un système synchronique et homogène. Si on place l'accent sur l'énonciation, le modèle saussurien relève de la fiction pure : pour le naïf usager de la langue, la forme linguistique est toujours perçue comme un signe changeant. La définition saussurienne de la langue, même si elle se défend de toute considération prescriptive, est en fait l'affirmation d'une norme, d'un système homogène qui sert d'étalon pour évaluer la conformité des énoncés à un modèle fictif. Pour Bakhtine, c'est l'énonciation qui est l'unité de base de la langue. Le signe et la situation sociale sont indissolublement liés. Cela signifie que les systèmes sémiotiques n'ont rien d'arbitraire : ils sont modelés par l'idéologie. Il s'oppose en cela aussi bien à Saussure qu'à Staline, qui avait affirmé que la langue est un instrument neutre, assimilable à un instrument de production[99]. Au contraire, dira Bakhtine, la langue exprime un rapport social, y compris un rapport conflictuel ; elle est à la fois l'instrument et le matériau des conflits sociaux.

Pour Bakhtine, la voie objectiviste est un héritage du rationalisme des XVIIe et XVIIIe siècles. La linguistique saussurienne est rationaliste, tout comme celle de Meillet : pour eux, la langue ne constitue pas un phénomène social du fait de sa qualité de processus mais en tant que système stable de normes linguistiques. Les traits sociaux de la langue qu'ils relèvent sont son caractère contraignant et son extériorité par rapport à la conscience individuelle. La réalité du système saussurien, précise Bakhtine, ne repose que sur sa qualité de norme sociale. Or, pour lui, un système de normes immuable est une fiction : «Ainsi, d'un point de vue objectif, le système synchronique ne correspond à aucun moment effectif du processus d'évolution de la langue. [...] Objectivement, ce système n'existe à aucun moment réel de l'histoire.»[100] Au contraire, c'est uniquement du point de vue de la conscience subjective du locuteur appartenant à une communauté linguistique donnée, à un moment précis de l'histoire, que ce système de normes stable pourrait avoir une quelconque réalité.

Renversement de la perspective saussurienne : s'il existe un système synchronique, ce n'est pas du point de vue objectif de l'observateur qui se place au-dessus de la langue, c'est uniquement du point de vue subjectif du locuteur. Et Bakhtine poursuit sa critique implacable : non seulement Saussure s'est «trompé» de point de vue pour affirmer l'existence du système synchronique, mais de plus, ce système n'existe pas non plus pour la conscience subjective. Il précise : «La conscience subjective du locuteur ne se sert pas de la langue comme d'un système de formes normalisées. Un tel système n'est qu'une abstraction, dégagée à grand peine par des procédures cognitives bien déterminées. [...] En réalité, le locuteur se sert de la langue pour ses besoins énonciatifs concrets (pour le locuteur, la construction de la langue est orientée vers l'énonciation, vers la parole). Il s'agit, pour lui, d'utiliser les formes normalisées dans un contexte concret donné. Pour lui, le centre de gravité de la langue n'est pas situé dans la conformité à la norme de la forme utilisée, mais bien dans la nouvelle signification que celle-ci prend en contexte.»[101]

Cela signifie que, pour Bakhtine, l'énonciation ne peut être observée du point de vue d'une quelconque norme systémique, mais seulement du point de vue d'une norme que l'on pourrait qualifier de pragmatique ou de communicative. «Pour le locuteur, ce qui importe, c'est ce qui permet à la forme linguistique de figurer dans un contexte donné, ce qui fait d'elle un signe adéquat dans les conditions d'une situation concrète donnée. Pour le locuteur, la forme linguistique n'a pas d'importance en tant que signal stable et toujours égal à lui-même mais en tant que signe toujours changeant et souple.»[102] De même, du point de vue de l'auditeur, le décodage ne peut se ramener à l'identification de la forme utilisée; c'est essentiellement une compréhension d'une signification dans une énonciation donnée. Pour Bakhtine, la signalité (le caractère de stimulus stable et neutre de la forme linguistique) et l'identification existent dans la langue, mais elles sont complètement englouties sous le signe. «Ainsi, dans la pratique vivante de la langue, la conscience linguistique du locuteur et de l'auditeur, du décodeur, n'a pas affaire à un système abstrait de formes normalisées, mais au langage au sens de la totalité des contextes possibles de telle ou telle forme.»[103] La forme linguistique, pour Bakhtine, ne se laisse saisir dans sa signification normative que dans des situations anormales et non caractéristiques de l'usage de la langue.

Pour les locuteurs, la forme linguistique se présente toujours dans le contexte d'énonciations précises, ce qui implique toujours, poursuit Bakhtine, un contexte idéologique précis. Les mots ne sont pas neutres, ils sont toujours chargés d'idéologie : «Dans la réalité, ce ne sont pas des mots que nous prononçons ou entendons, ce sont des vérités ou des mensonges, des choses bonnes ou mauvaises, importantes ou triviales, agréables ou désagréables, etc.»[104] Il y a bien quelque chose «sous» la langue; mais ici, ce n'est pas une activité formelle cryptée du locuteur, comme celle que cherchait à établir Saussure dans les anagrammes. C'est l'idéologie qui est au cœur de l'échange entre locuteurs et qui parle en eux. Comment caractériser cette idéologie? Bakhtine distingue l'idéologie du quotidien, qui désigne la totalité de la vie mentale centrée sur la vie quotidienne ainsi que l'expression qui s'y rattache et les idéologies constituées, telles que l'art, la morale, le droit... «Les systèmes idéologiques constitués de la morale sociale, de la science, de l'art et de la religion se cristallisent à partir de l'idéologie du quotidien, exercent à leur tour sur celle-ci une forte influence en retour, et donnent ainsi normalement le ton à cette idéologie. Mais, en même temps, ces produits idéologiques constitués conservent en permanence un lien organique vivant avec l'idéologie du quotidien; ils se nourrissent de sa sève, car en dehors d'elle, ils sont morts...».

La linguistique saussurienne décrit un système de signaux, non des signes susceptibles d'être saisis par la conscience du sujet parlant dans sa pratique vivante de la langue. Bakhtine attribue la réduction saussurienne aux procédures théoriques et pratiques élaborées pour l'étude des langues mortes, donc étrangères, conservées dans des documents écrits. Cette approche philologique, dit-il, s'est «nourrie des cadavres des langues écrites». Cela signifie qu'elle prend appui sur des corpus qui sont des monologues fermés[105], ce qui constitue déjà une abstraction. Or,

« Toute énonciation, même sous forme écrite figée, est une réponse à quelque chose et s'est construite comme telle. Elle n'est qu'un maillon de la chaîne des actes de parole. Toute inscription prolonge celles qui l'ont précédée, engage une polémique avec elles, s'attend à des réactions actives de compréhension, anticipe sur celles-ci, etc. »[106] C'est le dialogisme[107], qui désigne un échange, une énonciation qui met aux prises plusieurs acteurs, y compris dans des relations conflictuelles, et le travail d'intercompréhension dialectique qu'ils accomplissent. La compréhension du langage nécessite une prise de position active vis-à-vis de l'énonciation. La compréhension est un dialogue : « Comprendre, c'est opposer à la parole du locuteur une contre-parole. »[108]

La démarche saussurienne vise une compréhension passive des signaux linguistiques, et par là, perçoit nettement la composante normative du signe linguistique. Cette approche de la langue a trouvé son aboutissement dans l'enseignement, qui transforme les inscriptions en échantillons scolaires. C'est l'autre mission de la linguistique : codifier la langue pour l'adapter aux besoins de la transmission scolaire. Ce double ancrage de la linguistique, dans le décryptage de la langue morte-écrite-étrangère et dans la transmission d'une langue construite sur le modèle de la première, amène à traiter la langue vivante comme si elle était achevée, morte. Même sous l'angle de la transmission, une langue n'est pas un objet figé, constituée de mots « gelés ». « En fait, la langue ne se transmet pas, elle dure et perdure sous la forme d'un processus d'évolution ininterrompu. Les individus ne reçoivent pas en partage une langue prête à l'usage, ils prennent place dans le courant de la communication verbale, ou, plus exactement, leur conscience ne sort des limbes et ne s'éveille que grâce à son immersion dans ce courant. »[109]

Bakhtine critique tout autant le « subjectivisme individualiste ». Si cette approche résiste à l'abstraction saussurienne, parce qu'il ne prend en compte que la parole, elle cherche à l'expliquer par la vie psychique individuelle du sujet parlant. Or, l'interaction est de nature sociale. Même réduction à l'individualisme de la parole, au monologisme. Dans ce cadre, on envisage un acte purement individuel d'expression de la conscience, de ses visées, de ses intentions, de ses impulsions créatrices. Bakhtine refuse ce dualisme intérieur/extérieur, pensée/expression : « L'activité mentale — le contenu à exprimer et son objectivation externe — sont créés à partir d'un même matériau puisqu'il n'existe pas d'activité mentale sans activité sémiotique. »[110] L'énonciation est le produit d'une interaction. Elle s'adresse à un interlocuteur qui n'est jamais abstrait. « Le mot est le territoire commun du locuteur et de l'interlocuteur. »[111] C'est la situation sociale de l'énonciation qui donne le sens aux mots, le jeu de langage, dirait Wittgenstein. L'interaction verbale constitue la réalité fondamentale de la langue, même à travers le livre.

Bakhtine résume ses positions en ces termes :

«1. La langue comme système stable de formes dont l'identité repose sur une forme n'est qu'une abstraction savante, qui ne peut servir que des buts théoriques et pratiques particuliers. Cette abstraction ne rend pas compte de façon adéquate de la réalité concrète de la langue.

2. La langue constitue un processus d'évolution ininterrompu, qui se réalise à travers l'interaction verbale sociale des locuteurs.

3. Les lois de l'évolution linguistique ne sont nullement des lois individualo-psychologiques, elles ne sauraient être coupées de l'activité des sujets parlants. Les lois de l'évolution linguistique sont par essence des lois sociologiques.

4. La créativité de la langue ne coïncide pas avec la créativité artistique ou toute autre forme de créativité idéologique spécifique. Mais en même temps, la créativité de la langue ne peut être comprise indépendamment des contenus et valeurs idéologiques qui s'y rattachent.

5. La structure de l'énonciation est une structure purement sociale. L'énonciation, comme telle, ne devient effective qu'entre locuteurs. Le fait de parole individuel (au sens étroit du mot individuel) est une *contradictio in adjecto.*»[112]

Comment caractériser la théorie des normes linguistiques chez Bakhtine? Nous avons vu que, pour lui, dans l'interaction, les locuteurs n'utilisent pas la langue comme un système de formes normalisées. Ils n'ont pas conscience du système, pas de conscience méta-linguistique. Ils cherchent simplement une adéquation (formelle et significative) à la situation d'énonciation, sauf circonstances anormales. Autrement dit, Bakhtine définit une norme pragmatique d'interaction. Mais l'interaction qu'il décrit n'est pas une situation fermée sur elle-même : elle est traversée par l'idéologie (comme l'idéologie est dans la langue). Cette idéologie, qui émerge d'une dialectique entre l'idéologie de la vie quotidienne (et donc ses différentes situations d'énonciation) et les idéologies constituées, constitue une autre norme que l'on pourrait qualifier de structurelle. Mais apparemment, cette idéologie, ou cette norme structurelle, traverse l'interaction sans toucher la conscience des locuteurs. Pas de conscience méta-linguistique, pas de conscience méta-normative. Chez Bakhtine, l'énonciation est une pratique dialogique entre des «acteurs» qui sont dupes de l'idéologie qui les façonne.

1.3.4. *La langue* per se

Bakhtine reproche à la linguistique sa connivence avec l'étude des langues écrites et avec leur transmission scolaire. Ce sont précisément des réalités qu'il refoule de ses analyses, les considérant comme anormales parce qu'elles produisent des énoncés monologiques, des significations réifiées, des signaux, plutôt que des signes vivants. Or, on ne peut affirmer que l'expérience de la langue écrite et de l'apprentissage scolaire soient des réalités marginales. Selon Bernard Lahire, nos sociétés sont profondément travaillées par les formes sociales scripturales, c'est à dire par des formes de relations sociales tramées par des pratiques d'écriture et enracinées dans un rapport scriptural au langage et au monde. L'apparition de l'écriture opère un changement du rapport au monde. Elle fait passer «de la signification contextuelle, agie, vécue, prise dans une situation intersubjective, à une signification extériorisée, isolée par la procédure graphique même, séparée des autres significations, explicitée : une sorte de méta-signification»[113].

La forme sociale scripturale définit un rapport particulier au langage, par l'effet de décontextualisation réalisé par l'écriture ; de plus, elle renvoie à une configuration socio-politique particulière, que l'on peut caractériser par l'objectivation et l'institutionnalisation des rapports de pouvoir qui traversent la société. Depuis la Renaissance, l'école a contribué à généraliser les formes sociales scripturales et joue un rôle décisif dans le processus de scripturalisation des savoirs. Pour Lahire, l'apprentissage scolaire se fonde sur un rapport scriptural au langage : dès la maternelle, il suppose une prise de conscience de la langue. Même si les enseignants insistent sur la nécessité de «partir du vécu», de l'expérience des enfants, de leurs motivations, le travail scolaire transforme radicalement le rapport au langage et au monde. La moindre opération langagière organisée par l'école suppose et crée à la fois une conscience linguistique (métalinguistique) : ordonner des mots par ressemblances phonétiques, mettre en tableau, sans parler des apprentissages spécifiques de la lecture et de l'écriture... Le langage est pris comme objet d'attention pour lui-même. «Alors que dans des productions orales de sens en situation l'enfant prononce des sons sans le savoir, sans en être conscient parce qu'il est pris dans une situation d'interaction, dans son sens mouvant, qu'il contribue lui-même à produire, on ne lui demande plus désormais de se centrer sur le tout complexe d'une situation interactive mais d'être comme hors-jeu par rapport à ses jeux de langage et de considérer uniquement la chaîne sonore à partir de ce que l'écriture opère sur le langage oral.»[114] Par exemple, l'apprentissage de la lecture place l'élève en situation de compréhension passive d'énoncés monologiques ; le sens n'est pas construit par deux interlocuteurs en interaction, c'est un jeu de langage particulier où il se retrouve seul face à un texte. Ou encore, l'apprentissage de la grammaire détache les énoncés de leur contexte d'énonciation pour en faire des exemples. «*Quia nominor Leo* ne signifie point : *Car Lion je me nomme* mais bien : *Je suis un exemple de grammaire.*»[115]

Selon Lahire, les critiques phénoménologiques et pragmatiques de la linguistique saussurienne «ont tort dès qu'elles franchissent le seuil de l'école». C'est en effet la définition saussurienne de la langue qui rend le mieux compte du rapport scolaire à la langue, qu'il faut prendre comme objet d'attention pour elle-même, à travers des procédures d'objectivation et de décontextualisation. D'après sa thèse, les difficultés scolaires de nombreux élèves pourraient être interprétées comme une incapacité à traiter le langage pour lui-même, comme un objet. «Les élèves qui échouent ne saisissent jamais le langage indépendamment de l'expérience, des situations qu'il structure et dans lequel il trouve tout son sens et sa fonction.»[116] Bref, pour Lahire, les élèves en difficulté privilégient un rapport pragmatique au langage au détriment d'un rapport formel.

Cette réhabilitation partielle de la linguistique saussurienne, parce qu'elle rend compte du rapport scriptural-scolaire au langage ne doit pas occulter la nature véritable de sa relation avec l'univers scolaire. Si l'école définit un horizon de langue saussurienne, ce n'est pas seulement parce que la linguistique structurale (et générative) est entrée (lentement, mais sûrement) dans l'enseignement à tous les niveaux d'apprentissage. La tradition pédagogique et la linguistique structurale n'ont pourtant pas toujours fait bon ménage. Il faudrait examiner l'histoire de ces divergences et de la nouvelle convergence qui s'est établie depuis peu (elle fut sensible surtout à partir des années 70). Aujourd'hui, la linguistique structurale, tout comme des bribes de linguistique variationniste servent de savoir scientifique de base, sur lequel on fonde les pédagogies. La même tendance peut être observée dans de nombreux ouvrages sur le bon usage. Par exemple, l'œuvre de Maurice Grevisse visait essentiellement une description de l'usage à partir des «bons écrivains», ce qui lui conférait, nolens volens une dimension prescriptive. Les nouvelles éditions préparées par André Goosse modèrent le propos prescriptif et font une plus large part à la théorie linguistique, et notamment aux notions de «registre» et de «niveaux de langue». Rien d'étonnant donc à observer la pertinence du modèle saussurien pour rendre compte du rapport au langage qui est construit par l'école. Mais la connivence entre l'école et la linguistique structurale ne se réduit pas à une incorporation partielle du savoir linguistique dans l'univers scolaire. Elle procède essentiellement d'une congruence autour des formes scripturales du rapport au langage. Depuis son émergence, l'institution scolaire est fondée sur une scripturalisation de la culture. Elle diffuse des savoirs scripturalisés et appelle une attitude réflexive sur la langue, dont la tradition rhétorique est l'illustration la plus évidente. La linguistique a donné un nouveau vocabulaire et une théorie cohérente à une tradition pédagogique qui constituait déjà la langue en objet autonome, décontextualisé, considérée en elle-même et pour elle-même.

Cette mise au point n'aboutit pas nécessairement à une justification après coup de la linguistique saussurienne. Elle pourrait tout aussi bien déboucher sur une nouvelle critique de la constitution des savoirs scolaires, notamment parce qu'ils induisent un rapport objectiviste à la langue sans distance critique. Mais tel n'est pas le propos. Il faut surtout noter que l'école (et plus largement les formes sociales scripturales) contribue à construire une langue *per se*, un objet d'attention spécifique, un système normatif qui entre en composition (qui neutralise parfois) les autres usages du langage. Dans ce sens, la restriction formulée par Lahire à la pertinence des critiques phénoménologiques et pragmatiques est encore trop faible. Ce n'est pas seulement lorsqu'elles franchissent le seuil de l'école que ces critiques ont tort, c'est aussi en dehors du cadre scolaire. Car la formation scolaire ne se borne pas à un apprentissage qui trouve sa pertinence uniquement dans le cadre institutionnel scolaire. C'est la formation légitime par excellence qui modifie profondément (et peut-être définitivement) le rapport au langage et au monde.

La scolarisation (plus ou moins longue selon les cas) construit chez chacun un horizon de langue *per se*, une conscience méta-linguistique d'un code. Cela ne signifie pas que cette langue objectivée, scolarisée, a englouti tout l'univers linguistique des locuteurs. Au contraire, dans beaucoup de situations, les sujets se jettent entièrement dans la parole, pour reprendre l'expression de Merleau-Ponty. Mais, au moins parce qu'ils ont été scolarisés, les énonciateurs ont aussi appris à ne pas oublier complètement leur propre parole. Ils peuvent opérer un retour réflexif sur leur parole (ou sur celle des autres), en rendre compte et notamment l'évaluer. C'est ce que montrait Labov à travers ses études sur l'évaluation des performances, tout comme des études plus récentes sur l'insécurité linguistique. Comment les informateurs de Labov auraient-ils pu évaluer des performances (les leurs et celles d'autrui) s'ils se jetaient constamment dans la parole ? Bien sûr, cette conscience linguistique, cette évaluation n'interviennent pas avec la même pertinence dans toutes les situations pragmatiques d'échange. On fera ici l'hypothèse qu'il existe des jeux de langage (des situations pragmatiques d'échange et d'interprétation des énoncés) qui font place à la langue *per se*, à une conscience linguistique qui entre en quelque sorte en composition avec la conscience pragmatique de l'échange.

1.3.5. Norme pragmatique et norme méta-linguistique

Les théories du langage que nous venons d'examiner placent l'accent non plus sur le système linguistique mais sur l'échange, sur l'usage du langage, sur l'activité linguistique. La signification des énoncés ne s'établit pas indépendamment des interlocuteurs : c'est eux qui la construisent dans un contexte pragmatique précis. Autrement dit encore, pour eux, les signes sont toujours liés à des situations sociales, à une interaction entre partenaires de l'énonciation. Nous retiendrons ce *centrage sur l'activité linguistique, sur l'échange concret, sur l'interaction, en notant que la dimension linguistique de l'activité est incorporée dans le «phénomène social total»*[117] *de l'échange social*.

Si les concepts de geste linguistique, de jeux de langage et surtout de dialogisme sont des repères essentiels pour construire une approche sociologique du langage, il faudra cependant prendre distance avec certains développements de la phénoménologie, de la philosophie du langage et de la pragmatique. En effet, selon ces approches, le sujet se jette complètement dans sa parole, il oublie sa propre parole pour se projeter dans le monde (dans l'échange). Il n'est pas caractérisé par la conscience de la langue comme système, et *a fortiori* comme système de normes, sauf circonstances «anormales et non caractéristiques» de l'usage du langage. Nous disons au contraire que les formes sociales scripturales, et en particulier la forme scolaire, contribuent à construire chez chacun la conscience d'une langue *per se*, d'un système objectivé et décontextualisé. Cette conscience linguistique ou métalinguistique[118] ne renvoie pas nécessairement au système saussurien. Autrement dit, toute conscience de la langue ne se fonde pas nécessairement sur la définition saussurienne de la langue et peut prendre des formes très variées. Mais celle-ci, par sa diffusion et l'importance qu'elle a prise dans les savoirs scolaires, constitue probablement une des ressources que les acteurs peuvent mobiliser lorsqu'ils font de la langue un objet d'attention.

La langue constituée en objet n'a pas englouti tout le rapport au langage des locuteurs. Mais on ne peut pas non plus complètement l'en abstraire. Il faut *saisir la conscience linguistique comme une activité qui répond à des jeux de langage particuliers*, par exemple, non seulement les apprentissages et les corrections scolaires de l'usage du langage, mais aussi les innombrables situations où la langue est l'objet d'un commentaire, d'une évaluation, d'une interprétation particulière. Cela signifie que *la conscience linguistique n'est pas « décrochée » du contexte pragmatique de l'échange ; au contraire, elle en fait partie.* Nous faisons l'hypothèse que *la conscience linguistique est enchâssée dans la conscience pragmatique de l'échange, que la norme linguistique est une norme pragmatique d'échange parmi d'autres.* Cela implique qu'il faut comprendre *l'attention portée à la langue pour elle-même* non pas comme une rupture de l'échange pour faire place à un système ou à un code constitué et nécessairement externe à l'échange, mais *comme une des ressources de l'activité linguistique elle-même, comme une des significations possibles de l'échange dialogique.* Dans cette optique, les deux représentations de la langue que nous avons confrontées, la langue-système de Saussure et la langue-activité de la pragmatique, ne sont pas nécessairement exclusives l'une de l'autre. Le centrage sur l'activité linguistique, sur les acteurs et sur le contexte pragmatique de l'échange peut faire place à une langue définie comme un système objectivé, dans la mesure où elle prend signification dans un jeu de langage particulier.

1.4. Langue et topologie du lien social

Comment les différentes théories du langage envisagées ici définissent-elles les échanges sociaux ? Quelle articulation opèrent-elles entre langage et lien social ? Qui fait la langue, comment et où est-elle construite ? On relève dans l'ensemble des lectures des termes récurrents qui renvoient à l'exogénéité de la langue (externe par rapport à l'expérience individuelle, extérieure au locuteur...) auxquels on pourrait ajouter le thème de la « neutralité » de la langue développé par Staline par exemple. D'autre part, l'accent est mis sur le caractère endogène du langage par rapport à l'échange social (l'intériorité et l'intersubjectivité, l'intelligibilité partagée du monde, etc.). La difficulté, pour caractériser cette distinction, tient au flou, à l'ambiguïté des définitions topologiques proposées : à partir de quel point de vue, de quel lieu social, de quel type d'échange peut-on dire que la langue est « endogène » ou « exogène » ? Et de quelle langue parle-t-on dans ce cadre ? Sur quelle définition de l'échange social se base-t-on pour construire une représentation topologique de la langue ? Ceci revient finalement à dégager une sorte de « matrice » de base d'une définition de la société.

1.4.1. L'exo-langue

Le caractère exogène de la langue ne prend pas la même signification chez tous les auteurs qui le relèvent. Pour Saussure et Meillet, la langue est en général, en substance, nécessairement extérieure aux individus et aux rapports sociaux. Pour Gellner[119] ou Lahire, au contraire, c'est une réalisation particulière de la vie du langage qui est caractérisée comme exogène : la langue nationale standardisée, la langue objectivée, *per se*. De plus, pour ces derniers, l'extériorité de la langue est une catégorie descriptive ; ce n'est pas un choix analytique. Lahire montre que le rapport au langage définit des formes de relations sociales caractéristiques. Analytiquement, l'usage du langage est profondément articulé à l'expérience sociale. D'un point de vue descriptif la langue objectivée (le code) est décrochée de l'échange social et correspond à une situation de pouvoir.

Pour Saussure, la langue, définie comme système, est extérieure aux individus qui ne peuvent la créer ni la modifier. Elle n'est pas affectée par l'usage, comme le suggère la métaphore de la symphonie : elle existe indépendamment de l'exécution et même des «fautes» réalisées par les musiciens. La langue est déjà construite, c'est un héritage que les individus assimilent passivement. La même extériorité de la langue est affirmée par Meillet, qui approfondit le propos en s'inspirant de la définition du fait social de Durkheim : «Les caractères d'extériorité à l'individu et de coercition par lesquels Durkheim définit le fait social apparaissent donc dans le langage avec la dernière évidence.»[120] Si la langue est extérieure à l'individu, c'est parce qu'elle est sociale dans son essence ; et les individus n'ont pas de prise sur le social. Nous avons vu qu'une définition explicite du social est malaisée à dégager chez ces deux auteurs. On peut cependant indiquer que le social renvoie à la masse ou à la «communauté» (chez Saussure), ou à une «société globale» constituée de groupes particuliers (chez Meillet). La dynamique sociale de construction de la langue reste chez Saussure tout à fait mystérieuse. Comme nous l'avons indiqué, il définit une langue déjà là, sans genèse. L'individu n'a pas de prise sur elle, mais on ne voit pas non plus comment la société, ou plutôt la «communauté» pourrait la construire.

Notons encore, pour nuancer le propos, que la construction sociale de la langue est davantage explorée par Meillet, qui attribue le changement du sens des mots à des modifications de la structure sociale. Cette voie sera approfondie par Labov et les sociolinguistes qui chercheront à expliquer les phénomènes de variation linguistique par la structure sociale. Mais nous avons vu que la linguistique variationniste, si elle insiste sur l'influence du «social» sur le «linguistique», considère *a priori* ces deux ordres comme disjoints, comme nécessairement différenciés. Dans ce sens, les usages linguistiques ne sont pas complètement étrangers à la société, mais ils en subissent une détermination partielle (pas en matière de structure profonde de la langue). Peut-être ne faudrait-il pas hypertrophier la distinction langue-société établie ici, parce qu'elle procède de choix méthodologiques qui n'ont pas été complètement raisonnés par les sociolinguistes. Leur intention était au contraire de démontrer la nature sociale de la langue. Mais si les variations linguistiques peuvent être comprises par une analyse de la structure sociale, on n'indique pas comment la structure sociale et ses modifications pourraient être affectées par les usages sociaux du langage, bref, on n'accorde pas d'attention spécifique à la dimension langagière des échanges sociaux.

Non seulement la langue est pour Saussure extérieure aux individus, mais encore le signe est arbitraire. Il voulait signifier par là que le lien entre le signifié et le signifiant n'est motivé par aucune caractéristique du signifié; celui-ci pourrait être représenté par un tout autre signifiant. Le signifiant et le signifié n'ont «aucune attache naturelle dans la réalité». Le terme arbitraire peut poser problème : s'il voulait indiquer qu'il n'y a aucun lien nécessaire entre le signifiant et le signifié, Saussure aurait pu qualifier ce lien par la contingence, non par l'arbitraire. Cela signifierait que ce rapport n'est pas naturellement donné, mais qu'il est (socialement) construit. Mais en définissant le signe par l'arbitraire et par une conventionnalité qu'il n'explore pas, il clôt le propos en donnant l'illusion que le conventionnel et l'arbitraire, bien sûr fondés au départ sur les usages sociaux de la parole, ne procèdent pas d'une dynamique sociale. Le social étant pour lui une masse inerte, passive, ne construit pas le signe en donnant une forme sociale à sa contingence. Dans ce sens, la langue est une sorte de norme statistique (non prescriptive, mais une norme de fait) d'une communauté où il ne se passerait rien d'autre que des agglomérations de paroles.

Chez ces différents auteurs, la langue est, en substance, au moins partiellement extérieure aux individus et/ou aux processus sociaux. D'autres approches affirment l'exogénéité d'une réalisation particulière du langage. Le propos n'est pas ici d'introduire une séparation nécessaire et théoriquement justifiée entre le langage et l'expérience sociale. Au contraire, c'est une extériorité contingente qui est relevée précisément parce que les choix théoriques se fondent sur «l'être social du langage».

Par exemple, Gellner décrit le processus d'homogénéisation culturelle réalisé par le nationalisme pour répondre aux exigences structurelles de l'industrialisation. Le mouvement de rationalisation, qui traverse les sociétés industrielles, et le nationalisme, qui cherche à établir la congruence entre unité nationale et unité politique contribuent à construire des langues uniformes, des codes normalisés émancipés de tout contexte, des instruments de communication qui ont rompu toute attache avec des communautés particulières. Dans ce cadre, la langue codifiée n'est plus la langue de personne et, en même temps, c'est la langue de tous. Elle s'impose aux différents groupes ou aux différentes communautés de l'extérieur, c'est-à-dire qu'elle est nécessairement exogène et décontextualisée par rapport à toute expérience sociale particulariste. Par cette macro-analyse, Gellner définit en fait le processus de création des langues nationales, qui se sont superposées, substituées dans certains cas, à d'autres langues plus marquées par une appartenance communautaire. Si la langue est exogène, c'est par rapport à la communauté qui n'est plus le lieu où se construit la société. Au contraire, l'Etat et le système d'enseignement joueront un rôle moteur dans le processus d'industrialisation des sociétés. Mais si la langue est exogène par rapport aux communautés, elle ne reste pas extérieure aux individus, aux membres des sociétés industrielles politico-nationales : elle devra au contraire être l'objet d'un travail d'appropriation, essentiellement réalisé grâce à une exo-éducation, qui devra aboutir à une identification parfaite du citoyen et de la langue. Notons au passage que, pour Gellner, les sociétés politiques ne peuvent survivre sans difficultés si elles laissent coexister plusieurs langues nationales.

Lahire, lui aussi, se fonde sur le concept de rationalisation pour décrire le rapport au langage et au monde de la modernité. Il en donne une version anthropologique qui accorde une place centrale au langage. Les formes sociales orales développent un «faible degré d'objectivation du savoir et reposent essentiellement sur l'incorporation des savoirs, constitutives d'un rapport oral-pratique au monde»[121]. Dans les sociétés marquées par l'oralité, les normes et les savoirs sont complètement fondus dans les pratiques sociales. Par exemple, le mythe n'est pas un récit, ou un texte, c'est une pratique qui n'a pas d'autonomie par rapport aux autres pratiques. Dans ce cadre, la parole est complètement imbriquée dans l'action, et le langage est une pratique qui s'ignore comme telle.

Le recours à l'écriture modifie profondément le rapport au monde. Par l'écrit, les énoncés sont détachés des énonciateurs et des contextes d'énonciation. De plus, l'écrit permet de couper le flux de la parole, d'en détacher des unités, et finalement de construire la langue comme un objet pour soi. Pour lui, l'écriture des mythes par exemple ne peut être dissociée d'une nouvelle définition du pouvoir dans la société. L'écriture va de pair avec la création d'institutions de pouvoir séparées de la société, alors que l'oralité supposait un pouvoir diffus, encastré dans d'autres pratiques sociales. Par l'écriture, il y a appropriation d'une légitimité.

Tout comme la langue peut se séparer de l'énonciation, le pouvoir se désencastre de la société. Avec la scolarisation, l'ensemble des pratiques sociales finit par s'organiser à travers des pratiques d'écriture. La scripturalisation des formes sociales permet ainsi, à côté de la multiplicité des échanges sociaux, l'émergence d'une langue objectivée, déracinée de toute expérience linguistique. Le caractère exogène de la langue ne procède pas ici d'une rupture avec des communautés locales, il désigne plutôt la coupure de la langue avec toute expérience pragmatique d'énonciation. Le clivage qui s'établira dans ces sociétés, selon Lahire, concerne moins l'opposition langue nationale-dialecte que l'opposition entre un rapport oral-pragmatique et un rapport scriptural-formel au monde.

1.4.2. L'endo-langue

D'autres approches cherchent à décrire la langue au cœur de l'échange social, comme une production interne à l'interaction ou au groupe en intercommunication. Tout comme l'exo-langue, l'endo-langue prendra également des accents différents selon les auteurs. Certains d'entre eux, par exemple, nient toute dynamique extérieure à l'échange social pour définir le langage, tandis que d'autres le décrivent sous l'angle d'une dialectique, d'une tension entre extériorité et intériorité.

A la différence d'autres auteurs, Herder[122] place au centre de son propos la genèse du langage. Celui-ci procède d'une expressivité de l'expérience humaine. C'est un langage intérieur, parce que, à l'origine, il est fondé sur l'expérience sensible de l'homme face à la nature : c'est un monologue de l'homme face au monde. Mais le langage est aussi interne au groupe social. Il en définit les contours, parce que son usage suppose une intersubjectivité, une expérience sensible commune du monde. En transmettant le langage à leurs enfants, les aînés lèguent du même coup la mémoire et l'identité du groupe. Par dérivation sociale, ce langage se conventionnalise et perd sa vitalité.

Merleau-Ponty et Wittgenstein dénoncent tous deux la thèse de l'expressivité de la langue, qui supposerait une pensée humaine déjà constituée en dehors d'elle. Mais ils consacrent l'énonciation, l'échange linguistique comme point de départ de leur réflexion sur la langue. Le sens n'est pas construit *a priori*, il émerge de l'usage du langage en situation sociale. En dehors de l'échange, le signe est vide, il est mort. Le langage est une forme de vie, c'est une expérience du sujet dans le monde. L'activité linguistique et les significations qui y sont construites appartiennent complètement à l'expérience sociale. Si on suit Wittgenstein au bout de son raisonnement, on ne pourrait tenir d'autre discours sur le langage que celui qui dénombre et décrit différents «jeux de langage». Le langage est complètement englouti dans la labilité des formes multiples de la vie sociale. Pour Bakhtine également, l'énonciation est l'unité de base du langage. Le signe et la situation sociale sont indissolublement liés. Une langue décrite comme un système extérieur aux individus est une abstraction rationaliste. La signification des énoncés est construite dans le dialogue entre les interlocuteurs. En indiquant que le mot est un territoire commun entre les partenaires de l'énonciation, Bakhtine place l'accent sur les acteurs de l'échange linguistique. En quelque sorte, leurs énoncés leur appartiennent pleinement. Mais l'échange social qui se noue entre des interlocuteurs est traversé par l'idéologie. L'énonciation est construite sur un fond idéologique qu'elle actualise et contribue à façonner. L'énonciation est ainsi un affrontement idéologique, ou tout au moins une confrontation idéologique entre des acteurs. La langue n'a rien d'arbitraire : elle porte la trace des idéologies qui opèrent au cœur de chaque interaction. Si la signification des énoncés est bien interne à l'énonciation, celle-ci est traversée par l'idéologie. L'idéologie s'engouffre dans l'énonciation pas vraiment de l'extérieur, mais plutôt «par en-dessous».

1.4.3. Topologie et utopie

Quelle définition du lien social une topologie explicite de la langue pourrait-elle construire ? Quels type de lieux sociaux découpent l'exolangue et l'endo-langue ? On voit assez facilement les aspects réducteurs des deux points de vue. Si on pousse le raisonnement jusqu'au bout, il semble que l'exo-langue et l'endo-langue correspondent en fait à deux fictions, ou plutôt à deux utopies. D'une part, une logique normative exogène par rapport à la société, une position de pouvoir décrochée de la société. Dans cette optique, l'Etat, les normes sont extérieurs à la vie sociale et s'imposent à elle. Ils ne renvoient à aucune forme d'intelligibilité du monde. L'exo-langue s'impose de l'extérieur, d'un toujours-ailleurs, d'un non lieu social. C'est l'utopie de l'ailleurs. D'autre part, on décrit des lieux de sociabilité à l'abri de l'Etat, des normes exogènes, de la rationalisation du monde. Là se déploient une intersubjectivité et une intelligibilité commune «pures». Et se crée, dans un mouvement renouvelé qui s'apparente à la Vie, une endo-langue profondément encastrée dans la vie sociale d'un toujours-ici, sans cesse changeant. C'est l'utopie de l'ici. Ces deux représentations conduisent nécessairement à une impasse sociologique. On pourrait facilement montrer, par exemple, que le «désencastrement» de l'Etat, des normes, des institutions par rapport à la société ne signifie pas la rupture complète, la séparation topologique que la distinction endo-langue et exo-langue pourrait laisser supposer. Le désencastrement n'est jamais qu'une modalité d'articulation. On préférera ne voir dans l'exo-langue et l'endolangue que des métaphores qui veulent rendre compte de deux modes de représentations possibles du lien social mis en œuvre par l'usage du langage.

Autrement dit, on ne prendra pas au sérieux l'hypothèse de l'existence de lieux sociaux distincts qui construiraient une endo-langue et une exo-langue. Mais d'un autre côté, on ne peut complètement écarter le registre spatial des représentations de la langue et du lien social qu'elle suppose, notamment parce que certaines réalisations du langage sont, au sens propre, territorialisées. Par exemple, les distinctions habituelles entre langues nationales, régionales et locales ou encore les «badumes»[123] sont fondées sur une topologie de l'expérience sociale. Les langues dites «locales» sont étroitement liées à la vie des groupes qui les parlent, et cela implique souvent un ancrage territorial, ou en tout cas une définition de l'espace social dans lequel la vie du «groupe» se déploie. Dans ce sens, les langues nationales peuvent être perçues, nous l'avons vu, comme des réalités extérieures. Mais cette localisation des réalisations particulières du langage pourrait correspondre à une situation historique spécifique de décomposition-recomposition de l'espace social liée au processus d'industrialisation, comme l'évoquait Gellner.

A ce type de représentation du rapport à la langue, pourrait se substituer aujourd'hui[124] une fusion de différents usages de la langue dans un seul code, par exemple, la langue française pour l'espace francophone ou du moins, pour l'hexagone. Le français, dans ses usages diversifiés, pourrait à la fois être utilisé comme code décontextualisé, objectivé, soumis à des sanctions normatives et comme langue contextualisée, expressive d'un lien social. Par exemple, Le Berre et le Dû formulent l'hypothèse d'une bi-polarité de la langue définie par la dimension paritaire ou disparitaire du lien social qui se noue dans l'énonciation. Le registre paritaire désigne l'usage du français dans les énonciations fondées sur la reconnaissance d'une proximité, d'une familiarité, alors que le registre paritaire décrit un usage de la langue en situation d'affirmation d'une distance sociale. L'association du code égalitaire/inégalitaire au code paritaire/disparitaire peut poser problème. Elle pourrait suggérer que le registre paritaire désigne un lieu d'interaction sans conflit, sans hiérarchie, «chaud» et non différencié. Tandis que les problématiques du conflit, de la hiérarchie sociale seraient en quelque sorte reléguées dans le pôle disparitaire.

On pourrait au contraire faire l'hypothèse que les deux registres sont traversés par des échanges inégalitaires, éventuellement conflictuels. Peut-être faudrait-il suggérer que le pôle paritaire désigne un type d'échange où la différence sociale est occultée, alors qu'elle prend place à visage découvert dans le pôle disparitaire. Cette occultation des différences sociales peut même procéder d'une stratégie de condescendance comme celle qu'a décrite P. Bourdieu dans son analyse du discours en béarnais du maire de Pau[125]. On le voit, ces recherches n'échappent pas non plus à la métaphore spatiale, à travers les termes de proximité ou de distance. Mais ici, le propos est centré sur un «jeu de langue», un échange social non spatialisé *a priori*, mais où les partenaires peuvent mobiliser des représentations spatialisées du lien social. C'est dans ce sens que l'on retiendra la distinction entre *exo-langue et endo-langue : elles ne renvoient pas à des lieux différenciés de l'échange social, mais plutôt à des représentations du lien social qui s'énonce, telles qu'elles sont construites par des acteurs en interaction*. Ou encore autrement dit, endo-langue et exo-langue ne définissent pas des lieux d'interaction différenciés, mais plutôt des modes de régionalisation, selon les termes de Giddens, c'est-à-dire des modalités de zonage de l'espace-temps en référence aux pratiques quotidiennes routinisées.

De plus, ces représentations peuvent constituer pour les acteurs des ressources instituantes. L'exo-langue ou l'endo-langue peuvent être mobilisées pour institutionnaliser une pratique, la consacrer en code prescriptif, ou au contraire pour résister à l'imposition d'un ordre jugé exogène (l'Etat, le marché, l'internationalisation de l'économie et des produits culturels...). Les résistances européennes et en particulier francophones au volet culturel des accords du Gatt peuvent par exemple être comprises comme le refus d'une position dominée sur le marché des produits culturels qui s'exprime par le rejet d'une exo-culture, véhiculée par une langue étrangère, en vertu d'un patrimoine culturel et d'une langue endogènes. On peut encore faire allusion à l'affirmation de «la langue de chez nous» des Québécois, ou encore aux débats linguistiques qui traversent, sans pourtant l'agiter, une Flandre qui a fini par choisir, pour standardiser «sa» langue, la norme hollandaise...

Les langues et leurs usages sont objets d'investissement, d'attachement, de projections identitaires. Elles sont souvent prises dans des dynamiques d'affirmation ethniques parce qu'elles sont considérées par les acteurs qui les «vivent» comme les garants des liens sociaux qu'ils ont noués. Mais ces différentes manières de mobiliser les représentations d'une endo-langue ou d'une exo-langue ne peuvent être saisies comme des définitions substantielles d'une identité et d'une altérité, comme des attitudes indifférenciées pour chaque contexte, voire universelles, ou même «naturelles»; *elles doivent être comprises par une analyse globale des processus sociaux qui les ont construites et qui leur donnent, dans chaque contexte, un accent particulier.* Par tous les exemples évoqués ici, on peut voir que l'exo-langue et l'endo-langue sont des représentations puissantes qui peuvent prendre part à différents types d'échanges sociaux, y compris aux échanges conflictuels. Elles sont des cordes sensibles qui vibrent au rythme des échanges, des liens sociaux qui se nouent et s'énoncent.

2. REPÈRES SOCIOLOGIQUES

Les diverses théories du langage qui ont été mises en débat jusqu'à présent peuvent être soumises à des discussions classiques de la tradition sociologique. Par exemple, les définitions de la langue ou du langage peuvent être lues comme des positions contrastées, ou nuancées selon les cas, sur la tension entre objectivisme et subjectivisme, qui traverse toutes les sciences humaines modernes. Ou encore comme une actualisation du débat autour du centrage sur l'acteur ou sur le système. On prendra appui ici sur deux types de repères sociologiques : la théorie de la structuration et la sociologie des formes sociales.

2.1. La théorie de la structuration

Pour surmonter le dualisme sujet/objet, Giddens propose le concept de dualité du structurel. Selon lui, les propriétés structurelles des systèmes sociaux n'existent qu'à travers des conduites sociales spatio-temporellement situées. Il fonde son objet d'étude non sur l'expérience de l'acteur individuel ou sur l'existence de totalités sociales, mais il le définit comme un ensemble de pratiques sociales accomplies et ordonnées dans l'espace et le temps. Ces pratiques sont accomplies par des agents compétents, c'est-à-dire qu'ils sont capables d'effectuer un contrôle réflexif de leur activité et des conditions dans lesquelles elles se déploient, c'est à dire le cadre de l'interaction et les contraintes qui le définissent. Cette réflexivité n'est pas une option résiduelle pour l'étude de la reproduction des systèmes sociaux. Au contraire, elle est profondément engagée dans l'organisation récursive des pratiques sociales.

Dans ce cadre, les systèmes sociaux (ensembles de pratiques sociales régulières, plus ou moins territorialisées) n'ont pas de structures, au sens d'une charpente ou d'un squelette, ou encore de «fonctions». Ils ont des propriétés structurelles qui assurent la persistance des pratiques sociales dans le temps et dans l'espace et qui sont actualisées dans les activités sociales : «les règles et les ressources utilisées par les acteurs dans la production et la reproduction de leurs actions sont en même temps les moyens de la reproduction du système social concerné»[126]. Ou encore : «Lorsque je prononce une parole, j'utilise les mêmes règles syntaxiques que celles que la parole prononcée contribue à produire.»[127] Les propriétés structurelles sont constituées par un ensemble de règles et de ressources, et c'est un point décisif de la théorie de la structuration. Les propriétés structurelles sont à la fois contraignantes et habilitantes. Elles sont utilisées par des agents dans différents contextes d'action et constituent à la fois le résultat des pratiques sociales et leur médium.

Dans ce cadre théorique, l'étude du social devient une analyse de la structuration, c'est-à-dire des modes par lesquels les systèmes sociaux sont produits et reproduits dans les interactions spatio-temporellement situées d'acteurs compétents qui utilisent les propriétés structurelles du système comme règles et ressources de leur action. L'étude de la structuration est inséparable d'un regard sur la vie quotidienne : la routinisation des pratiques ne signifie pas pour Giddens un contrôle réflexif moindre des acteurs sur leur activité, mais plutôt une attention soutenue aux conditions de leur activité qui sont en même temps les conditions de reproduction du système social. Par là, on peut saisir la motivation des agents comme une recherche d'une sécurité, d'une confiance ontologique fondamentale, par un contrôle réflexif du corps ancré dans la conscience pratique. Les acteurs, dans et par leur activité, se positionnent dans le système social. Cela signifie que non seulement ils font un usage réflexif du cadre de l'interaction comme contrainte et comme ressource, mais qu'ils opèrent aussi des régionalisations, des zonages de l'espace-temps par rapport à leurs pratiques routinisées, en définissant par exemple des zones liées à des contextes d'action familiers et routinisés et des zones à très large extension spatio-temporelle, comme les institutions.

Comment peut-on traduire les principes de la théories de la structuration en orientations théoriques pour une étude des normes linguistiques ? La théorie de Giddens offre certainement des ressources importantes, et ce pour plusieurs raisons.

1. D'abord, parce qu'elle permet un centrage sur l'activité linguistique sans en occulter le caractère structuré, ou même normé. Dans ce cadre, les règles (les normes) linguistiques peuvent être l'objet d'une conscience pratique et d'une conscience discursive de la part d'agents qui n'en sont pas moins engagés existentiellement dans l'énonciation, et plus large-

ment dans la totalité de l'échange. L'acteur se jette dans la parole, mais avec sa compétence, qui renvoie à un contrôle réflexif des conditions même dans lesquelles se déploie son activité linguistique.

2. Ensuite, le concept de dualité du structurel pourrait articuler ce que le modèle saussurien, ou en tout cas sa lecture «vulgaire» avait séparé, à savoir la langue et la parole; on pourrait par exemple, dans un intérêt renouvelé pour le *Cours de Linguistique Générale*, reformuler la distinction langue-parole en termes de dualité du structurel : la langue est un ensemble de propriétés structurelles, règles et ressources, utilisé par des agents dans différents contextes d'action (ou d'énonciation)[128] pour produire et reproduire des activités sociales (et des paroles) dans le même mouvement qu'ils contribuent (et que ces paroles contribuent) à reproduire le système social.

3. De plus, Giddens pourrait réintroduire une perspective génétique dans la définition de la langue, alors que, sans en être ignorée, elle n'était pas explorée par Saussure. Dans ce cadre, la langue est non seulement le médium des paroles, mais aussi leur résultat. Cela ouvre toute une série de questions liées à l'histoire de la langue : de quel type d'interactions sociales une langue donnée est-elle le «résultat»? De quel système social particulier constitue-t-elle une propriété structurelle? Quelles sont les modalités de sa reproduction et de ses transformations, portées par des agents concrets, engagés dans la reproduction et la transformation de quel système social? Comment caractériser et comprendre l'activité des agents qui utilisent la langue comme contrainte et comme ressource, sans nécessairement viser une intervention sur une langue constituée en système, autrement dit, comment peut-on aussi comprendre la langue (une langue) comme le résultat d'actions non intentionnelles? *L'étude des normes linguistiques est une analyse de la structuration : elle vise à comprendre la production et la reproduction d'un système social particulier à travers des activités multiples, essentiellement mais non exclusivement langagières, portées par des agents compétents qui utilisent ces règles comme des contraintes et des ressources pour leur propre activité.* Cela suppose plusieurs délimitations contextuelles : un système social particulier, situé dans l'espace et dans le temps (par exemple, la France comme Etat-nation, l'espace de communication francophone, la Belgique francophone, etc.); une langue particulière (et non pas la langue), en tenant compte des phénomènes de variation et de changement, c'est-à-dire qu'il ne s'agit pas de propriétés structurelles réifiées, figées dans le temps et dans l'espace, mais aussi de modalités de transformations (institutionnalisation-désinstitutionnalisation par exemple) ou de variations de ces propriétés structurelles (par exemple la norme du français contem-

porain, dans ses versions scolaires, médiatiques...); avec une identification précise d'un certain nombre de règles (par exemple l'orthographe); des interactions spatio-temporellement situées (par exemple les relations scolaires, les interactions routinisées entre familiers, les échanges médiatisés...) qui définissent des modes de régionalisation particuliers (par exemple, la zone de l'échange intime et à l'autre extrême, la zone de la citoyenneté...). La difficulté majeure, pour notre entreprise, mais peut-être aussi pour toute analyse en termes de structuration, tient probablement à la délimitation et à la définition du système social de référence. Giddens définit celui-ci comme l'ensemble des activités sociales régulières situées dans l'espace et le temps. Cela signifie qu'il peut désigner des univers très différents, selon l'angle d'étude choisi, mais aussi que l'on ne peut à cet égard faire l'économie de la question de la totalité sociale. Dans quel type de système social (dans quel type de totalité) les activités langagières des agents sont-elles enracinées? La définition du système social de référence, pour étudier les activités langagières en langue française devra prendre en compte, parmi d'autres contextes analytiques, l'institution de cette langue dans le cadre national français, même si celui-ci ne sert que de référence idéal-typique, à partir de laquelle on peut faire varier, dans le temps (le dépassement de l'Etat-nation) et dans l'espace (les entités francophones dites «périphériques») l'analyse des activités langagières prises dans des inscriptions multiples.

La théorie de la structuration est centrée sur une analyse des activités sociales. Elle permet cependant aussi une entrée par les institutions, moyennant une épochè raisonnée des activités significatives pour les agents. Dans ce cadre, on cherche alors à saisir les circuits de (re)production qui permettent l'extension dans l'espace et le temps d'une institution particulière. Cette entrée par les institutions est une voie qui s'impose parce qu'une des spécificités de l'espace francophone est de construire la langue française non seulement comme un ensemble de règles et de ressources (le trésor de la langue) mais aussi comme une institution douée d'une forte extension spatio-temporelle.

La langue française institutionnalisée, c'est non seulement un ensemble de règles et de ressources utilisées par les agents, c'est aussi une théorie normative qui réifie ces propriétés structurelles. C'est-à-dire qu'au cours de l'histoire, des acteurs particuliers ont contribué à construire un discours théorique (philologique, pédagogique, politique) sur la langue française en la constituant comme un ensemble de normes décrochées de leur genèse sociale. Ces discours sur la langue ont pris de multiples formes : on pense par exemple aux discours sur le bon usage, à celui de la Convention sur la langue de la République et les patois, ...

mais ils aboutissent tous à doter la langue (et les normes ainsi construites) de propriétés symboliques fortes.

Cela signifie que la langue française, comme ensemble de règles et de ressources en transformation constante et utilisables dans de multiples contextes d'action, est l'objet d'une activité discursive qui la désencastre (partiellement) des circuits de reproduction sociale qui sont aussi les circuits de sa reproduction et de ses transformations. A la dynamique «simple» de la structuration, s'ajoute une dimension théorique qu'il ne faut pas pour autant saisir en dehors du cadre de la dualité du structurel. Ce discours théorique-normatif sur la langue française est aussi une propriété structurelle utilisable par des agents dans leurs activités. De plus, la genèse de ces discours peut être rapportée aux activités d'agents spécifiques qui s'assurent par là les conditions de reproduction et de production de leurs activités.

L'institution du français n'est donc pas une histoire différente de celle qui a contribué à construire les normes pragmatiques d'usage de la langue, elle en fait partie. Il faut à la fois lui assigner un statut spécifique (historiquement motivé) et aussi la comprendre dans la dynamique plus générale de production du système social dans laquelle elle est engagée. C'est pourquoi, dans la suite de l'exposé, on se référera au cadre général de la théorie de la structuration, en acceptant la priorité analytique accordée aux pratiques sociales, tout en privilégiant, à de nombreuses reprises, une entrée par les institutions, sans pour autant les décrocher du cadre de la structuration.

A partir de ces orientations, on peut reformuler la question de départ en d'autres termes : on s'interrogeait sur l'émergence, la reproduction et l'usage des normes linguistiques dans l'espace francophone, en affirmant comme position de principe l'être social de la langue. On peut à présent préciser que les normes linguistiques peuvent être décrites comme des propriétés structurelles (contraignantes et habilitantes) grâce auxquelles des agents compétents déploient des activités (langagières et sociales) spatio-temporellement situées qui contribuent à la production et à la reproduction d'un système social particulier. Ces normes peuvent être l'objet chez les agents non seulement d'une conscience pratique, mais aussi d'une conscience discursive, et donc d'un contrôle réflexif qui est la condition même de la continuité du système. De plus, ces normes peuvent être l'objet d'une activité discursive spécifique (une théorie normative) qui les réifie et accentue considérablement leur poids symbolique dans une configuration sociale particulière. Il faudra ainsi proposer un double cadre pour l'analyse : d'abord un cadre général centré sur les activités sociales spatio-temporellement situées d'agents compétents qui utilisent les normes comme contraintes et ressources pour la reproduction d'un système social et le cadre plus étroit, mais enchâssé dans le premier, d'une entrée par les institutions, c'est-à-dire des propriétés structurelles hors espace-temps soumises à une réification par un discours théorique-normatif qui prend place dans un type particulier d'activité sociale.

2.2. La sociologie des formes sociales

Simmel construit une sociologie fondée sur l'échange social, sur l'action réciproque. Par elle-même, l'action réciproque est insaisissable, parce qu'elle est en mouvement perpétuel, et parfaitement labile : c'est la vie même. Mais les échanges sont l'objet d'une mise en forme. Les formes sociales sont des cristallisations d'actions réciproques ; elles en assurent la stabilité et l'intelligibilité. Ce sont ces formes sociales, comme cristallisations d'actions réciproques, qui constituent l'objet d'étude de la sociologie, et non la «matière» même des échanges : «La sociologie doit chercher ses problèmes, non dans la matière de la vie sociale, mais dans sa forme ; et c'est cette forme qui donne leur caractère social à tous ces faits dont s'occupent les sciences particulières.»[129] La forme sociale est chez Simmel à la fois un principe d'unité face à la diversité des échanges, et un principe d'intelligibilité qui autorise un regard sociologique, comme la forme de l'expression linguistique autorise une linguistique.

Plus concrètement, la forme sociale peut désigner par exemple les modes de groupement des hommes entre eux, et qui peuvent se laisser saisir indépendamment de la diversité des intérêts et des finalités qu'ils poursuivent, qu'ils soient politiques, religieux ou artistiques par exemple. Dans ce sens, la forme est avant tout un concept heuristique. La vie, les échanges sont par eux-mêmes inintelligibles parce qu'ils sont multiples et changeants ; il faut donc en saisir les formes par une opération intellectuelle qui unifie ce qui est séparé et qui abstrait des modalités de la vie sociale. La forme, comme cristallisation et modalité de l'action réciproque ne découpe cependant pas un objet d'étude réifié ; Simmel centre au contraire son propos sur les processus sociaux, par lesquels les formes sociales peuvent se maintenir (ou ne pas se maintenir) : «le sociologue doit chercher de plus en plus à atteindre ces processus particuliers qui produisent réellement les choses sociales»[130].

La vie, définie comme multiplicité et mouvement, ne peut se réaliser qu'en engendrant des formes objectivées et autonomisées[131]. Ces cristallisations autonomisées, figées, réifiées forment la culture, qui s'oppose aux flux de la vie. Ainsi, la vie engendre pour se déployer des objets culturels qui se retournent contre elle parce qu'ils s'autonomisent et lui imposent des formes stables et figées. C'est la tragédie de la culture. «La vie frémissante, fiévreuse de l'âme... voit se dresser en face d'elle sa propre production, ferme, idéellement immuable, avec l'inquiétant effet de retour de fixer cette vivacité, de la figer; on dirait souvent que la mobilité féconde de l'âme meurt par sa propre production.»[132] De plus, la modernité est caractérisée par une exacerbation du conflit entre la vie et les formes : non seulement la culture moderne tente de mettre les formes à distance, mais celles-ci n'ont jamais été aussi «dures» et aussi abstraites. «La culture moderne serait aimantée par une aspiration à l'immédiateté, qui trouverait à s'épanouir dans les thèmes de l'émotivité, des sensations, de l'authenticité, de la spontanéité, etc. [...] D'autre part, la période moderne serait marquée par une hypertrophie des formes objectivées et par une propagation irrésistible des mécanismes régulateurs abstraits. En s'autonomisant selon une logique propre, les formes objectivées et les moyens abstraits formeraient le noyau dur d'un processus de rationalisation du monde qui ne ferait qu'accroître l'écart séparant la vie et les formes. Aussi, l'aporie de la vie qui voudrait se suffire à elle-même est redoublée par le durcissement des formes contre lesquelles l'élan vital vient se briser.»[133]

Ces propos sur la tragédie de la culture et sur la crise de la culture propre à la modernité pourraient suggérer les questions suivantes : la langue est-elle un type de forme sociale, engendrée par l'esprit subjectif (dans l'action réciproque) et qui s'autonomise, se réifie, et finit par constituer un carcan formel, d'autant plus que les aspirations des individus tendent au jaillissement de la parole, à l'assomption de la parole créatrice ? La langue est-elle prise dans le jeu tragique d'une culture en crise ? Les individus contemporains ont-ils tendance à affirmer une parole «autochtone», jaillissante, vivante, contre la langue perçue comme forme pétrifiée (avec ses dictionnaires, ses grammaires, ses académies, ses «philosophes de cabinet», selon l'expression de Herder) ?

Le thème de la mise à distance de la langue-forme morte et contraignante est certainement un des repères qui peuvent entrer dans l'interprétation d'un type de rapport contemporain aux normes linguistiques, et en particulier à l'orthographe. Nous verrons plus loin que cette attitude est souvent corollaire d'un sentiment de dépossession de la langue et d'une revendication de réappropriation qui peut s'exprimer en ces termes : la langue appartient à tout le monde; la langue, c'est la vie... Le thème simmelien de la crise de la culture peut être utilisé comme un des cadres interprétatifs de certaines représentations contemporaines du rapport à la langue. Mais si on peut lui assigner un statut interprétatif, cela ne signifie pas nécessairement qu'il constitue un point d'ancrage théorique-analytique plus général. Avant de s'en assurer, il convient d'abord de préciser la définition de la langue comme forme sociale et de la soumettre à l'épreuve d'une confrontation avec les repères déjà construits jusqu'ici.

A partir de la définition simmelienne, différents développements de la notion de forme peuvent être distingués, comme le suggère J-P. Delchambre[134]. D'une part, une définition de la forme comme contenant, opposé à contenu (par l'opposition simmelienne entre forme et matière) et une définition de la forme comme incarnation du social, chez Ledrut ou Remy notamment. La première voie peut donner lieu à une compréhension du social (ou plutôt de la socialisation) comme une imposition exogène d'une forme à une matière, comme un modelage. C'est ainsi par exemple que, pour Maquet[135], une partie de la subjectivité d'un individu serait redevable de formes qui proviennent de l'extérieur. La notion de forme peut alors être vue comme une instance de transformation des caractéristiques externes de l'individu en qualités internes, comme un lieu d'intériorisation. Dans ce sens, la notion de forme comme lieu de transposition (externe/interne; social/individuel) peut assez facilement se laisser saisir comme une instance médiatrice entre un monde objectif et une subjectivité, entre une rationalité structurale et une rationalité individuelle, assez proche de la notion d'habitus chez Bourdieu.

Un autre développement de la notion de forme, fondé aussi sur l'inspiration simmelienne, mais avec quelques distances, décrit plutôt la forme comme une élaboration du système de la personnalité qui n'est pas défini ici comme une pure intériorité individuelle. Dans ce sens, la forme est plutôt une incarnation individuelle de réalités sociales. C'est une stabilisation provisoire, «une structure en mouvement qui ne peut-être représentée que dans un espace toujours vectoriel»[136]. Merleau-Ponty aurait probablement pu préciser que la forme est un *corps*, non pas comme une enveloppe de la conscience, mais comme principe d'activité et d'orientation du sujet dans le monde et vers autrui. *A priori*, la langue, et *a fortiori* les activités langagière se laissent assez difficilement appréhender par une forme-contenant, comme formalisation exogène de la «matière» expressive, comme nous l'avons vu précédemment[137], principalement parce qu'une telle définition risque de réduire les pratiques langagières à des activités sémiotiques, en occultant leurs dimensions sémantiques. On s'attachera davantage à explorer la langue comme forme-incarnation de l'échange social.

A priori, la langue peut être caractérisée comme une cristallisation d'échanges langagiers. Mais une telle formulation, dans son évidence, n'éclaire pas encore avec précision la diversité fondamentale de la vie du langage. Pour préciser davantage, il convient sans doute de s'attacher à définir les activités langagières comme des productions de formes langagières provisoires mais qui peuvent être stabilisées, voire institutionnalisées (par des activités spécifiques), et constituer ainsi un univers de contraintes et de ressources (la langue) utilisable par les individus pour construire leurs échanges et ainsi créer de nouvelles formes. Les formes langagières, c'est à dire les discours effectivement prononcés dans les échanges, sont des stabilisations provisoires, des équilibres précaires entre une exigence de projection de l'individu dans la parole et une exigence de conformité, de reconnaissance d'un code commun. Les formes ainsi engendrées dans l'activité langagière, confrontées à d'autres formes, à d'autres types d'activités sociales, peuvent être stabilisées et institutionnalisées, c'est-à-dire dégagées de l'espace-temps de leur émergence et étendues à d'autres contextes d'échange.

Ces formes stabilisées et institutionnalisées constituent la langue, qui est un ensemble de propriétés structurelles, un ensemble de contraintes et de ressources que les agents peuvent mobiliser pour construire leurs échanges langagiers, les formes de leur activité linguistique. Les formes objectivées et autonomisées qui s'opposent chez Simmel au flux de la vie, dans la tragédie de la culture, sont en fait des formes institutionnalisées, arrachées à leur enracinement spatio-temporel et constituées en propriétés structurelles. Alors que Simmel en accentue le caractère contraignant, nous avons vu que Giddens insiste sur les ressources qu'elles constituent pour l'activité sociale. La langue, comme propriété structurelle, est-elle une forme à la fois habilitante et contraignante, ou brise-t-elle le flux de la vie, autrement dit, la langue tue-t-elle la parole?

3. SOCIOLOGIE DES NORMES LINGUISTIQUES

La langue peut être définie comme un ensemble de propriétés structurelles utilisées dans différentes énonciations. Elle est à la fois le medium et le résultat des échanges qui contribuent sans arrêt à l'actualiser et à la transformer. L'étude de la langue peut ainsi prendre la forme d'une étude de la structuration, qui vise à comprendre la production et la reproduction d'un système social particulier à travers des activités multiples d'agents compétents.

La théorie de la structuration autorise aussi une entrée par les institutions, qui nous sera particulièrement précieuse ici : dans ce cadre, on cherche à éclairer la dynamique de (re)production qui permet l'extension dans l'espace et le temps d'une institution particulière. La langue française est en effet non seulement un ensemble de propriétés structurelles en constante transformation, elle est aussi une institution douée d'une large extension spatio-temporelle. Comprendre l'émergence des normes linguistiques dans l'espace francophone, et en particulier l'émergence de l'orthographe française, suppose aussi une analyse de l'institution de la langue française, à travers l'élaboration d'un discours théorique-normatif. Si l'on reste dans le cadre construit par Giddens, on peut faire l'hypothèse selon laquelle les théories normatives de la langue française stabilisent et réifient des propriétés structurelles, qui sont alors décrochées de leur genèse sociale en même temps qu'elles sont dotées de propriétés symboliques fortes. Ce discours théorique, qui désencastre partiellement des normes des circuits routinisés de reproduction sociale, doit être lui-même compris comme le résultat d'une activité de différents agents concrets, dans des contextes spatio-temporels concrets. La théorie normative ainsi construite est elle-même une propriété structurelle, mobilisable par les agents non seulement comme contrainte, mais aussi comme ressource à leur activité. Nous sommes alors en mesure de définir un double cadre d'analyse :

– une priorité analytique aux pratiques sociales, à l'énonciation, à l'activité des agents qui utilisent des normes contraignantes et habilitantes pour reproduire et produire un système social;

– une entrée par les institutions (en particulier l'institution de la langue française), considérées comme des propriétés structurelles hors espace-temps, ou plutôt à forte extension spatio-temporelle, en situant les discours théoriques normatifs de l'institution du français dans la dynamique de la structuration, c'est-à-dire en les considérant comme le résultat d'activités spécifiques d'agents concrets et comme un ensemble de normes à la fois contraignantes et habilitantes pour diverses activités sociales et langagières.

Les normes du français, et en particulier l'orthographe, sont des formes sociales stabilisées, des propriétés structurelles constamment réinterprétées et réélaborées dans l'activité linguistique, et susceptibles de donner lieu à une réflexivité, mais aussi en partie institutionnalisées, c'est-à-dire étendues à un espace-temps très large, et soumises à l'élaboration, par des agents concrets, d'un discours théorique normatif qui les constitue en soi comme une propriété structurelle du système social. Nous avons donc à présent une idée de la dynamique par laquelle l'orthographe, comme forme sociale stabilisée et institutionnalisée, a pu être construite et continue constamment à l'être. Nous pouvons également comprendre l'usage que les agents en font, en la mobilisant comme contrainte et comme ressource pour leurs activités linguistiques, qui contribuent à produire et reproduire un système social. Il faut à présent entamer une étude plus concrète à partir de ces axes, et notamment, éclairer le processus d'institution du français et de son orthographe (Chapitre 2), et préciser les modalités concrètes de son utilisation et de ses élaborations dans les activités sociales qui contribuent à dynamiser la société contemporaine (Chapitre 3).

NOTES

[1] Saussure F. (de -), 1979, p. 112.
[2] Mauro T. (de -), 1979, *Introduction à F. de Saussure*, Cours de linguistique générale.
[3] Calvet L.-J., 1975.
[4] Calvet [1975] signale notamment que par d'autres études moins connues, Saussure s'écarte de «l'objectivisme abstrait» qui caractérise le CLG. Entre 1906 et 1910, il travaillait à une recherche sur les anagrammes dans la poésie latine. Il supposait par là une activité cryptique du poète, un «texte sous le texte». Malgré les critiques dont ils firent l'objet, ces travaux furent signalés par Jakobson et Kristeva comme une ouverture sur la polyphonie du langage. Par ailleurs, dans sa correspondance à Meillet notamment, Saussure avouait son piètre intérêt pour la linguistique. Elle n'était pour lui qu'une voie de passage obligé pour appréhender d'autres recherches, une façon de «déblayer le terrain». Il écrit àMeillet : «C'est en dernière analyse seulement le côté pittoresque d'une langue, celui qui fait qu'elle diffère de toutes les autres comme appartenant à un certain peuple ayant certaines origines, c'est ce côté presque ethnographique qui conserve pour moi un intérêt» [Godel R., 1969, *Les sources manuscrites du cours de linguistique générale de F. de Saussure*, Genève, cité par Calvet, 1975].
[5] Meillet A., 1948, p. 231.
[6] Saussure F. (de -), 1979, p. 20.
[7] Durkheim E., 1986, p. 143.
[8] *Op. cit.*, p. 6.
[9] *Op. cit.*, p. 143.
[10] Saussure F. (de -), 1979, p. 23.
[11] *Op. cit.*, p. 24.
[12] *Op. cit.*, p. 32.
[13] *Op. cit.*, p. 36.
[14] *Op. cit.*, p. 24-25.
[15] *Op. cit.*, p. 31.
[16] Durkheim E., 1986, p. 109.
[17] *Op. cit.*, p. 143.
[18] *Op. cit.*, p. 5.
[19] *Op. cit.*, p. 5.

[20] *Op. cit.*, p. 9.
[21] *Op. cit.*, p. 11.
[22] *Op. cit.*, p. 10.
[23] *Op. cit.*, p. 9.
[24] *Op. cit.*, p. 11.
[25] *Op. cit.*, p. 103.
[26] *Op. cit.*, p. 28.
[27] *Op. cit.*, p. 45.
[28] Saussure F. (de -), 1979, p. 30.
[29] *Op. cit.*, p. 30.
[30] *Op. cit.*, p. 38.
[31] *Op. cit.*, p. 37.
[32] *Op. cit.*, p. 37-38.
[33] *Op. cit.*, p. 116.
[34] *Op. cit.*, p. 124.
[35] *Op. cit.*, p. 43.
[36] *Op. cit.*, p. 125.
[37] Calvet L.-J., 1975, p. 83-84.
[38] Saussure F. (de -), 1979, p. 30.
[39] *Op. cit.*, p. 112.
[40] *Op. cit.*, p. 134.
[41] Durkheim E., 1986, p. 8.
[42] Saussure F. (de -), 1979, p. 30.
[43] *Op. cit.*, p. 38.
[44] *Op. cit.*, p. 108.
[45] Durkheim E., 1986, p. 4.
[46] Saussure F. (de -), 1979, p. 105.
[47] *Op. cit.*, p. 31.
[48] *Op. cit.*, p. 37.
[49] Durkheim E., 1986, p. 6.
[50] Meillet A., *Compte-rendu du Cours de linguistique générale de Ferdinand de Saussure*, Bulletin de la Société linguistique de Paris, p. 166, cité par Calvet L.-J., 1993, p. 6.
[51] Meillet A., 1948, p. 16.
[52] *Op. cit.*, p. 17.
[53] *Op. cit.*, p. 17.
[54] *Op. cit.*, p. 235.
[55] *Op. cit.*, p. 245.
[56] *Op. cit.*, p. 246.
[57] *Op. cit.*, p. 248.
[58] *Op. cit.*, p. 250.
[59] *Op. cit.*, p. 257.
[60] *Op. cit.*, p. 230.
[61] Labov W., 1976, p. 260.
[62] *Op. cit.*, p. 259.
[63] *Op. cit.*, p. 259.
[64] *Op. cit.*, p. 261.
[65] Martinet A., 1964, *Structural Variation in Langage*, in Congress of Linguistics, La Haye, Mouton, cité par Labov W., 1976, p. 367.
[66] Encrevé P., 1976, *Labov, linguistique, sociolinguistique*, présentation de Labov W., 1976, p. 11.
[67] Labov W., 1976, p. 283.

[68] *Op. cit.*, p. 360.
[69] *Op. cit.*, p. 363.
[70] *Op. cit.*, p. 383.
[71] Bourdieu P., 1982.
[72] Labov W., 1976, p. 176.
[73] *Op. cit.*, p. 187.
[74] *Op. cit.*, p. 418.
[75] *Op. cit.*, p. 341.
[76] *Op. cit.*, p. 430.
[77] Encrevé P., 1976, *Labov, linguistique, sociolinguistique*, présentation de Labov W., 1976, p. 12.
[78] *Op. cit.*, p. 9.
[79] Achard P., 1993, p. 35.
[80] Calvet L.-J., 1993, p. 78.
[81] *Op. cit.*, p. 78.
[82] Achard P., 1993, p. 66-67.
[83] *Op. cit.*, p. 70.
[84] Voir par exemple Houdebine A.-M., 1982.
[85] Francard M., 1993.
[86] Elias N., 1991, p. 138.
[87] Merleau-Ponty M., 1945, p. 203-204.
[88] *Op. cit.*, p. 207.
[89] *Op. cit.*, p. 213.
[90] *Op. cit.*, p. 462.
[91] *Op. cit.*, p. 461.
[92] *Op. cit.*, p. 448.
[93] Wittgenstein L., 1986, p. 257, alinéa 432.
[94] *Op. cit.*, p. 125, alinéa 23.
[95] *Op. cit.*, p. 121, alinéa 19.
[96] Moeschler J. et Reboul A., 1994, p. 22.
[97] Achard P., 1993, p.
[98] *Op. cit.*
[99] Jusqu'en 1950, la théorie linguistique officielle en URSS était celle qui avait été élaborée par Nicolaï Marr sous le nom de nouvelle théorie linguistique. Au départ, Marr postule une origine commune à toutes les langues du monde. Ensuite, la langue originelle va se diversifier, notamment sous l'action de la division de la société en classes sociales. Dans ce cadre, l'avènement mondial du socialisme devait entraîner inévitablement la disparition des langues diversifiées et la construction d'une langue unique, homogène. Il affirmait par là le primat de la dynamique de la lutte des classes sur celle d'une affirmation nationale et le caractère fondamentalement superstructurel de la langue. Or, lorsque le problème des nationalités fut au centre du débat politique en URSS, Staline proposa, par l'intermédiaire de La Pravda [1950], une mise au point qui reléguait la nouvelle théorie linguistique aux oubliettes [voir Staline, 1975]. Staline refusait de considérer que l'opposition entre différentes langues puisse être rapportée à une lutte des classes qui redoublerait en quelque sorte, et donnerait son sens à des luttes nationales. Dans cette mise au point qu'il présentait comme une discussion ouverte avec des jeunes camarades, Staline précisait que la langue n'est pas une superstructure et n'a pas une nature de classe. La langue est un instrument à l'aide duquel les hommes communiquent entre eux. Elle est directement liée à l'activité productrice et par là, c'est un instrument neutre. Calvet [1975] relève à juste titre que si Staline affirme la neutralité de la langue, par son intervention même, il démontre le caractère politique des théories linguistiques.

[100] Bakhtine M., 1977, p. 97.
[101] *Op. cit.*, p. 99.
[102] *Op. cit.*, p. 99.
[103] *Op. cit.*, p. 102.
[104] *Op. cit.*, p. 102.
[105] On pourrait adresser le même reproche à la théorie générativiste de Chomsky. Celui-ci a remis le sujet au centre de son étude du langage, alors que la linguistique structurale l'avait évacué. Mais le sujet chez Chomsky est réduit à un modèle producteur, c'est un individu type, une abstraction de sujet qui produit des énoncés monologiques.
[106] *Op. cit.*, p. 105.
[107] Ou encore la polyphonie du langage, selon les termes de Ducrot. Bakhtine et Ducrot mettent en doute l'unicité du sujet parlant. Ducrot distingue notamment le locuteur, responsable de l'énonciation, et l'énonciateur, qui peut être multiple et désigne alors tous les êtres dont l'énoncé exprime la voix.
[108] *Op. cit.*, p. 146.
[109] *Op. cit.*, p. 117. Notons la distance avec les propos sur le même thème de Saussure, mais aussi de Durkheim. En revanche, le point de vue de Meillet est plus proche de celui de Bakhtine à cet égard.
[110] *Op. cit.*, p. 122.
[111] *Op. cit.*, p. 124.
[112] *Op. cit.*, p. 141.
[113] Lahire B., 1993, p. 24.
[114] *Op. cit.*, p. 84.
[115] Valéry P., 1971, *Tel quel*, Paris, Gallimard, tome 2, p. 156, cité par Lahire B., 1993, p. 135.
[116] *Op. cit.*, p. 103.
[117] Au sens de M. Mauss.
[118] La difficulté à choisir entre les deux termes vient probablement du fait qu'une conscience de la langue pour elle-même définit toujours un rapport «méta» à l'activité linguistique. Pour clarifier le propos, on pourrait s'inspirer de la distinction de Giddens entre conscience pratique et concience discursive. La conscience pratique du langage renverrait alors à la conscience de l'échange langagier comme activité totale où les interlocuteurs sont engagés; la conscience discursive du langage est, quant à elle, une prise en compte de la langue pour soi, quel que soit le registre évaluatif ou expressif de cette conscience.
[119] Gellner E., 1989.
[120] Meillet A., 1948, p. 231.
[121] Lahire B., 1993, p. 13.
[122] Herder G.J., 1986.
[123] En breton, badume signifie «de chez nous». Depuis l'organisation à Brest, en juin 1994, d'un colloque international intitulé «Badume-standard-norme» ce terme désigne «des formes très locales héritées de la société rurale, correspondant à un état de langue colloïdal peu ou pas conditionné par les institutions sociales présentes» [Le Berre Y. et Le Dû J., 1996].
[124] Le Berre Y. et Le Dû J., 1996.
[125] Bourdieu, 1982.
[126] Giddens A., 1987, p. 68.
[127] *Op. cit.*, p. 74.
[128] Et donc par là, elle prend une dimension nécessairement pragmatique, mais aussi plurielle, puisque engagée dans des contextes d'action variés, et utilisée par des agents susceptibles de se positionner de multiples façons dans l'espace et le temps.
[129] Simmel G., 1981, p. 172.

[130] *Op. cit.*, p. 174.
[131] Le développement de cette question suit de très près la lecture de J.-P. Delchambre, 1993, p. 105-157.
[132] Simmel G., 1988, *La tragédie de la culture*, Paris, Rivages, p. 184, cité par Delchambre J.-P., 1993, p. 125.
[133] Delchambre J.-P., 1993, p. 128.
[134] Delchambre J.-P., 1993, p. 110-113.
[135] Cité par Delchambre, *op. cit.*
[136] Delchambre J.-P., 1993, p. 113, d'après Remy.
[137] Par exemple, par la discussion autour de langue-système et langue-activité.

Chapitre 2
L'institution de l'orthographe

Qu'est-ce que l'orthographe? Elle pourrait être définie de deux façons : comme un code graphique, c'est-à-dire comme un système de normes façonnées et utilisées dans la pratique de l'écriture; et comme une institution, c'est-à-dire comme un ensemble de normes qui ont été généralisées, décontextualisées et sacralisées dans la dynamique complexe de production et de reproduction d'un système social. Mais le code graphique et l'institution ne sont pas deux réalités distinctes; ils doivent être saisis dans la même démarche analytique. Le code graphique a été construit dans et par le mouvement d'institutionnalisation de l'orthographe, et celle-ci est tout simplement insaisissable dans la pratique sociale si on occulte le corpus concret de normes sur lequel elle se fonde.

Il est pourtant difficile de traiter constamment de ces deux aspects en même temps. Les auteurs consultés sur l'histoire de l'orthographe indiquent souvent la complémentarité d'une approche interne, linguistique, centrée sur le code graphique et d'une approche externe, qui tente d'expliquer la création et la transformation du code graphique par des facteurs culturels et sociaux[1]. Mais si les intentions sont claires, en prenant la définition de l'orthographe comme code graphique au départ du raisonnement, ces auteurs sortent difficilement du système linguistique, sauf pour signaler des voies d'exploration périphériques ou pour situer les phénomènes linguistiques dans un univers social morcelé et non systématique. D'un autre côté, comprendre une institution sans préciser le corpus de normes qu'elle construit et sur lequel elle se fonde est une entreprise périlleuse. On y risque à tout moment la dilution dans la généralité du système social, dans une globalité monstrueuse et finalement appauvrissante.

Quelle voie fallait-il choisir? Faute de solution toute faite, on a préféré la voie de l'alternance. D'abord, on tracera les grandes lignes qui permettent de saisir le modèle culturel dans lequel l'orthographe prend son sens, plus précisément, celui de l'universalisation de l'écriture, de la théorie du *Bon Usage* et de l'affirmation de la langue nationale. Ensuite, on explorera l'émergence et la transformation du code graphique en indiquant les éléments importants du cadre social et culturel de cette évolution. Enfin, on reviendra sur une définition de l'orthographe comme une institution qui associe étroitement un code graphique, des pratiques d'écriture, des représentations de la langue et de la société.

L'orthographe, qui n'était encore au XVIIIe siècle qu'un art d'écrire, une esthétique du choix entre divers usages[2], s'est institutionnalisée dans un processus long et complexe qui trouve son aboutissement dans la pédagogie de la langue telle qu'elle fut pratiquée par l'école du XIXe siècle. Pour saisir le processus d'institutionnalisation de l'orthographe, sa fixation, son extension dans l'espace et dans le temps et la construction de cette norme dans l'usage linguistique, il faut comprendre ses affinités avec trois phénomènes profondément imbriqués entre eux et qui participent à la construction de ce que l'on désigne généralement sous le terme de modernité : la logique de l'écriture et le processus de scripturalisation du monde, qui créent un horizon de langue *per se*, objectivable, susceptible d'être façonnée par des normes abstraites; l'affirmation du principe du statut conquis (et l'affaiblissement du statut prescrit) dans les pratiques d'évaluation sociale, par la valorisation de l'effort, du mérite, de la quête de conformité dans les théories du *Bon Usage*; et enfin un processus d'affirmation nationale en France, qui dès les toutes premières attestations du français, se construit en créant une langue nationale que les révolutionnaires, de 1789 à 1794, associeront étroitement à une définition de la démocratie.

L'orhographe peut ainsi apparaître comme le fruit de la congruence des logiques de l'écriture, du *Bon Usage*, et de l'affirmation nationale et démocratique en France. Nous suivrons d'abord ces trois dynamiques, en cherchant à éclairer les normes qu'elles construisent et qui ont pu être utilisées comme des ressources par les différents acteurs qui sont intervenus pour fixer l'orthographe française. Ensuite, nous examinerons l'édification de l'orthographe comme corpus techniquement transmis par l'école du XIXe siècle, avant de formuler une nouvelle définition de l'orthographe comme institution.

1. LA LOGIQUE DE L'ÉCRITURE

A l'évidence, l'orthographe est une norme d'écriture. Mais quel rapport entretiennent la langue écrite et la langue orale ? D'un point de vue technique, on aurait pu se borner à dresser la liste des différences entre les registres de l'oral et de l'écrit. Mais pour comprendre l'émergence de l'orthographe et la signification qu'elle prend dans le monde francophone, aujourd'hui comme hier, il faut aussi saisir les mutations culturelles profondes introduites par l'écriture et qui sont la condition nécessaire des processus complexes que nous appelons modernité[3]. L'histoire de l'émergence de l'orthographe est inextricablement liée à celle de la diffusion massive de la culture écrite. Et plus précisément encore, à celle de la diffusion de savoirs scripturalisés dans des modalités particulières de relations sociales, apparues dès la fin du XVIIe siècle, et que certains chercheurs désignent sous le terme de forme scolaire.

1.1. La raison graphique

La spécificité de l'écriture comme mode de connaissance et ses relations nécessaires avec le processus de rationalisation ont été mises en évidence par Jack Goody. Depuis la publication de ses ouvrages, on ne peut plus considérer l'écriture, à l'instar des linguistes du début du siècle, comme la simple transcription des énoncés oraux. C'est une transformation profonde des processus cognitifs, du langage et de l'organisation sociale en général qui s'opère avec l'introduction et l'extension de la raison graphique dans nos sociétés. Goody fonde ses observations et ses analyses sur l'hypothèse que « tout changement dans le système des communications a nécessairement d'importants effets sur les contenus transmis »[4]. Le changement le plus décisif dans l'histoire de la connaissance fut certainement l'apparition de l'écriture et, avec elle, de la pensée écrite et du savoir graphique. La raison graphique transforme les modes de connaissance du monde et le rapport au langage, y compris au langage oral. De plus, les ouvertures cognitives réalisées par l'écriture auront un impact considérable sur l'organisation politique des sociétés et sur les pratiques économiques.

1.1.1. La spécificité de l'écrit

Goody refuse de ne voir dans l'écriture qu'un doublet visuel, qu'une représentation de la parole, comme le suggère Saussure : « Langue et écriture sont deux systèmes de signes distincts ; l'unique raison d'être du second est de représenter le premier ; l'objet linguistique n'est pas défini par la combinaison du mot écrit et du mot parlé; ce dernier constitue à lui seul cet objet.»[5] L'écriture est bien plus qu'une notation d'énoncés oraux, qu'une dérivation de l'oral. Goody s'inspire des travaux de Vachek qui définissait l'écriture comme un registre linguistique distinct de l'oral et pour qui, à l'intérieur d'une seule et même langue[6], coexistent deux normes, celle de l'écrit et celle du parlé. «La norme parlée du langage est un système d'éléments linguistiques phonétiquement exprimables dont la fonction est de réagir à un stimulus donné (qui généralement implique une urgence) de manière dynamique [...] et qui exprime normalement non seulement l'aspect purement communicatif mais aussi l'aspect émotionnel de la réaction qu'a l'utilisateur du langage. La norme écrite est un système d'éléments linguistiques graphiquement exprimables dont la fonction est de réagir à un stimulus donné (qui généralement n'implique pas d'urgence) de manière statique [...] et qui est particulièrement centré sur l'aspect purement communicatif.»[7]

La structure syntaxique des énoncés diffère notablement d'un registre à l'autre, tant au plan lexical (par exemple mots plus longs, abondance des substantifs à l'écrit; mots plus courts, abondance des verbes à l'oral), qu'au plan syntaxique (par exemple importance des subordonnées à l'écrit et des coordonnées à l'oral)... L'écrit permet une perception plus explicite des règles grammaticales : l'écriture est une activité d'explicitation de règles implicites qui, une fois énoncées comme telles, en viennent à constituer un modèle normatif des comportements. L'écriture est aussi un travail de décontextualisation des énoncés qui permet de prendre vis-à-vis d'eux une distance réflexive. Cela signifie que l'apprentissage de l'écriture ne consiste pas, comme le pensait Chomsky, à rendre conscient un système qui opère fondamentalement dans la langue parlée; c'est l'apprentissage d'une autre variété de langue. Dans cette perspective, l'écriture et le discours sont tout au plus des variantes, si pas des formes concurrentes de la même langue. «Le mot écrit ne remplace pas la parole, pas plus que la parole ne remplace le geste; mais il ajoute une importante dimension à bien des actions sociales.»[8].

1.1.2. Ecriture et connaissance

Le développement de l'écriture introduit une série de changements successifs, qui ne constituent pas une mutation unique et qui aboutissent à l'écriture alphabétique. La spécificité de l'écriture est reliée étroitement à l'avènement des modes de pensée rationnels, abstraits, scientifiques. L'écriture est en effet la condition concrète du processus de stockage et d'accumulation du savoir qui caractérise le travail scientifique. Alors que l'énonciation orale est toujours un acte singulier, circonstancié et interpersonnel, l'écrit peut s'affranchir des contraintes du discours. La disponibilité du texte en dehors de son contexte spatio-temporel de production permet d'opérer une mise à distance, une manipulation des énoncés qui ouvre la possibilité d'une somme importante d'activités intellectuelles. Par exemple, le développement de la logique ne peut se comprendre que par le recours à l'écriture : c'est la transcription des énoncés qui permet de séparer les parties du discours, d'en manipuler l'agencement, et enfin de les traduire sous forme de syllogismes. En fragmentant le flux de la parole, l'écrit ouvre la possibilité de comparer différentes parties du texte, d'y déceler des contradictions qui ne seraient pas perceptibles à l'oral. En outre, des textes produits dans des contextes spatio-temporels et interpersonnels très différents peuvent ainsi être confrontés, comparés, critiqués. Le recours à l'écrit favorise ainsi l'activité critique, la rationalité, l'attitude sceptique, la pensée logique. La vie intellectuelle des sociétés orales était dominée par les problèmes de mémorisation : l'écriture libère en partie l'intelligence de ces contraintes et ouvre un champ intellectuel plus vaste. Sans écriture, pas de logique formelle, de philosophie ou même d'algèbre, qui suppose une formalisation écrite des propositions. Même la chronologie linéaire, fondée sur des suites numériques partant d'un point fixe est une production de la raison graphique.

Le texte écrit suppose la maîtrise pratique des structures syntaxiques et sémantiques du langage. Par le recours à l'écriture, ces structures ne gagnent pas seulement en visibilité. C'est leur statut même qui est profondément transformé et par là le rapport que les locuteurs entretiennent avec elles : elles deviennent des règles. Dans ce sens, toute écriture est aussi une grammaire, au sens propre. L'opération même de transcription des énoncés est un travail d'abstraction qui met en jeu immédiatement un univers de règles : transformation des sons en graphèmes, séparation des mots, etc.[9] Au-delà des opérations de transcription, la disponibilité du texte permet une dissection de la parole. L'écriture, en accroissant les possibilités de jeu sur la langue elle-même définit l'horizon d'un nouveau savoir sur la langue, d'une mise à distance qui permet de la constituer en objet. C'est la langue *per se*, telle que Bernard Lahire la définit en s'inspirant de Goody. Avec l'écriture, précisent Bazin et Bensa « s'instaure nécessairement, à distance de la parole, un lieu d'où peut être appréciée sa conformité : règles du bien-parler (grammaire), du bien-penser (logique), modèles du beau discours (rhétorique), texte de la prière ou de la poésie récitée »[10]. L'objectivation du discours introduite par l'écriture qui en offre une perception visuelle et non plus seulement auditive est une condition de l'esprit d'orthodoxie qui peut s'emparer ainsi du langage.

Les fonctions grammatologiques de l'écriture, autonomes des processus strictement linguistiques, sont essentiellement topologiques. Elles peuvent être indexicales, précise J-M. Klinkenberg[11], c'est-à-dire que le signe renvoie par convention à un objet qui lui est contigu (par exemple une étiquette) ou taxonomiques, instaurant un ordre selon des critères paradigmatiques (par exemple la liste). Selon Goody, la linéarité de l'écriture est double : elle définit une projection dans un espace bi-dimensionnel, horizontal et vertical. Cette forme graphique permet l'agencement des significations dans un ordre totalement dissocié de l'énonciation orale, grâce aux techniques de la formule, de la liste et du tableau, qui est une combinaison de colonnes et de lignes. Ces formes graphiques ne sont pas de simples modes de présentation du savoir, mais des matrices formelles qui déterminent partiellement le contenu qu'elles agencent. Elles opèrent des classements fondés sur un ordre linéaire et hiérarchique tout en simplifiant la forme des énoncés. Par exemple, les relations d'identité, parfois fort complexes et nuancées dans les cultures orales, sont organisées dans la formule sous forme simplifiée. La mise en tableau est une opération spécifique qui permet d'organiser des contenus et de les classer selon un ordre propre : à chaque élément est assigné une et une seule place et chaque case contient au moins un élément. Le tableau est «une matrice qui a horreur du vide»[12]. Le recours à ces techniques opère ainsi un véritable recodage linguistique.

1.1.3. Les formes sociales scripturales

Pour toutes ces raisons, et principalement parce qu'il détermine le passage à la pensée rationnelle, l'avènement de l'écriture marque une rupture décisive dans le développement de la pensée humaine. Cette mutation profonde des modes de connaissance et le contrôle de toute la technologie de l'écriture transforment l'organisation des sociétés, de telle sorte que l'écriture apparaît comme la ligne de partage par excellence entre les sociétés «primitives» et «civilisées», entre la tradition et la modernité. Dans les cultures écrites, les œuvres résistent au temps et sont douées d'une capacité de diffusion très large, encore accrue par l'invention de l'imprimerie. Cela signifie que l'écriture est un puissant vecteur d'individuation : non seulement, par la lecture, chacun peut s'approprier un texte et le soumettre à sa propre interprétation, mais aussi, c'est l'activité créatrice individuelle qui est stimulée, ainsi que la reconnaissance des œuvres individuelles, alors que la création dans les sociétés orales est frappée d'anonymat et repose sur l'activité d'un auteur toujours collectif.

Il est sans doute utile de préciser ici que le terme générique d'*écriture* désigne souvent de façon indifférenciée des domaines d'opérations cognitives et de rapports sociaux très différents : la lecture et l'acte d'écrire. J-M. Klinkenberg insiste sur la nécessité de la distinction[13]. A la suite de Catach, il oppose la lection, l'acte de prise de possession de l'écrit et la diction, acte de production de l'écrit. Les deux types d'opérations sont régis par des règles différentes, mais celles de la diction font rarement l'objet d'une attention spécifique.

Furet et Ozouf, dans leur histoire de l'alphabétisation, distinguent également le domaine de la lecture et celui de l'écriture (comme acte d'écrire). La lecture et l'écriture ont été longtemps des savoirs culturellement dissociés, l'apprentissage de la lecture restant associé à l'univers sacré des textes religieux, tandis que celui de l'écriture était perçu comme une commodité, un instrument profane. Mais aussi, c'est la diffusion de l'écriture (et non de la lecture) qui introduit les mutations culturelles les plus décisives : «C'est à travers la conquête de l'écriture que la lecture elle-même se trouve transformée, et peut devenir silencieuse, intérieure, individuelle. Sans l'écriture, elle ne change rien aux contraintes exercées par le groupe sur chacun de ses membres, à travers la tradition orale. Seule la démocratisation de l'art d'écrire ouvre la voie à un type de rapport nouveau avec le monde social et naturel, et transforme à son tour les conditions de lecture.»[14]

Pour les historiens de l'alphabétisation, la Réforme et la Contre-Réforme en Europe marquent le début d'une époque nouvelle, où l'alphabétisation acquiert une vocation universelle. Pendant les siècles d'alphabétisation restreinte, le texte dit la vérité. Le travail d'écriture est une répétition fidèle, une copie. L'alphabétisation universelle introduit un nouveau rapport de l'individu à l'écrit : la fonction du médiateur entre le texte et les individus s'affaiblit. La communication s'affranchit des contraintes collectives : «L'écriture généralisée suppose l'universalisation d'un secret corporatif et d'un pouvoir réservé : celui de communiquer hors du contrôle du groupe, c'est-à-dire de la tradition. Du coup, c'est la société toute entière qui se trouve progressivement constituée en unités autonomes, ou, au moins, de plus en plus indépendantes de la voix collective, qui est la sagesse de toujours. La transformation du mode de communication dominant modifie le tissu social même, et désagrège le groupe au profit de l'individu. La culture orale est publique, collective; la culture écrite est secrète et personnelle. C'est ce grand silence à l'intérieur duquel l'individu s'aménage une sphère privée et libre.»[15]

L'écriture joue aussi un rôle décisif dans le processus de sécularisation qui caractérise la modernité : en séparant l'énoncé de l'énonciateur, en décontextualisant la parole et en l'offrant à l'activité critique, au commentaire, à la comparaison, elle affaiblit le cosmocentrisme propre à la religion et à la magie. Les activités humaines des sociétés orales, profondément imbriquées les unes aux autres dans une culture totale, peuvent trouver dans les sociétés scripturalisées une autonomie fonctionnelle qui fonde la différenciation des champs des sociétés modernes. Avec l'écriture, les sociétés entrent dans l'Histoire. Elle permet d'établir «le caractère passé du passé». C'est l'écrit qui fonde la capacité des sociétés à opérer un retour sur elles-mêmes et à se projeter dans l'avenir, à définir des orientations culturelles et à se produire elles-mêmes. La mutation culturelle que représente l'avènement de l'écriture ne s'est pourtant pas opérée brutalement et avec la seule invention technologique d'un code graphique. La diffusion des techniques scripturales et des formes sociales qu'elles contribuent à créer est un long processus : jusqu'à la fin du XIXe siècle, l'usage de l'écriture est restreint à une minorité d'individus et d'institutions. Dans ce cadre, une tradition écrite et une tradition orale coexistent côte à côte pendant trois longs siècles de métissage culturel[16] et façonnent des clivages culturels et sociaux. Aujourd'hui, nos sociétés sont totalement travaillées par la logique de l'écriture. Et l'ensemble de notre organisation sociale s'en trouve transformée : l'écrit a bouleversé les champs religieux, économique et politique tout en fondant leur différenciation.

Goody relève des différences fondamentales entre les religions orales, fortement territorialisées et les religions écrites telles le judaïsme, l'islam ou le christianisme. Leur vocation à l'universalisme et leur caractère prosélytiste est fondé sur une vision scripturale du monde : leur diffusion, par la conversion et l'assimilation s'accompagne du déclin progressif des religions locales ou natives. Les religions écrites, universalistes, définissent une frontière qui n'est plus territoriale mais qui repose sur la parole écrite et suppose, pour la franchir, le travail d'une conversion à une croyance. Elles sont intrinsèquement liées à la scripturalisation du monde : «On pourrait affirmer en effet que ces religions alphabétiques ont propagé l'écrit et, aussi que l'écrit a propagé ces religions : la propagation non seulement d'une religion particulière mais également de l'idée d'une religion.»[17]

Les formulations écrites favorisent la décontextualisation et la généralisation des normes. Les religions écrites produisent des formules abstraites qui sont censées recouvrir les normes plus contextualisées des religions orales. Le travail d'écriture à l'œuvre dans ces religions fonde ainsi l'idée même d'un code juridique, « les idéaux s'incarnant dans un texte plutôt que dans un contexte. [...] La parole écrite s'incarne dans une forme matérielle qui lui est propre et cesse de faire plus ou moins partie intégrante de la culture pour assumer un rôle distinct, quelquefois déterminant, doté d'une plus grande autonomie structurelle »[18]. Fondée sur un code de normes générales et décontextualisées, ces religions éthiques peuvent ainsi devenir un élément partiellement distinct dans l'ensemble de la culture. La scripturalisation des religions suppose aussi une spécialisation des rôles et des organisations autour de l'enjeu du contrôle des connaissances liées au texte fondamental. Le prêtre, qui est souvent le seul à pouvoir déchiffrer la parole de Dieu, parce qu'il a un accès privilégié aux textes sacrés, en devient le principal interprète. Les religions écrites justifient ainsi souvent d'importantes restrictions dans les usages et les apprentissages de l'écrit. Les Eglises s'assurent un monopole, ou du moins un contrôle rapproché de l'enseignement, et gardent longtemps un immense pouvoir sur les lettrés. Nous verrons par exemple comment le processus d'alphabétisation en France tire son origine (mais pas tous ses développements) des mouvements religieux qui animent l'Europe avec la Réforme et la Contre-Réforme.

Les activités économiques et leurs transformations sont aussi étroitement liées à la scripturalisation du monde. Les échantillons d'écriture les plus anciens sont fournis par des tablettes de comptabilité en Mésopotamie. L'économie redistributive mésopotamienne et l'écriture sont fondamentalement interdépendantes. Le recours à l'écriture fut nécessaire pour mieux contrôler et centraliser les activités économiques et le système redistributif contribua·en retour à diffuser les technologies de l'écriture. L'écriture des transactions fait du document écrit la preuve et la garantie de la légitimité de l'accord. Elle permet de stocker une information qui ne repose plus sur la durée de vie des témoins ; cette augmentation de la capacité de stockage de la mémoire permet ainsi d'effectuer davantage de transactions au même moment. Non seulement l'écriture favorise la multiplication et la durée des échanges, mais elle en facilite l'étendue et le calcul précis : avec le texte, les opérations ne se fondent plus nécessairement sur une relation interpersonnelle mais peuvent s'étendre à des contextes très différents. Les lettres de crédit, la conclusion des contrats, avec la signature comme attestation d'engagement, l'établissement des comptabilités, la tenue des registres... toutes ces opérations économiques scripturales contribuent à la généralisation des échanges. Pour contrôler une économie de plus en plus complexe, il faudra développer considérablement toute une bureaucratie. Par exemple, on estime à septante pour cent les textes à vocation commerciale parmi les archives syriennes de -2400 à -2250.

L'utilisation de l'écriture dans l'administration est fortement liée à la formation des Etats, à la constitution de vastes empires, comme celui de la Chine par exemple, et à divers phénomènes de centralisation politique, ainsi qu'aux idéologies qui les accompagnent[19]. Les anthropologues notent généralement que «les stades les plus anciens de l'écrit dans la plupart des civilisations primaires furent exactement contemporains des premiers développement des Etats»[20]. L'écriture permet en effet de s'affranchir des limites que la communication orale impose à l'organisation de l'administration politique. L'écrit favorise la consolidation des Etats, non seulement parce qu'il offre la possibilité d'une communication entre la hiérarchie politique et chaque unité sociale, mais aussi parce qu'il implique l'utilisation d'un langage commun susceptible de surmonter la diversité des langues parlées et des dialectes. L'écriture politique prendra aussi un poids symbolique considérable lorsqu'elle s'attachera aux cérémonies, aux serments solennels, notamment dans le domaine des relations internationales.

Le développement de la bureaucratie dépend dans une large mesure des possibilités de contrôle offertes par les moyens écrits de communication. Max Weber caractérise la bureaucratie par ses capacités à dissocier la personne de sa fonction et à établir des relations de type universaliste. Grâce à l'écriture, on peut distinguer la continuité de l'organisation de la division de la propriété entre héritiers. L'utilisation des documents écrits rend possible l'emploi de méthodes plus dépersonnalisées de recrutement des fonctionnaires et l'extension du système des épreuves écrites change la définition et la hiérarchie des aptitudes professionnelles requises. Cette scripturalisation de l'administration modifie profondément la nature des rôles dans la pratique bureaucratique : les relations politiques sont peu tributaires des rapports interpersonnels et se fondent sur un corps écrit de règles abstraites à vocation universelle. Si l'écriture favorise la croissance de la bureaucratie, c'est parce qu'elle constitue un savoir qui lui est nécessaire : celui qui permet d'enregistrer, de classer, de compter les naissances, les décès, les mariages... La forme bureaucratique de l'administration publique dépend en effet étroitement de la capacité d'archivage. «Là où s'entassent les archives tend à se définir une vision du monde social qui est d'autant plus dominatrice qu'elle est plus dépersonnalisée et donc apparemment plus neutre.»[21] Dans les sociétés orales, la séparation des sphères privée et publique était incomplète et ses imperfections étaient fréquemment source de tension et de litige. La formalisation croissante des procédures administratives promues par l'écriture favorise une séparation plus profonde et plus nette entre ces deux domaines de l'activité sociale.

La gestion bureaucratique dépend donc étroitement des possibilités offertes par l'écriture. Mais la relation entre l'écrit et les phénomènes de pouvoir et de domination est loin d'être simple et univoque : Goody insiste sur le fait que si l'écriture peut être utilisée au service d'une caste ou d'une classe de lettrés, elle peut tout aussi bien être la condition d'une publicité du débat politique. En Grèce antique, les usages de l'écriture ne poursuivaient pas l'objectif de constituer un corps d'archives pour le roi dans le secret des palais, mais visaient fréquemment l'information des citoyens et la consultation politique. L'écriture peut représenter une ouverture démocratique si elle n'est pas réduite à une transmission restreinte, surtout pour les sociétés de dimensions importantes qui ne peuvent être administrées par des relations directes. L'écriture et toutes les techniques fondées sur la raison graphique favorisent la consultation, le suffrage, la circulation de l'information, et la contestation. L'écriture n'est pas à l'origine de toute domination, comme le suggérait Lévi-Strauss, mais elle introduit un nouveau mode de domination. Par exemple, la classe politique issue du suffrage universel était essentiellement une classe de lettrés, qui seuls pouvaient jouer un rôle efficace dans le nouveau système politique vu l'importance des documents.

1.1.4. L'écriture et la langue

On ne pense et on ne parle plus de la même façon dans une langue écrite. L'écriture transforme aussi la parole et les processus cognitifs qui lui sont associés : elle modifie aussi bien les contenus, la forme que le statut de la parole. « La naissance de l'écriture s'accompagne d'une transformation de la parole [...]. La parole d'un peuple d'écriture n'est plus la même. C'est un langage annexe, subordonné à l'écrit. Un langage sans importance, sans pouvoir. Ainsi parle-t-on à tort et à travers et sans qu'à cet acte soit donné le moindre poids. Les gens parlent à table, au café, dans la rue. Ils se dédisent, mentent, ne se souviennent plus des mots. Et, surtout, ils ne disent rien. Ce qui est jugé important ne passe plus par la parole. La parole n'est plus que conversation, échange anodin. Elle n'est, dans notre société, jamais en rapport avec la vérité, et la preuve : la science ne se sert que de l'écriture. »[22] L'utilisation de l'écriture à des fins spécialisées et culturellement valorisées opère une série de glissements dans la langue qui aboutissent à une redéfinition du statut de l'oral et, inévitablement, touche par là aux contenus même des échanges. Dans cette perspective, même la rhétorique peut être vue comme une production culturelle scripturalisée, dans la mesure où elle apparaît comme l'art qu'une culture écrite développe pour formaliser les techniques de communication orale. Puisqu'elle est aussi un travail d'explicitation des règles, l'écriture contribue à formaliser la communication orale. «Les pratiques orales scolaires comme celles des familles les plus fortement dotées scolairement ne prennent leur sens que si on les rapporte à des formes sociales scripturales, c'est-à-dire à des formes de relations sociales qui ont été historiquement rendues possibles par des pratiques de l'écriture, des savoirs scripturaux et le rapport au langage et au monde qui en est indissociable, formes sociales qui, à leur tour, ne prennent leur sens que dans le cadre d'une configuration sociale d'ensemble.»[23]

Parce que l'écriture acquiert un poids symbolique important, son usage est source de clivage et creuse l'écart entre ceux qui écrivent et ceux qui ne font que parler. Mais l'écrit n'a pas recouvert tout l'espace de la communication orale : à côté de lui subsistent et se développent toutes sortes de variantes orales. Et parce que l'écriture fixe les règles et freine le changement linguistique, elle introduit une divergence croissante entre l'écrit et l'oral. L'usage différencié des deux registres de la langue donne ainsi lieu à des situations de diglossie qui traversent toutes les sociétés scripturalisées. Cela signifie par exemple que les apprentissages de la langue écrite et de la langue orale s'opèrent dans des lieux et des types de relations profondément différenciés. Dès sa naissance, l'école fut le lieu privilégié de transmission et de généralisation de la culture scripturale. Selon B. Lahire, c'est précisément cette scripturalisation des savoirs, qui s'opère dans et par l'école, qui produit les différences sociales. L'école, même si elle s'efforce d'agir en continuité avec le monde de l'enfant, est le lieu par excellence de la séparation de l'oral et de l'écrit, et des formes de relations sociales qui les fondent. «C'est bien un mini état de folie sociale que vivent les êtres sociaux forcés à vivre successivement, puis simultanément, dans des formes sociales contradictoires. Comme un rapport au monde n'est pas un empilement, une juxtaposition de savoirs, de savoir-faire ou de rôles, comme le laissent penser les expressions de «répertoires de rôles» ou de «stock de connaissances», lors de la participation d'un être social à de nouvelles formes de relations sociales il n'y a ni un processus linéaire harmonieux d'accumulation, de stockage de rôles ou de savoirs impliqués par ces rôles, ni un processus de substitution d'un savoir par un autre, mais un travail de recomposition constant du rapport au monde qui peut produire, dans des formes sociales différentes, des actes, actions ou pratiques contradictoires.»[24]

1.2. L'alphabétisation en France

Ce n'est pas l'usage de l'écriture par une caste restreinte de lettrés, dans le secret des palais ou des églises, qui signale l'entrée d'une société dans la culture écrite. La mutation culturelle réalisée par l'écriture ne commence à prendre corps que lorsque la diffusion de la culture écrite prend une vocation universelle. Le mouvement d'alphabétisation en France, qui couvre trois siècles, transformera profondément la société et la langue française, devenue entre-temps langue nationale. L'origine du processus d'alphabétisation est incontestablement liée à l'histoire religieuse de l'Europe. A partir de là, s'ébauche un mouvement de laïcisation de l'instruction élémentaire, aussi bien sous la pression des familles, demandeuses d'apprentissages susceptibles de favoriser la promotion sociale dans une société qui se scripturalise et qui valorise la réussite individuelle, que sous l'influence de l'Etat qui, à partir de la Révolution française, incarne la nation.

1.2.1. Le processus d'alphabétisation

Contrairement aux idées reçues, Furet et Ozouf établissent que le processus d'alphabétisation de masse a démarré bien avant l'industrialisation et la Révolution Française et qu'il s'enracine très profondément dans les sociétés agraires traditionnelles. Depuis le XVIIe siècle, les documents disponibles attestent une alphabétisation croissante, mais inégale des français : retard des campagnes sur les villes, des filles sur les garçons, et de la France du Nord/Nord-Est sur la France du Sud/Sud-Ouest, selon une ligne qui pourrait joindre Saint-Malo et Genève. L'égalisation des disparités régionales et sexuelles s'opère surtout au XIXe siècle. Mais ce siècle n'est pas seulement celui du rattrapage d'un retard ; c'est une période marquée par une exigence d'alphabétisation universelle. L'intervention de Jules Ferry, à qui l'on attribue généralement un bouleversement du paysage scolaire, est davantage une confirmation de la tendance à l'alphabétisation universelle qu'une transformation fondamentale :
« En fait, les grandes lois scolaires des années quatre-vingts interviennent au moment où la cause de l'alphabétisation des Français, si elle n'est pas complètement terminée, est déjà largement gagnée, comme en témoignent les chiffres. En fondant l'école laïque, obligatoire et gratuite, les lois républicaines — bien loin de l'inaugurer — couronnent cette instruction élémentaire des Français qu'est l'alphabétisation. Elles expriment en termes d'institutions les conséquences de l'alphabétisation, non ses causes. »[25]

L'école, agent important, mais non exclusif de l'alphabétisation, répond à l'intervention de trois types d'acteurs : l'Eglise, l'Etat et les communautés locales. L'Eglise, soutenue par l'Etat de l'Ancien Régime et sensible à la demande des communautés locales, joua un rôle décisif dans le mouvement d'alphabétisation en France. L'affrontement au sein du champ religieux, qui met aux prises les partisans de la Réforme et l'Eglise catholique (et sa Contre-Réforme), semble être à l'origine de l'extension de l'alphabétisation, qui était réservée jusque là à une caste très restreinte de lettrés. La Réforme, en valorisant le recours au Livre, ébranle le monopole de la transmission orale de la tradition. Chaque croyant est désormais susceptible, par la lecture, de construire son rapport à Dieu, alors que l'imprimerie permet une extraordinaire démocratisation du livre. «Luther rend nécessaire ce que Gutenberg a rendu possible : en plaçant l'Ecriture au centre de l'eschatologie chrétienne, la Réforme fait d'une invention technique une obligation spirituelle. Elle substitue à l'immensité des commentaires savants et inaccessibles sur l'Ecriture le texte même de la Parole de Dieu, offert au fidèle dans sa langue. Elle est à la fois réponse à une demande nouvelle, et formidable multiplication de cette demande. Le monde moderne, qui naît de cette rencontre, appartient dès lors tout entier à l'écrit.»[26] Révolution dans la société plus encore que dans l'Eglise, la Réforme a une portée anthropologique qui peut être caractérisée par «la suréminence de la culture écrite, l'intériorisation d'une rationalité nouvelle, la nécessité de l'éducation comme la double voie du salut et de la réussite»[27].

Lors du Concile de Trente, l'Eglise catholique résolut de combattre la Réforme avec ses propres armes : elle finira par s'adapter à la nouvelle communication par l'écrit. L'instruction élémentaire prend ainsi place dans la nouvelle pastorale. Elle répond désormais à un impératif de salut et devient inséparable de l'éducation chrétienne. Le christianisme médiéval faisait coexister deux traditions sans communication entre elles : une tradition écrite, réservée à une élite ecclésiastique et urbaine; et une tradition orale très fragmentée et territorialisée. A partir de la Contre-Réforme, chaque chrétien est susceptible de recourir au Livre, sans la médiation du commentaire traditionnel. La lecture introduit ainsi un nouveau rapport au sacré, mais aussi un nouveau rapport au savoir. La demande d'instruction, de la part des communautés locales, ne faiblira plus. Et c'est souvent l'Eglise qui y répond, non seulement parce qu'elle s'est profondément engagée dans la culture écrite, mais aussi parce qu'elle est plus sensible aux pressions des communautés que le lointain Etat de l'Ancien Régime.

L'Etat s'est, dans un premier temps, borné à soutenir la lutte de l'Eglise contre l'hérésie. Il en confirmera les prérogatives scolaires et veillera à la levée de l'impôt pour atteindre ces objectifs. Pourtant, des voix hostiles à l'instruction élémentaire et généralisée se font entendre, notamment des élites administratives et politiques, ainsi que l'intelligentsia des Lumières. Ils craignent que l'instruction ne détourne la paysannerie de l'agriculture, source principale de la richesse de l'Etat, et qu'une espérance de promotion sociale ne menace l'équilibre d'une société fondée sur la pérennité des statuts assignés. Malgré ces résistances, les communautés locales, urbaines et rurales, contribuent à développer la création d'écoles : par exemple un grand mouvement de fondation scolaire se développe dans les villes aux XVIe et XVIIe siècles, porté par les communautés protestantes et les sociétés issues de la Contre-Réforme militante. L'organisation concrète de l'instruction repose d'ailleurs essentiellement sur un contrat entre le maître d'école et les communautés d'habitants qui le rétribuent, en totalité ou en partie. Ce qui fait dire aux historiens de l'alphabétisation : « L'école est un produit des sociétés locales avant d'être un élément de leur transformation. »[28]

La Révolution française, à laquelle on attribue généralement un rôle décisif dans le processus d'alphabétisation en France, n'intervient pas comme une rupture, comme un bouleversement des pratiques de l'instruction élémentaire. Mais elle contribue à élargir le mouvement déjà amorcé et surtout, elle introduit un nouveau rapport à l'école : celle-ci devient un enjeu central, politique et culturel, et le symbole même des idéaux démocratiques. Dans ce sens, la Révolution amplifie considérablement les valeurs attachées à l'accès pour tous à la culture écrite. Ce qui se joue au XVIIIe siècle, avant et après la Révolution, c'est une lente laïcisation de l'instruction élémentaire. L'institution scolaire s'autonomise de l'Eglise, le maître d'école s'affranchit de la tutelle du curé (à la fin du XIXe siècle, l'instituteur est devenu la figure centrale de la laïcité), et les contenus de l'instruction passent d'une définition religieuse à une définition plus profane : alors que l'instruction soutenue par la Contre-Réforme met l'accent sur l'apprentissage de la lecture (lire le Livre), sous la pression des communautés locales et des familles, elle développera plus tard l'apprentissage de l'écriture, notamment à partir d'échantillons de contrats divers et de comptabilité.

1.2.2. L'école de l'Ancien Régime

L'instruction élémentaire de l'Ancien régime est assurée par une myriade d'écoles de paroisse, soutenues quelquefois par l'Etat, et d'autant plus dynamiques qu'elles rencontrent une demande locale. En règle générale, le maître d'école est embauché par la communauté avec l'accord du curé qui exerce sur lui une étroite surveillance. Ces différents lieux d'instruction (le terme d'établissement semble ici anachronique) sont extrêmement différenciés : le public, les qualités pédagogiques et la formation des maîtres, le cursus scolaire, les conditions matérielles... varient d'une école à l'autre. C'est l'école «en miettes» de l'Ancien Régime. Mais elle se fonde partout sur la collaboration des familles. L'éducation scolaire doit trouver un écho dans le foyer, et les familles doivent s'engager à soutenir et respecter les règles prescrites à l'école.

Les conceptions pédagogiques communes à toutes ces petites institutions reposent sur quelques principes :

– la séparation des filles et des garçons, qui procède plus d'un souci de ségrégation des sexes, parce que le corps sexué est suspect, que d'une condamnation intellectuelle des filles ;

– le mélange des âges dans la classe et l'instruction individuelle ;

– le souci de faire de l'école un lieu de socialisation des valeurs et des conduites, et de faire intérioriser par les enfants, considérés comme une «cire molle», les fondements de la morale ;

– le curriculum scolaire progressif, qui découpe des étapes séparées de l'apprentissage : d'abord le catéchisme, la lecture, et puis éventuellement l'écriture et un peu d'arithmétique, plus rarement le latin en fin de parcours ;

– la dissociation des apprentissages de la lecture et de l'écriture, à travers laquelle on peut saisir le processus de laïcisation de l'instruction élémentaire : la lecture, savoir de base de l'école de l'Ancien Régime, est perçue comme un instrument de salut, par l'accès qu'elle permet au livre sacré ; l'écriture appartient davantage au domaine civil, c'est une commodité, par exemple qui permet de rédiger des quittances, des contrats... Elle répond à une utilité sociale parce qu'elle associe l'école au métier. Il faut noter que la plupart des élèves quittent l'école avant même d'avoir été complètement initiés à l'écriture ;

– l'apprentissage de la lecture se fonde sur le texte des prières en latin, considéré comme la matrice de la langue française, mais qui diffère pourtant du français par la prononciation. Le rythme de l'apprentissage était probablement considérablement ralenti par ces difficultés, même si le latin n'était pour les élèves pas une langue complètement étrangère puisqu'il était la langue de l'Eglise. Dans la suite du curriculum scolaire, on pratique la lecture de textes de bonnes mœurs en français.

Dans cette configuration scolaire, Jean-Baptiste de la Salle passe pour un novateur : il fonde les Ecoles chrétiennes à la fin du XVIIe siècle et développe des principes pédagogiques qui auront un grand retentissement sur l'ensemble du système scolaire. Son objectif prioritaire était l'instruction des pauvres des villes. Pour le réaliser, il imagina une organisation scolaire efficace, uniforme dans tous les établissements de sa congrégation, basée sur un strict découpage des apprentissages et des emplois du temps. L'école qui émerge du mouvement amorcé par La Salle dispense une instruction qui se veut socialement utile : par exemple, dans certains établissements, on organise un enseignement technique très explicitement orienté vers le métier. Autre signe, la langue française devient une langue privilégiée de l'apprentissage écrit parce que c'est la langue de l'utilité sociale. «L'instrument qui naît de cette création tardive de la Contre-Réforme française est déjà tout moderne : si moderne qu'il échappe en partie à sa finalité religieuse et charitable, pour figurer souvent, aux yeux de la bourgeoisie des Lumières, le modèle de l'école utile.»[29] Ainsi, La Salle et les Ecoles chrétiennes illustrent le mouvement de laïcisation qui s'opère à l'intérieur même de L'Eglise. Tout en continuant à affirmer que le salut des âmes passe par l'instruction, on pense de plus en plus la lecture et l'écriture en termes d'insertion sociale. L'école de l'Ancien Régime, précisent Furet et Ozouf, a échappé dès l'origine au domaine du sacré, mais elle ne peut échapper à la demande de rentabilité éducative et sociale exprimée par les familles. «En substituant pour tous aux sacralités de la tradition la nécessité d'une connaissance de la parole de Dieu, la crise religieuse de la chrétienté et la Réforme de l'Eglise ont multiplié l'offre d'éducation ; mais cette offre a rencontré une demande sociale inégalement impatiente, de la part des familles et des communautés, en fonction d'un investissement lui-même inégal sur les vertus de l'instruction.»[30]

C'est de cette époque, la fin du XVIIe siècle, que date la naissance de la *forme scolaire*, telle qu'elle est définie par Vincent, Lahire et Thin[31]. A cette période et dans le sillage des écoles chrétiennes, émerge un nouveau mode de socialisation qui entretient des liens profonds et nécessaires avec la culture écrite. Cette forme scolaire scripturale répond à cinq caractéristiques :

1. l'école s'instaure comme un lieu spécifique et distinct des autres relations sociales. Cette autonomisation répond à l'objectivation des savoirs, elle-même rendue possible par l'accumulation de la culture réalisée par l'écriture ;

2. la formalisation et la codification des savoirs concernent non seulement les matières à transmettre mais aussi les modes de transmission :

c'est la naissance de la pédagogie, qui peut être vue ainsi comme une scripturalisation des pratiques de l'enseignement ;

3. grâce à la codification des savoirs et des pratiques scolaires, l'enseignement se systématise et produit des effets de socialisation durables ;

4. l'école est un lieu où s'instaure une forme de relations sociales fondées sur le respect de règles impersonnelles qui s'imposent à tous, aussi bien au maître qu'aux élèves, sur le mode de la domination légale définie par Weber ;

5. la maîtrise de la langue écrite est nécessaire pour accéder à n'importe quel type de savoir : pour enseigner une langue écrite codifiée, il faut soumettre les pratiques langagières à un travail scriptural, telle la grammaire, qui permettra de fixer les règles du langage. L'école devient ainsi le lieu légitime de l'apprentissage de la langue, et, par là, d'un rapport scriptural au langage qui constitue en lui-même, nous l'avons vu avec Jack Goody, une mutation culturelle.

1.2.3. La Révolution et l'école

La Révolution française développe une véritable idéologie de l'école. «L'école devient la figure centrale des pouvoirs illimités de la société sur le bonheur de l'individu : sous l'Ancien Régime, elle avait pour charge de former des chrétiens, sous le nouveau, elle devra faire des hommes libres et heureux. La Révolution multiplie ainsi à l'infini les ambitions scolaires de l'Eglise, en transformant leur finalité. Creuset des nouvelles valeurs démocratiques, inlassable pédagogie, elle a la religion de l'école pour tous.»[32] C'est aussi une école qui se veut nationale : elle doit être mise sous le contrôle des pouvoirs publics et s'affranchir de la tutelle de l'Eglise. Au cours de la période jacobine, elle deviendra le lieu par excellence de l'intégration nationale, non seulement parce qu'elle diffuse un véritable catéchisme républicain, mais aussi parce qu'elle assure le monopole du français au détriment des langues régionales.

Mais ni les jacobins, ni les hommes du directoire n'auront les moyens de leur politique. Se heurtant à la force des traditions et à la résistance des familles qui souhaitent conserver l'ancienne école, la législation révolutionnaire a dû sans cesse transiger avec un réseau scolaire encore largement aux mains des communautés locales. L'école républicaine, sans tradition et sans moyens, subit durement la concurrence des petites écoles. Les établissements républicains, conformément aux représentations géographiques du jacobinisme, sont essentiellement implantés dans les chefs-lieux de cantons, ce qui expose les élèves, habitués à la décentralisation de l'Ancien Régime, à des difficultés de fréquentation. En revanche, les petites écoles sont plus proches des communautés dans lesquelles elles sont profondément enracinées. Les moyens matériels dont dispose l'instituteur républicain, ainsi que ses revenus, sont misérables, et il doit souvent s'en remettre à une rétribution des familles. Dans la classe, presque rien n'a changé : mêmes livres, même curriculum, même enseignement individuel... même le catéchisme n'a pas été complètement détrôné par le credo révolutionnaire.

La Révolution n'a pas bouleversé la pratique de l'instruction, mais elle a indéniablement façonné une mythologie de l'école, symbole de la victoire sur l'ignorance et l'obscurantisme. L'investissement révolutionnaire sur l'école est essentiellement un engagement sans retour dans une valorisation de la culture écrite. Désormais, l'instruction fait l'objet d'un large consensus. Ce n'est qu'à la fin du XIXe siècle, avec l'école ferryste, que la république réalisera le programme révolutionnaire : une école publique, laïque, gratuite et obligatoire.

1.2.4. *L'école au XIXe siècle*

L'école du début du XIXe siècle est encore bien proche de l'école de l'Ancien Régime. La situation de l'instituteur notamment, ne s'est pas améliorée. Il est souvent obligé d'exercer un double métier et surtout, la formation des maîtres reste très inégale. Dans ce contexte, il est bien difficile de diffuser les quelques innovations pédagogiques issues de la révolution, comme par exemple la nouvelle dénomination des poids et mesures, ou d'assurer dans les faits le monopole de la langue française dans la classe. Mais à cette période se développe une forte poussée de la demande d'instruction, qui émane de différents groupes : l'Eglise, qui continue à viser le salut et la moralisation des masses; les familles soucieuses de promotion sociale, les futures élites républicaines, divers types de notables... Tous ces milieux, aux intérêts parfois contradictoires, appuient de façon convergente le mouvement de scolarisation. L'école répond de plus en plus à des impératifs économiques, politiques et culturels. Economiques parce que les échanges et les modalités du travail dépendent de plus en plus des procédures liées à la culture écrite. Sur le terrain politique, la scolarisation est perçue comme un des enjeux centraux du débat sur le suffrage universel : l'instruction devient une condition de participation des citoyens à la vie politique. De plus, la bourgeoisie libérale développe une véritable religion du mérite et de la réussite individuelle dans une société en progrès constant. Dans ce contexte, les fondations d'établissements se multiplient, la fréquentation augmente et l'école s'uniformise peu à peu. Les autorités publiques contrôlent davantage le processus de scolarisation et ont un souci accru de l'efficacité de l'enseignement. Guizot, en 1834, entame un vaste travail d'enquête et d'inspection et formule des lois qui vont contribuer à façonner une organisation systématique de l'école française.

La loi Guizot met au point une véritable réforme pédagogique : l'apprentissage de la lecture et de l'écriture se fait désormais en français, les matières sont enseignées parallèlement, et non plus successivement et surtout, les maîtres deviennent des professionnels formés systématiquement. Avant l'intervention de Jules Ferry, en 1880, l'école de masse existe déjà en France. Mais il comblera les lacunes du système scolaire, en développant notamment l'école rurale et les établissements féminins. De plus, il réussira à améliorer considérablement l'efficacité de l'école : l'assiduité des élèves, l'attribution des crédits et les locaux, la formation et le statut de l'instituteur... Un siècle après la Révolution, il réalise le rêve des révolutionnaires : une école laïque et républicaine.

1.2.5. Le français et les patois à l'école

Le mouvement d'alphabétisation touche inégalement les régions françaises au XVIIe et au XVIIIe siècles. Les révolutionnaires attribuaient le retard de certains départements à la pratique du patois : «L'idiome particulier aux habitants de nos campagnes, la langue bretonne, sera pendant longtemps un obstacle des plus grands à la propagation des lumières et de l'instruction.»[33] Depuis la Convention, différentes lois et décrets visent à assurer le monopole de la langue française dans les écoles. Mais concrètement, les maîtres n'ont pas souvent renoncé à utiliser les langues régionales, à côté du français, pour se faire comprendre de leurs élèves. Cependant, les historiens de l'alphabétisation n'établissent pas de causalité nécessaire entre l'usage des patois[34] et l'analphabétisme. La frontière qui sépare les départements francophones des départements patoisants n'est pas seulement une frontière linguistique : c'est aussi une frontière religieuse et une ligne de démarcation entre des régions où l'offre scolaire est très différente. Par exemple, l'Ouest de la Bretagne est à cette époque un véritable désert culturel et religieux, sans écoles. Les différences linguistiques rencontrent ainsi d'autres clivages.

Selon Furet et Ozouf, il faut davantage attribuer le retard d'alphabétisation à la distorsion entre culture orale et culture écrite, qui contribue à freiner la demande d'instruction. Dans certaines régions patoisantes, mais pas dans toutes, la culture ne s'appuie sur aucune tradition écrite populaire. La distance entre le patois et le français est ainsi doublée par la distance entre culture orale et culture écrite. «Dans ces pays de tradition orale donc, entre la culture française écrite et la langue non écrite, instrument de solidarité du groupe et de l'intimité partagée, il n'y a aucune médiation. Rien ne vient atténuer l'étrangeté de la culture écrite et réduire le sentiment d'une distance considérable, d'autant plus grande que la langue minoritaire n'est pas proche d'une langue de civilisation.»[35] L'école (en français) n'apparaît ainsi pas comme la cause du retard, mais plutôt comme une conséquence d'un assentiment préalable des communautés à la culture écrite. Dans certaines régions, une résistance à la culture écrite s'accompagne d'un refus du centralisme et de l'unification nationale, dont le jacobinisme, qui est une création de la culture écrite, est le symbole.

Le travail réalisé pour la démocratisation de la culture écrite, voulue par l'Eglise, soutenue dans un premier temps par la monarchie, puis érigée en monument de la république, contribuera à façonner des savoirs scripturalisés, codifiés, ainsi qu'une modalité de transmission spécifique du savoir. La langue française en sera profondément transformée. Elle se scripturalise : cela signifie qu'elle est soumise à une codification, mais aussi à une objectivation qui inaugure des décennies d'apprentissage scolaire de la grammaire et de l'orthographe. Mais la norme du français écrit, si elle est le produit d'un travail d'objectivation et de codification, notamment réalisé dans et autour de l'école, est aussi le fruit d'un investissement national. Dans le mouvement de scripturalisation du rapport au monde et à la langue, s'élabore la construction de la langue nationale.

2. LA NOTION DE *BON USAGE*

La Renaissance fut une période décisive pour la scripturalisation du monde occidental, parce qu'elle portait au cœur des conflits religieux et politiques l'exigence de l'accession de tous au livre et à la culture écrite. Ce fut aussi le moment où, le français ayant acquis une autonomie vis-à-vis du latin dans le système des langues, se développèrent des discours normatifs sur la langue. Danielle Trudeau[36] a exploré les débats auxquels les différentes attitudes normatives ont donné lieu dans le champ intellectuel français. De 1529 à 1647 paraissent divers textes, souvent polémiques, de Tory à Vaugelas et qui contribuent à construire le discours sur le Bon Usage auquel les grammaires et les manuels contemporains font encore écho aujourd'hui. Chez ces différents auteurs et dans le débat public auquel ils ont contribué s'élaborent différentes théories de la norme, de ses rapports aux usages et aux locuteurs. Une des thématiques les plus discutées dans ces débats normatifs est certainement la délimitation géographique et sociale de la norme. A travers cette analyse, Trudeau nous donne à voir l'intervention d'agents normatifs concrets, occupant différentes positions dans un champ intellectuel en évolution, notamment face au champ politique qui affirme son autonomie.

Ces agents de normalisation vont élaborer des théories concurrentes notamment parce qu'ils développent des représentations divergentes de la communauté linguistique de référence et du crédit que l'on peut porter aux usages linguistiques. Mais plus encore que ces deux thématiques, ce sera leur affrontement sur le principe de la norme qui constituera la source principale du clivage. La norme du français qui s'élabore doit-elle être fondée sur la raison et par là, relève-t-elle de l'utopie mobilisatrice ? Ou doit-elle être socialement incarnée et située, ce qui signifie qu'elle sera fixée en observant les usages des groupes sociaux dotés du capital symbolique le plus fort ? Et l'objectif de la normalisation vise-t-il la langue dans son caractère interne (le système de la langue, sa grammaticalité) ou l'usage concret, dans la multiplicité des échanges sociaux des locuteurs ? Selon Trudeau, le discours savant sur la langue s'est construit, au début de la période, contre la norme « spontanée »[37], c'est-à-dire contre la reconnaissance d'une hiérarchie d'usages linguistiques socialement marqués. Ensuite, le discours savant s'est lentement imprégné du discours de la norme sociale qui finit par triompher, en 1647 avec Vaugelas, mais profondément transformé par cet affrontement et par les exigences accrues d'un ordre politique en construction. A travers cette étude, on peut ainsi percevoir comment la logique de l'écriture entre en contact et en conflit avec d'autres logiques sociales, comment elle se recompose et se transforme dans le débat intellectuel et sous la pression de l'affirmation de l'Etat monarchique.

Le discours sur le Bon Usage peut être saisi comme le point de rencontre entre la logique de scripturalisation du monde, qui fait de la langue un objet d'étude et de normalisation, dont les clercs sont les agents, et le processus politique de création de l'Etat monarchique, version scripturalisée de l'Etat (autonome, bureaucratisé, générateur d'un nouvel ordre social). La théorie normative de Vaugelas, sous l'aspect anodin du triomphe attendu de la norme sociale sur la norme savante, se fonde sur une profonde transformation de l'idée du statut, en l'occurrence la rupture avec l'univers culturel du statut prescrit, et rencontre singulièrement les attentes politiques d'un nouvel ordre occupé à rompre avec les liens traditionnels noués par la féodalité.

2.1. La norme savante contre la norme sociale

Dès le XIIIe siècle, des textes littéraires attestent le prestige de Paris en matière de pratiques linguistiques, comme le précise le poète Jean, de Meung-sur-Loire : « Si m'escuse de mon langage/ Rude, malostru et sauvage/ Car né ne sui pas de Paris. »[38] Cependant, les premiers grammairiens du français (XVIe siècle) refusent d'associer la qualité de la langue à l'origine géographique et au prestige social, tout comme Dante, dont ils subissent l'influence et qui entendait construire une langue (italienne) illustre en puisant dans les ressources des différents dialectes. Pour celui-ci, dès le désastre de Babel, chaque groupe humain créa une langue artificielle qui ne put jamais se fixer, variable dans le temps et dans l'espace. Le latin, comme toutes les autres langues humaines, s'est diversifié. Pour enrayer ces mouvements ininterrompus, cette instabilité de la langue, il faut créer un vulgaire illustre, une langue idéale au carrefour des dialectes et nourrie de chacun d'eux. Cette langue idéale ne s'incarne parfaitement dans aucun dialecte ni dans aucun usage de l'italien parlé ; elle naîtra du travail des écrivains qui ont seuls l'autorité sur la langue écrite.

Les auteurs français de la Renaissance, imprégnés du « De vulgari eloquentia », partiront en quête d'une langue idéale, un niveau de langue supérieur qui n'est actualisé dans aucune pratique concrète, dans aucun lieu, ni aucun groupe social. De ce point de vue, ils illustrent parfaitement la logique scripturale, qui tend à constituer la langue en objet pour soi, décroché des pratiques et des locuteurs. Leur intervention peut être vue comme une entreprise de scripturalisation de la langue. Dans la plupart des cas, ils veulent ignorer, ou même ils rejettent la hiérarchie des usages socialement marqués. Les usages des groupes identifiés dans la littérature comme dotés d'un capital symbolique important sont au centre de leurs critiques : par exemple Tory épingle les innovations lexicales des « latineurs », des courtisans, des poètes « jargonneurs », et Sylvius dénie toute supériorité aux usages parisiens.

Les ouvrages de cette période affirment la nécessité d'une critique savante de la langue, qui se développerait à l'abri ou même contre les classements sociaux. Plusieurs auteurs entendent mobiliser la communauté savante contre les usages et les groupes sociaux qui menacent l'intégrité de la langue : les savants doivent préserver la langue comme un bien public, plutôt que céder à la quête de profits personnels, de distinction (Palsgrave). La communauté savante doit prendre la direction de la langue et affirmer la prédominance de la raison sur le prestige social. Le clivage qui se crée dans ce discours sépare ainsi ceux qui croient en la science et en font profession des ignorants sensibles à la pression sociale. La critique des usages linguistiques et sociaux de la société de cour se fonde sur une morale imprégnée de l'esprit de la Réforme, qui associe les valeurs mondaines au péché, la nature humaine à une souillure fondamentale qu'il faut tendre à corriger.

La langue française est menacée par les usages concrets, et particulièrement par les usages des mondains et des courtisans qui la corrompent et lui font perdre sa pureté originelle. Par exemple, Tory veut alerter ses lecteurs de la corruption qui menace la langue : elle a perdu sa pureté mais aussi son unité originelle. Selon lui, il est urgent de fixer la langue pour résister à une diversification qui est l'œuvre de ceux qui cherchent, en innovant, leur gloire personnelle, à tel point précise-t-il que l'on ne comprend plus les mots qu'on employait il y a un demi siècle. Il faut concevoir une grammaire qui agirait comme un filtre pour empêcher les impuretés de dénaturer les éléments authentiques de la langue. Sylvius insiste également sur la perte d'une unité et d'une splendeur originelles : la langue française s'est fragmentée en dialectes, la prononciation s'est diversifiée. Il faut entreprendre un travail de régularisation et de remembrement des éléments épars de la langue primitive. Dans ce cadre, la diversité des pratiques linguistiques est perçue à la fois comme symptôme et comme cause de la corruption de la langue originelle, nécessairement pure, unie et régulière.

La condition naturelle des langues est de se corrompre avec le temps et dans l'usage. Pour limiter cette dégradation, il faut forger des règles qui s'appliquent à la langue de l'extérieur, comme des moules (Tory). «Les langues sont des substances fluides dont on décide un jour de contenir l'écoulement. La règle grammaticale n'appartient pas à la langue, elle n'en est pas extraite par une opération d'analyse : c'est plutôt la langue qui doit être coulée dans la règle.»[39] La grammaticalité n'est pas perçue comme une propriété de la langue, mais comme le résultat d'une intervention explicite et volontariste des savants sur la langue. La légitimité des formes linguistiques doit être fondée sur la raison, que l'usage contredit sans cesse. Ainsi, pour Sylvius, l'homme raisonnable ne peut pas suivre aveuglément l'usage parce que celui-ci s'écarte toujours davantage de la pureté native du français. En affirmant le principe de la raison contre l'usage et l'autorité des savants contre les mondains, mais aussi en principe contre tous les usagers, les grammairiens de la Renaissance contribuent à construire une domination du champ intellectuel sur les autres sources d'autorité et à déposséder de la langue non seulement les groupes sociaux les plus stigmatisés, mais aussi l'ensemble des usagers. Par là, ils introduisent une nouvelle source d'insécurité linguistique, à côté, en marge de l'insécurité régionale et sociale.

Puisque la langue idéale n'est jamais incarnée et qu'ils dénient toute supériorité aux usages parisiens, les grammairiens de cette période affichent une grande tolérance à l'égard des dialectes. Pour Tory, la langue française est composée de l'ensemble des dialectes d'oïl et d'oc parlés dans les limites de la France territoriale. Pour Bovelles, la langue française elle-même est une fiction : si l'on veut être réaliste, on n'enregistre que des dialectes. Le pluralisme de ces auteurs (Palsgrave excepté), reconnaissant dans chaque dialecte des traces de la splendeur originelle, et une «participation» réelle à la langue française a profondément marqué les débats intellectuels de cette période. A tel point que l'ordonnance de Villers-Cotterêts (1539), qui visait à interdire, dans toute une série d'actes publics, l'usage du latin pour promouvoir celui du «langage maternel françois», fut l'objet de deux interprétations différentes, selon D. Trudeau : pour les uns, il signifie l'imposition d'un usage temporellement et géographiquement situé, la variété centrale, parisienne, la langue du roi et de la cour, tandis que pour d'autres, il ouvre au pluralisme linguistique, puisqu'ils refusent d'identifier la langue française au dialecte parisien, et y incluent l'ensemble des dialectes parlés en France.

2.2. La concurrence des deux modèles normatifs

Jusqu'en 1550, les deux discours vont s'affronter dans le champ intellectuel. Le courant «savant» réactive les arguments de Tory ou Sylvius en faveur du pluralisme et contre la légitimité des classements sociaux des usages. En revanche, un courant plus «réaliste» entend rendre compte des phénomènes bien réels de hiérarchisation sociale des pratiques linguistiques. Le discours sur la langue doit chercher à rencontrer la vérité des usages. Il ne s'agit pas, pour les «réalistes» de renoncer à la perfection d'une langue idéale, mais de reconnaître l'excellence des usages de la cour et de l'entourage politique et administratif du Roi. Si on ne rompt pas brutalement avec une tradition savante, on introduit néanmoins dans le discours sur la langue une composante sociale sur laquelle la critique raisonnée des intellectuels n'a pas de prise. Plusieurs auteurs reconnaissent explicitement le déterminisme social et politique de la norme, et introduisent une rupture entre le français et les patois, qui appartiennent, selon Clément Marot, à deux ordres de réalité hétérogènes.

A travers ces débats, le discours sur la langue tend de plus en plus à situer la norme dans l'espace géographique et dans l'espace social. L'accès au bon français est facilité par la proximité de Paris et par la fréquentation de la cour. Mais cette langue supérieure ne peut être acquise qu'au prix d'efforts considérables, au terme de tout un travail d'autocensure et de mimétisme. Par exemple, Peletier du Mans reproche à Meigret d'avoir glissé des régionalismes dans sa grammaire, des vilaines traces qui sentent le terroir et dont il faut se réformer : «jè tousjours ete de l'opinion de ceux qui ont dit qu'an notre France n'i a androet ou lon parle pur Françoes, fors la ou ét la Court, ou bien la ou sont ceus qui i ont eté nourriz. Je m'i suis getté toutes les foes qu'an è ù l'occasion : laquelle assez de foes j'è ùe principalement du vivant du Trecretien Roe Françoes... An la Court duquel j'è ù assez bonnes antrées, m'approchant des personnages qui avoet credit, faveur, e maniment d'afferes : qui sont ceus pour le plus, qui parlet le mieus. Mes certes de tous ceus la je n'an è oui jamés un seul qui prononçat les moz einsi que tu nous les ecriz.»[40]

Cependant, la version savante de la définition du bon usage domine toujours le débat intellectuel. Mais elle s'est déjà transformée. Les intellectuels ne se donnent plus la mission de forger de toutes pièces une langue idéale mais de s'inspirer des usages qu'il faut sélectionner, perfectionner, enrichir. La langue savante est ainsi partiellement déterminée par l'usage. Et c'est précisément dans les discours qui soulignent le plus cette continuité que l'on insiste le plus sur la nécessité de distinguer deux registres : la langue du peuple inerte et conservateur et la langue docte, construite par l'effort intellectuel guidé par la raison. Joachim du Bellay, ainsi que les auteurs de la Pléiade encouragent l'innovation et la créativité dans une langue poétique que l'on ne peut forger que par l'étude et le travail. La langue française est demeurée inculte et il faut l'enrichir, notamment par l'emprunt aux autres langues.

Selon Danielle Trudeau, à cette époque, la doctrine savante compose avec la norme «spontanée» en créant un système à deux niveaux, la langue usuelle, créée et conservée par le peuple, et une langue supérieure, issue du premier patron, mais augmentée par les doctes qui se l'approprient. D'autre part, la méthode grammaticale des pluralistes offre une complexité considérable. Selon Trudeau, le discours de la norme sociale va s'infiltrer dans le discours grammatical précisément parce qu'elle offre aux grammairiens des avantages méthodologiques. Dès lors, les doctes eux-mêmes contribueront à diffuser le modèle de la norme sociale.

2.3. La soumission aux règles de l'usage

Au début du siècle, les premiers grammairiens cherchaient à imposer un ordre exogène à la langue, à la couler dans un moule. Vers le milieu du siècle, on commence à affirmer que la langue est douée d'un ordre propre. Conformément au modèle culturel de la Renaissance, qui fait de l'ordre et de la vérité des propriétés intrinsèques aux êtres et aux choses, des grammairiens vont insister sur la grammaticalité de la langue. Pour saisir cette grammaticalité, selon Meigret, il faut avant tout partir de l'usage. En règle générale, «nous devons dire comme nous disons», mais la raison doit l'emporter sur la coutume lorsqu'elle consacre des abus. Le travail du grammairien est essentiellement une justification rationnelle de l'usage et une orientation de celui-ci selon ses propres règles déduites par le travail grammatical. Meigret refuse d'inventer des règles arbitraires : les règles doivent être abstraites de l'usage et non l'inverse; il faut donc s'en tenir à montrer pourquoi la langue fonctionne telle qu'elle est.

Parmi différents niveaux de langue, Meigret valorise l'usage du courtisan, qui est pour lui une sorte de grammairien inconscient. Il poursuit des buts désintéressés parce qu'il privilégie la chose publique. Le bon courtisan de Meigret n'offre aucune ressemblance avec les «mignons efféminés» de Tory. Il désigne par là la classe politique[41], qui fait de la soumission aux règles une vertu. Le jugement du courtisan (du politique) lui fait préférer les usages conformes aux règles intrinsèques de la langue française. Ainsi, l'usage de la cour rejoint la raison de la langue. «L'alliance du monde des affaires et des milieux savants culmine chez Meigret dans la représentation d'une langue «courtisane», distincte de celle du commun, élaborée par des individus cultivés mais sévèrement contrôlés par le grammairien.»[42]

Au départ construit contre la norme sociale, le discours normatif des grammairiens se transforme peu à peu en rencontrant davantage la logique de l'usage. Mais le plus souvent, les grammairiens du milieu du siècle ne se bornent pas à reprendre à leur compte purement et simplement la thèse de la norme sociale. Ils la soumettront à une réinterprétation qui tend à substituer les vertus de l'activité politique, au service de l'Etat et du bien public, au registre de l'excellence sociale. «Du début à la fin du siècle, le discours grammatical se construit comme en marge de ce lieu commun (la norme sociale) qu'il reformule en termes intellectuels et dont il transpose le contenu social en contenu politique. Autrement dit, au lieu de penser le «bien dire» comme un effet de la qualité sociale des individus, les grammairiens le situent dans une perspective dynamique, celle de l'Etat administratif, et en font le résultat d'une activité concertée de développement des ressources originales de la langue commune. Ainsi la distinction n'émane plus naturellement de la position dans la hiérarchie sociale, elle se trouve déplacée de l'ordre de la causalité à celui des conséquences ou des profits.»[43]

Un des auteurs les plus sensibles à l'ordre de l'usage fut sans doute Robert Estienne. Il entend décrire la langue légitime, c'est-à-dire l'usage de la cour épuré par le grammairien des dialectismes. L'usage, s'il ne veut rester «commun», doit recevoir la consécration des plus hauts personnages de la nation. Le grammairien doit se borner à être un «greffier» de l'usage consacré, et élaborer une grammaire descriptive. L'usage consacré ne peut être modifié par les savants, les spécialistes des langues anciennes. Le grammairien ne conseille pas les courtisans, il enregistre l'usage qui n'est plus fondé en raison, mais qui est un usage de fait. De cette manière, la grammaire joue davantage le rôle de diffusion de la langue socialement légitime que de perfectionnement de la langue.

Ramus adoptera le même point de vue : les grammairiens n'ont aucune autorité sur la langue, ils doivent se contenter de l'enregistrer. Sous l'apparente diversité linguistique, on peut retrouver une unité, un usage constant, enregistré régulièrement. Le grammairien, qui observe les pratiques, doit mettre au jour «l'usage vray», les formes constantes qui lient entre eux les membres de la communauté linguistique au-delà de la diversité de leurs pratiques. En associant le thème de la prééminence politique et linguistique de Paris et celui de l'usage constant, Ramus fait de sa grammaire une œuvre nécessairement politique, en cherchant à unifier une société ébranlée par la guerre. Pour Henri Estienne, le français le plus pur est sans conteste celui de Paris. Mais il dénonce le pouvoir de la cour mondaine sur les jugements linguistiques. Certains courtisans, en cherchant à se distinguer, parlent une langue affectée, alors qu'il faut plutôt chercher à mettre en évidence un registre commun au courtisan et au peuple. Aux courtisans qui gèrent mal la langue, la laissent se dévaluer, Estienne oppose l'éthique protestante du travail et de l'économie. Mais son intervention fut surtout remarquable parce qu'elle associait la pureté de la langue à celle des mœurs, la correction du langage à l'honnêteté, en distinguant le «bon» et le «mauvais» français de cour.

Malherbe développe encore davantage la notion d'usage commun : il suppose l'existence d'un registre commun de la langue et évident à tous, parce que les locuteurs natifs font, par définition, peu d'erreurs. Le locuteur, et aussi l'écrivain doivent s'y conformer. La langue poétique doit respecter les conventions établies par l'usage commun ; elle ne relève pas d'une esthétique autonome. Dans ce modèle, l'oral et l'écrit doivent se correspondre. En démystifiant (et en ridiculisant) l'autonomie des poètes par rapport à l'usage, Malherbe affirme la supériorité linguistique comme la maîtrise de règles qui préexistent à l'individu. La norme doit s'imposer à tous, elle n'est pas située *a priori* dans l'espace social, mais elle exige toute une adhésion au consensus social. C'est notamment à partir du sommet de la hiérarchie sociale que la normalisation doit s'accomplir. La bonne société, qui accepte la soumission à l'autorité royale, symbole de l'unité de la nation, doit se conformer aux règles de l'usage commun. De plus, Malherbe condamne le registre populaire, auquel il associe le vocabulaire du corps, jugé «bas» et «sale», tandis que le registre de l'esprit est davantage celui de l'usage des nobles. Ainsi, il «redouble le discours social en traduisant en termes de styles les normes de conduite qui tendent à distinguer l'élite sociale du peuple»[44].

Chacun doit s'efforcer d'adhérer à une norme commune en surveillant et en travaillant son propre langage. Le grammairien peut jouer, dans cette entreprise, le rôle de conseiller linguistique. Il devient le spécialiste du consensus linguistique et social susceptible de guider les courtisans dans leur recherche de conformité. La cour, soumise à l'influence de Malherbe, ne cessera pendant quarante ans de favoriser les demandes de conseil, les évaluations, les discussions mondaines sur la conformité des formes linguistiques. Le renversement de la relation entre la pratique du bon usage et la distinction sociale se confirme et s'accentue : désormais, l'excellence linguistique fonde la distinction sociale davantage qu'elle n'en est le produit.

C'est dans ce climat que Richelieu fonda l'Académie française, en utilisant les ressources d'un cercle littéraire qui se réunissait autour de Valentin Conrart. La création de ce «Parlement de la langue», chargé de légiférer sur la langue, et non sur le contenu des œuvres littéraires, devait permettre au Parlement de garder le monopole de la censure sur les productions intellectuelles. L'Académie se donne comme objectif de fixer la langue et de la nettoyer de ses «ordures» qui sont clairement associées à des groupes sociaux, à des appartenances particulières. Fixer la langue, c'est aussi découvrir «l'usage vray» de Ramus, ou «l'usage commun» de Malherbe, c'est-à-dire l'identité de la langue enfouie sous la diversité des usages particuliers. Adhérer à l'ordre de l'usage, commun à tous, c'est adhérer à l'ordre public. La correction linguistique prend ainsi place dans une entreprise de contrôle du comportement individuel réalisée par le champ politique.

2.4. Le *Bon Usage*, doctrine du statut conquis

Claude Favre de Vaugelas, chargé par l'Académie de travailler à son dictionnaire, publie en 1647 ses «Remarques sur la langue française utiles à ceux qui veulent bien parler et bien écrire». D'emblée, il affirme que l'usage est le souverain seigneur de la langue et que l'usage public doit prévaloir sur les préférences individuelles. Mais selon lui, l'évaluation quantitative de la norme est une erreur : il ne faut pas confondre le bon usage avec celui du plus grand nombre. Au contraire, il sera associé à une élite restreinte en perpétuel effort de correction. Il dénonce, chez certains de ses prédécesseurs, la confusion dans le terme français peuple, de *populus*, composé de patriciens, et de *plebs*, la plèbe. C'est le populus qui détient l'autorité sur la langue; par là, il exclut du bon usage les formes attribuées aux classes populaires. Cette séparation du peuple et des classes supérieures de la monarchie fait écho à l'idéologie de la rupture des alliances traditionnelles (féodales) entre la noblesse et les paysans qui traverse le XVIIe siècle. De plus, les «patriciens» ne détiennent pas automatiquement le prestige de leur naissance, mais essentiellement des vertus de l'éducation et du travail personnel accompli dans ce cadre. Par là, Vaugelas rencontre les aspiration de la bourgeoisie qui se reconnaît toute entière dans cette morale de l'effort et du mérite personnel.

La cour est le référent principal dans la définition du bon usage; c'est là que se créent et sont diffusées les nouvelles formes linguistiques. C'est là également que l'on rencontre les esprits les plus enclins à célébrer et à illustrer les mérites de l'éducation. Mais Vaugelas n'attribue le bon usage qu'à la «plus saine partie de la cour», c'est-à-dire à ceux, parmi les courtisans, qui ont le plus accepté de renoncer à leur attachement au peuple et à la province. Les *Remarques* visent à enseigner aux membres de l'élite qu'ils doivent consentir des efforts pour se distinguer entre eux. Elles offrent aussi aux autres un moyen pour s'identifier au centre de la nation plutôt qu'à tout autre groupe. Dévaluant l'usage du plus grand nombre, Vaugelas introduit ainsi l'insécurité linguistique au cœur même de la cour, en instaurant une sorte de loi de rareté du bon usage. Il ne s'agit plus ici d'observer les règles de la plus commune façon de parler, mais d'apprendre à déjouer les difficultés et les subtilités d'une langue de cour idéale. La cour est le sanctuaire de la norme, parce que c'est elle qui incarne l'espace public. L'excellence est avant tout un objectif social, et non intellectuel fondé sur la raison : l'individu doit s'adapter à la dynamique sociale et montrer par son langage qu'il connaît les règles du jeu.

Avec Vaugelas, le langage compte explicitement parmi les aspects extérieurs de la personne qui reflètent la position sociale. «On doit s'estudier à la politesse du langage autant qu'à celle de la contenance ou de la manière de se vestir et qu'à tout ce qui paraît en l'extérieur.»[45] Dans le moindre de ses échanges, le courtisan est en représentation et joue sa réputation. Le nouveau venu à la cour devra s'éduquer et s'initier au bon usage, pour montrer qu'il accepte de se conformer aux normes communes. La qualité sociale ne s'acquiert pas, dans le modèle du bon usage, uniquement à la naissance. Elle est le fruit d'un dévouement à la cause monarchique qui doit se manifester dans les pratiques linguistiques. Ainsi, Vaugelas, en consacrant l'usage de la plus saine partie de la cour, affirme moins la légitimité de la norme sociale (spontanée) que la nécessité d'un dressage systématique, d'un effort d'éducation comme le prix à payer pour obtenir la distinction sociale.

La théorie du bon usage ne réaffirme pas simplement les privilèges de la naissance. Ceux-ci doivent être confirmés par l'adhésion à une norme centrale et par l'autocorrection. De plus, la course au prestige social est maintenant accessible aux bourgeois, aux robins, aux riches provinciaux qui contribuent à construire l'ordre politique. C'est en définitive l'Etat, le champ politique qui s'autonomise, qui est le garant ultime de la distinction sociale. La doctrine du bon usage, parce qu'elle consacre la rupture entre l'élite et le peuple, et par là, dévalorise les alliances de l'ancien ordre féodal, et parce qu'elle ouvre la perspective d'une mobilité sociale et d'une émulation consacrée par l'ordre politique, trouvera un écho particulièrement favorable dans la bourgeoisie. Les critiques de Vaugelas, qui tentent de réactiver les arguments humanistes de la primauté de la science, de l'autonomie de la langue écrite et de l'autorité des écrivains, ne vont cependant pas prendre la défense du «commun parler» du peuple. Ils cherchent simplement à limiter l'arbitraire des *Remarques* et à fonder en raison le modèle du bon usage, qui persistera comme l'association paradoxale de la dévalorisation des usages populaires et du glissement d'une morale du statut prescrit à celle du statut acquis.

Au terme de cette exploration des débats intellectuels qui accompagnent les entreprises normatives au XVIe et au XVIIe siècles, nous pouvons comprendre la forme de la normalisation linguistique définie par le modèle du bon usage. D'abord défini contre la norme sociale, le discours savant sur la langue va lentement s'imprégner du discours réaliste qui cherche à rendre compte de la réalité de l'usage et des évaluations sociales qu'il reçoit. Avec Vaugelas, la norme «spontanée» triomphe résolument, mais elle entre en composition avec une idéologie politique que la monarchie cherche à diffuser au XVIIe siècle : la rupture des anciennes appartenances et solidarités régionales entre l'aristocratie et le peuple, pour favoriser l'adhésion à l'Etat monarchique qui se présente comme le garant du bien public; et la relativisation des privilèges de la naissance qui doivent être confirmés par l'adhésion à l'ordre politique auxquels les bourgeois sont aussi appelés à concourir. Malgré les critiques dont il fut l'objet, le modèle du bon usage se révéla tenace. Il imprégna profondément la culture savante, la culture politique et surtout l'univers pédagogique. Son caractère décisif pour l'histoire de la langue française tient à ce qu'il associe la conformité à une norme idéale à la distinction sociale, à une morale de l'effort et à une valorisation de l'éducation.

3. LE FRANÇAIS NATIONAL

L'ordre politique se manifeste dans le travail normatif sur la langue, de manière explicite chez Malherbe et Vaugelas. Mais l'idée même de langue française était, dès le début du Moyen-Age, en plus d'un ensemble de pratiques, une construction politique. Selon R. Balibar, la construction du français en langue nationale a débuté au IXe siècle. La langue française, dès sa naissance, c'est à dire dès la reconnaissance d'une pratique romane distincte du latin sur le territoire de la France, a reçu un baptême politique. Depuis quand parle-t-on français? Depuis qu'on l'écrit, répond B. Cerquiglini[46]. Nous verrons en effet que l'émergence de la langue française a, dès l'origine, partie liée avec l'histoire des usages de l'écriture. Et que ce processus est inséparable d'une construction politique qui aboutira à l'institution de la langue nationale. Selon R. Balibar, on peut saisir l'institution du français notamment à partir des moments fondateurs que sont l'acte diplomatique des serments de Strasbourg, en 842, et les événements révolutionnaires de 1789-1795. Le français national s'affirmera encore davantage lorsqu'il deviendra la langue scolaire de l'école républicaine des années 1880. L'orthographe, véritable institution scolaire du XIXe siècle, porte la trace indélébile de ces processus de construction politique de la langue.

3.1. La naissance du français et les serments de Strasbourg

Le premier texte établi en langue romane et qui illustre, selon Balibar, la fondation de la langue nationale figure dans l'«Histoire des fils de Louis le Pieux» que Nithard, politique lettré au service de Charles le Chauve, rédigea entre 841 et 843. Cet ouvrage, rédigé en latin, la langue écrite exclusive, comporte des passages en langue vulgaire, romane et tudesque. Ce voisinage non fortuit des deux langues, a longtemps été occulté par les historiens du français, qui refusaient de lier la naissance de la langue nationale à celle d'une autre langue. R. Balibar voit dans cet événement non seulement la naissance du français, mais la co-fondation de deux langues par l'affirmation politique de leurs différences. L'institution du français doit être saisie, selon elle, dans le cadre du colinguisme, qui désigne la définition des langues dans un système de langues auxquelles on attribue des légitimités différentielles[47].

Renée Balibar voit dans l'acte des serments et dans la construction linguistique subtile qui y a donné lieu la fondation de deux langues officielles, attribuées à deux royaumes, à deux souverains, à deux peuples. Bien plus que la simple reconnaissance entre des différences déjà instituées, c'est la langue (ou les langues) du serment qui fonde l'Etat. En effet, le roman n'était la langue maternelle d'aucun des deux souverains : les deux fils de Louis le Pieux ont appris à parler une langue germanique avant d'apprendre à écrire le latin. De plus, les deux langues vulgaires utilisées lors des serments ne correspondaient pas nécessairement aux usages linguistiques des deux armées, assez hétérogènes de ce point de vue. Cela signifie que l'on ne visait par là pas tant la compréhension du discours par tous que la proclamation solennelle, dramatisée d'un engagement et d'une répartition de l'empire sur base linguistique. C'est en effet, selon Balibar, le critère linguistique qui fonde le partage des territoires. Ne disposant pas d'information complète sur les territoires à délimiter, ni de critère de comparaison (la superficie, la fertilité du sol...), Charles possédant déjà l'Aquitaine romane et Louis la Bavière Germanique, les deux souverains et surtout les clercs qui leur étaient attachés ont ainsi imaginé l'usage linguistique comme ligne de partage : à l'Ouest, pays de langues romanes, un royaume roman; à l'Est, de langue germanique, un royaume germanique.

«Pourquoi ces deux premiers discours étaient-ils faits? Pour constituer d'abord la masse des guerriers en peuples distingués par deux langues officielles, égales entre elles puisque symétriques par rapport au latin sous-entendu. Symboliquement Louis est roi d'Allemagne, Charles roi de France, de droit divin. Ainsi leurs sujets sont déjà répartis entre eux sous le signe linguistique. [...] C'est ici[48] la constitution délibérée et solennelle des deux langues nationales sous forme de textes, prononcés et jurés sur l'Ecriture Sainte.»[49] Critère de partage entre deux royaumes, ces deux langues sont ainsi officiellement attribuées à un territoire, à un peuple et à un souverain qui tire une part de sa légitimité de cette fondation linguistique. Ainsi, les serments inaugurent un droit public nouveau et un nouveau rapport aux langues : «A partir de 842 un Etat en Europe ne pourra jamais être mieux caractérisé que par la langue d'Etat, institution faite pour unifier les populations au dedans, les différencier au dehors. Les parlers locaux des terroirs fournissent le matériau d'une langue institutionnalisée, écrite selon des règles officielles, sur toute l'étendue du territoire d'une collectivité politique nationale.»[50] Deux Etats sont ainsi créés par la fondation de deux langues également distinguées du latin, qui symbolisait l'unité de l'Empire de Charlemagne. Cependant il ne faut pas voir dans les serments le moment de rupture entre l'usage du latin et des langues vulgaires dans l'écrit. Pendant de nombreux siècles, le latin restera la langue quasi exclusive de l'écriture. Il faut plutôt y voir un acte politique et hautement symbolique qui contribue à construire une identité aux deux royaumes.

Le texte des serments, tel qu'il est reproduit par Nithard, et l'événement tel qu'il est construit sont aussi le fruit d'un rapport scriptural au langage : selon Balibar, l'idée d'une équivalence entre le roman et le germanique, équivalence fondée sur leur rapport au latin, ne pouvait venir que des grands clercs qui avaient déjà l'expérience du colinguisme, c'est-à-dire d'un système de rapports entre les langues. Depuis le Concile de Tours, les évêques adaptent leurs homélies en langues locales. Par là, ils sont amenés à manipuler différents idiomes et différents registres et sont les agents principaux de la scripturalisation de la culture. Non seulement le texte des serments, mais aussi l'idée même de fonder un accord sur un partage linguistique ne peuvent avoir d'autre origine que cléricale. Mais comment les clercs qui furent associés à la construction des serments, familiarisés avec une tradition écrite, ont-ils mis par écrit une langue réservée jusque-là à l'usage oral? Et surtout, quelle variété particulière de la langue parlée ont-ils sélectionnée pour cette opération?

Différentes recherches appuient l'hypothèse d'une origine dialectale du texte des serments. Selon certains, la langue des serments puise sa substance dans le dialecte de Lyon, ou encore de Poitiers[51], deux villes de transition entre les domaines d'oïl et d'oc et dont la langue comporte des formes des deux domaines. Selon B. Cerquiglini, cette interprétation relève d'une mythologie dialectale qui ne tient pas compte de la spécificité de l'acte d'écriture. Les manuscrits médiévaux ne seraient pas le produit d'une scripta dialectale, mais d'une scripta transdialectale, le «français écrit», construit sur les bases du vieux latin mérovingien. Il se fonde sur le fait, d'ailleurs attesté par tous, que les dialectes au IXe siècle étaient encore peu différenciés[52]. La construction des serments, dont nous avons perçu la sophistication et la subtilité, suppose selon Cerquiglini une entreprise consciente de création à des fins politiques d'une langue monumentale par des clercs. La langue des serments surplombe nécessairement la diversité des usages oraux parce qu'elle répond à un projet clérical de scripturalisation de la langue, c'est à dire à la création de formes qui surplombent l'échange local et quotidien. Et lorsque l'auteur conclut en ces termes : «C'est pour l'écrire que l'on donne une forme à la langue, qu'on l'édifie et la fait advenir.»[53], on perçoit bien que ces conjectures et le débat entre les chercheurs sur l'origine linguistique des serments ne concerne pas uniquement un texte exceptionnel, une attextation unique de la langue française, mais qu'ils mettent en jeu des tentatives d'explication «sociologiques» de la naissance du français.

Selon Picoche et Marchello-Nizia, l'importance des formes françaises communes dans les textes médiévaux donne lieu àtrois interprétations :
1. les formes communes appartiennent au francien, dialecte de l'Ile de France, devenu langue de prestige parce qu'elle correspond à l'usage de la Cour;
2. elles proviennent d'une langue en partie artificielle, une koinè forgée pour la communication écrite à l'époque des premiers textes, alors que la différenciation dialectale n'était pas très avancée;
3. ces formes communes aux régions d'oïl étaient réellement implantées dans les langues régionales.

Les auteurs soutiennent la troisième hypothèse, précisant que malgré la diversité des parlers, une intercompréhension existait, et est attestée, dans le domaine d'oïl. Les formes communes du français écrit refléteraient ainsi les formes communes permettant l'intercompréhension à l'oral entre dialectes différents. Quant à l'influence de Paris, elle semble plus tardive : au début du Moyen-Age, cette ville ne semble pas douée d'un rayonnement particulier. Mais la région parisienne est déjà, de par sa situation fluviale, un lieu de rencontre entre des voyageurs. On suppose alors qu'on y parlait davantage un français interrégional qu'un dialecte spécifique promu ensuite par l'usage royal. «Jusqu'au XIIIe siècle, on peut affirmer l'identité, dans leur majorité, des formes «françoises» et des formes interdialectales, ainsi que le sentiment plus d'une fois affirmé, de la supériorité du «françois», dont le rayonnement reste pourtant hypothétique. [...] La diffusion dans les provinces du français de Paris est, à partir de la fin du XIIIe siècle, un fait incontestable, principalement dû aux progrès du pouvoir royal et de la centralisation administrative. [...] Au XVIe siècle, le «français» est une grande mosaïque d'usages sociaux et régionaux très variés, mais déjà la cour et le parlement font figure de modèles. Au XVIIe siècle, leur usage sera tenu pour seul «bon» et, parmi toutes les façons de parler possibles à Paris, seul cet étroit sociolecte donnera naissance au «français standard» d'aujourd'hui.»[54] Le français serait ainsi, à l'origine, constitué des formes communes aux dialectes d'oïl majoritaires en région parisienne et diffusée à partir du XIIIe siècle à travers le sociolecte du monde judiciaire et de la cour.

L'interprétation de Cerquiglini diffère quelque peu. Il rejette la première hypothèse comme relevant d'une pure fiction, tout comme Picoche et Marchello-Nizia. Le soi-disant francien est tout au plus une intersection entre différents usages. Si le français écrit commun apparaît avant le XIe siècle, lorsque la monarchie capétienne se fixe en Ile-de-France, c'est qu'il correspond à une scripta interrégionale mise en œuvre dès les premiers textes. C'est une langue d'origine cléricale, forgée par des lettrés soucieux de mettre au point une langue capable de rivaliser avec le latin écrit. «Le français national, notre français, ne provient donc pas d'un terroir, mais de la littérature. De cette scripta, essentiellement poétique, quasi nationale dans les serments (qui doivent annoncer un Etat), interrégionale d'oïl dans les textes littéraires qui suivent, et qu'élaborent les clercs, d'expérience en expérience, jusqu'à ce qu'elle se fige en ancien français commun. Le français résulte de ce travail séculaire d'écriture, de cette édification cléricale.»[55] Cerquiglini appuie ses propos sur le souhait exprimé par Dante de fonder un «illustre italien», pour apporter à la langue maternelle l'universalité et l'unicité du latin.

Comment trancher entre ces différentes hypothèses? On ne peut s'empêcher d'adresser quelques critiques aux différents auteurs évoqués ici. Tout d'abord, Picoche et Marchello-Nizia semblent réfuter assez rapidement la deuxième hypothèse en jugeant inutile une langue artificielle destinée à une large communication écrite, alors que le latin joue encore ce rôle. Mais en identifiant trop étroitement la logique de l'écriture avec le seul problème de la diffusion des textes, elles ne prennent pas suffisamment en compte le travail de décontextualisation, de mise à distance des conditions concrètes de l'énonciation inhérents à l'écriture. Ecrire, c'est non seulement s'adresser à un destinataire non physiquement présent, et potentiellement démultiplié, mais c'est aussi instituer un nouveau rapport avec le langage et l'objet même de la communication. La distance qui s'instaure entre le scribe, l'objet de son travail d'écriture et la langue qu'il manipule est de nature telle qu'elle pourrait être compatible avec une préférence aux formes disponibles les moins contextualisées, les moins dialectisées. Le français pourrait être ainsi, plutôt qu'une langue artificielle consciemment forgée par des clercs, une langue façonnée en partie non négligeable par la logique de l'écriture et par des formes sociales scripturalisées, c'est à dire une langue formée de formes interrégionales d'autant plus valorisées et efficaces qu'elles sont utilisées de préférence dans le travail d'écriture. Par ailleurs, Cerquiglini n'éclaire pas complètement les relations entre le français commun écrit et les usages oraux. Il suggère une domination de la langue écrite sur l'oral et une institution cléricale non seulement de la langue écrite, mais de la langue française toute entière, celle-ci étant essentiellement une scripta. Mais comment, à travers la diversité des dialectes, les français se sont-ils mis à parler une langue écrite très imparfaitement diffusée alors? Si la scripta commune suppose une distance avec les langues orales, cela ne signifie pas qu'elle est instituée entièrement indépendamment d'elles, ou du moins de certains de leurs usages. L'hypothèse de la construction d'une langue écrite commune est-elle incompatible avec l'existence de formes communes à l'oral entre dialectes différents?

En fin de compte, il ne s'agit pas ici de maîtriser totalement une question historique complexe qui relève d'autres compétences. Cependant, instruits du débat entre les chercheurs et de l'importance des mutations introduites par l'écriture, on retiendra la tentative de Picoche et Marchello-Nizia d'articuler les registres écrit et oral et l'insistance de Cerquiglini sur la spécificité du travail de mise en écriture et sur le projet clérical qui l'accompagne. Rien n'empêcherait alors de considérer comme vraisemblable l'hypothèse de l'existence d'une intercompréhension entre différents dialectes, amplifiée par l'écrit et en partie construite par lui, en soulignant l'impact de l'écriture comme processus cognitif et comme pratique sociale concrète susceptibles de valoriser des formes interdialectales. De cette façon, on tente de comprendre l'émergence du français dans la dialectique entre les usages oraux et écrits et les formes sociales qui y correspondent, sans dénier à l'écriture un rôle probablement décisif dans la construction sociale de la langue française.

3.2. Le français et la révolution

L'ordonnance de Villers-Cotterêts (1539) visait à interdire, dans toute une série d'actes publics, l'usage du latin pour promouvoir celui du «langage maternel françois». Mais en favorisant le recul du latin, il ouvrait en même temps la voie aux langues régionales et aux dialectes qui s'étaient, depuis le Moyen-Age, profondément différenciés. Cependant le français restait la langue de prestige et de la promotion sociale, notamment parce qu'il permettait l'accès aux emplois administratifs. Langue du Roi, de l'administration et des affaires, le français ne fit pourtant pas l'objet d'une véritable politique linguistique avant la période révolutionnaire. Cette politique linguistique participait, selon De Certeau, Julia et Revel, d'une double pédagogie politique : il fallait expliquer à tous les français le sens des nouvelles lois dans une langue qu'ils maîtrisent; et la politique d'instruction publique était ressentie comme une question centrale, pour introduire chez tous les nouvelles mœurs.

Dans un premier temps, on entreprit un vaste travail de traduction des décrets en langues régionales. Mais dès 1793, le vent tourne : les patois sont perçus par les représentants de la Convention non plus uniquement comme un obstacle à la compréhension des nouvelles lois, mais aussi comme le ferment d'une résistance à la Révolution et aux Lumières : «Le fédéralisme et la superstition parlent le bas breton; l'émigration et la haine de la République parlent allemand; la contre-révolution parle italien et le fanatisme parle le basque»[56] note Barère dans son rapport du Comité de Salut Public à la Convention. A cette période, la Convention vote différentes mesures, comme celle de nommer un instituteur de langue française dans chaque commune des départements allophones. «De l'écrit, précise De Certeau, on est passé à la voix». En effet, la répression des patois et des autres langues ne concerne plus désormais la seule langue écrite, mais touche les usages oraux, et notamment la relation pédagogique. La figure qui illustre le plus nettement la politique linguistique de la convention fut certainement celle de l'abbé Grégoire, qui entreprit dès 1790 une vaste enquête sur les patois et les mœurs des gens de la campagne, avant de proposer en 1794 à la Convention son «Rapport sur la nécessité et les moyens d'anéantir les patois et d'universaliser l'usage de la langue française».

3.2.1. L'enquête de Grégoire

Le 13 août 1790, Grégoire expédie à de nombreux correspondants un questionnaire sur les patois, en cherchant à obtenir à la fois des arguments, mais aussi des moyens concrets pour éradiquer leur usage. Il est convaincu qu'il faut promouvoir en France une langue unique et que l'on parviendra ainsi à briser les résistances des campagnes à la Révolution et aux idées nouvelles. Il s'agit, selon De Certeau, d'une véritable croisade. Une part des représentants à la Convention a conscience de traverser une zone dangereuse, un tournant dans l'histoire de la Révolution : il faut réussir à changer les mentalités, à les détacher des traditions et à susciter l'adhésion à un nouvel univers de croyance. De ce point de vue, c'est une révolution culturelle qui s'élabore à cette époque et au centre, une révolution linguistique. Les patois sont perçus par Grégoire non seulement comme une pratique de résistance à la raison éclairée, mais aussi comme un danger politique très concret pour le pouvoir révolutionnaire : ils risquent de soutenir la rébellion du peuple et de favoriser l'émancipation des pouvoirs locaux. A travers cette enquête, Grégoire réalise deux opérations apparemment contradictoires, mais pourtant très cohérentes dans leur cadre politique. Il s'agit à la fois d'anéantir les patois comme l'expression d'une différence entre les citoyens, et donc, de viser l'unité politique, et en même temps de protéger ces patois contre le «vandalisme», c'est-à-dire de les transformer d'une pratique orale vivante en une collection d'écrits conservés et «folklorisés».

Les correspondants de Grégoire furent essentiellement des notables locaux de sa connaissance, des collègues de l'Assemblée, des lecteurs du «Patriote français», qui affirme l'universalité de la langue française, ou encore des membres de sociétés patriotiques locales. Jusqu'alors, dans ce genre de cercles, l'usage des patois était admis, et même valorisé, mais uniquement à des fins pédagogiques. L'enquête de Grégoire et sa visée nettement mobilisatrice vont par elles-mêmes développer des effets sur les clercs provinciaux qui y répondent. Ceux-ci, note De Certeau, vont vivre, pendant l'enquête, une tension entre leur attachement à leur région, leur terroir, leur patois, et leur volonté de participer au nouvel espace patriotique. Non seulement ils doivent faire de leur patois un objet d'étude, et donc le mettre à distance, mais aussi ils doivent articuler et recomposer leurs repères dans l'espace : Paris, lieu où se construit un savoir, la province, objet d'investigation. «Aussi bien, la coupure qui sépare ces notables de «leur» patois est moins due à la contrainte exercée par quelques questions fermées qu'à l'alignement du questionnaire sur une problématique «scientifique» liée à une violence que le discours suppose en la cachant.»[57] En fondant leur description du patois sur le registre de la distance, de l'affinité, des dérivations..., les correspondants sont à la fois les acteurs et les témoins d'un reclassement en train de se faire dans l'espace politique, d'une recomposition des repères que pouvaient constituer par exemple l'*endo-langue* et l'*exo-langue*. Troublés, hésitants, oscillant constamment entre l'affirmation de l'unité de la nation et le souci de rendre compte des caractères «ethniques» de leur peuple, les correspondants ont en commun de définir le patois comme ce qui devient étranger à la Parole de la nation. Qu'ils regrettent ou non cette évolution en signalant la perte qu'elle représente pour l'expressivité.

Les correspondants se montrent en général très soucieux de constituer les patois en patrimoine culturel public. A cette période, le reflux des patois, sensible dès le XVe siècle, est accompli. D'une pratique vivante et généralisée, ils se transforment en objets de curiosité pour des «collectionneurs» privés que l'Etat doit à présent relayer. «Il faut arracher ces textes au secret des maisons familiales. La nation prend en charge la tâche de préserver les reliques du patois ou, ce qui revient au même, elle fait désormais du patois l'une de ses reliques ; elle l'inscrit dans son rapport à une perte qui est évidente, et même rassurante, mais ne doit pas être totale.»[58] Les correspondants relèvent ainsi des textes poétiques, des fragments, des glossaires dont ils soulignent souvent la richesse affective que le français pourrait perdre. «La langue de la culture et des idées, affectée à l'effort et au travail, vouée à représenter la loi et la raison, se montre ici tel un arbre qui se dépouillerait de son vocabulaire affectif. Autour, les feuilles et les fleurs dispersées du patois figurent les fêtes évanouies du cœur.»[59] Cette richesse du patois pourrait ne pas être irrémédiablement perdue si elle se laisse fragmenter, si elle peut nourrir de ses miettes la langue française frappée, de l'aveu même de Grégoire, d'un déficit expressif et poétique.

3.2.2. Une célébration de la culture écrite

L'enquête de Grégoire est ainsi une des étapes essentielles du travail de mythification qui aboutit à redéfinir les patois et le français, notamment à travers une quête des origines linguistiques, une écriture de l'Histoire. Souvent initiés aux théories linguistiques du XVIIIe, les correspondants construisent les rapports du français aux patois dans le cadre d'une généalogie, d'une parenté qui doit être reconstituée, par exemple en notant l'abondance des radicaux dans les patois. Les correspondants de Grégoire définissent le patois sur le triple registre du rural, du primitif et de l'exotique, en lui attribuant l'oralité comme caractéristique essentielle : «De cette région constituée en extériorité de la ville, de l'histoire et de l'identité patriotique, l'oralité va être la définition.»[60] Le patois définit l'espace de l'oralité avec toutes ses ambivalences : chaud et affectif, il est aussi infiniment variable et soupçonné de corrompre la langue parce qu'il échappe aux régularités de la langue écrite. La diversité des prononciations est perçue comme une ouverture à la multitude et une menace pour l'ordre de l'écriture. Ces variations patoisantes, orales, risquent d'altérer irrémédiablement la langue. Le point de vue adopté par Grégoire et ses correspondants est ainsi résolument construit sur une définition de la langue comme écriture du monde, laissant le patois dans le site enchanté d'une oralité originelle, étrange.

L'opposition langue-patois, qui est fondée sur une séparation des mondes écrit et oral, est presqu'entièrement recouverte dans l'enquête par l'opposition ville-campagne. Ce travail d'édification de l'identité et de l'altérité puise sa source dans le mythe d'une communauté rurale homogène, soumise à la nature sauvage, à l'abri de l'Histoire. Les paysans, parlant le patois, langue des origines et des pulsions sont les « sauvages du dedans ». Mais on ne peut jamais rompre complètement avec la nature, comme le signalait Herder. Et comme le précise cet éloquent correspondant de Perpignan : « Pour le détruire (le patois), il faudrait détruire le soleil, la fraîcheur des nuits, le genre d'aliments, la qualité des eaux, l'homme tout entier. »[61] Ce qui s'édifie ici, c'est une écriture de l'histoire, de l'espace et de la langue. « Il ne suffit plus d'écrire sur du papier, propos d'idéologue. Il faut écrire sur le sol, programme économique et politique. »[62] Et la politique linguistique de Grégoire s'organisera autour de ces deux thèmes : des routes et des maîtres d'école.

Le projet de Grégoire est fondamentalement politique : il s'agit de souder la communauté nationale autour d'une et une seule langue nationale. La langue ainsi construite en symbole politique n'est pas seulement définie en référence à une topologie qui organise la distinction entre le rural et l'urbain; elle est aussi profondément identifiée à la langue la plus travaillée par la culture écrite et la plus propre à en assurer la propagation. Parce qu'elle tend à l'homogénéité, la langue écrite est le modèle de la langue nationale. Et parce qu'il est assimilé à un univers de variations infinies et aberrantes, le patois en est le repoussoir. « Il est évident aussi que le refus des dialectes résulte d'une incapacité technique à saisir des lois stables dans l'oralité ou dans les parlers régionaux. La priorité donnée depuis longtemps à l'écriture a produit un appareil analytique et conceptuel qui ne peut que rejeter l'oralité hors de son champ et la faire verser dans l'incohérence. La politique de Grégoire entérine cet héritage. »[63]

Le décret proposé par Grégoire à la Convention prévoit la construction d'une nouvelle grammaire et d'un nouveau vocabulaire de la langue française. En outre, par toute une série de mesures supplémentaires, il pose la production d'écrits comme centrale pour le travail révolutionnaire : « L'exécution d'un dictionnaire, la rédaction d'opuscules patriotiques et techniques, ou de journaux, et leur diffusion, traduisent l'action révolutionnaire en une activité scripturaire. »[64] La politique linguistique de Grégoire est avant tout une célébration du livre : l'écrit a non seulement le pouvoir d'établir des contrats stables entre citoyens, mais aussi et surtout il symbolise « le pouvoir qu'a une société de se créer, d'être le principe de sa genèse, en affirmant, sous forme de l'écrit, le droit d'une Raison sur le donné de l'histoire. [...] Le livre est la métonymie d'un système qui se produit comme système. De ce point de vue, l'écriture est figure de la Révolution; l'écrit, figure de la Nation. »[65]

3.2.3. *Révolution politique, révolution linguistique*

Le travail réalisé sur la langue par les tout premiers membres de la nouvelle assemblée nationale dès 1789, et plus tard, par la convention, n'est pas une caractéristique périphérique de la transformation révolutionnaire : pour de nombreux historiens, il en est l'essence même. L'avènement de la souveraineté nationale change, dès le Serment du Jeu de Paume, le statut de la langue française. Désormais, ce n'est plus le droit divin de la personne royale qui fait autorité en matière linguistique. C'est un droit fondé sur une communication idéale entre citoyens et dont les représentants deviennent les garants. Au moment même où s'opère le transfert de la souveraineté du Roi à l'Assemblée commence le processus de nationalisation de la langue française : l'exercice légitime de la langue non seulement peut mais doit être reconnu à tous les citoyens. Autrefois langue royale, le français était l'instrument d'un pouvoir scriptural sur les populations. Le transfert de légitimité politique suppose que la langue tirera désormais sa légitimité de l'ensemble des citoyens (qu'il faudra de toute urgence alphabétiser). Dès le XVIIe siècle, la monarchie impose l'emploi de la langue française pour les transactions qui relèvent de l'administration du pouvoir royal. Mais à aucun moment il n'avait été question d'imposer la pratique du français aux masses. Dès 1789, le français, de langue royale, devient langue nationale. Et cette nationalisation du français, cette édification de la langue de la nation sera réalisée au prix d'un immense travail politique et linguistique.

Les premiers membres de l'Assemblée Nationale, tout comme ceux de la Convention, sont tous familiarisés à la culture cléricale et rompus à la pratique du colinguisme, comme le signale Balibar : «Ce qui leur est commun, c'est que tous sont des hommes qui exercent le pouvoir des langues : c'est-à-dire des hommes capables de concevoir et d'exprimer les réalités en se servant de toutes les ressources de leurs langues écrites et de leurs langages locaux.»[66] Hommes de loi, de lettres, d'Eglise ou hommes de science pratiquent constamment divers registres linguistiques et surtout ont le pouvoir d'écriture. Pour les membres de cette république des lettres, la culture littéraire et le talent sont susceptibles de rivaliser avec les privilèges de la naissance. Persuadés qu'une innovation de mots peut amener une innovation de principes, ils ont entrepris un travail sur la langue française qui répond, selon Balibar, à deux projets contradictoires : pour marquer l'indépendance vis à vis de la scripta latine, ils ont surchargé le français de réminiscences du latin; et ils ont approfondi la scripturalisation de la langue française en introduisant dans la langue écrite des éléments des usages linguistiques oraux des populations françaises.

Par là, et par la construction de tout un matériel pédagogique dont l'exemple le plus frappant est sans doute la grammaire de Lhommond, première grammaire nationale républicaine par décret de la convention, les révolutionnaires ont considérablement ouvert l'accès des masses au français écrit. La Révolution et la politique linguistique qui lui est consubstantielle vont aussi révéler l'écart gigantesque entre les pratiques linguistiques des lettrés et le plurilinguisme des masses. L'entreprise de transformation politique ne pourra ainsi se dérouler sans un effort pédagogique qui devra aboutir à une pratique généralisée du monolinguisme diffusé par l'école et la culture scripturale dont elle procède et qu'elle approfondit.

La diffusion du français était déjà entamée avant la Révolution, et elle se poursuivra aussi en marge des phénomènes politiques au sens strict. Nous avons déjà signalé la profonde transformation de la culture introduite en Europe par la Réforme. L'alphabétisation, et en particulier l'alphabétisation en langue nationale devient une exigence religieuse centrale dès la Renaissance. Le développement des villes et la multiplication des transactions économiques jouent également un rôle important en faveur de la propagation du français en France. Mais au cours de la période révolutionnaire, les flux s'intensifient : le brassage des populations autour des villes, des routes et des manufactures contribue à généraliser le français, langue du travail et de l'embauche, langue commune aux masses patoisantes délocalisées. Mais les révolutionnaires ne peuvent se contenter de cette progression lente et inégale du français. Il faudra intervenir de façon énergique et explicite pour nationaliser la langue. Tout comme d'ailleurs pour créer et imposer un nouveau système métrique qui rationalise et uniformise les poids et mesure, voté en 1793. Transformer la langue écrite, la rendre plus accessible et plus rationnelle. Tel est le projet politique de la Convention, qui aura pour conséquence une accélération du processus de scripturalisation de la langue et de la culture.

3.2.4. Universalisation démocratique et contrôle social

La véritable nature du changement introduit par la politique linguistique de la Convention fut, pour R. Balibar, la démocratisation de la langue nationale écrite. C'est elle qui donne sens au travail de nationalisation du français. Le jacobinisme n'est pas seulement un coup de force centralisateur et nationaliste[67]; il est aussi une entreprise d'universalisation démocratique de la langue française. Pour la réaliser, il faudra faire «la révolution dans la langue», c'est-à-dire transformer la langue pour qu'elle puisse être enseignée à tous, en incitant à la création de dictionnaires, de grammaires, de manuels... Le propos de Grégoire en cette matière est particulièrement limpide : « On peut uniformer le langage d'une grande nation, de manière que tous les citoyens qui la composent, puissent sans obstacle se communiquer leurs pensées. Cette entreprise, qui ne fut pleinement exécutée chez aucun peuple, est digne du peuple français, qui centralise toutes les branches de l'organisation sociale, et qui doit être jaloux de consacrer au plus tôt, dans une République une et indivisible, l'usage unique et invariable de la langue de la liberté. [...] Déjà la révolution a fait passer un certain nombre de mots français dans tous les départements. [...] Je finirai ce discours en présentant l'esquisse d'un projet vaste et dont l'exécution est digne de vous ; c'est celui de révolutionner notre langue : j'explique ma pensée. [...] Quand un peuple s'instruit, nécessairement sa langue s'enrichit, parce que l'augmentation des connaissances établit des alliances nouvelles entre les paroles et les pensées, et nécessite des termes nouveaux. Vouloir condamner une langue à l'invariabilité sous ce rapport, ce serait condamner le génie national à devenir stationnaire. [...] Ne pourrait-on donner un caractère plus prononcé, une consistance plus décidée à notre syntaxe, à notre prosodie ; faire à notre idiôme les améliorations dont il est susceptible, et, sans en altérer le fond, l'enrichir, le simplifier, en faciliter l'étude aux nationaux et aux autres peuples ? Une nouvelle grammaire et un nouveau dictionnaire français ne paraissent aux hommes vulgaires qu'un objet de littérature. L'homme qui voit à grande distance, placera cette mesure dans ses conceptions politiques. »[68]

Si elles furent marquées par l'affirmation et la mise en œuvre d'un projet d'universalisation démocratique de la langue française, ces premières années de la Révolution furent aussi caractérisées par un état de guerre permanent. Dans ce contexte, certains membres de la Convention insisteront sur la nécessité d'établir un contrôle social généralisé, dont la propagation du français devient l'instrument. Tel Barère, Rapporteur du comité de salut public : « Une monarchie doit ressembler à la tour de Babel ; dans la démocratie, au contraire, la surveillance du gouvernement est confiée à chaque citoyen ; pour le surveiller il faut le connaître, il faut surtout en connaître la langue. Les lois d'une République supposent une attention singulière de tous les citoyens les uns sur les autres, et une surveillance constante sur l'observation des lois et la conduite des fonctionnaires publics. Peut-on se la promettre dans la confusion des langues, dans la négligence de la première éducation du peuple, dans l'ignorance des citoyens ? »[69] Il confie ainsi aux Sociétés populaires la mission de propager le français, mesure qui, selon Balibar, contredit les principes de l'universalisation démocratique. La langue française se trouve ainsi prise entre deux feux, et soumise à des entreprises d'institutionnalisation au moins partiellement divergentes sur les principes, mais qui aboutiront à la célébration du monolinguisme, de la langue écrite nationale et officielle. Sous la Convention, le plurilinguisme des masses est véritablement frappé d'interdit, tandis que les élites républicaines sont toujours caractérisées par leur pratique du colinguisme, leur connaissance du latin, des langues étrangères et même des patois, dont l'instruction élémentaire prive les masses. Un nouveau type d'inégalité culturelle est ainsi construit, entre les lettrés et la masse qui recevra un enseignement du français érigé en monolinguisme absolu, et tronqué de la connaissance du colinguisme (et surtout du latin) qui avait pourtant contribué à façonner la langue française écrite. L'enseignement élémentaire du français aux XIXe et XXe siècles sera profondément marqué par cette configuration et se donnera pour tâche (difficile) d'apprendre à tous une langue française écrite tronquée du colinguisme, détachée du système des langues où elle avait pris place. Nous verrons plus loin que l'institution même de l'orthographe française a pour origine cette double exigence : la démocratisation de la langue écrite et l'affirmation du monolinguisme.

La langue nationale, telle qu'elle est construite par la Révolution, doit tout à la culture écrite. C'est une langue cléricale qu'il faut tenter d'universaliser et qui constitue une ressource importante pour les entreprises de contrôle social typiques des années révolutionnaires. Dans ce cadre, les révolutionnaires sont des agents de propagation et de standardisation du français, conçu d'abord en référence à ses usages écrits, et défini par une norme unique, le monolinguisme.

4. LA CONSTRUCTION SOCIALE DE L'ORTHOGRAPHE

L'orthographe est une institution typiquement moderne : elle prend place dans l'espace rationnel ouvert par la logique de l'écriture, qui constitue la langue en objet susceptible d'être organisé, normé, grammaticalisé ; elle sera, dans sa version scolaire notamment, étroitement solidaire d'une morale de l'effort, du mérite, de la nécessité d'éducation et de la dépossession des usagers mise en forme par la théorie du Bon Usage de Vaugelas ; et elle participe à la construction du français comme langue nationale, comme principe d'unité de la nation célébrée par la Révolution française. Mais pour comprendre l'institution de l'orthographe, il faut aussi éclairer l'émergence du code graphique lui-même. L'orthographe, comme institution, c'est-à-dire comme ensemble de normes issues et fondées sur des pratiques sociales, mais soumises à un processus de généralisation et de décontextualisation, d'extension spatio-temporelle, est un complexe qui articule étroitement un système graphique, des représentations de la langue et de la société et des usages concrets de l'écriture. La logique de l'écriture, les théories du bon usage et l'émergence du français national nous permettent de saisir le cadre général dans lequel l'orthographe comme institution a pris historiquement son sens. Mais comment le code graphique du français a-t-il été concrètement construit, en affinité avec les représentations de la langue et les pratiques d'écriture ?

4.1. La genèse de l'orthographe française

L'orthographe du latin est généralement considérée comme un système de règles simples et peu nombreuses, fondées essentiellement sur la correspondance des graphies et des sons. Il en va tout autrement de l'orthographe française. Comment expliquer cela ? Comment le code graphique du français a-t-il été concrètement construit ?

L'Europe médiévale était fondamentalement bilingue : l'usage des langues vulgaires voisinait constamment avec celui du latin, langue écrite par les clercs, langue sacrée, mais aussi langue parlée dans les situations liées à la vie religieuse. Les premiers textes écrits en langue romane, comme par exemple celui des Serments de Strasbourg, sont tout naturellement conçus sur le principe d'une transcription de la langue vulgaire qui utilise comme matériel de base l'alphabet latin. Tout d'abord parce que la distance culturelle entre latin et langue romane n'était pas très importante. Selon N. Catach, «le latin et le français ont vécu durant de nombreux siècles en état de véritable symbiose, ils étaient sentis comme une seule et même langue : on lisait le latin « à la française », on écrivait le français « à la latine ». »[70] De plus, l'alphabet latin était le seul matériel disponible et directement prêt à l'emploi pour les auteurs des premiers textes en langue romane.

Cette utilisation de l'alphabet latin pour la transcription en langue vulgaire romane est à la source de la complexité de notre orthographe. En effet, l'alphabet latin offre un matériel sous-phonologique pour l'écriture du français, puisqu'il comporte au Moyen-Age vingt-trois graphèmes, alors que le nombre de phonèmes du français oral est de loin supérieur. De cette manière, l'orthographe du français apparaît pour certains comme « viciée dès l'origine, dans ses fondements »[71]. L'orthographe, comme code graphique, désigne cette utilisation d'un alphabet sous-phonologique[72] pour la transcription du français, ainsi que les divers moyens qui ont été inventés pour suppléer à cette carence. Or non seulement le nombre de phonèmes de la langue orale est supérieur à celui des graphèmes disponibles, mais aussi ceux-ci restent invariants, alors que l'évolution phonétique se poursuit.

On ne peut comprendre cette aporie originelle de l'écriture du français qu'en expliquant le caractère sacré, intouchable de l'alphabet latin. Alphabet de la langue sacrée, de la religion et de la tradition cléricale, de la Bible et du christianisme occidental, il représentait par lui-même un trésor que l'on ne pouvait altérer. Pourtant, il y eut de nombreuses tentatives pour augmenter le nombre de graphèmes de l'alphabet. Mais elles suscitèrent des résistances très vives, au moins jusqu'au XVIe siècle, où l'on admit, et encore, dans un climat conflictuel, le J et le V, puis le W, ainsi que certains diacritiques. Dès le départ, l'alphabet latin était peu adéquat à la transcription de la langue romane, mais il le devint surtout davantage au cours des siècles où la langue orale ne cessa d'évoluer.

Cette situation initiale de la transcription du français explique que le code graphique, en plus d'un système de correspondance de la graphie et du son (le système phono-graphique), a été augmenté d'un supplément orthographique élaboré par des générations de clercs. Dans le cadre de ce travail scriptural par essence, l'orthographe de la langue romane, simple au départ, s'est transformée en un code complexe qui s'éloigne sans cesse de la langue parlée. Le principe du réaménagement du code graphique, vu que le système phono-graphique apparaissait saturé, fut le recours à l'idéographie, c'est-à-dire à la référence au signifié dans la notation des énoncés. A la différence des écritures tchèque[73] ou croate par exemple, où ils furent utilisés pour la notation des phonèmes non représentés dans le système que l'alphabet latin mettait à leur disposition, les diacritiques français sont de «purs expédients qui tendent à assurer le fonctionnement de notre système graphique en tant que complexe phonologico-idéographique»[74]. La tendance fut à les utiliser essentiellement pour remplir une fonction idéographique, qui sert à attester la permanence d'un radical dans les formes verbales ou dans les termes dérivés.

En fait, Chervel et Blanche-Benveniste précisent que les écritures dites phonographiques ou idéographiques sont toutes des hybrides des deux principes. Par exemple, la notation des noms étrangers en chinois, faute de référent conceptuel, recourt aux ressources de la phonologie. De la même façon, en français, on eut recours à l'idéographie pour suppléer aux carences du système phono-graphique. Cela signifie par exemple que les clercs chargés des travaux d'écriture ont ajouté des lettres étymologiques (et donc en référence au concept, et non au son) pour distinguer des termes dont la lecture pouvait être ambiguë. Ainsi, on fit de *pie pied*, en puisant à la source latine de *pedem*, pour le distinguer de *pie*. Cette composante idéographique de notre orthographe contribue à façonner le «visage» du mot écrit, sa physionomie, son corps, auxquels certains usagers se déclarent extrêmement sensibles, comme nous le verrons dans le chapitre suivant.

L'adoption d'un système plus résolument phonographique aurait supposé un réaménagement constant du matériel alphabétique pour suivre l'évolution des usages oraux. Mais nous avons vu précédemment que l'écriture est loin d'être une simple notation de la parole. La raison graphique suppose, par définition, une distance à l'oralité qui s'exprime ici dans le code graphique. Les historiens de l'orthographe supposent généralement comme préalable que les premiers textes furent écrits pour représenter une parole. L'intervention du principe idéographique dans la notation du français est perçue par Chervel et Blanche-Benveniste comme une corrosion du principe phono-graphique, un éloignement de la pureté phonographique primitive. Or, l'opération scripturale transforme non seulement la langue mais aussi le rapport que l'on entretient avec la parole. Cependant la distance avec l'usage oral n'est jamais totale; il faut plutôt voir l'écrit et l'oral en tension dans un registre de proximité et de distance. L'effort vers la proximité a légitimé l'adoption de solutions de fortune, de palliatifs, de «bricolages», de «replâtrages» qui procèdent d'une réelle logique même ses réalisations pragmatiques semblent aller en tous sens. En effet, le recours à l'idéographie, au concept, à l'étymologie offre des solutions graphiques qui peuvent être très différentes pour des mêmes réalisations phonétiques.

4.1.1. Les origines

Dès les serments de Strasbourg, l'écriture du français utilise les graphèmes étymologiques. Mais malgré ce départ déjà marqué par l'étymologisme, une véritable tendance vers le phonétisme est attestée dans la littérature en langue vulgaire, chartes, chansons de geste, fabliaux... On relève une certaine stabilisation des graphies vers le XIe siècle, imparfaitement expliquée. Certains historiens du français évoquent l'hypothèse d'une relative stabilisation phonétique tandis que d'autres insistent sur les effets de l'organisation sociale des pratiques d'écriture : selon Ch. Beaulieux, il y aurait eu, dans le cadre d'écoles de jongleurs, une entente entre scribes de différents dialectes d'oïl. Bien que cette hypothèse soit contestée, on peut sans doute en retenir, avec Catach[75], une probable concentration de la diffusion des écritures dans les mains d'une classe restreinte de lettrés. De plus, nous avons vu précédemment comment la logique de l'écriture peut modifier le rapport au langage et influencer les pratiques vers la sélection des formes linguistiques les moins contextualisées et les moins marquées par un ancrage strictement localisé. Cela pourrait signifier que, en dehors de toute entente explicite et organisée entre les scribes, ceux-ci tendent spontanément à imaginer des formes graphiques les plus susceptibles d'être comprises et adoptées par d'autres clercs.

Au XIIIe siècle, l'orthographe se stabilise alors que l'évolution phonétique se poursuit. A partir de là, l'écart entre l'oral et l'écrit ne cesse de s'approfondir. Le moyen français (XIIIe-XVIe siècles) est généralement perçu comme une période de transition entre l'ancien français et le français moderne où s'opèrent des modifications importantes du système nominal, du système verbal, de la syntaxe, de l'ordre des mots, enrichissement du vocabulaire par relatinisation et dérivation, et une évolution phonétique rapide. A cette époque, la logique de l'écriture se manifeste sous les formes d'une tendance à l'homogénéisation des graphies et d'une différenciation sociale et culturelle des usages linguistiques : « D'une part, on assiste en France, avec une meilleure prise de conscience linguistique du français et de ses origines, à un phénomène de régression savante, qui tend à dissocier de plus en plus les niveaux de langue, le français populaire et le français des lettrés ; d'autre part, et par-delà la diversification des régions et des parlers, ces lettrés vont s'efforcer d'atteindre à une graphie nationale, «invariante», à une orthographe «neutre», notant de préférence la forme la plus longue du mot, dans laquelle chacun puisse se reconnaître. »[76]

A partir du XIIIe siècle, la culture se scripturalise et le travail d'écriture lui-même tend à sortir des scriptoria des monastères. Le nombre de clercs augmente considérablement et la profession se sécularise (au sens premier). Au même moment, le recours au papier de chiffon contribue à faire baisser les coûts de fabrication des livres et, sous l'impulsion d'une demande nouvelle, la diffusion des manuscrits littéraires s'élargit. Les juristes et diverses couches de fonctionnaires royaux deviennent de véritables maîtres d'écriture ; ils rédigent de plus en plus des textes français, toujours transcrits en latin, langue commune, de l'Eglise, mais aussi celle du Parlement et de la culture savante. Dans ce contexte, l'écriture s'éloigne du phonétisme et recourt davantage au principe idéographique. M. Cohen souligne la contradiction des exigences auxquelles devaient répondre le travail d'écriture : d'une part, la tendance à la rapidité du tracé, qui explique les accolements, les ligatures et abréviations ; et d'autre part l'impératif de lisibilité, qui incite à surcharger le texte de repères pour distinguer des syllabes ou des mots différents. Les historiens de l'orthographe s'accordent pour affirmer que, dans cette pratique de l'écriture, l'étymologisme n'est pas une fin mais un moyen, le moyen de réduire l'ambiguïté de la lecture. D'ailleurs, les lettres dites «étymologiques» introduites à l'époque n'ont parfois aucun rapport avec l'étymon latin. Par exemple, le *h* de *huile, huit, huis*... n'a aucune origine latine mais servait avant tout à signaler que le *u* initial (non distingué du v à l'époque) était une voyelle, et permettait ainsi de distinguer ces termes de *vile, vit* et *vis*.

Le code ne cesse pourtant jamais de s'adapter aux changements phonétiques les plus importants. Par exemple, le code s'augmente de digrammes, couples de graphèmes affectés à un seul phonème, pour représenter au mieux les voyelles du français. Mais dans un certain nombre de cas, la lecture des mots qui comportent des voyelles doubles risque de devenir ambiguë. Il faut donc recourir à l'adjonction d'un signe ou d'une lettre spécialisée dans le rôle d'anticoagulant, pour éviter par exemple que l'on prononce *chahut* comme *chaud*. Tant que l'alphabet latin reste intouchable, l'évolution vers le phonétisme et vers l'idéographie vont de pair : ils ne constituent pas des tendances contradictoires, mais participent au même effort d'adapter la graphie à une prononciation «centrale». On aboutit alors à se doter d'un code qui ressemble fort, pour certains, à un bricolage : «une majorité de phonèmes sont représentés dans le code par un graphème ou un digramme dont la valeur représentative est aléatoire, c'est-à-dire étroitement dépendante de l'entourage graphique. Inversement, la grande majorité des graphèmes, ou même la quasi-unanimité, participent à la symbolisation de plusieurs phonèmes, soit directement, soit comme éléments de groupes divers»[77].

Le recours à la source latine et à l'idéographie est ainsi introduit par les praticiens pour répondre à l'exigence de clarté que comporte un travail d'écriture de documents divers, notamment des actes juridiques, qui ne tolèrent aucune ambiguïté. Au moment où la pratique du latin décline, la référence à l'étymologie s'estompe, par exemple, dans le rapport entre *pied* et *pedem*, mais entre-temps, on a formé toute une série de dérivés puisés à la source latine, comme *pédestre, piédestal, pédale*... Cette formation du code selon les deux principes phonographique et idéographique contribue à autonomiser la langue écrite de la communication orale, en construisant un système qui n'a jamais renoncé à représenter la parole mais qui, pour le faire, a pris avec la parole une distance de plus en plus grande.

4.1.2. Les débats entre l'ancien et le nouveau système

Au XVIᵉ siècle, les usages linguistiques du français sont profondément différenciés selon les aires dialectales et notamment selon la ligne de partage des domaines d'oïl et d'oc. Selon Catach, c'est à cette époque que l'influence de l'écriture sur les prononciations commence à se faire sentir : faut-il dire *aministration* ou *administration*, *sutil* ou *subtil*? Les tendances à la régression savante s'accentuent : l'école et les études linguistiques sur le latin par les humanistes vont influencer à la fois la graphie et la prononciation du français. «C'est là un des traits les plus typiques de notre langue moderne, qu'elle n'a pas eu une croissance libre et naturelle, mais qu'elle s'est trouvée, dès l'époque de sa formation, placée sous le contrôle des érudits et des grammairiens qui ont artificiellement infléchi, hâté, ralenti, voire arrêté le cours normal de son évolution.»[78] Cette citation pose beaucoup de problèmes : qu'est-ce qu'une croissance «libre» et «naturelle» d'une langue, et comment pourrait-on caractériser une évolution «normale»? Elle nous permet cependant d'insister sur le rôle déterminant des érudits dans la construction de la langue et de la graphie du français. Cette influence contribue notamment à accentuer le mouvement de différenciation sociale et linguistique déjà amorcé lors des siècles précédents.

Dès le premier quart du XVIᵉ siècle, l'imprimerie change le rapport au texte, les conditions sociales de sa diffusion et de sa production. Désormais, ce ne sont plus les clercs des scriptoria qui élaborent un code graphique dans la rareté des manuscrits; les imprimeurs commencent à jouer un rôle décisif dans l'édification du code. Latinistes confirmés, ils éprouvent pourtant le besoin de doter le français d'une graphie adéquate. Progressivement, ils introduisent la séparation des mots, suppriment les abréviations, donnent une ponctuation au texte, recourent aux accents... et remplacent ainsi certaines lettres adscrites typiques de l'écriture manuscrite. Un des novateurs fut certainement G. Tory[79], qui introduisit la cédille, l'apostrophe, les accents... à l'instar des graphies italienne et espagnole. Les écrivains de la Pléiade, en accord avec les imprimeurs les plus novateurs, joueront également un rôle d'avant-garde : Ronsard, et les nombreux écrivains qui le suivent, éliminent des lettres adscrites, utilisent les accents, suppriment certaines lettres grecques et consonnes doubles... Certaines de ces réformes seront reprises, deux siècles plus tard, par l'Académie, mais seulement en partie. Aujourd'hui, certains réformateurs se réclament explicitement de l'inspiration de la Pléiade, et déplorent le retour à l'ancienne graphie amorcé par Robert Estienne, imprimeur du Roi, et ses successeurs.

En effet, plusieurs imprimeurs d'avant-garde, soupçonnés de protestantisme, sont chassés de France lors des guerres de religion. L'édition française est en crise : la qualité des livres se détériore et les imprimeurs du Roi rétablissent l'orthographe la plus archaïque. Dans son *Dictionaire françoislatin* [1549], Robert Estienne, rétablit l'ancienne graphie, fixe une orthographe pléthorique et appuie avec force le point de vue paradigmatique sur la langue, en insistant sur les rapprochements des mots apparentés, en les classant par familles. En effet, les graphies étymologiques permettent non seulement de saisir une relation avec l'étymon latin, mais elles permettent aussi de classer les mots en «familles». Après R. Estienne, les relations paradigmatiques entre les signifiés vont jouer un rôle décisif dans la cohésion du système graphique. A partir de ce moment, le principe idéographique ne joue plus seulement comme complément du principe phono-graphique : «Le principe idéographique compense les lacunes du code phono-graphique; mais il se pose du même coup en rival qui cherche à évincer son adversaire. [...] Plus s'élargit le fossé entre la phonologie et l'écriture du français, plus on a tendance à se reposer sur l'armature paradigmatique qu'offre l'orthographe.»[80]

Au XVIIe siècle, avec l'extension des usages de l'écriture, la qualité technique des livres s'améliore et les écrivains reviennent à certaines habitudes graphiques de la Renaissance. Mais ce retour au modernisme s'opère dans un climat de conflit entre les «modernes», grammairiens, éditeurs, écrivains et les «anciens», clercs, praticiens, maîtres d'écriture, gens de lettres, officiers royaux... Plusieurs dictionnaires différents se partagent le «marché»; mais les grandes maisons d'édition tentent le plus souvent d'adopter la graphie modernisée. Dans le même temps, l'écart entre les registres de la langue se creuse : les usages populaires sont dévalorisés, et l'usage de la cour est érigé en modèle du bon usage. Mais, comme nous l'avons vu précédemment, cet approfondissement de la différenciation sociale et linguistique va de pair avec une insécurité linguistique grandissante : la conformité linguistique n'est pas «naturelle», elle exige un effort, une éducation, une auto-surveillance. Cela signifie que les tendances au modernisme du XVIIe siècle ne doivent pas masquer un phénomène peut-être plus décisif : c'est qu'à partir de cette époque, chaque locuteur, même bien né, est dépossédé d'une compétence sur la langue et sa graphie. La conformité linguistique et orthographique n'est pas une compétence, c'est une quête incessante de distinction sociale.

Aux XVIIIe et XIXe siècles, la référence au principe de l'idéographie paradigmatique s'intensifie et en même temps change de nature. On décide par exemple d'aligner *respect*, *temps*, et *bœuf* sur leurs dérivés *respecter, temporel, bovin*. Le principe idéographique, qui impose un classement des mots par signifiés, va restituer sa marque d'origine à toute une couche du lexique, notamment en rétablissant des *h* ou des *y* qui avaient disparu précédemment. Selon Chervel et Blanche-Benveniste, la loi phonographique est désormais subordonnée à la loi idéographique. « L'idéographie préserve des traditions graphiques archaïques non parce qu'elles sont vénérables mais parce qu'elles lui permettent de mieux asseoir les oppositions entre séries paradigmatiques. »[81] Depuis les origines, le rôle de l'idéographie a changé. Au départ, et pendant des siècles, elle était utilisée pour suppléer au manque de graphèmes; au cours des siècles, cette fonction est passée au second rang : l'idéographie est devenue le principe et l'opérateur d'un classement paradigmatique dans la langue écrite.

4.1.3. *L'étatisation de l'orthographe*

La première édition du dictionnaire de l'Académie [1694] choisit l'orthographe officielle des greffes royaux plutôt que celle des écrivains et des éditeurs. « La Compagnie déclare qu'elle désire suivre l'ancienne orthographe qui distingue les gens de lettres d'avec les ignorans et les simples femmes... »[82] Et surtout, elle consacre le principe du classement des mots en famille introduit par R. Estienne. La seconde édition [1718] reste sur la même lancée, à la différence qu'elle présente les termes par ordre alphabétique. A cette période, l'écart entre la norme énoncée par l'Académie et les usages s'approfondit. A la fin du règne de Louis XIV, près des deux tiers des ouvrages sont édités dans la nouvelle orthographe. Régnier-Desmarais, responsable de l'édition du dictionnaire, réfute pourtant les arguments en défaveur de l'orthographe savante, jugée par certains trop compliquée. L'Abbé d'Olivet, responsable de la troisième édition [1740] cherchera quant à lui à rattraper l'usage : il y introduira de nombreuses réformes, soutenu par les philosophes qui étaient entrés à l'Académie. La quatrième édition [1762] poursuit l'œuvre réformatrice, notamment en introduisant les accents dans le dictionnaire; mais ce fut surtout la cinquième édition [1798] qui fit les plus grands pas vers la simplification. L'intention ne fut pas seulement d'aménager quelques graphies pour faciliter la lecture et l'écriture : c'est le système en profondeur que l'on a cherché à réformer, notamment sous l'impulsion de Voltaire.

La nouvelle Académie, fondée en 1816, revient à un « étymologisme outrancier »[83]. Parmi quelques réformes, qui ne sont pas toutes insignifiantes comme la substitution du *oi* par le *ai*, elle rétablit un nombre considérable de lettres étymologiques : *aphthe, rhythme, asyle*... Le climat change cependant, et la septième édition [1878] est marquée par les campagnes réformatrices menées par des écrivains et des linguistes. Mais une opposition se forme et fait reculer l'Académie. Le résultat de ces atermoiements fut une édition qui introduisit des simplifications sous formes de variantes ; fondée sur un principe de tolérance, elle indiqua une double orthographe pour de nombreux termes. Au cours des années suivantes, l'argument des réformateurs devient résolument pédagogique : il faut simplifier l'orthographe pour réussir à l'enseigner, et surtout combler l'écart entre la norme officielle et celle qui est fondée sur la science de la langue : « La pratique orthographique imposée aux élèves... est, dans bien des cas, en contradiction flagrante avec l'enseignement grammatical donné dans toutes les universités... Il y aurait lieu, tout au moins, de ne pas imputer à faute aux élèves qui en usent les formes reconnues les meilleures par la science grammaticale... L'orthographe ne saurait être soustraite plus longtemps, par un dogmatisme intransigeant, aux lois de l'évolution... »[84] A nouveau, l'édition suivante opère un retour en arrière : en 1935, les variantes précédemment admises sont supprimées.

Au cours de ces huit éditions, la construction de la norme ne cesse de changer de pôle, de la tradition au modernisme, du modernisme à la tradition. Mais on peut saisir par là le caractère conflictuel de ces débats, et constater que, depuis l'origine, les éditions successives introduisent de moins en moins de modifications. Cependant, ces changements successifs furent occultés, surtout au XIXe siècle, par l'édition de textes modernisés : « C'est surtout le XIXe siècle qui a, par la diffusion massive d'éditions modernisées, nivelées, contribué à répandre cette idée dogmatique et stérilisante d'une orthographe éternelle, et par conséquent immuable. »[85]

Cependant, les éditions successives du dictionnaire de l'Académie française ne donnent qu'une idée imparfaite de la nature de la norme et de ses relations avec l'usage. Aux XVIIe et XVIIIe siècles, les recommandations de l'Académie étaient fréquemment contestées par les imprimeurs, compositeurs et correcteurs d'imprimerie qui conservaient une autorité de fait sur l'orthographe. Il semble que l'usage soit resté flottant au moins jusqu'à la révolution : dans les textes imprimés, plusieurs orthographes coexistent, plusieurs graphies sont tolérées. Par exemple, « Rollin, dans son *Traité des études*, en 1726, conseillait aux professeurs d'un même collège de convenir ensemble d'une orthographe « afin que les écoliers ne soient pas obligés de changer d'orthographe à mesure qu'ils changeront de classes ». »[86] La norme est essentiellement affaire de tolérance et de bon goût ; c'est d'abord une norme appréciative, selon laquelle on opère des choix parmi plusieurs graphies possibles, en évitant les formes ambiguës, et sans exclure la fantaisie. Certaines fortes personnalités pratiquent systématiquement un type de graphie qui pourra avoir un certain écho sur les pratiques de leurs contemporains, tel Voltaire par exemple : «il est notable que l'«orthographe de Voltaire» désigne seulement la substitution de *ai* à *oi* dans les formes *un François, ils étoient*, et nullement ces innombrables négligences de plume (on dirait aujourd'hui «ces fautes») dont, en grand seigneur qui méprise ces vétilles, il parsème sa correspondance : *labbé, jespere, filosofe...*»[87]

Malgré les variations de l'usage et la tolérance de la norme, on peut relever des tendances profondes dans l'observation des pratiques. Jusqu'au début du XIXe siècle, les usagers suivent soit un courant moderniste, soit un courant conservateur. On a donc, schématiquement, affaire à deux orthographes, l'ancienne et la nouvelle. L'Académie continue même à enregistrer quelques graphies qui se sont diffusées dans l'usage. Mais l'importance même de l'orthographe n'est pas ressentie de manière égale dans toutes les couches de la société : le public cultivé et la bonne société, instruits de latin, clé de l'orthographe, ne la considèrent pas comme un problème. S'ils l'ignorent, elle est affaire de subalternes, secrétaires, imprimeurs, et n'est pas en soi digne d'intérêt. En revanche, pour les couches sociales qui n'ont pas eu un plein accès à la culture écrite, mais qui doivent écrire dans le cadre de leur travail ou de leurs affaires, elle constitue une source importante d'insécurité. A cette époque, plus on descend dans la hiérarchie sociale, plus la demande d'orthographe est grande. Aussi, fleurissent d'innombrables manuels et grammaires.

Selon les historiens de l'orthographe, tout change au XIXe siècle avec le développement de la centralisation étatique et l'université napoléonienne. La norme se resserre, les fluctuations ne sont plus tolérées, la norme devient unique. Désormais, on ne peut plus parler d'un usage distinct de la norme : il a été absorbé par une norme devenue prescriptive. La référence à l'usage perd son sens, puisque la norme prescrit à partir de ce moment une graphie unique. Dès que l'usage s'écarte de la norme, il est stigmatisé comme faux, et explicitement réprimé.

L'empire consacrera une norme unique et prescriptive. Mais les révolutionnaires avaient déjà considérablement ouvert la voie de l'étatisation de l'orthographe : en 1799, on recommande aux citoyens du canton de Paris de «réformer et corriger sur les enseignes, tableaux, écriteaux [...] tout ce qui pourra s'y rencontrer de contraire aux lois, aux mœurs, et aux règles de notre langue française»[88]. L'université impériale, en imposant l'orthographe de l'Académie, contribue encore à augmenter son «étatisation». L'orthographe, prise en charge par l'Etat, devient officielle, et le dictionnaire de l'Académie devient le «code civil» de l'écriture.

Désormais, l'orthographe est obligatoire. Déjà exigée aux brevets de capacité en 1816, mais sans grande efficacité, elle est exigée dès 1831 de tous les instituteurs, avec la suppression du troisième brevet. Au cours du XIXe siècle, l'obligation de l'orthographe se fonde sur un principe sélectif : d'abord imposée sous l'empire dans les examens universitaires, elle tend de plus en plus à être explicitement associée au certificat d'études et aux fonctions subalternes, tandis qu'une certaine tolérance subsiste aux niveaux du bac et des licences.

Mais c'est surtout avec le décret de 1832, qui fixe les conditions d'accession aux emplois publics, que l'orthographe prend résolument son caractère officiel et obligatoire. L'orthographe est exigée pour l'accession à tous les emplois publics, et elle est aussi jugée nécessaire dans la rue, dans l'espace public. En 1846, les commissaires de police de Paris reçoivent la recommandation suivante : « Vous n'êtes pas sans avoir remarqué qu'il existe des fautes d'orthographe sur bien des enseignes, exposées au regard du public par le Commerce de Paris. Ce fait ne constitue, à coup sûr, ni délit ni contravention ; mais vous comprendrez avec moi que, dans une capitale civilisée comme la nôtre, à une époque où l'instruction est aussi répandue, il est fâcheux de voir la langue française publiquement maltraitée jusque dans les quartiers les plus brillants et les plus fréquentés par les étrangers. Je vous prie en conséquence de jeter un coup d'œil sur toutes les enseignes de votre quartier, à l'effet de reconnaître celles dont l'orthographe est vicieuse, et d'engager les propriétaires de ces enseignes à les faire rectifier. Il est bien entendu que vos injonctions à ce sujet seront purement persuasives... »[89]

L'orthographe, officialisée et obligatoire, relève de deux institutions étroitement contrôlées par l'Etat : l'Académie et l'école publique. L'Etat, qui autrefois se contentait d'entériner l'usage, ou d'arbitrer entre différentes graphies, a confié au système scolaire une part importante de son pouvoir sur l'orthographe. Selon certains, il est aujourd'hui dépassé par sa propre création : il est devenu impuissant, incapable de toute intervention en cette matière. L'école impériale, puis l'école Ferryste de la fin du XIXe siècle, ont contribué au « gel » de l'évolution graphique. Il faudra, pour comprendre le figement de l'orthographe au XIXe siècle, examiner comment l'orthographe est instituée dans la forme scolaire et comment, en retour, elle contribue à affirmer la position de l'Ecole dans la société.

4.1.4. *L'orthographe et le réformisme*

L'histoire de l'orthographe est celle de ses réformes, et elle commence essentiellement avec l'imprimerie. D'abord, il faut signaler que le premier usage du terme orthographe date de 1529, lorsque Tory publie son traité de typographie, *Champfleury*. La grammaire française naît dans les polémiques du XVIe siècle autour de l'orthographe. A cette époque, quelques grammairiens ou écrivains se signalent par des initiatives personnelles, et proposent leur graphie en exemple à suivre : Meigret et Ramus se réclament du phonétisme; Ronsard préconise une réforme plus modérée, mais il est davantage imité par ses contemporains.

Aux XVIIe et XVIIIe siècles plusieurs voix s'élèvent en faveur d'une réforme, tantôt pour permettre aux femmes «d'écrire aussi assurément et aussi correctement que les hommes»[90], tantôt pour affirmer le point de vue de la Raison contre l'usage. Selon les courants qui la traversent, l'Académie entérine quelques fois des modifications de l'usage, pour y revenir parfois quelques années plus tard. Au XVIIIe siècle, les grammairiens sont tout naturellement des modernistes, tels Duclos : «l'orthographe des fames, que les savans trouvent si ridicule, est plus raisonnable que la leur. Il vaudroit bien mieux que les savans l'adoptassent, en y corrigeant ce qu'une demi éducation y a mis de défectueux, c'est-à-dire de savant»[91]. Responsable du dictionnaire de l'Académie, d'Olivet se prononce pour une réforme raisonnable. Plus hardies seront les tentatives de Wailly et de Domergue, en 1791; mais elles sont repoussées par le corps enseignant des Ecoles normales.

En 1805, le même Domergue s'adresse à Napoléon en ces termes : «Ose ordonner la réforme de notre orthographe, et le mensonge abécédaire, qui prépare à tous les mensonges, ne déformera plus les jeunes esprits.»[92] Mais ce vœu n'aura jamais d'écho, d'autant que les grammairiens scolaires font la loi en matière de langue écrite; ils transforment l'orthographe en véritable catéchisme à inculquer à tous les écoliers. Le mouvement réformiste reprend de la vigueur en 1826 et se durcit sous l'impulsion du nouveau mouvement démocratique. Cabet, et même Fourier soutiennent le projet de réforme de Marle, qui ne cherche pas à opposer un usage à un autre, mais vise, dans une entreprise volontariste, à forger une nouvelle norme de toutes pièces. Malgré le soutien d'une partie de l'opinion et des premiers socialistes, ce projet sombrera dans l'oubli, après avoir été ridiculisé dans la presse.

Entre 1880 et 1910, un large mouvement réformateur agite l'opinion. Mais les arguments et les protagonistes ont changé de nature : les réformateurs sont des intellectuels, des universitaires, des membres de la petite bourgeoisie; on invoque, comme aux XVIIe et XVIIIe siècles la Raison contre l'usage, et notamment en puisant aux découvertes de la nouvelle philologie française et de la phonétique expérimentale. De plus, l'instauration de l'école obligatoire en 1880 a rendu l'opinion publique plus sensible aux arguments pédagogiques. Enfin, pour certains réformateurs de cette époque, il faut retourner aux sources de la vieille France médiévale; le combat pour la réforme de l'orthographe prend parfois les accents d'une extrême-droite nationaliste. Des décisions sont prises et plusieurs rapports officiels sont déposés; ils échoueront tous. Par exemple, l'arrêté de 1901 préconise la tolérance, surtout dans les examens, sur plusieurs points : emploi des adjectifs numéraux, accords du complément déterminatif, pluriel du complément d'objet, etc. Cet arrêté ne fut jamais appliqué et la plupart des enseignants n'en n'a jamais entendu parler. En 1903, le rapport Meyer est enterré par l'Académie; tout comme celui de Brunot en 1905.

Au cours du XXe siècle, plusieurs tentatives de réforme seront encore étouffées dans l'œuf : le projet modéré de Dauzat, en 1939, celui de Beaulieux, en 1952, et la même année, le projet officiel de Beslais, ridiculisé par une campagne de presse qui n'épargne pas les calembours : «les fames retrouveront un home», ou «un homme de petit pois»... En 1960, une nouvelle commission, présidée par Beslais est mise sur pied à la demande des scientifiques. L'Académie des sciences formule en effet un vœu en faveur d'une réforme de l'orthographe. Le rapport Beslais, en 1965, affirme une volonté de rendre l'orthographe plus efficace et plus simple, mais dans la modération. Il estime qu'une civilisation où la science joue le rôle dominant est amenée à juger intolérable une orthographe aussi épineuse. Mais on ne prendra jamais les arrêtés d'application nécessaires à cette réforme.

En 1967, R. Thimonnier défend son rapport devant le Conseil International de la Langue Française. Il cherche à décrire le système graphique du français comme un tout cohérent, organique. L'orthographe répond à une logique immanente du langage. Il propose de débarrasser ce système de quelques contradictions internes. Il ne s'agit pas d'une réforme, mais d'un «émondage» qui n'altère pas le système graphique du français. En fait, ses propositions sont sévèrement jugées par les linguistes, qui n'y voient que des modifications de détail, fondées sur des critères hétéroclites. De plus, il est perçu comme un projet-barrage : en affirmant la cohérence d'un système graphique «organique», il consacre l'autonomie de la langue écrite et il écarte toute autre possibilité de réforme puisqu'elle risquerait de porter atteinte au cœur du système. Malgré la modestie des modifications proposées, l'Académie n'en retiendra que quelques-unes, et publiera un document en 1975 pour proposer ces changements. En 1987, l'Académie revient sur les modifications proposées en 1975, en arguant du fait qu'elles ont été mal accueillies, et ce, malgré les protestations de J. Hanse, président du Conseil International de la Langue Française.

Entre-temps, en 1976, René Haby, ministre de l'Education nationale, reprenant les idées de Thimonnier, avait publié un arrêté relatif à la simplification de l'écriture du français qui ne concernait que les examens et les concours du ministère de l'Education, mais cet arrêté de tolérance ne fut pas appliqué. En 1988 et 1989, le mouvement réformateur rebondit à nouveau : selon une enquête du Syndicat National des Instituteurs et Professeurs de collège, 90 % des adhérents qui ont répondu au questionnaire souhaitent une réforme de l'orthographe. Quelques mois plus tard, en février 1989, dix linguistes se prononcent à la une du «Monde» en faveur d'une modernisation de l'écriture du français. A la suite de débats publics parfois très durs, surtout dans la presse, le Conseil supérieur de la langue française, présidé par le Premier Ministre Michel Rocard, publie le 6 décembre 1990 au *Journal officiel* son rapport sur les rectifications de l'orthographe.

Cette chronologie du mouvement réformiste laisse voir à la fois la continuité de l'idée de réforme et l'importance des résistances qu'elle soulève. Malgré la diversité des contextes et la spécificité des débats de chaque période, on peut, avec N. Catach, relever trois positions en présence :

1. Les «conservateurs» ou les tenants de l'immobilisme développent divers arguments : pour certains, l'attachement à l'écriture du français, patrimoine national, est une question de sentiment patriotique; d'autres mettent l'accent sur la nécessité de maintenir dans la langue écrite les traces laissées par l'étymologie; d'autres encore, et souvent les mêmes, insistent sur les vertus de l'apprentissage d'une orthographe compliquée comme gymnastique intellectuelle remplaçant le latin qui a pratiquement disparu de l'enseignement. De plus, les positions «conservatrices» se fondent souvent sur la répulsion que leur inspirent d'une part l'orthographe phonétique ou «l'ortografe lojike» et d'autre part, dans des accents qui n'ont rien à envier à Vaugelas, «l'orthographe de la cuisinière». Enfin, un nombre considérable d'usagers de la langue, et notamment beaucoup d'écrivains, se déclarent sensibles à la physionomie du mot écrit, à son aspect «physique».

2. Les partisans du phonétisme se sont surtout signalés au XVIe siècle, avec Meigret et Ramus, et au XXe, avec Brunot, plus tard Martinet, ou encore Blanche-Benveniste et Chervel. Selon eux, l'orthographe est viciée dans ses fondements, depuis la malédiction alphabétique initiale. De plus, l'orthographe, telle qu'elle a été édifiée sur ces bases douteuse,

constitue un système. Non pas un système organique comme le prétend Thimonnier, mais une construction historique et complexe où tout se tient. Il est donc absurde et illusoire selon eux d'en réformer quelques éléments : on ne peut l'améliorer, le mal est trop profond. N. Catach signale le paradoxe auquel les partisans du phonétisme aboutissent souvent : «seule une réforme profonde pourrait apporter à l'orthographe du français les améliorations nécessaires, et une réforme profonde est aujourd'hui impossible»[93]. C'est par exemple le constat d'A. Martinet lorsqu'il déclare : «Une réforme vraiment fondamentale... n'a aucune chance d'être jamais adoptée. Quant à une réforme partielle, de celles qu'on a pu présenter au cours de ce siècle, on peut sincèrement se demander s'il vaut bien la peine de heurter les habitudes de millions d'usagers...»[94]

3. Les «modérés» constatent à la fois que beaucoup de spécialistes de la langue sont favorables à une réforme et que seules les réformes modérées ont réussi. Il faut proposer une réforme progressive, par étapes, et dont l'objet serait clairement limité. Il ne s'agit pas tant de construire un système graphique idéal que de proposer des modifications partielles, plus douces, mieux tolérées par les divers groupes d'usagers. On vise à simplifier l'orthographe, notamment sur base d'arguments pédagogiques ou encore sur la nécessité de maintenir une diffusion du français dans le monde, mais sans renoncer à la complexité du système et à sa base mixte, phono-graphique, morphologique et sémantique. Par exemple, les modérés tiennent à aligner la graphie des mots de la même famille, pour éviter aux usagers des difficultés inutiles; ils veulent simplifier la graphie des mots composés, réformer l'usage de certains accents, supprimer des consonnes doubles ou des consonnes internes...

Selon Blanche-Benveniste et Chervel, le développement des connaissances linguistiques eut certainement une influence importante sur les projets de réforme. Chaque mouvement réformiste s'appuie sur les nouveaux développements de la grammaire ou de la linguistique. Les rapports étroits entre l'activité réformiste et la réflexion sur la langue peuvent être saisis par exemple chez Tory, Meigret et Ramus, premiers grammairiens et ardents réformateurs. Ou encore, on peut signaler que le réformisme, au XVIIIe siècle, s'inspire notamment des nouveaux développements de la description phonétique, au début du XIXe, des progrès réalisés dans la description des langues et des premières études de grammaire comparative. La fin du XIXe siècle est particulièrement féconde en études linguistiques : des pas importants sont franchis en phonétique expérimentale, en dialectologie, en phonologie, et en grammaire historique. On énonce des lois phonétiques et on découvre la simplicité de l'ancien français. Le mouvement réformateur de 1880-1910 puise tout naturellement dans la science du langage une part importante de son inspiration. C'est notamment la mise au jour, par les philologues, des textes en ancien français, et la découverte qu'ils étaient essentiellement conçus sur base du principe phono-graphique, qui suscita chez certains l'indignation devant l'écart entre les langues écrite et orale, et la relatinisation des XIVe et XVe siècles.

4.2. L'institution de l'orthographe dans la forme scolaire

L'école du XIXe siècle est la clé de voûte de l'institutionnalisation de l'orthographe. C'est dans le système scolaire qu'aboutissent et convergent la logique de l'écriture, celle de la distinction sociale par la quête de conformité linguistique et celle de l'affirmation nationale par la construction d'une langue unique, nationale et accessible à tous. C'est aussi à l'école, parallèlement au processus d'étatisation de l'orthographe, que le code graphique se fige, se momifie. Enfin, c'est dans la pratique concrète de la pédagogie de l'orthographe que s'invente un nouveau savoir scolaire en marge de toutes les études descriptives et spéculatives sur la langue, à savoir la grammaire scolaire. Comment l'école a-t-elle donné sens à l'orthographe, comment a-t-elle participé à sa construction sociale? Et en retour, comment l'orthographe a-t-elle donné sens à l'école et contribué à fonder la légitimité de l'instituteur?

4.2.1. L'école et les logiques d'institutionnalisation de l'orthographe

La logique de l'écriture ouvre un espace de langue *per se*, objectivable et susceptible d'être régie par des normes abstraites. Elle introduit un rapport distancié à la langue, et les pratiques liées à l'écriture procèdent d'une décontextualisation de la parole et d'une relation sociale abstraite. Nous venons de voir que la formation du code graphique est profondément travaillée par cette logique de l'écriture : la distance qui s'établit entre l'écrit et l'oral, le recours à l'idéographie et au classement paradigmatique du lexique, et enfin l'entreprise de normalisation des graphies elle-même, dans son principe, sont étroitement liés aux conditions concrètes de la pratique de l'écriture et au mode de connaissance qu'elle construit.

De plus, l'écriture introduit également de nouveaux clivages sociaux, fondés sur l'accès différencié à la culture écrite. Dans la société française issue de la Contre-Réforme, l'école reçoit la mission d'universaliser la culture écrite. Quelques siècles plus tard, la Révolution française édifie l'instruction en monument, en symbole de tous les idéaux démocratiques et contribue à célébrer encore davantage la culture écrite en la définissant comme un enjeu central de la transformation nationale et démocratique. La forme scolaire, qui émerge peu à peu de l'école de l'Ancien Régime et se déploie pleinement sous l'empire et sous la nouvelle république se fonde sur une objectivation des savoirs qu'elle renforce considérablement. Dans ce cadre, la langue est soumise à un travail d'objectivation et de codification, et cette langue scripturalisée devient la matrice de tous les savoirs scolaires. A travers ces différents processus, l'école reçoit ainsi la mission centrale d'initier des générations d'élèves à la culture écrite et à la langue scripturalisée. Mais l'école n'a pas fait que transmettre une langue écrite codifiée ; elle a largement contribué à la normaliser et à l'institutionnaliser. Nous verrons par exemple comment elle a défini l'orthographe comme le savoir scolaire par excellence pour l'instruction élémentaire et comment elle a sécrété, à travers des générations d'instituteurs, un savoir typiquement scolaire destiné à soutenir l'apprentissage d'une orthographe devenue l'emblème de l'école élémentaire.

Au cours de la Renaissance, la conformité et le prestige linguistiques, définis dans les débats entre la référence à la raison et à l'usage, changent de statut : ils ne sont plus des propriétés naturelles et secondaires des groupes sociaux prestigieux ; ils deviennent le signe même et le principe de la distinction. Au cours du XVIIe siècle, et encore plus nettement avec Vaugelas, les pratiques linguistiques sont perçues comme susceptibles d'une évaluation constante. Elles dévoilent la qualité sociale des locuteurs, elles en donnent la mesure. Mais cette conformité est hors d'atteinte, elle n'est en elle-même à la portée de personne. Elle se définit plutôt comme une quête perpétuelle et comme une acceptation de la dépossession de la compétence linguistique. Le prestige linguistique et social est ainsi accordé à ceux qui consentent un effort d'éducation et d'autocorrection ; il est associé au mérite et à l'adhésion à l'ordre social et politique. Ce modèle du bon usage contribue à ouvrir à la bourgeoisie la course à la distinction sociale ; il approfondit également le clivage entre langue populaire et langue distinguée, en dévalorisant l'usage du plus grand nombre, le «commun parler» du peuple.

A la fin du XVIIIe siècle, l'usage valorisé est celui de l'aristocratie et de la haute bourgeoisie. Le bouleversement social et politique introduit par la Révolution modifie la situation linguistique et redistribue les cartes du rapport entre les différentes couches sociales. La bourgeoisie qui accède à la direction des affaires, tout en cherchant à «adopter le langage des ci-devants dont elle subit le prestige»[95], va introduire de profondes modifications dans le langage oral. Mais l'usage aristocratique ne disparaît pas, il reste un puissant facteur de différenciation sociale. L'orthographe française du XVIII⁰ siècle correspondait davantage à la prononciation aristocratique qu'à celle des bourgeois. Les élèves issus du peuple ou de la bourgeoisie apprennent à écrire le français sans avoir de familiarité avec la langue orale qui pouvait constituer le support le plus proche de la langue écrite. La langue écrite ainsi transmise à l'école, à travers une orthographe à peu près inchangée, est déconnectée de l'usage oral. Tandis que la langue écrite continue de se mouler sur l'usage oral aristocratique, mais imparfaitement, la bourgeoisie révolutionnaire va largement contribuer à faire évoluer la langue orale et surtout la prononciation du français. A l'issue de la période révolutionnaire, où l'on entendait démocratiser le français, l'écart entre l'écrit et l'oral s'est considérablement approfondi.

Cette distance creusée entre l'oral et l'écrit, déjà introduite par le principe de la logique de l'écriture, mais ici encore approfondie dans le jeu complexe d'un bouleversement politique qui n'a pas aboli toutes les formes anciennes de distinction sociale, accroît considérablement les difficultés liées à l'apprentissage de l'écriture. L'école, dont la mission principale est de transmettre la culture écrite et la langue scripturalisée devra relever ce défi, d'apprendre à des grandes masses d'élèves une langue écrite qui leur est, à bien des égards, une langue étrangère. L'orthographe symbolise la difficulté d'accès à la langue écrite. C'est sur elle que se focalisent tous les efforts. De plus, l'école du XIX⁰ siècle réactive la morale du bon usage comme ressource pour asseoir son travail d'enculturation : la difficulté de l'apprentissage de l'orthographe est compensée par le profit symbolique de l'effort et du mérite mobilisés pour y parvenir. Ecrire sans fautes, c'est accepter un ordre social et culturel fragile que l'on renonce à interroger, c'est aussi célébrer le principe méritocratique dans lequel s'incarnent les idéaux démocratiques du XIX⁰ siècle. Aujourd'hui encore, la difficulté même de l'orthographe française est un des meilleurs garants de sa pérennité : nous verrons au chapitre suivant par exemple que les tenants du statu-quo stigmatisent le laisser-aller et la facilité qu'introduirait à l'école une orthographe réformée.

La politique linguistique est une entreprise centrale de la période révolutionnaire, parce que la langue française est perçue comme le ciment de la nation, et qu'elle doit être accessible à tous les citoyens. C'est sur l'école que reposent tous les espoirs de démocratiser le français, mais aussi par là de changer les mentalités et de favoriser l'adhésion à la république. Les patois, suspects de favoriser la résistance et l'obscurantisme, ferments de division entre les citoyens, associés à une oralité insaisissable, exotique et corruptrice de la langue, profondément liés à un terroir sauvage et originel, devront entrer au musée et être définis comme un patrimoine culturel national. En revanche, le français, langue des lumières et de la culture écrite, définie par une double homogénéité nationale et scripturale, devra entrer dans l'univers des pratiques de chaque citoyen. Le monolinguisme français se construit dans le climat de répulsion des patois, de la différence, du rural, de la sauvagerie et du passé.

L'école de la République, si elle manque de moyens, de maîtres et d'autonomie, ne manque pas de poids symbolique : elle deviendra le lieu par excellence de l'accès démocratique à la culture écrite et de la construction du monolinguisme. En effet, la langue que chaque petit français devra apprendre à maîtriser, est un français abstrait du système des langues où il s'est développé, un français tronqué du colinguisme qui a contribué à le construire. L'apprentissage de cette langue doublement étrangère, parce qu'elle est mal connue des patoisants, et parce qu'elle est d'abord définie en référence à la culture écrite, demande un effort considérable de la part des élèves et des maîtres. La différenciation sociale qui s'établit à l'école et plus précisément dans l'apprentissage linguistique est particulièrement sensible sur le terrain de l'orthographe. Elle apparaît comme incroyablement compliquée parce qu'elle appartient à l'usage d'une langue étrangère pour la plupart, parce qu'elle est construite sur une logique de l'écriture à laquelle les élèves ne sont pas familiarisés, et à laquelle ils ne seront initiés que de manière très partielle, sans le support du latin et des autres langues écrites. L'étrangeté de l'orthographe est cependant contrebalancée par le mérite que l'on gagne à la maîtriser, et les vertus d'intégration à la nation française associées à la pratique de la langue nationale unique et scripturalisée.

4.2.2. L'orthographe comme discipline scolaire

Sous l'Ancien Régime, l'orthographe n'est pas considérée comme une connaissance indispensable à la culture de l'individu. C'est une science réservée à quelques corps de métiers, imprimeurs, secrétaires, maîtres-écrivains... Dès le début du XVIIIe siècle, la pratique du français écrit s'élargit considérablement, et la demande d'apprentissage de la langue écrite s'accroît, surtout dans les couches les plus récemment confrontées à la pratique de l'écriture. Au cours de ce siècle, et encore plus nettement au siècle suivant, la langue française se diffuse dans la masse de la population française. Mais, selon Catach, le progrès de la diffusion du français entraîne paradoxalement « un renforcement du rôle de barrage social constitué par l'orthographe : « La seule chose qui soit restée debout dans ce siècle de tourmente, a pu dire Brunot, c'est l'orthographe. »»[96] Les révolutionnaires n'ont guère touché à l'orthographe de l'Ancien Régime parce que, selon eux, les réformes nécessaires avaient déjà été faites, mais aussi parce que la langue écrite est l'emblème de la culture et de la nation qui doit se construire.

L'orthographe devient, au XIXe siècle la discipline centrale de l'instruction élémentaire : de 1816, où l'on fixe les brevets de capacité pour accéder à l'emploi dans l'enseignement élémentaire, à 1833, l'obligation de l'orthographe pour les examens de l'Education nationale et pour l'accès aux emplois publics se généralise. L'orthographe, dans ce cadre, n'est plus seulement une discipline nécessaire à la maîtrise de la culture écrite, célébrée par tous; elle joue désormais un rôle décisif dans la sélection professionnelle et sociale. La pression de la société sur l'école en cette matière s'intensifie. Perçue comme une voie d'accès à la culture écrite, mais aussi comme un vecteur de sélection sociale, l'orthographe, devenue la matière scolaire par excellence, est victime d'un nouveau raidissement, d'un surcroît d'immobilisme.

Dès le XIXe siècle et jusqu'à aujourd'hui, selon J. Guion, l'orthographe remplit à l'école la double fonction d'enculturation et de sélection. L'enseignement de l'orthographe répond à l'objectif de soumettre les élèves à une culture (les bons écrivains) et au génie exigeant de la langue. Son apprentissage demande une attitude de respect et de discipline; la correction est assimilée à la vertu, l'écart à la norme au vice, à la faute. De plus, l'orthographe, par sa complexité, l'effort qu'elle exige et le poids symbolique qu'elle détient, devient le terrain privilégié de la sélection scolaire. L'enseignement de l'orthographe est d'abord orienté vers cet objectif, en témoigne par exemple le recours généralisé à la dictée dans la pédagogie de l'orthographe au cours de la seconde moitié du siècle, alors qu'elle était au début réservée aux épreuves d'examen, à l'évaluation.

L'école républicaine qui s'organise vers 1880, gratuite, laïque et obligatoire, porte aussi la marque d'une réelle transformation pédagogique. Auparavant, l'apprentissage de la lecture ne débouchait pas sur la compréhension des textes; les manuels présentaient le plus souvent des textes incompréhensibles à la grande majorité des élèves. L'apprentissage de l'écriture se confondait avec celui de l'orthographe; par exemple, la rédaction ne sera pas au programme de l'école primaire avant 1882. De même, l'apprentissage de l'orthographe était conçu comme une application mécanique de règles apprises par cœur et sans explication. Avec l'école républicaine, la compréhension des textes devient officiellement l'objectif principal de l'enseignement de la lecture. Une nouvelle didactique du français s'installe, de nouvelles disciplines apparaissent, comme l'explication de textes, on encourage l'exercice de rédaction.

Selon Jules Ferry, il faut aussi cultiver l'intelligence, le jugement et le goût de l'enfant. Ce nouveau souffle de l'école républicaine est explicitement soutenu par un courant de réformateurs de la pédagogie. Les partisans de la réforme pédagogique mettent en question la place que l'orthographe a prise à l'école primaire, en la stigmatisant comme une obsession stérilisante pour tous. L'enseignement du français ne doit pas se limiter à la reconnaissance et à la reproduction des signes graphiques ; l'orthographe et la grammaire doivent constituer non une fin en soi, mais une étape vers un objectif plus large, apprendre à s'exprimer, à rédiger, à aimer les beaux textes et surtout à les comprendre. « L'orthographe n'est pas la langue française et ne prépare pas assez à l'expression de la pensée. »[97]

Mais ces intentions rénovatrices ne trouveront qu'un faible écho dans la pratique de l'enseignement primaire. Si les instituteurs acceptent d'introduire à l'école l'explication de textes et la rédaction, ils n'acceptent généralement pas de détrôner l'orthographe de la hiérarchie des savoirs. Ils s'efforceront cependant d'expliquer davantage les règles de l'orthographe, en cherchant à les fonder en logique, et en contribuant à créer une grammaire scolaire pour la justifier. Quelques années plus tard, au début du XXe siècle, les réformateurs de l'orthographe ont échoué. Après 1914, les thèmes de la rénovation pédagogique faiblissent, sauf chez quelques pédagogues sur qui le débat se focalisera, comme A. Freinet. L'ancienne pédagogie reflue et l'orthographe reprend ses pleins droits à l'école. Cependant, son enseignement est à présent soutenu par une nouvelle théorie grammaticale qui fonde sa légitimité et contribue encore à verrouiller l'évolution du système graphique du français.

L'orthographe, discipline centrale de l'école primaire, contribue aussi à la distinguer des autres niveaux d'enseignement. Alors que le latin est le couronnement du secondaire, l'orthographe est réservée à l'école primaire. Les écoles normales sont des hauts lieux de la transmission de l'orthographe. Dans le même temps, le métier de maître d'école, et puis d'instituteur, connaît une promotion sociale importante. L'instituteur a reçu la mission essentielle d'initier les enfants à la culture écrite et au calcul ; il détient, dans la France du XIXe, un pouvoir important dans le processus de sélection professionnelle et sociale. De plus, en maîtrisant et en enseignant l'orthographe, il détient un savoir spécifique, une spécialité socialement valorisée. Cette science de l'orthographe et son pouvoir d'évaluation en cette matière contribuent à fonder son prestige. Souvent appelé à tenir le secrétariat de mairie, il figure, en ville mais surtout à la campagne, parmi les notables.

L'orthographe et l'école du XIXᵉ siècle entretiennent ainsi des rapports étroits que l'on pourrait qualifier d'institutionnalisation réciproque. L'école contribue à sacraliser l'orthographe, parée des vertus de la culture écrite, associée au mérite et principe de sélection sociale; elle contribue aussi à figer le code graphique du français, à assurer sa pérennité, son évidence, depuis que la Révolution et l'empire en ont fait une question d'Etat. En retour, elle donne une légitimité et une spécificité au travail pédagogique. L'apprentissage scolaire, conçu comme une exo-éducation, est étroitement identifié à l'apprentissage de l'orthographe. L'instituteur, défini par sa maîtrise de l'orthographe, en tire tout son prestige. Et les performances des élèves en orthographe deviennent la mesure de leur capital scolaire.

4.2.3. *L'orthographe et la grammaire scolaire*

Avant le XVIIIᵉ siècle, l'apprentissage de la lecture et de l'écriture s'effectuait à partir du latin. Peu à peu, l'idée et la pratique de l'instruction en français se diffuse. Au début du XIXᵉ siècle, l'apprentissage de la langue écrite et de l'orthographe fait appel à la mémoire, à la répétition d'exercices, par exemple, par la copie inlassable des conjugaisons, et à l'application mécanique de quelques règles apprises par cœur. On pratique la cacographie; la dictée reste rare, réservée essentiellement aux examens. Plusieurs historiens de l'orthographe, Guion, Chervel et Blanche-Benveniste notamment, insistent sur le climat de répression violente dans lequel est conçu l'apprentissage de l'orthographe. C'est selon eux un véritable dressage, qui confine à la torture, au sadisme.

Au cours du siècle, la dictée s'impose peu à peu comme l'exercice privilégié de l'apprentissage de l'orthographe. Selon Guion, la dictée répond parfaitement aux fonctions remplies par l'orthographe à l'école : l'enculturation, parce qu'elle suppose le respect et la soumission à la culture écrite, définie notamment par le recours aux textes des «bons écrivains»; sélection scolaire, parce qu'elle offre un moyen incomparable d'évaluation des performances et de comparaison des résultats. En marge de la dictée, qui présente aussi l'avantage d'exiger un enseignement simultané, les méthodes d'enseignement de l'orthographe sont purement empiriques. Elles ne reposent sur aucun schéma cohérent, ni sur aucune base théorique; c'est une boîte à outils hétéroclite, un ensemble de recettes de magie noire, selon l'expression de Catach.

L'orthographe est le but des leçons, la grammaire en est le moyen. Cette grammaire, sans aucun lien avec la recherche linguistique, conçue comme un ensemble de règles empiriques, de procédés mnémotechniques, doit être apprise par cœur, sans avoir été expliquée. La grammaire scolaire, qui n'a rien à voir avec la grammaire générale enseignée à l'université, c'est la grammaire de l'orthographe. L'enseignement du français, et plus concrètement des générations de maîtres d'école et d'instituteurs, ont fabriqué de toutes pièces, à des fins pédagogique, une grammaire scolaire autonome de la grammaire descriptive et spéculative. En fait, celle-ci était peu apte à s'adapter aux exigences pédagogiques du XIXe. La grammaire scolaire se bricole et s'échafaude peu à peu dans la pratique de l'enseignement de l'orthographe. Et le mensonge grammatical, selon Chervel, la mystification, c'est que l'école a réussi à la faire passer pour la grammaire du français, pour une science raisonnée, fondée sur la logique et l'observation systématique des pratiques linguistiques. La grammaire scolaire ne fut jamais la version simplifiée et vulgarisée des productions savantes. C'est une grammaire spécifique, autonome, une théorie ad hoc sans cohérence ni logique. Cependant, la construction grammaticale empirique, dans les classes, se diffuse, s'harmonise peu à peu, et finit par définir une théorie syntaxique originale. Selon Chervel, cette grammaire fonctionne comme une idéologie : elle masque sa visée orthographique et affirme l'objectivité et la validité de ses concepts. C'est un véritable catéchisme.

Créée de toutes pièces pour soutenir et justifier l'enseignement de l'orthographe, la grammaire scolaire se transforme selon les nécessités pédagogiques. Puisqu'elle ressemble davantage à un pense-bête, à un recueil de recettes récoltées hâtivement, et dans le désordre, elle ne permet aucune réflexion méthodique sur la langue : elle peut constamment être mise en contradiction avec elle-même. Mais c'est elle qui a permis de consacrer l'orthographe comme le savoir scolaire par excellence, parce qu'elle tend à identifier l'orthographe et la langue et qu'elle lui offre une théorie justificative. A partir de Lhommond, s'installe une tradition grammaticale dont la visée est exclusivement orthographique. Après 1830, la demande de manuels de grammaire s'élargit. Les maisons d'édition réalisent parfois des profits considérables dans ce secteur. Dans ce contexte, les manuels les plus divers sont proposés à un public d'autant plus avide qu'il est insécurisé face à la pratique de la langue écrite.

Un des succès les plus éclatants de cette époque fut la grammaire de Noël et Chapsal. Elle construit une théorie grammaticale complète, à partir de quelques bribes de la grammaire générale qu'elle interprète considérablement, et surtout, elle présente la nouveauté de proposer des exercices. Cette grammaire, largement diffusée à l'école et dans les familles, est pourtant violemment critiquée. On lui reproche d'utiliser un jargon incompréhensible, et de malmener le français réel, par exemple, en affirmant l'existence de structures profondes qui peuvent prendre la forme de : *il est demeurant à Paris* pour *il demeure à Paris*.

A la fin du XIXe siècle, le courant de rénovation pédagogique met en question les principes et les méthodes de l'enseignement de la langue. Pour répondre à ces nouvelles exigences, mais aussi pour éviter la critique généralisée, les pédagogues du français construisent une théorie analytique fondée sur la nature du mot et sa fonction dans la phrase. Il ne s'agit plus seulement de rassembler des règles empiriques, des aide-mémoire, mais d'expliquer et de convaincre les élèves. Les parties de la phrase sont comparées à des soldats qui remplissent chacun une fonction. Mais ici encore, l'objectif est exclusivement de soutenir l'orthographe. Par exemple, l'adverbe, puisqu'il est invariable, ne doit pas être impérativement associé à une fonction. La nouvelle théorie grammaticale qui s'élabore ne vise pas à former à l'esprit logique, ni à comprendre le fonctionnement de la langue écrite; elle vient appuyer la religion de l'orthographe et affiner les méthodes de sa transmission.

Depuis 1880, de nombreux linguistes n'ont pas ménagé leurs critiques à l'égard de la grammaire scolaire. Selon Brunot, c'est un enseignement complètement coupé de la vie, et l'orthographe un véritable fléau. Elle exige une obéissance irraisonnée qui est la négation même de l'esprit critique. Après la guerre de 14-18, et après une période d'agitation autour des mouvements réformateurs de la pédagogie et de l'orthographe, dans un climat politique tendu sur la question de l'unité nationale, l'Education nationale réaffirme avec vigueur l'importance centrale de l'orthographe et de la grammaire scolaire. Dans ce cadre, discréditer la grammaire et l'orthographe, c'est saper les fondements de la société et de la cohésion nationale. Les tendances au conservatisme pédagogique et orthographique refluent, mais l'enseignement de la langue s'est enrichi de l'explication de textes et des exercices d'expression.

Depuis 1970, la linguistique structurale s'est largement diffusée; elle a pénétré dans les écoles normales et a fini par atteindre tous les enseignants par la voie du recyclage. De nouvelles grammaires tentent d'intégrer les acquis de la linguistique moderne. On accorde à présent dans l'enseignement de la langue une part importante à la langue orale et quelques concepts de la linguistique moderne, et même de la sociolinguistique sont entrés en même temps à l'école et dans les manuels, comme par exemple les niveaux de langue. Cependant, il s'agit d'une inspiration partielle, d'emprunts fragmentés. Selon Chervel, la théorie des fonctions n'a pas été ébranlée. Le discours linguistique n'a pas transformé la grammaire scolaire; il est mis au service de l'ancienne théorie. Les nouveaux manuels et les nouveaux programmes mélangent des approches différentes et contradictoires. La tradition savante et la tradition pédagogique n'ont pas réussi à se rejoindre dans une nouvelle théorie grammaticale. Mais nous verrons cependant qu'elles ont convergé très récemment, autour des débats sur la réforme de l'orthographe des années 89-91.

NOTES

[1] Comme par exemple Catach N., 1982.
[2] Par exemple, chez Marivaux, *Le jeu de l'amour et du hasard*, Acte II, Scène 6 :
«ARLEQUIN. Hélas, quand vous ne seriez que Perette ou Margot, quand je vous aurais vue, le martinet à la main, descendre à la cave, vous auriez toujours été ma Princesse.
LISETTE. Puissent de si beaux sentiments être durables!
ARLEQUIN. Pour les fortifier de part et d'autre, jurons-nous de nous aimer toujours, en dépit de toutes les fautes d'orthographe que vous aurez faites sur mon compte.»
Dans le langage métaphorique de Marivaux, ces «fautes d'orthographe» désignent des fautes d'appréciation, comme le note P. Parvis, 1985, Le Livre de Poche.
[3] «*La modernité, c'est l'écriture*», Furet F. et Ozouf J., 1977, p. 358.
[4] Goody J., 1979, p. 47.
[5] Saussure F. de, 1979, p. 45.
[6] M.-L. Moreau précise aussi que l'écrit et l'oral peuvent relever d'une même langue et de deux codes partiellement distincts, le code désignant ici un ensemble de conventions qui permettent la transposition de messages linguistiques. Mais même définis comme codes, l'oral et l'écrit ont encore de nombreux points de convergence. Voir Moreau M.-L., 1977.
[7] Vachek J., 1939, *Zum Problem der geschriebenen Sprache*, Travaux du cercle linguistique de Prague, 8, p. 94-104, cité par Goody J., 1979, p. 144-145.
[8] Goody J., 1979, p. 55.
[9] Comme en prennent probablement conscience les chercheurs en sciences humaines lorsqu'ils s'appliquent à retranscrire des entretiens enregistrés.
[10] Bazin J. et Bensa A., Avant-propos de Goody, 1979, p. 13.
[11] Klinkenberg J.-M., 1994(b).
[12] Goody J., 1979, p. 258.
[13] Klinkenberg J.-M., 1992.
[14] Furet F. et Ozouf J., 1977, p. 358.
[15] *Op. cit.*, 1977, p. 358.
[16] Selon l'expression de Furet et Ozouf.
[17] Goody J., 1986, p. 15.
[18] Goody J., *op. cit.*, p. 33.

[19] Comme par exemple le jacobinisme, qui est profondément lié à une vision scripturale du monde. On y reviendra.
[20] Adams R.M.C., 1975, *The Emerging Place of Trade in Civilizational Studies*, cité par Goody J., 1986, p. 97.
[21] Bazin J. et Bensa A., Avant-propos de Goody J., 1979, p. 28.
[22] Pividal R., 1976, *La maison de l'écriture*, Paris, Seuil, p. 25, cité par Bazin J. et Bensa A., Avant-propos de Goody J., 1979, p. 12.
[23] Lahire B., 1993, p. 215.
[24] Lahire B., *op. cit.*, p. 284.
[25] Furet F. et Ozouf J., 1977, p. 56.
[26] *Op. cit.*, p. 71.
[27] *Op. cit.*, p. 72.
[28] *Op. cit.*, p. 81.
[29] *Op. cit.*, p. 92.
[30] *Op. cit.*, p. 96.
[31] Vincent G. éd., 1994.
[32] Furet F. et Ozouf J., 1977, p. 97.
[33] Rapport du commissaire du Directoire exécutif à Vannes, 1er pluviôse an VI; A.N., F CIII, Morbihan 6, cité par Furet F. et Ozouf J., 1977, p. 325.
[34] Le terme «patois» est souvent perçu comme dévalorisant. Il est utilisé ici pour «dialecte» et désigne aussi bien une variété dont l'origine remonte à un stade ancien de diversification de la langue (par exemple le wallon) que d'autres langues subordonnées à une langue standard (par exemple le breton). Dans la configuration française, les dialectes ont été constitués en «patois» notamment par la politique linguistique révolutionnaire (voir 3.2. Le français et la Révolution). Ce terme renvoie ainsi à une définition contrastée du français national et des dialectes dans le lexique politique français. Nous retenons ce terme ici non par adhésion au modèle culturel national français, mais simplement parce qu'il correspond à l'usage des auteurs que nous citons.
[35] *Op. cit.*, p. 345.
[36] Trudeau D., 1992.
[37] «Nous proposons d'appeler «norme spontanée» la conscience qu'ont les locuteurs des valeurs attachées à certains usages, en dehors de toute imposition savante de la hiérarchie des types : l'ancienneté, le prestige, la prééminence politique et économique d'un groupe ou d'une ville sont généralement les seules justifications de ces normes spontanées qui reconnaissent, sans avoir besoin de le justifier, le déterminisme politico-social de la pratique.» Trudeau D., 1992, p. 16, n° 4.
[38] Cité par Picoche J. et Marchello-Nizia C., 1991, p. 25.
[39] Trudeau D., 1992, p. 27.
[40] Peletier du Mans J., *Apologie à Loys Meigret*, p. 31-32, cité par Trudeau D., 1992, p. 52-53.
[41] La cour au sens curial et non pas aulique.
[42] Trudeau D., 1992, p. 84-85.
[43] *Op. cit.*, p. 83-84.
[44] *Op. cit.*, p. 153.
[45] Sorel C., cité par Trudeau D., 1992, p. 179.
[46] Cerquiglini B., 1991.
[47] «Le terme de colinguisme désigne l'association de certaines langues d'État dans un appareil de langues où elles trouvent leur légitimité et leur matière à exercices». Balibar R., 1985, p. 14.

L'INSTITUTION DE L'ORTHOGRAPHE   147

[48] «Ici» renvoie au texte de Nithard, qui ne rapporte pas en style indirect les propos du serment, qui auraient nécessairement alors été transcrits en latin, mais les reproduit en style direct, et dans les langues vulgaires effectivement utilisées lors de la cérémonie.
[49] Balibar R., 1985, p. 43.
[50] *Op. cit.*, p. 45.
[51] Hypothèse soutenue par Picoche J. et Marchello-Nizia C., 1991.
[52] «Le système féodal favorise les particularismes locaux, resserrant une communauté autour d'un pouvoir politique et économique, et les différences linguistiques sont souvent le reflet de ces autonomies. Alors qu'au début (IXe siècle), les oppositions se limitent à un petit nombre de traits fondamentaux, les dialectes ont tendance à se particulariser toujours davantage pour se réduire finalement (XVIe-XVIIe siècles) à l'état de patois, propres, à la limite, à un seul village. Mais d'un dialecte à l'autre, il n'existe pas de ligne de démarcation nette : seulement des zones de transition plus ou moins larges...» *op. cit.*, p. 18. Cependant, signale J.-M. Klinkenberg, la différenciation oc-oïl devait être assez sensible au IXe siècle. Voir Klinkenberg J.-M., 1994(a).
[53] Cerquiglini B., 1991, p. 124.
[54] Picoche J. et Marchello-Nizia C., 1991, p. 25.
[55] Cerquiglini B., 1991, p. 119.
[56] Archives parlementaires, 1re série t. LXXXIII, p. 715, Paris, CNRS, 1961, cité par De Certeau M., Julia D. et Revel J., 1975, p. 10-11.
[57] De Certeau M., Julia D. et Revel J., 1975, p. 52.
[58] *Op. cit.*, p. 78.
[59] *Op. cit.*, p. 79.
[60] *Op. cit.*, p. 107.
[61] Cité par De Certeau M., Julia D., Revel J., 1975, p. 147, Perpignan, G. 81.
[62] *Op. cit.*, p. 157.
[63] *Op. cit.*, p. 163.
[64] *Op. cit.*, p. 164.
[65] *Op. cit.*, p. 165.
[66] Balibar R., 1985, p. 96.
[67] Au sens de Gellner.
[68] Grégoire, Rapport sur la nécessité et les moyens d'anéantir les patois et d'universaliser l'usage de la langue française, 16 prairial an II (4 juin 1794), cité par Balibar R., 1985, p. 196-197.
[69] Cité par Balibar R., 1985, p. 200.
[70] Catach N., 1982, p. 9.
[71] Voir Guion J., 1974, p. 15.
[72] C'est-à-dire un alphabet dont le nombre de graphèmes est sensiblement inférieur au nombre de phonèmes de la langue orale pour la représentation de laquelle il est utilisé.
[73] Voir par exemple Kundera M., 1994, *La lenteur*, Paris, Seuil.
[74] Blanche-Benveniste C. et Chervel A., 1974, p. 39.
[75] Catach N., 1982.
[76] *Op. cit.*, p. 16.
[77] Blanche-Benveniste C. et Chervel A., 1974, p. 65.
[78] Guiraud P., *Le moyen français*, p. 95, cité par Catach N., 1982, p. 25.
[79] Voir dans le même chapitre, les théories du bon usage.
[80] Blanche-Benveniste C. et Chervel A., 1974, p. 82.
[81] Blanche-Benveniste C. et Chervel A., 1974, p. 85.
[82] Mézeray, *Cahiers*, cité par Catach N., 1982, p. 32.
[83] Catach N., 1982, p. 40.
[84] Conseil supérieur de l'Instruction publique, 1908, cité par Catach N., p. 42.

[85] *Op. cit.*, p. 46.
[86] Blanche-Benveniste C. et Chervel A., 1974, p. 80.
[87] *Op. cit.*, p. 88.
[88] Arrêté du préfet de Police en date du 1er Frimaire an VIII (22 novembre 1799), cité par Guion J., 1974, p. 23.
[89] Circulaire du préfet de police Delessert du 28 septembre 1846, adressée aux commissaires de police parisiens, citée par Blanche-Benveniste C. et Chervel A., 1974, p. 94-95.
[90] Baudeau A., 1660, *Grand dictionnaire des Prétieuses*, cité par Hégo J.-M., *Les tentatives de réforme*, in Pivot B., 1989, p. 24.
[91] Duclos, 1756, cité par Catach N., 1882, p. 76-77.
[92] Cité par Guion J., 1974, p. 23.
[93] Catach N., 1982, p. 92.
[94] Martinet A., 1969, Le français sans fard, Paris, PUF, cité par Catach N., 1982, p. 92.
[95] Chervel A., 1977, p. 34.
[96] Catach N. 1982, p. 99.
[97] Gandon, cité par Chervel A. et Manesse D., 1989, p. 38.

Chapitre 3
Pratiques et usages de l'orthographe

Le code graphique a été édifié dans les pratiques d'écriture et les formes sociales scripturales, en particulier dans les formes politiques et pédagogiques de relations sociales qui caractérisent la France de la modernité. L'orthographe a été fixée dans un processus complexe d'institutionnalisation au cours duquel interviennent différents types d'acteurs sur l'ensemble de la scène publique. Mais ce code et l'institution qui ne font qu'un corps pourraient n'être que pièces de musée, monuments d'archéologie, survivances exotiques, ou vagues souvenirs de l'école de nos grands-pères. Or, il semble que non seulement l'idée du code et de l'institution orthographe n'aient pas disparu, mais que le code lui-même soit resté à peu de choses près dans l'état où l'enseignaient les instituteurs du début du siècle. Si le code se maintient et si l'institution reste vivante, cela ne signifie pas qu'ils n'aient pas changé de sens en quelques décennies : au contraire, sous l'apparente continuité, ils se sont profondément transformés. La permanence du code et son apparente immuabilité ne doivent-elles pas masquer les mutations de la culture, de l'univers de l'écriture, de la société politique et de l'école d'aujourd'hui, dans lesquelles les usages de l'orthographe se construisent. Ces mutations, si elles n'ont pas réussi à détruire le code ni à en transformer le corpus de normes, ont cependant contribué à lui donner un sens différent dans l'expérience de nos contemporains, enseignants, écoliers, écrivains, politiques, employeurs, éditeurs, citoyens...

De plus, la constance même du code et de l'institution, et *a fortiori* leurs transformations, doivent être portées par des pratiques concrètes qui engagent des acteurs concrets. Même figé, le code continue à être construit dans des relations pédagogiques, dans des échanges qui mettent aux prises des acteurs sur les champs littéraire, médiatique ou politique. Apparemment, bien qu'il soit soumis à de vives critiques, le code reste stable et la norme intouchable. En revanche bien qu'ils soient explicitement réaffirmés dans le débat public sur l'orthographe, les principes de son institutionnalisation ressemblent de plus en plus à des échos de la célébration rituelle d'une France républicaine tournée vers son passé, et singulièrement vers 1789. Quelles sont les pratiques engagées dans la construction sociale de l'orthographe aujourd'hui? Comment les pratiques de l'écriture confirment-elles ou transforment-elles le code? Et comment différents types d'échanges sociaux, dans l'ensemble du système social, lui donnent-ils sens?

Il faut ici centrer l'observation sur l'utilisation des normes du français écrit dans les pratiques sociales. On envisagera non seulement l'usage du code dans les pratiques d'écriture, par exemple à travers l'examen des performances des élèves en situation scolaire, mais aussi la mobilisation de l'orthographe avec toute sa charge symbolique, dans des échanges très variés. En effet, on prend ici le parti d'examiner les discours sur l'orthographe, sur le sens qu'elle prend pour différents acteurs, discours de célébration ou de mise à distance, comme des pratiques sociales qui prennent sens dans l'espace public et qui contribuent à construire l'orthographe comme une institution contemporaine. Les discours sur l'orthographe, au même titre que l'utilisation du code dans les usages écrits, sont des pratiques qui entrent dans la dynamique sociale de la construction de l'orthographe dans notre système culturel. On examinera notamment comment l'institution se maintient ou se transforme dans un modèle culturel en mutation, à travers les transformations du système scolaire, les redéfinitions de l'identité nationale, la diversification des moyens de communication.

Il était donc nécessaire de rassembler des sources de différents types: indications sur les performances en orthographe aujourd'hui, discours d'élèves et d'enseignants sur l'orthographe, la langue et sur leur enseignement, discours dans l'espace public, tenus par toute une gamme d'acteurs mobilisés par une critique du code et de l'institution, ou au contraire par une affirmation de leur attachement à l'orthographe, parents, élèves, enseignants, politiques, académiciens, écrivains, journalistes, linguistes, éditeurs, publicistes... Face à cette diversité de sources possibles, deux champs d'exploration ont été privilégiés: le système scolaire d'une part, ses transformations, l'enseignement de l'orthographe à l'école, la place qu'elle prend dans la hiérarchie des savoirs scolaires, l'importance et le sens que lui accordent enseignants et élèves, les performances des élèves ; et d'autre part, le débat public sur l'orthographe par voie de presse, principalement depuis la publication, au *Journal officiel de la République Française*, le 6 décembre 1990, du Rapport du Conseil supérieur de la langue française sur les rectifications de l'orthographe.

L'analyse des pratiques et usages de l'orthographe prend appui sur la théorie de la structuration : il s'agit de comprendre comment les normes, ici le code graphique, constituent des contraintes et des ressources pour l'activité d'agents réflexifs, et comment ces normes sont aussi construites dans l'activité. Non seulement les acteurs mobilisent les règles du code graphique, dans certains types de pratiques et dans certains contextes pragmatiques, mais aussi ils développent un contrôle réflexif de ces normes, dans les pratiques d'écriture et dans l'activité discursive sur l'orthographe et les contextes de son usage. L'utilisation du code et son contrôle réflexif répondent à des jeux de langage particuliers qui leur donnent sens, tout comme la mobilisation du code contribue à définir le lien social qui se noue entre les acteurs engagés dans l'échange. L'orthographe aujourd'hui continue à être construite dans ces pratiques, usage du code dans les activités d'écriture, discours sur les normes et leurs conditions d'usage, définition des situations pragmatiques de l'échange... et sa construction participe à la dynamique du système social dans son ensemble.

1. L'ORTHOGRAPHE ET L'ÉCOLE

L'orthographe et l'école de la fin du XIXe siècle entretenaient des relations d'institutionnalisation réciproque : l'école a contribué à construire le culte de l'orthographe, et l'orthographe a participé à la légitimation de l'école et à la consécration du statut de l'instituteur. Depuis un siècle, l'enseignement de l'orthographe et le système scolaire ont considérablement changé. L'orthographe est aujourd'hui toujours considérée comme un savoir de base, mais relativisé face à d'autres savoirs. De plus, elle est souvent mise en tension avec des choix pédagogiques qui accordent une importance accrue à l'activité des élèves. Mais malgré ces évolutions, il semble que son poids dans la sélection scolaire se soit maintenu. Dans cette configuration contradictoire, entre une relativisation de l'orthographe dans la hiérarchie des savoirs et le maintien de son rôle dans la sélection scolaire, comment le système scolaire, l'école, les enseignants et les élèves construisent-ils l'orthographe? Comment l'utilisent-ils dans la pratique scolaire et quel sens lui donnent-ils?

1.1. L'enseignement de l'orthographe

L'orthographe, comme code graphique, reste à peu de choses près inchangée depuis le XIXe siècle. Mais le contexte de sa transmission et de sa construction scolaire s'est modifié. En un siècle, la pratique du français en France a considérablement progressé. La pratique des langues régionales, autrefois langue unique de nombreux élèves lorsqu'ils arrivaient à l'école, a régressé, et s'est confinée dans certaines localités et dans une petite gamme d'échanges, surtout privés. La pratique de ces langues régionales n'est presque plus jamais exclusive d'une pratique intensive du français. De plus, l'hétérogénéité linguistique est surtout perçue aujourd'hui comme une caractéristique d'un espace social voué à l'intégration de citoyens d'origine étrangère, venus du Maghreb ou d'Asie principalement.

Et surtout, le système scolaire et les pratiques pédagogiques ont été profondément transformés. L'école post-ferryste s'est largement standardisée : les établissements dispensent aujourd'hui un même enseignement, selon un même programme, et la formation des maîtres est partout identique en France. Cela signifie que la différence d'organisation entre l'enseignement des villes et des campagnes, encore très sensible à la fin du XIXe siècle, s'est estompée. Autrefois, l'instituteur des écoles rurales rencontrait bien souvent un environnement moins favorable à l'instruction que son collègue des écoles urbaines. Les parents ne soutenaient pas toujours la scolarité de leurs enfants, l'absentéisme, et notamment l'absentéisme saisonnier des élèves, était fréquent. Les maîtres ruraux, généralement moins bien formés, enseignaient généralement dans une classe unique selon des méthodes traditionnelles, face à des élèves encore largement patoisants. En revanche, en ville, on enseignait dans des classes homogènes selon des méthodes plus modernes.

La scolarisation s'est considérablement développée. L'obligation scolaire prévue par les lois Ferry s'arrêtait à treize ans; elle s'étend aujourd'hui jusqu'à seize ans. De plus, puisque l'âge d'entrée à l'école ne cesse de s'abaisser et celui de sortie de croître, la durée moyenne de la scolarité s'est fortement allongée. Selon Baudelot et Establet[1], un jeune français passe aujourd'hui en moyenne quatorze ans à l'école, contre 7,7 années en 1901, et 9,1 années en 1946. En quatre-vingts ans, la durée moyenne de scolarité a doublé. L'accès au secondaire s'est, dans le même mouvement, généralisé. De plus, la certification scolaire a considérablement augmenté. Les sans diplômes, qui sont aujourd'hui une minorité (près de 10%), constituaient il y a un siècle une immense majorité, près de 60% d'une génération née en 1883. Autre exemple de l'accroissement des diplômés, les 41.450 bacheliers C de 1988 sont plus nombreux que ceux qui avaient, en 1880, atteint ou dépassé le niveau du certificat d'études primaires.

Les savoirs scolaires et leur hiérarchie ont été constamment redéfinis depuis un siècle : certaines disciplines sont en recul, comme le latin et les branches littéraires tandis que d'autres progressent, comme les mathématiques, les sciences et le sport. Les performances exigées des élèves à un âge donné ne cessent de changer de nature. Certains savoir-faire intellectuels ou techniques ont perdu leur sens, comme les pleins et les déliés dans la pratique de l'écriture, et d'autres ont été relativisés, comme le calcul mental. Des matières nouvelles ont été introduites dans les programmes, comme l'informatique, les statistiques, la formation à l'actualité, aux médias... Selon Baudelot et Establet, c'est le modèle même de l'intellectuel qui se modifie. «Depuis le XIXe siècle, l'intellectuel de référence a changé de nature. Il appartenait à l'école de former des professions libérales ou des professeurs, alors qu'il lui incombe aujourd'hui de former d'abord des ingénieurs et des cadres. On comprend la valeur accordée par le système scolaire aux exercices humanistes mis au point par les jésuites : un avocat capable, entre les deux guerres, de réciter et de composer des vers latins pouvait accroître ainsi l'estime de son entourage et le cercle de ses relations. Le cadre supérieur moderne doit apprendre l'art de la lecture rapide, du résumé, des langues étrangères, le tennis : il étonnerait (et détonnerait...) dans un déjeuner d'affaires en déclamant *Les Géorgiques*.»[2] Sous le Second Empire, par exemple, on insistait d'abord sur la formation morale des élèves : «Le culte de Dieu et du souverain, de la religion et de la patrie, du travail et de la vertu, voilà quelles fins sacrées doivent diriger l'éducation de nos enfants.»[3] L'enseignement des matières littéraires et de la philosophie devaient aboutir à une formation du jugement moral. Aujourd'hui, on vise davantage l'acquisition de processus cognitifs, et les disciplines scolaires sont définies comme des moyens de mettre en place des mécanismes opératoires généraux. Et surtout, la formation de l'esprit critique est devenue un objectif prioritaire de tous les enseignements. A tel point que, selon la formule de Baudelot et Establet, on trouverait insupportable aujourd'hui un commentaire de *La cigale et la Fourmi* qui consisterait en un éloge de l'épargne.

Les tendances lourdes de la transformation de la hiérarchie des savoirs scolaires peuvent être définies par la valorisation des sections scientifiques, la reconnaissance scolaire des cultures sportives, l'extinction progressive des langues anciennes, et la valorisation de la communication orale. Comparées aux performances des élèves de 1880, celles des élèves d'aujourd'hui perdraient certainement en calcul mental, en calligraphie et en règle de trois ce qu'elles gagneraient en programmation, en symboles ensemblistes et en connaissance du monde contemporain. Alors que le volume horaire consacré aux lettres a diminué, le temps consacré à l'apprentissage des sciences et des langues vivantes s'est fortement accru : le lycéen des sections classiques de 1852 consacrait beaucoup plus de temps aux lettres que celui de 1962 (13 h 10 contre 8 h 45); en revanche, il étudiait moins les sciences (2 h 30 contre 4 h 45), la philosophie (0 h 20 contre 1 h 15) et les langues vivantes (1 h contre 3 h). Pour les lycéens des sections modernes, forte diminution des horaires de lettres (de 9 h 30 à 4 h 30), légère augmentation en sciences (de 6 h 30 à 7 h 40) et en histoire géographie (de 2 h 35 contre 3 h 10), fort accroissement en langues vivantes (de 1 h 05 à 5 h 40). Les candidats au baccalauréat du XXe siècle reçoivent toutes filières confondues, une formation plus diversifiée que leurs aînés et plus ouverte sur le monde moderne et les civilisations étrangères, mais beaucoup moins poussée dans le domaine littéraire.

Dans ce cadre scolaire transformé, l'apprentissage de l'orthographe fait toujours partie des programmes scolaires, mais l'importance qu'on lui accorde et le temps qu'on lui consacre semblent moindres. Et surtout, l'orthographe est aujourd'hui entourée à l'école d'une vaste gamme de savoirs, en même temps que sa transmission est soumise à une transformation pédagogique lente, mais sensible depuis 1880. La fonction des instituteurs de l'école Ferryste a été profondément redéfinie : de maîtres chargés d'une transmission de savoirs, ils sont devenus des éducateurs. La langue maternelle a l'école a subi la même transformation : alors qu'elle était considérée comme un savoir technique de base dont il fallait assurer la transmission généralisée, elle est devenue le lieu par excellence des pratiques éducatives. A côté de la grammaire et de l'orthographe, on a développé de plus en plus l'explication de textes, le commentaire et la composition écrite. Dans ce cadre, l'orthographe et la grammaire tendent à passer au second rang des priorités pour le cours de langue maternelle. Il s'agit beaucoup plus de former le raisonnement, l'esprit critique, le goût des élèves que de leur transmettre une connaissance complète du code graphique. Les exercices mécaniques et l'apprentissage des règles par cœur tendent à céder le pas à une lecture «intelligente» et à la découverte des règles du code graphique par l'élève, à travers des textes censés être adaptés à son âge et à son goût.

Mais l'orthographe n'a pas disparu des apprentissages de base. La nécessité de son enseignement est constamment réaffirmée, à travers les instructions officielles de l'Education nationale et à travers le discours des enseignants. Cependant, le mythe de l'orthographe, selon Chervel et Manesse[4], n'en est plus à son zénith. Il est par exemple évident pour tous les éducateurs que l'élève de l'école primaire n'a pas à apprendre la totalité de l'orthographe française. La prolongation de la scolarité permet notamment d'étaler sur huit ans l'acquisition de l'orthographe et, en mettant le secondaire à contribution, elle contribue à desserrer l'étau de l'apprentissage de l'orthographe sur le primaire. Sur 27 heures de classe en primaire, on consacre 8 à 10 heures au cours de français, et pas exclusivement à l'apprentissage de l'orthographe. L'enseignement de l'orthographe se fonde aussi aujourd'hui sur la recherche pédagogique et notamment sur le principe que tout ne peut être appris n'importe quand. Il faut hiérarchiser les objectifs de l'apprentissage en fonction des possibilités de l'enfant. Par exemple, les instituteurs définissent souvent leur objectifs en utilisant la notion de vocabulaire de base, formé des mots que l'élève aura à rencontrer le plus souvent, et sur les échelles de difficulté lexicales telles que l'échelle Dubois-Buyse. Il ne s'agit donc plus de favoriser une maîtrise complète du code graphique, mais plutôt de centrer l'apprentissage sur l'expérience linguistique de l'enfant et sur ses possibilités intellectuelles différenciées.

D'une manière générale, l'apprentissage de l'orthographe est aujourd'hui intégré à un enseignement de la langue. Il n'est plus qu'un élément parmi d'autres de l'enseignement du français. Les méthodes pédagogiques elles-mêmes se sont diversifiées et cette pluralité pédagogique retentit sur l'enseignement de l'orthographe. A travers les méthodes globales, les techniques de vie, on favorise à l'école l'expression des idées et des sentiments. On apprend l'orthographe et les règles de grammaire à partir des textes qu'on lit, qu'on aime et qu'on récite. Les enseignants visent surtout à mettre l'élève en situation de recherche. Les dictées trop difficiles sont proscrites et le recours au jeu est fréquent : mots croisés, anagrammes...

Cependant, si l'importance de l'orthographe semble relativisée dans l'ensemble de l'éducation scolaire et si les méthodes se sont assouplies, notamment par le centrage qu'elles opèrent sur l'univers intellectuel et affectif de l'enfant, l'exigence sociale de l'apprentissage de l'orthographe pèse encore considérablement sur l'école. L'orthographe joue toujours un rôle important, sinon décisif, dans la sélection scolaire, et les pressions des parents sur les instituteurs à cet égard sont importantes. De plus, l'introduction à l'école de la linguistique et en particulier de la linguistique structurale n'a pas donné lieu à l'élaboration d'un savoir scolaire synthétique sur la langue, mais plutôt à une juxtaposition de principes contradictoires. Ballotté entre la grammaire scolaire et la linguistique, entre l'objectif d'éducation, d'éveil à l'expression et l'apprentissage du code graphique, entre les textes et l'orthographe, l'enseignant fait souvent l'expérience de contradictions importantes, qui semblent même insurmontables à certains.

Une enquête réalisée en 1987 dans les dernières années de l'enseignement secondaire[5] en Communauté française de Belgique nous avait permis à la fois d'établir la grande diversité des contenus du cours de langue maternelle et de comprendre la position du professeur de français, tiraillé entre un objectif d'apprentissage purement technique et une volonté de former des personnalités, entre un ancrage strictement linguistique et une ouverture à la culture générale. D'après les entretiens réalisés auprès d'une douzaine de professeurs du secondaire, les priorités qu'ils établissent pour le cours de français peuvent être classées selon deux axes : le champ couvert par le cours et le type d'intervention pédagogique privilégié par l'enseignant. «L'axe *champ du cours* (axe vertical) précise le degré d'ouverture du cours de français. Celui-ci peut se centrer sur la langue ou couvrir des contenus plus divers, qui touchent non seulement à la culture littéraire mais aussi à la culture générale, à l'ouverture sur le monde (analyse des médias, discussions critiques...). L'axe *type d'intervention pédagogique* (axe horizontal) précise le rôle du professeur de français. Pour certains, la tâche prioritaire consiste en une intervention technique qui vise essentiellement à l'apprentissage et pour d'autres, la mission concerne davantage l'éveil des personnalités et de leur aptitude à communiquer.»[6]

A partir de cet éventail d'activités et d'attitudes pédagogiques, les différents enseignants interrogés développent des principes d'action assez contrastés, comme s'ils se sentaient tenus de choisir entre plusieurs attitudes. De façon un peu caricaturale, on pourrait penser que les enseignants qui ont la mission de dispenser un enseignement linguistique prennent position entre deux modèles, celui du *technicien de la langue* et celui du *thérapeute*.

PRATIQUES ET USAGES DE L'ORTHOGRAPHE 157

CHAMP DU COURS

culture générale

méthologie du travail intellectuel exercices de mémorisation	ouverture sur le monde réflexion sur la société sens critique

TYPE D'INTERVENTION PÉDAGOGIQUE — **APPRENTISSAGE** — **EDUCATION**

histoire de la littérature

techniques de formulation écrite et analyse rédaction normalisée (lettre d'emploi)	synthèse et analyse de textes structuration et argumentation (dissertation)
techniques d'élocution (lecture à haute voix) transcription, discussions (dictées, grammaire, orthographe) (poèmes, chansons, dossiers)	exercices de déblocage et d'expression orale (improvisations, techniques de exercices de déblocage et d'expression écrite

langue

«*Le technicien de la langue* :

Cet enseignant privilégie l'apprentissage des techniques du français écrit et plus précisément des techniques de transcription. L'objet du cours est centré sur le domaine linguistique. Le cours de français n'est donc pas le lieu privilégié d'une ouverture à la culture générale. Parfois agacé par un discours qui valorise la créativité des élèves, le technicien s'intéresse moins à leurs capacités d'expression qu'à la correction des énoncés. Maîtriser l'orthographe et la grammaire, écrire «sans faute» sont ses objectifs prioritaires. En termes de contenu scolaire, il peut juger important de donner des dictées et de vérifier la connaissance des règles de grammaire.

Par exemple, E :

«J'accorde la priorité à l'expression écrite. Pas encore n'importe quelle forme d'expression écrite, c'est-à-dire que je ne m'occupe plus, peut-être à tort, ou pratiquement pas en tout cas, de la spontanéité, de l'originalité et de toutes ces choses-là. Disons que j'essaie simplement qu'ils soient capables d'écrire correctement un texte usuel. [...] Je travaille énormément sur l'orthographe et même de plus en plus. Je les ai obligés récemment à acheter une grammaire qui coûte plus de cinq cents francs. On revoit toutes les règles de grammaire, absolument tout, depuis le féminin pluriel des noms jusqu'au plus vicieux des accords de participe passé.»

Le thérapeute :

Il faut d'abord travailler sur la capacité d'expression des élèves avant d'aborder les apprentissages les plus techniques. La réflexion de ce type d'enseignant part du constat suivant : les élèves sont inhibés, ils ont perdu confiance en eux-mêmes, en leur capacité à communiquer. L'apprentissage normatif du français ne donne aucun résultat si l'élève n'a pas d'abord retrouvé sa confiance en lui; au contraire, cet apprentissage contribue plutôt à l'inhiber davantage. En fin de scolarité, l'apprentissage de l'orthographe n'est plus de mise. En effet, le blocage dont souffrent les élèves trouve notamment son origine dans ce type d'apprentissage rigide qui a dénié à l'élève toute compétence à communiquer s'il enfreint trop souvent les règles. Même s'il critique ouvertement le modèle du «technicien de la langue», le thérapeute n'efface pas toujours les techniques de transcription de son programme. Mais ce qu'il refuse, c'est de considérer leur apprentissage comme la tâche prioritaire du cours de français. Sa mission, c'est avant tout la mise en confiance des élèves, le travail sur leur motivation, sur le désir de communiquer.

Par exemple, F :

«La première chose que j'essaie de mettre en évidence, dans mon esprit d'abord, c'est qu'il faut faire aimer la langue aux gens. Je vais donner confiance à quelqu'un. Si ce quelqu'un a pu s'exprimer sur un tableau ou sur un sujet de dissertation, il va avoir un peu plus confiance en lui, il va peut-être avoir envie d'écrire mieux et peut-être que ses problèmes d'orthographe, de conjugaisons, et cetera vont se trouver résolus parce qu'il prendra conscience de l'intérêt qu'il a pour la chose et de se dire : «ben finalement, je ne suis pas complètement idiot, je suis capable de... et si jamais je m'améliorais là, là et là, peut-être que ça irait.» Donc je prends le problème par l'autre bout. Une fois qu'on sait qu'on est capable de bien écrire, eh bien, on n'a pas peur d'écrire, eh bien, en avant, on y va. Parce que les blocages, ils sont là. On n'aime pas sa langue, pourquoi? Parce qu'on a peur de faire des fautes d'orthographe. Et vous avez des profs qui terrorisent les gens avec l'orthographe! Mais c'est vraiment scandaleux! Moi je trouve ça pas du tout normal et c'est une véritable preuve de bêtise. C'est pas une preuve d'intelligence que de constamment être arrêté par l'orthographe. Enfin moi, j'ai des idées très précises là-dessus : je fais attention à l'orthographe mais je ne vais pas traumatiser les gens pour ça parce que ça les empêche d'écrire. Comme quelqu'un qui bégaie, ça l'empêche de parler... Alors qu'est-ce qu'il faut faire? Il faut venir à l'école pendant douze ans pour comprendre qu'on est nul en orthographe, donc on est nul en français, donc on ne sait pas s'exprimer, écrire, qu'on ne sait pas parler, donc qu'on ne sait rien faire?»»[7]

Ces deux modèles correspondent à la position des enseignants qui accordent dans leur cours une place importante à l'enseignement de la langue, notamment, en fin de secondaire, dans les sections professionnelles et techniques de qualification, à la différence des autres sections. «Dans les filières général et technique de transition, centrées sur une formation susceptible de déboucher sur l'enseignement supérieur, on privilégie en effet des contenus qui ne laissent qu'une faible place à l'apprentissage du code, le supposant déjà acquis. En revanche, les professeurs des deux premières sections dispensent un enseignement en principe achevé à la fin du cycle secondaire supérieur et prévoient la poursuite de l'apprentissage du code écrit dans leur programme. De plus, la sélection scolaire, et la hiérarchie des savoirs sur laquelle elle se fonde généralement, réservent le plus souvent les filières professionnelle et technique de qualification aux élèves qui ont été exclus des autres filières. On peut supposer par là que le technicien de la langue et le thérapeute s'adressent surtout à un public dont les acquis grammaticaux n'ont pas été complètement réalisés (ou jugés comme tels). Mais ces deux types d'enseignants proposent des solutions divergentes. Soit il faut continuer (sans se décourager) à proposer un apprentissage du code écrit en espérant qu'à force de répétitions, celui-ci finira par «entrer». Soit il faut renverser les perspectives, éviter de reproduire une démarche qui n'a pas donné de fruits et qui peut même s'avérer dangereuse pour l'ensemble du rapport à la langue des élèves. Il faut donc d'abord renforcer leurs motivations à communiquer et leurs capacités expressives.»[8]

1.2. Les profs, les élèves et l'orthographe

Une étude réalisée au cours des années 1987-1989 dans la région grenobloise[9] semble confirmer, chez les enseignants, la tension entre éducation et apprentissage, et plus précisément entre l'exigence de l'apprentissage de l'orthographe et le choix des pédagogies actives dans l'enseignement de la langue. Les auteurs de l'étude, après avoir interrogé une douzaine d'enseignants et plus d'une soixantaine d'élèves, observent l'ambivalence des professeurs et de leurs élèves à l'égard de l'orthographe. On fera ici une place au matériau qu'ils ont récolté, particulièrement riche pour répondre aux questions que nous avons définies. Tout en s'inspirant fréquemment de leurs commentaires, on gardera cependant quelque distance vis-à-vis de leurs interprétations, résolument réformatrices[10].

1.2.1. Les enseignants

Le discours des enseignants interrogés, instituteurs, professeurs de collège et de lycée, peut à certains égards paraître contradictoire : il valorise généralement l'orthographe, tout en admettant sa difficulté pour les élèves et surtout la difficulté à l'enseigner. Les enseignants font eux-mêmes l'expérience de l'insécurité orthographique dans leurs pratiques de l'écriture et dans leur enseignement, et semblent intarissables sur le thème de la faute, qui cristallise les jugements sociaux associés à l'orthographe. Convaincus de la haute valeur du code, mais persuadés qu'il n'est pas tout à fait à la portée des élèves et de l'enseignement, ils cherchent souvent à dédramatiser l'orthographe en la relativisant face à d'autres savoirs ou d'autres compétences. Mais surtout, ils font part de leur difficulté à trouver des méthodes adéquates pour l'enseigner. Il y a là manifestement un malaise, voire un désarroi : l'expérience de l'enseignement de l'orthographe est celle d'un tâtonnement généralisé, et aboutit souvent à conclure que la pédagogie active, vivante, les méthodes de découverte, ne sont pas adéquates pour favoriser une maîtrise suffisante du code (ou que l'orthographe est inadaptée aux pédagogies actives). De nombreux enseignants, malgré ces difficultés, n'abandonnent pas la partie, principalement parce qu'ils sont sensibles à la sanction sociale attachée à la correction orthographique. Et en fin de compte, ils font souvent part de leur sentiment d'impuissance : l'orthographe ne s'acquiert peut-être pas essentiellement à l'école, elle «vient toute seule», ou elle ne vient jamais...

Les enseignants accordent généralement des hautes **valeurs symboliques** à l'orthographe, chargée d'histoire, de culture, caractérisée par son esthétique. Par exemple,

I5[11] :

«Derrière l'orthographe d'un mot, il y a aussi tout son passé, toute son histoire.»,

P6 :

«Pour moi, l'orthographe fait partie de la culture.»,

ou encore :

«Ayant une vision esthétique des choses, de la vie, la graphie des mots me paraît esthétique.»

En plus de l'association de l'orthographe à la culture, certains enseignants lui accordent aussi une valeur morale.

I5 :

> « Je pense qu'il est important qu'on trouve le moyen de rééduquer la façon de regarder des gamins [...] ça je crois que c'est important et que ça les aidera et pas seulement en orthographe [...] c'est la façon de vivre des gamins d'aujourd'hui qui me semble assez superficielle. »

Ou, P6 :

> « Dans notre société où tout est éclaté [...] il me semble que là, il y a un système de référence. »

Cependant, l'orthographe est aussi l'expérience d'une **difficulté**. Elle est difficile pour les élèves et pour les enseignants, elle n'est jamais parfaitement acquise. Mais dans leurs formulations, les enseignants insistent d'avantage sur le fait que les personnes, par exemple les élèves, éprouvent des difficultés, plutôt que sur la difficulté de l'orthographe, comme si le constat de difficulté renvoyait à un diagnostic de manque chez les acteurs plus qu'à une critique du code. De plus, c'est rarement l'ensemble du code graphique qui est caractérisé. Le discours sur la difficulté appelle un morcellement de l'orthographe, orthographe grammaticale, orthographe d'usage, ou encore éléments très concrets du code comme le redoublement de consonnes par exemple.

P5 :

> « Par rapport à l'apprentissage, c'est quelque chose de très difficile. »;

P1 :

> « J'ai toujours eu des difficultés sur les mots d'usage. »;

P2 :

> « Y a des mots qui m'ont toujours posé problème. »

De plus, l'orthographe est un effort incessant, un travail sans cesse renouvelé.

P5 :

> « C'est pas une mince affaire...c'est une affaire de fourmi... un travail journalier, régulier et quotidien... sans arrêt faire quelque chose en orthographe... c'est jamais fini. »

Au contact des élèves et dans la pratique de l'enseignement, l'orthographe « se perd » et l'**insécurité** grandit.

I5 :

> « En fin d'année, je ne suis plus sûre de mon orthographe. »

ou P3 :

> « Je perds mon orthographe devant les élèves que j'ai. »

D'une manière générale, les enseignants pensent qu'il faut accepter ses erreurs, son incompétence, au moins partielle. Expérience de l'insécurité linguistique pour les professeurs, l'enseignement est aussi, pour les élèves, un apprentissage de l'insécurité, comme l'avait déjà souligné M. Francard.

I3 :

    « Il m'arrive de faire des erreurs, j'essaie de le rendre positivement, en ce sens que personne n'est infaillible. »

I1 :

    « J'ai pas de scrupule à dire aux enfants... : « il faut que je vérifie dans le dictionnaire, je sais pas comment ça s'écrit. » » ;

P2 :

    « J'essaie de leur dire (aux stagiaires) qu'en fait, même quand on enseigne l'orthographe on a des doutes, des hésitations [...] : utilisez un dictionnaire, y'a rien de honteux, moi je le fais tout le temps. »

Dans ce climat d'insécurité, le recours au dictionnaire est systématique, voire rituel.

P5 :

    « Je suis perpétuellement à la recherche dans les dictionnaires. »

P5 :

    « Systématiquement, renvoyer les élèves quand ils se posent un problème d'orthographe : « va chercher dans le dictionnaire » [...] une habitude qu'on leur donne qui peut les aider peut-être plus que d'apprendre des listes de mots hein ! »

Lorsque le recours au dictionnaire est malaisé ou impossible, les enseignants préfèrent souvent renoncer à écrire leur énoncé jusqu'au bout pour trouver une formulation dont la transcription est plus sûre.

P4 :

    « Je change complètement la tournure de ma phrase. »

P6 :

    « Je préfère abandonner un mot, plutôt que ne pas être sûre de son orthographe. »

Le discours sur l'orthographe fait largement place au thème de la **faute**, que certains s'efforcent pourtant, mais avec difficulté et inconstance, d'aborder en termes d'erreur. Souvent, la faute dévalorise l'ensemble du texte où elle apparaît.

P6 :

> « Je lisais une critique intéressante sur la cantatrice chauve, et dans cet article, il y avait deux fautes d'orthographe, ce qui enlevait à mon avis la valeur à la critique. »

P2 :

> « C'est vrai que si l'expression est bourrée de fautes d'orthographe, c'est vrai que ça coince un peu. »

Le jugement de la faute renvoie à la mauvaise qualité de la réflexion, mais surtout à un défaut d'éducation, à un manque d'effort et de rigueur, dans le registre de la faute morale.

I2 :

> « celui qui fait des tas de fautes d'orthographe, bon, ben, il réfléchit absolument pas. »

I6 :

> « C'est un indice de mauvaise éducation. »

P6 :

> « C'est un manque d'exigence, un manque de rigueur. »

Comme le notent les auteurs de l'étude, la faute semble agresser beaucoup plus le **corps** que l'esprit, et c'est donc le corps, qui, dans un mouvement réflexe, réagit, sans que l'on puisse souvent s'en empêcher, par automatisme, et même si on est persuadé qu'il faudrait se garder de corriger.

I1 :

> « J'ai des réflexes comme ça qui ne sont pas réfléchis et les fautes d'orthographe me sautent aux yeux [...] Mon premier réflexe, c'est toujours de sursauter. »;
> « ça fait bondir, ça saute aux yeux, ça énerve au plus haut point. »;

I5 :

> « Mes gosses [...] elles sont petites donc elles font plein de fautes, et puis je pense que c'est pas tellement bien que je les corrige. Et ben, je peux pas m'empêcher de le faire. »

P3 :

> « J'aurais le réflexe automatique de corriger la faute d'orthographe, ça c'est quelque chose qui est automatique chez moi, quand je lis un texte [...] je fais attention au contenu, c'est la seule chose qui m'intéresse, mais toujours systématiquement, ma main, comme si elle était indépendante de moi, corrige les fautes d'orthographe. »

Cependant, toutes les fautes n'ont pas la même gravité et tous les **contextes** ne sont pas également visés par l'exigence de correction. A cet égard, les entretiens récoltés dans la recherche semblent manifester une différence de position chez les enseignants selon qu'ils sont lecteurs ou scripteurs. Lecteurs, la plupart d'entre eux exigent la correction de tous les textes, quel que soit leur statut, brouillons, lettres administratives, liste de courses, correspondance... Mais c'est surtout dans l'**espace public** que l'exigence se manifeste de la façon la plus radicale. Les journaux et la publicité principalement sont souvent accusés.

I5 :

> « Si y'a une faute dans une pub sur une grande affiche ça là... vraiment je trouve ça énorme, là je trouve pas que ce soit tellement tolérable. »

P1 :

> « L'imprimé ne tolère pas l'erreur d'orthographe. »

P3 :

> « ... le nombre de fautes d'orthographe dans les journaux est prodigieux. »

Dans la position du scripteur, les enseignants sont parfois plus indulgents, surtout dans les **usages privés** de l'écriture.

P5 :

> « Je fais relire quand c'est des lettres importantes. Quand c'est des lettres, bon, à des collègues, y'a pas de problèmes. »

La faute n'est pas toujours le signe d'une incompétence, elle peut traduire une distraction, ou n'être qu'un lapsus. Et surtout, son interprétation pourra fluctuer selon le scripteur et les **qualités sociales** qu'on lui accorde. Les enseignants plaident parfois l'indulgence pour eux-mêmes, censés compétents.

P3 :

> « par exemple quand je mets « les arbres », « arbre » sans S, j'espère qu'on me reconnaîtra que je sais mettre un S, faire l'accord. ça se voit que c'est une faute d'inattention. »

P2 :

> « C'est lié à la fatigue. »

Ou encore pour des membres de professions socialement valorisées ou associées à un capital scolaire fort.

I2 :

> « Si c'est un médecin... on peut penser à un moment de distraction... »
> « Maintenant y'a faute et faute, d'orthographe... je pense à quelqu'un en particulier qui est cadre supérieur et il glisse deux ou trois fautes, mais y'a quand même une aisance, un style qui font que c'est pas pénalisant, ces erreurs d'orthographe. [...] Maintenant si on prend le pauvre gosse qui a été scolarisé tant bien que mal... et qui n'a aucune aisance... les fautes d'orthographe c'est autre chose là. »

Le jugement de la faute dépend de la qualité sociale du scripteur, de sa maîtrise de la langue, de sa profession, souvent confondue avec le capital scolaire, et du public auquel il s'adresse.

P3 :
> « Si je trouve un article fin, spirituel, très bien mené au niveau de la réflexion, intelligent, apportant des idées nouvelles et que par ailleurs il y a dans ce texte deux ou trois fautes d'orthographe j'en ai rien à foutre des fautes d'orthographe. Mais si en plus l'article est lourd, mal tourné, et en plus, il est bourré de fautes d'orthographe, moi je trouve que c'est un comble. »

Mais les scripteurs symboliquement peu pourvus n'appellent pas toujours le jugement le plus sévère ; ils peuvent faire l'objet d'une indulgence parfois condescendante.

I2 :
> « On est moins surpris par les fautes d'orthographe si c'est un parent d'élève qui... est ouvrier... et qui normalement a des difficultés. »

P6 :
> « J'entends qu'un journaliste qui écrit dans Libération et non pas dans Nous Deux hein, soit exigeant. »

L'enseignement de l'orthographe est une mission importante de l'enseignant, pour certains parce qu'elle possède une valeur propre, pour d'autres surtout parce qu'elle fait l'objet de classements sociaux, d'une évaluation, d'une **sélection sociale** qui, parce qu'elle continue à opérer en dehors de l'école[12], doit aussi continuer à s'exercer à l'école.

P5 :
> « Il faut quand même être lucide, l'orthographe elle est quand même importante, dans la mesure où on juge quand même les gamins là-dessus. »

Le code n'est plus envisagée ici comme un absolu, comme une norme prescriptive, mais comme une norme évaluative. Les exigences sociales attachées à l'orthographe, la pression sociale, et notamment la pression exercée par les parents pour réclamer un apprentissage efficace de l'orthographe justifient l'importance qu'on lui accorde à l'école, même si certains enseignants déplorent la « barrière sociale » qu'elle constitue.

I6 :
> « Je me dis que si on regarde l'orthographe, c'est un peu dommage de barrer les gens à cause de ça. »

P2 :
> « L'orthographe c'est une telle barrière... c'est vrai que c'est un critère de jugement très... très fort... c'est vrai que socialement c'est... enfin l'orthographe c'est un moyen

de tri. [...] quand je dis que c'est un instrument de sélection, c'est pas que je trouve ça bien, mais c'est une réalité.»

Les enseignants, persuadés de l'importance de l'acquisition du code graphique, avouent cependant souvent leur difficulté à l'enseigner, et même leur **ennui**.

P1 :

> «En tant qu'enseignante de français, pendant très longtemps j'ai pas su me débrouiller de l'orthographe. [...] J'étais souvent mal à l'aise à l'idée que je n'enseignais pas l'orthographe à mes élèves alors que j'étais censée être payée pour ça. J'arrivais pas à enseigner l'orthographe... Faire des dictées, corriger des dictées et des trucs comme ça...!»

Plusieurs enseignants se souviennent de leur propre scolarité, du dégoût que leur inspiraient les règles apprises par cœur, les listes de mots, la répétition, la copie... Enseignants à leur tour, certains ont tendance à rejeter la règle d'orthographe et la dictée.

I3 :

> «Je crois que répéter cent fois la même chose du genre : «un E devant une double consonne ne prend pas d'accent», ça sert à rien du tout.»

Pour d'autres, la règle de grammaire trouve grâce à leurs yeux, mais pas l'orthographe d'usage.

P2 :

> «C'est plus facile de travailler sur la grammaire parce qu'il y a des règles, parce qu'on peut les acquérir, l'orthographe d'usage est beaucoup plus difficile, parce qu'il y a tellement de règles en fait.»

Qu'ils aient pris ou non distance avec l'univers des règles, les enseignants sont nombreux à signaler le changement de l'enseignement de l'orthographe depuis leurs études. Ils s'efforcent de mettre au point des méthodes moins ennuyeuses, des pédagogies actives, et le résultat de tous ces efforts ressemble fort à une mosaïque de méthodes, ou du moins à un **pluralisme méthodologique**. Par exemple, certains adoptent une pédagogie de type phonétique, en partant de la correspondance des phonèmes et des graphèmes,

I3 :

> «Ça marche avec les sons, systématiquement on va voir le son A, le son E, le son I et on va étudier toutes les graphies.»

d'autres utilisent une méthode globale,

I5 :

« Il faut faire en sorte que les gamins puissent arriver à capter une image et à la reproduire. »

d'autres encore préfèrent une pédagogie traditionnelle, mais qui est annoncée comme telle, comme s'ils faisaient part d'un choix raisonné en contraste avec les pédagogies modernes.

P3 :

« Moi je suis pour les méthodes les plus classiques, des dictées, des règles à apprendre par cœur, des mots à apprendre par cœur. »

Les auteurs de l'étude insistent sur le climat d'incertitude, sur le désarroi souvent éprouvé par les enseignants face à ces choix méthodologiques. Pour expliquer ces difficultés, ils font l'hypothèse de l'inadaptation de l'orthographe aux pédagogies actives, comme le laissait entendre d'ailleurs l'entretien de notre « thérapeute » exemplaire. L'orthographe résiste en quelque sorte à la pédagogie moderne : « Et si l'on a pu effectivement ici ou là proposer des pédagogies un peu plus attrayantes au bout du compte, fondamentalement, l'orthographe, parce qu'elle est ce qu'elle est, n'est peut-être pas adaptée à la façon dont nous concevons l'enseignement aujourd'hui. »[13]

Soucieux de mettre au point un enseignement vivant et attractif, les enseignants cherchent souvent à **dédramatiser** l'orthographe à l'école, en la relativisant, en accordant une attention soutenue à d'autres compétences, et en intégrant son enseignement à celui de la langue.

I6 :

« Profondément je sais pas s'il faut vraiment se cristalliser là-dessus. »

P2 :

« Je relativise l'orthographe quand je note une rédaction de façon à valoriser les qualités d'expression de l'élève. »

P3 :

« Pour les élèves, je note d'abord la cohérence du raisonnement. »

Les instructions officielles de 1985, manifestent ce souci de dédramatisation : « L'école élémentaire tirant parti de situations rendant nécessaire l'usage de l'écrit, conduit l'élève à rédiger de façon simple, et avec plaisir. Le maître engage l'élève à oser écrire avec confiance et liberté. »[14] Tout comme un document très récent du SeGEC, le Secrétariat Général de l'Enseignement Catholique, en Communauté française de Belgique : « En ce qui concerne l'orthographe, il faut, sans aucun doute, mettre tout en œuvre pour qu'un élève, dès le premier jet, arrive à écrire le plus de formes correctes possible. Mais, s'il n'y arrive pas, il serait extrêmement dommageable de le bloquer à ce niveau de surface. Il vaut mieux lui permettre de poursuivre sa tâche en étant attentif aux éléments fondamentaux de l'expression écrite : la recherche et la sélection des informations, leur mise en forme organisée et cohérente. La révision orthographique trouvera place dans une étape ultérieure de relecture, ciblée sur cet aspect.»[15]

Partagés entre le souci de dédramatiser l'orthographe et leur conviction qu'elle joue un rôle décisif dans l'évaluation sociale, soucieux d'être efficaces et en même temps de favoriser une pédagogie active, les enseignants font parfois l'expérience de leur **impuissance**, comme si l'orthographe était une compétence qui ne s'acquiert pas vraiment à l'école, ou alors sans qu'on sache ce qui la favorise.

P1 :

«Je trouve que c'est très magique. Quand on lit les copies des élèves de sixième où les cheveux se dressent sur la tête [...] les gosses arrivent en troisième bon ben ils font quand même moins d'erreurs en orthographe.»

I2 :

«On a un peu l'impression que l'orthographe c'est une chose qui est un peu donnée.»

I6 :

«C'est venu d'un coup.»

I2 :

«On a l'impression qu'on ne sert pas à grand chose [...] Moi j'ai l'impression de me heurter un petit peu à un mur, d'essayer de faire des choses et finalement de ne rien faire progresser.»

P1 :

«Je crois pas beaucoup à l'efficacité de l'enseignement des profs de français.»

1.2.2. Les élèves

Les élèves, écoliers, collégiens et lycéens mettent l'accent sur la difficulté de l'orthographe. Elle est associée à un travail continuel, à la corvée de la dictée et au stress de l'évaluation. Pour eux, c'est un enjeu essentiellement scolaire. Dans d'autres contextes, la sanction n'est pas légitime. Les élèves manifestent à cet égard une véritable conscience réflexive des normes, des lieux où elles s'appliquent, et développent des attitudes stratégiques face à la diversité des exigences scolaires. Entre l'école et les autres situations de communication, et à l'intérieur du cadre scolaire lui-même, leurs attitudes sont caractérisées par la variation de l'attention qu'ils lui accordent.

Les élèves mettent rarement en question le code de manière globale. Certains d'entre eux lui accordent une valeur symbolique dans des termes assez proches de ceux des enseignants.

LYC5 :

> «Je pense que ça fait partie de la culture.»

LP5 :

> «L'orthographe en fait c'est aussi un truc du pays, quoi c'est ce qui caractérise la langue, comme la grammaire, c'est pareil, c'est un don du pays, un bien.»

LYC5 :

> «C'est aussi le fait de la culture latine. [...] C'est la culture latine, ancestrale... c'est le patrimoine donc... l'orthographe fait partie de la langue et la langue c'est le patrimoine.»

Mais ce type de discours est plutôt minoritaire. En règle générale, les élèves insistent lourdement sur la **difficulté** de l'orthographe et de son apprentissage. Certains d'entre eux appuient leur constat sur une comparaison avec des langues étrangères, dont le code leur semble plus facile, comme le latin ou le turc, l'arabe ou l'anglais et manifestent à l'égard de l'orthographe et de la langue un certain relativisme culturel.

COL1 :

> «Y'a beaucoup trop de règles, chaque mot a presque sa règle.»

LP2 :

> «Les règles y'en a trop quoi, elles sont trop compliquées... c'est ça qui est énervant, parce que pour un mot, il se dit pareil, mais il s'écrit de 50.000 façons, y'en a trop des façons pour écrire.»

COL2 :

> «Par rapport à l'anglais je trouve que c'est plus dur, parce que y'a des... y'a beaucoup plus d'exceptions.»

COL7 :

> «Ça change trop. C'est pas comme l'arabe où on met ce qu'on entend.»

Certains, à cause de sa difficulté et de son manque de régularité, sont encore plus sévères.

COL7 :

>« C'est un dédale, c'est un trop grand dédale quoi ! On s'y retrouve plus quand on est dedans et qu'on ne sait pas. On s'y retrouve plus, on peut pas savoir, on ne peut pas deviner. »

COL6 :

>« Je trouve que c'est idiot, c'est vraiment idiot de... d'écrire des mots avec des façons différentes... oui, c'est même insensé, ça n'a pas de sens. »

COL1 :

>« C'est vraiment trop irrégulier, il y a **pas de logique** dans l'orthographe. »

Si certains mettent en question l'orthographe pour son manque de logique, d'autres, même tentés par la critique, n'osent pas croire à son absurdité et manifestent ainsi leur confiance dans le système scolaire et les enseignants.

LYC3 :

>« Mais si elle est comme elle est, je veux dire que, quand même, il doit y avoir... ça doit être fait pour certaines choses... et pour faciliter autre chose que moi je vois pas. Telle qu'elle est, sûrement si elle est comme ça... ça doit être fonctionnel. »

L'apprentissage de l'orthographe est associé chez les élèves à un **travail** inlassable, qui n'en finit pas et à des exercices qu'ils vivent parfois comme de véritables **corvées**.

ECO5 :

>« Si on arrive à garder, je crois, un très bon niveau dès le début et qu'on travaille, qu'on travaille sans arrêt, on pourra y arriver. »

LP3 :

>« Jusqu'à notre mort on saura pas écrire correctement le français. »

LP5 :

>« C'est comme les règles de mathématiques, ça m'embête aussi de les apprendre parce que j'aime pas les mathématiques. »

L'apprentissage de l'orthographe exige un travail de mémorisation. Mais malgré leurs efforts, certains collectionnent les zéros en dictée, notamment parce que le système de cotation ne permet pas toujours d'enregistrer les progrès.

COL5 :

>« Bon, ben avant dans mes dictées... je devais faire peut-être une vingtaine de fautes quoi, mais... j'avais zéro hein ! Bon maintenant dans les dictées, j'ai toujours zéro, mais j'ai dix fautes, ça se voit quand même, la prof elle l'a vu, y'en a qui voient que le zéro, mais nous, la prof et moi, on a vu qu'il y avait un léger progrès quand même. »

LYC5 :

«On arrivait même à des moins quelque chose... en dessous de zéro.»

La dictée, particulièrement associée aux situations d'évaluation, provoque chez certains un véritable **stress**.

ECO1 :

«Moi, je suis très nerveuse avant une dictée. Et la dictée de contrôle qu'on avait eu là, j'ai eu 10 sur 20 parce que j'avais tellement peur que j'ai fait plein de fautes.»

ECO 6 :

«Moi je suis nerveuse quand je fais une dictée, j'ai un nœud, j'arrive pas.»

ECO5 :

«Ça me trouble, parce que j'ai peur de faire trop de fautes et (si c'est une dictée de contrôle), pour moi, c'est le double, je tremble et puis le stylo, il glisse.»

Notons ici aussi l'insistance sur un registre corporel. Chez les enseignants, c'est la faute qui touche le corps et c'est la main qui «corrige toute seule»; ici, c'est la peur de l'évaluation qui «bloque», et c'est la main qui glisse...

Pour les élèves, l'orthographe est très explicitement liée à la sélection scolaire, et même sociale. Ils développent à cet égard une position **stratégique**, ou en tout cas **réflexive**. Ils sont parfaitement conscients, par exemple, que le résultat en orthographe pèse lourd dans les décisions d'admission en sixième.

ECO3 :

«Et puis aussi comme on est en CM2, y'a la sixième après, alors on va changer d'école donc il faut pas se trouver dans une classe où il y'a que des nuls, où on est mal classé.»

ECO5 :

«Si on fait des fautes vers le CE1, CP, ça ne comptera pas trop, jusqu'à la moitié de la primaire, c'est pas trop grave parce qu'on pourra se rattraper ensuite mais vers les classes grandes, non, c'est plus possible, alors notre carrière est fichue en l'air.»

La proximité des échéances de la sélection scolaire accentue le poids de l'orthographe sur la scolarité. Mais certains peuvent, au nom même du principe stratégique, relativiser l'orthographe dans l'ensemble des savoirs scolaires, notamment parce qu'ils ont conscience d'exceller dans d'autres disciplines socialement valorisées.

COL4 :

«Enfin quand on est à un niveau moyen de partout, je pense que c'est gênant... d'être mauvais en orthographe. Mais quand on est fort dans les matières scientifiques, je pense que c'est pas tellement important. Parce que l'orthographe, c'est quand même une petite partie du français... à partir du moment où on a des idées, l'orthographe passe derrière.»

L'attention accordée à l'orthographe varie selon le **projet** professionnel ou intellectuel.

ECO2 :
> «Moi je travaille le soir mon orthographe parce que ça va me servir pour mon prochain métier (avocat).»

ECO6 :
> «Moi, bon, il faut que je m'y intéresse parce que je veux devenir écrivain.»

LYC6 :
> «Pour moi l'expression est beaucoup plus importante que l'orthographe. [...] Moi je dirige mes intérêts vers quelque chose de différent.»

Mais pour l'ensemble des élèves, l'enjeu de l'orthographe est essentiellement scolaire. Et c'est en fonction des **exigences scolaires**, explicites ou implicites, qu'ils orientent leurs pratiques, en manifestant ainsi une sensibilité à une variable stylistique proche de celle que Labov avait enregistrée en termes d'attention au caractère formel de la communication, et qui permet aussi, nous le verrons, de comprendre les différences de performances dans différents types de travaux scolaires.

LYC1 :
> «Pour une dissertation, je fais plus attention, peut-être que si c'était un devoir en biologie bon, je me relirais pas plusieurs fois, je me dirais, bon c'est un devoir de biologie, on m'enlèvera pas de points pour les fautes mais je fais quand même attention, mais pour les devoirs d'histoire ou de français, ben je relis plusieurs fois... j'ai un prof d'histoire qui fait attention.»

Dans le cadre scolaire, l'orthographe fait l'objet d'un calcul stratégique, ou au moins d'une attention différenciée selon les conséquences sur la sélection scolaire. Mais cette sensibilité au contexte et la **variation** des attitudes qui l'accompagne est beaucoup plus sensible encore en dehors du cadre scolaire, où les élèves n'admettent généralement pas une sanction de leur orthographe, qui, dans les échanges privés notamment, leur semble illégitime.

ECO3 :
> «A l'école, c'est plus grave, parce que c'est noté.»

ECO5 :
> «On écrit à des copains, c'est pas grave.»

ECO6 :
> « Quand j'écris une lettre à mes parents par exemple, c'est pas mon avenir qui est en jeu. »

ECO13 :
> « Ma mère elle me fait remarquer que je fais des fautes et ça m'agace. »

COL6 :
> « Je fais attention quand j'écris à ma grand-mère... surtout parce qu'après elle garde les lettres et puis après elle me fait corriger les fautes alors ! [...] ça m'énerve parce que je lui écris pas pour qu'elle me fasse corriger des fautes quand je reviens ! »

Les auteurs de l'étude insistent sur la position paradoxale et dramatique des élèves d'un lycée professionnel, en section de secrétariat. Leurs mauvaises performances en orthographe ont largement contribué à leur déclassement scolaire, mais l'orthographe est capitale pour l'embauche.

LP2 :
> « Ben déjà je pense que dans ma classe, il doit y'en avoir pas mal (qui ont des problèmes d'orthographe comme moi), autrement ils seraient pas en CAP, je pense pas... »

LP4 :
> « C'est devenu difficile les mots qu'on m'apprenait en sixième et tout, ça fait que tout le temps je me payais des zéros, ça fait que j'ai atterri ici. »

LP3 :
> « Si on sait écrire ou quoi que ce soit, on peut réussir à trouver un boulot, sur ce que tu sais faire sur l'orthographe, par exemple, je sais pas aller dans des conférences et puis écrire, écrire tout ce qui a été dit pendant la conférence ou quoi que ce soit, ça il faut connaître l'orthographe aussi. Faut être bien calé. L'orthographe c'est un truc qui est vachement important quoi. »

Les auteurs mettent le doigt sur une différenciation sociale dans l'attention à l'orthographe qui pourrait prendre la forme d'une **inégalité** des élèves face à l'exigence de correction. « Car une distance colossale sépare les futures secrétaires, pour qui l'échec en orthographe est cumulé à l'échec scolaire global, des élèves arrivés en fin de cycle long en ayant échappé aux orientations, ou encore de ceux qui réussissant dans des matières hautement valorisées, ont la capacité de mépriser l'orthographe voire d'envisager que c'est aux secrétaires d'accomplir ces tâches de correction, somme toute subalternes. »

COL4 :
> « Ils (les médecins) sont obligés de savoir... heureusement qu'ils ont des secrétaires des fois... alors j'espère que j'aurais une secrétaire aussi, parce que vu mon niveau en orthographe. »

1.3. Les performances

Le code graphique et ses valeurs symboliques sont mobilisés à l'école dans un grand nombre de pratiques. Nous avons vu par exemple qu'ils contribuent à sélectionner les élèves, qu'ils peuvent être utilisés comme un repère pour l'évaluation sociale (l'hétéro-évaluation et l'auto-évaluation), comme ressource expressive ou identitaire, dans la mesure où l'on affirme son affinité avec la culture ou le «patrimoine culturel»... Mais comment le code graphique est-il concrètement utilisé par les élèves dans leurs pratiques d'écriture? Il ne s'agit pas ici seulement d'évaluer le «niveau» des performances en orthographe, mais beaucoup plus de comprendre comment, dans la pratique scolaire, on contribue à construire l'orthographe, par exemple, en mobilisant le code dans son ensemble ou seulement quelques-unes de ses normes, en lui donnant une définition pragmatique, par la variation des comportements selon le contexte de la communication écrite...

1.3.1. Le «niveau» et le comportement orthographique

A la fin des années quatre-vingts, l'éternel débat sur la baisse de niveau des performances et des exigences scolaires reprend de la vigueur, dans le monde de l'école mais aussi plus largement dans l'espace public, principalement par voie de presse. C'est dans ce climat de polémique que paraissent une série d'ouvrages dont l'objectif explicite est de répondre aux diagnostics de crise de l'école, de crise de la langue, ou encore de crise de l'orthographe, comme par exemple les ouvrages déjà cités de Baudelot et Establet, *Le niveau monte. Réfutation d'une vieille idée concernant la prétendue décadence de nos écoles*, ou encore de Chervel et Manesse, *La dicté. Les Français et l'orthographe, 1873-1987*. C'est aussi dans ce contexte que nous avons entrepris, à la demande de la Communauté française de Belgique, une enquête destinée à faire le diagnostic des performances des élèves du secondaire en français écrit. Cette flambée polémique sur la baisse de niveau ou sur la crise de l'orthographe fait rage lorsqu'en 1988, les premières interventions dans le débat sur la réforme de l'orthographe sont formulées, notamment par une revue du Syndicat national des instituteurs.

En 1986, suite à la découverte aux Archives nationales de milliers de copies récoltées en 1873 par l'inspecteur Beuvain, ainsi que des rapports d'inspection très détaillés, A. Chervel et D. Manesse[16] imaginent de constituer un corpus de copies contemporaines pour les comparer à celles qui avaient été produites plus d'un siècle plus tôt. En 1873, G. Beuvain cherchait à contrôler le niveau des élèves qui avaient déjà fréquenté l'école pendant six ans, soit des élèves de douze à treize ans. Il a soumis le tiers le plus «avancé» des classes qu'il visite à la dictée d'un petit texte de Fénelon intitulé «Les arbres». Chervel et Manesse cherchent alors à constituer un échantillon de copies d'élèves présentant à peu près les mêmes caractéristiques, dans 26 collèges et 26 écoles élémentaires.

Ils recueillent ainsi environ 3.000 dictées d'élèves du même âge que ceux rencontrés par Beuvain, dans les mêmes régions, et sur le même texte. Ensuite, ils soumettent à la correction les deux corpus, en leur appliquant une typologie des fautes qui est en fait une échelle de gravité des fautes, depuis la faute «mineure» portant par exemple sur les accents ou les traits d'union jusqu'à la faute «grave», la faute de langue, celle qui manifeste une incompréhension de l'énoncé. Les résultats de leur étude, qu'ils accompagnent d'une exploration historique des contextes de l'enseignement, permettent ainsi d'approcher une comparaison des performances en termes de niveau, mais surtout, de comparer les types de fautes les plus fréquentes dans les deux corpus.

Tout d'abord, ils relèvent que, parmi les graphies fautives, la dispersion est plus forte au XIXe siècle. Par exemple, *tuyaux* recevait 138 graphies erronées différentes en 1873, contre 85 en 1987. Même si les valeurs extrêmes du nombre de fautes sont plus élevées en 1873, (un maximum de 134 fautes contre un maximum de 97 fautes en 1987), la lecture des premiers résultats donne l'avantage aux copies du XIXe siècle : une moyenne de 7 fautes contre 8 en 1987. Dans les deux corpus, on relève une progression régulière selon les âges (une diminution du nombre de fautes), mais le mouvement de progression au XXe siècle commence plus tardivement.

Une des différences les plus sensibles entre les deux corpus concerne les performances différenciées selon les sexes. Alors qu'en 1873, les copies des garçons étaient nettement meilleures (une moyenne de 6 fautes contre plus de 9 chez les filles), au XXe siècle, la tendance s'est inversée : les garçons faisaient en moyenne 2 fautes de plus que les filles en 1987; et de plus, l'écart entre les sexes se creuse avec l'âge. Les auteurs attribuent les progrès féminins par le rattrapage, dès la fin du XIXe siècle, mais surtout au XXe, du retard considérable de l'enseignement féminin à l'époque de Beuvain, époque antérieure à l'obligation scolaire et où pratiquement rien n'était prévu pour la formation des institutrices. Mais si ces considérations permettent d'expliquer la progression des filles, elles sont insuffisantes pour comprendre leur supériorité actuelle. La progression des résultats par âge semble indiquer que les filles ont presque constamment un an d'avance sur les garçons. Les auteurs se gardent de fournir une explication à ces différences. Ils se bornent à évoquer une piste : « Soumission plus grande à la norme, à l'arbitraire de la règle ? » qui devrait selon eux être explorée par des psychologues, et soulignent que la supériorité des filles à l'école ne se limite pas à l'orthographe. Nous verrons plus loin comment l'enquête menée en Communauté française de Belgique nous permet de confirmer et de préciser encore cette différence, sans toutefois y apporter une explication définitive.

Si on observe non plus seulement le nombre de fautes, mais aussi leur dispersion, on constate que les élèves du XXe siècle maîtrisent mieux une base plus large de l'orthographe, et qu'ils cumulent sur un petit nombre de mots un plus grand nombre d'erreurs. De plus, et cela est sans doute encore plus important, la dispersion des résultats est plus faible aujourd'hui, c'est-à-dire que l'ensemble des notes est plus resserré autour de la moyenne qu'au XIXe siècle. Alors que Beuvain, qui avait déjà sélectionné les élèves les plus avancés, enregistrait une grande différence de résultats entre les « meilleurs » et les « moins bons », les performances du XXe siècle sont plus homogènes, signe, précisent Chervel et Manesse, d'un enseignement plus également dispensé.

L'intérêt de la comparaison tient aussi, et surtout, à la prise en compte de la nature des fautes commises, et qui pourraient donner une indication sur le comportement orthographique des élèves. Les fautes « graves », celles qui manifestent une mauvaise maîtrise de la langue, une incompréhension du texte, sont nettement plus nombreuses au XIXe siècle. Elles désignent notamment une mauvaise identification du mot comme entité, par la séparation défectueuse avec les mots voisins ou le tronçonnement de l'unité lexicale, par exemple, *parleurs* pour *par leurs*, *s'outerrain* pour *souterrains*, *labrie* pour *l'abri*... En revanche, les fautes qui mettent en jeu la connaissance de la grammaire et du lexique sont plus fréquentes au XXe siècle ; et les deux corpus ne présentent pas de différences significatives pour les fautes « mineures », accents, traits d'unions... On peut en conclure que, comparés aux élèves envisagés par Beuvain, ceux du XXe siècle « ont donc mieux compris le texte, la langue et les mots de Fénelon ; mais ils connaissent et pratiquent moins bien les règles de l'orthographe grammaticale et les usages de l'orthographe lexicale. »[17] Cette différence tient probablement à deux types de phénomènes : la généralisation de la pratique du français dans toutes les régions de France, d'une part, et, d'autre part, l'accent plus appuyé, dans l'enseignement du français depuis un siècle, sur la compréhension de la langue.

Si la comparaison des deux corpus est éclairante pour saisir la différence de comportement orthographique selon les périodes, et notamment les progrès réalisés par les élèves du XXe siècle en maîtrise de la langue et leur plus faible score en orthographe grammaticale et lexicale, elle ne s'appuie cependant pas sur des échantillons parfaitement comparables et représentatifs des performances de toute une génération. Beuvain avait sélectionné quelques établissements et, dans ceux-ci, les élèves les plus avancés de la classe. En outre, son enquête n'avait que très peu touché l'école rurale. Pour rendre compte des performances de l'ensemble des élèves de 1873 et les comparer à ceux du XXe siècle, les auteurs ont entrepris un travail sophistiqué de correction statistique au terme duquel ils aboutissent à des scores corrigés nettement plus favorables aux élèves du XXe siècle. Aux 6 fautes de ceux-ci, il faut à présent opposer 10 fautes pour le XIXe siècle.

De tous ces résultats et de leur traitement statistique, Chervel et Manesse concluent que :

1. le niveau moyen en orthographe des jeunes français est beaucoup plus élevé qu'en 1873, et selon toute hypothèse, le processus d'amélioration est continu ;

2. les performances sont aujourd'hui obtenues à moindre frais, puisque le nombre d'heures consacré à l'orthographe à l'école a diminué ; la compréhension des textes est favorisée, l'utilisation du code moins mécanique ;

3. les élèves de 1987 commettent des fautes différentes qu'au XIXe siècle, moins de fautes de langue et de compréhension, proportionnellement davantage de fautes lexicales et grammaticales ;

4. la progression des résultats selon les années d'études pourrait indiquer que l'on apprend l'orthographe en classe et que les performances en orthographe sont un bon indicateur du niveau scolaire des élèves ;

5. l'enseignement de l'orthographe s'étale aujourd'hui sur l'ensemble de la scolarité obligatoire ; on apprend donc moins vite ;

6. les résultats du XXe siècle sont plus homogènes et reflètent l'orientation plus démocratique de l'école et les efforts entrepris pour l'instruction de masse depuis un siècle.

1.3.2. *La variation stylistique*

Au cours de l'année scolaire 1986-1987, nous avons entrepris, à la demande de la Communauté française de Belgique, une enquête sur les performances des élèves des deux dernières années du secondaire[18].

Dix-sept écoles ont été sélectionnées, en combinant différents critères, la zone d'implantation, les réseaux d'enseignement, les filières offertes... Plus de 1.200 copies d'élèves ont été récoltées. Pour éviter une procédure qui place les élèves dans un contexte inhabituel, celui de l'enquête, nous n'avons pas cherché à produire un test ad hoc, mais nous nous sommes contentés de détourner des documents écrits de leur cadre scolaire. Les copies ont été rassemblées par les professeurs, qui avaient en outre administré à chaque élève concerné un petit questionnaire d'identification.

Cette procédure présentait certains avantages, mais aussi quelques difficultés. Contrairement à ce qu'aurait fourni un test élaboré explicitement pour les besoins de l'enquête, on a enregistré un échantillon de la pratique courante des élèves, sans la présence perturbatrice d'un observateur extérieur. Mais les copies ainsi récoltées risquaient d'être assez peu comparables. Il a fallu alors établir quelques critères pour réduire l'hétérogénéité du corpus : les textes devaient avoir été rédigés en classe et composés par les élèves eux-mêmes; il ne pouvait s'agir de dictée ou de tout autre exercice grammatical; ces textes devaient être continus. En fin de compte, nous n'avons pu retenir, sur base de ces critères, que des textes rédigés à l'occasion d'épreuves scolaires, et nous avons limité le volume de la copie à 2.000 signes environ.

La production de ces copies dans le contexte scolaire définit une situation assez homogène pour l'ensemble des élèves. Cependant, ce contexte lui-même n'a rien de neutre : sur le plan de la communication, il induit une relation spécifique entre le scripteur et le destinataire. En effet, il ne s'agit pas tant de transmettre une information nouvelle que de montrer qu'on « sait » et qu'on peut s'exprimer correctement. Dans une situation d'épreuve, on peut estimer que l'élève est soumis à une tension qui devrait l'amener à faire le moins de fautes possible. La situation (ou le jeu de langage) de test scolaire est ainsi, par définition, un contexte surveillé, au sens que lui donne Labov, c'est-à-dire un contexte où l'attention portée à la langue est importante. Mais cette attention soutenue au travail d'écriture ne semble pas généralisée à toutes les disciplines. Pour apprécier d'éventuelles variations de comportement, nous avons pris en compte deux copies par élève, l'une produite dans le cadre du cours de français, la seconde dans le cadre d'un autre cours, morale, religion, histoire, actualité, sciences sociales...

Ces copies ont été alors soumises à un traitement qui visait à dénombrer les écarts à la norme du français écrit. Pour saisir non seulement le nombre de ces écarts, mais aussi leur nature, il fallait mettre au point une typologie qui devait nous permettre d'analyser les écarts et de comparer les performances de certaines sous-populations de l'échantillon. Cette typologie distinguait, à la base, les écarts relevant de l'élaboration linguistique de l'énoncé et ceux qui relèvent de la transcription de ceux-ci. Empiriquement, la distinction entre les écarts de **formulation** et de **transcription** s'est opérée par le recours à la question : l'énoncé lu à haute voix est-il linguistiquement correct? Les deux types d'écarts étaient ensuite progressivement spécifiés. Par exemple, en formulation, on précisait si l'énoncé reste incompréhensible malgré la prise en compte de l'ensemble du texte, comme *elle coutume à ceux à qui elle voyait*, ou non; les écarts de lexique, par exemple, *Chrysale est aimable, serviable et compréhensible* et les écarts de syntaxe, comme *il se prend vraiment comme une exception...* Si l'énoncé lu à haute voix n'est pas représenté selon les règles de la langue écrite, on note alors un écart de transcription. Il fallait distinguer l'utilisation de signes graphiques non conventionnels, tels que les signes mathématiques ou logiques par exemple, des autres variantes de transcription. Pour celles-ci, on a encore précisé si l'énoncé lu à haute voix est homophone d'un énoncé correct ou non, comme *les jeunes sont trop exigants* ou *ils partèrent à l'aventure...* Les écarts dans les énoncés homophones ont encore été distingués selon qu'ils relèvent de l'orthographe lexicale, comme dans *abhérant, pome* ou de l'orthographe grammaticale, selon qu'ils touchent à la morphologie muette, par exemple les lettres finales non prononcées ou à un glissement de catégories lexicales, comme par exemple les *a* pour *à*, *son* pour *sont*, *ce* pour *se...*

Après traitement des copies, nous avons observé que la répartition des écarts selon les types est très inégale. Quatre cinquièmes des écarts enregistrés sont des écarts de transcription, et l'aptitude à communiquer est rarement prise en défaut, ce qui semble confirmer la bonne maîtrise de la langue chez les élèves observée par Chervel et Manesse. Dans ces écarts de transcription, près de la moitié des écarts sont produits dans des énoncés homophones. De plus, l'essentiel des différences de score entre élèves est due à la transcription; la conformité de la formulation semble plus stable et la conformité de la transcription plus variable. Les copies de français, comme nous le pressentions, comportent moins d'écarts que celles de l'autre cours (une différence moyenne d'environ 25%) et cette différence se marque essentiellement en transcription. Les difficultés semblent se concentrer là où il y a homophonie entre la forme relevée et la forme correcte, et particulièrement lorsque des éléments grammaticaux muets doivent être transcrits.

Ces écarts manifestent-ils un défaut de raisonnement grammatical, ou une mauvaise connaissance des règles? Il semble qu'une interprétation en termes de compétence, c'est-à-dire par une méconnaissance des règles ou par un raisonnement grammatical défectueux ne puisse pas s'appliquer à la majorité des écarts. En effet, la plupart des observations enregistrées relèvent de règles simples, grammaticalement peu élaborées. Ainsi, accorder un adjectif avec un nom n'exige pas une formalisation poussée. En revanche, les conventions de l'orthographe d'usage, plus arbitraires, semblent moins poser problème. De plus, la différence sensible observée entre les deux cours empêche encore une interprétation en termes de compétence : la différence de score entre les deux copies relève principalement de la transcription, là où la capacité des élèves pourrait le plus être mise en doute.

La différence observée dans les scores de la copie de français et celle de l'autre cours joue dans le même sens pour une très large majorité d'élèves, dans le sens d'une amélioration pour le cours de français. Si le gros du peloton des élèves produit cette variation selon le cours, certains élèves ont un comportement plus constant : il s'agit à la fois des moins conformes et des élèves les plus conformes. Chez les «meilleurs» tout comme chez les «moins bons», les écarts importants entre les deux copies sont rares. Mais dans l'ensemble de l'échantillon, la variation des performances selon le cours est largement majoritaire. Ces variations semblent indiquer que les élèves s'adaptent sinon à des exigences explicites liées au cours de langue maternelle, au moins à un climat différent. Mais cette adaptation ne porte pas de manière homogène sur tous les types d'écarts. Elle s'observe essentiellement en transcription, et surtout sur les cas d'homophonie.

L'analyse de ces résultats autorise ainsi à conclure à une conformité variable dans le domaine de la transcription, particulièrement lorsque celle-ci exige la référence à une formalisation grammaticale. Le raisonnement grammatical est en effet nécessaire à l'application des règles de transcription dans les cas d'homophonie considérés. Les écarts dans ce domaine sont nombreux, mais ils ne semblent pas explicables par le caractère plus ou moins complexe de la formalisation grammaticale qu'il aurait fallu mettre en jeu. D'autre part, l'influence régulière du contexte ne peut s'expliquer sans une référence, même limitée, à un usage conforme.

L'effort de correction des élèves dans la copie de français indique qu'ils reconnaissent la norme du code graphique mais qu'ils ne l'appliquent pas de façon régulière, comme le laissaient entendre les entretiens réalisés à Grenoble par Billiez, Lucci et Millet. La norme, définie par l'école du XIXe siècle et la grammaire scolaire comme un absolu auquel on ne peut jamais déroger, quelles que soient les circonstances, est ici utilisée comme une ressource pour rencontrer les exigences de certains contextes scolaires, comme une norme dont l'usage est relatif à la discipline et au professeur auquel on s'adresse. A partir de ces observations, on pourrait formuler l'hypothèse que ce qui est mis en question, dans la pratique, c'est le principe et l'idée même de règle plus encore que le contenu des règles. Les élèves, qui peuvent à certains moments mobiliser leur connaissance des règles, préfèrent souvent écrire sans y recourir, en se fondant sur leur sens de la langue, sur une imprégnation acquise par familiarité.

La comparaison des performances selon les sexes, une fois de plus, tourne à l'avantage des filles. Mais la différence n'est pas uniforme pour tous les critères retenus. En effet l'ordre s'inverse en formulation et pour la copie de français, où les garçons réalisent le moins d'écarts. La différence entre les sexes n'est donc liée qu'à la transcription et à la copie de l'autre cours, pour laquelle les filles sont nettement plus conformes. Les garçons ont ainsi un comportement plus nettement différencié selon les cours, tandis que les filles observent les règles de façon plus constante. Chervel et Manesse avaient noté les meilleurs scores des filles, mais n'observaient aucune différence de comportement orthographique entre les sexes. Ici, nous voyons que ces observations peuvent être précisées par l'application plus constante des règles par les filles et la variation stylistique plus sensible chez les garçons. Labov avait déjà noté que l'hypercorrection est une caractéristique du comportement linguistique féminin. Mais chez lui, cette hypercorrection va de pair avec une plus large variation stylistique, une plus grande sensibilité au contexte de la communication. Alors que dans notre étude, les garçons, globalement moins conformes, sont pourtant plus sensibles à la variation stylistique. Seraient-ils plus stratèges que les filles dans la production de leurs écrits dans le cadre scolaire ? Ou celles-ci, conformément aux lieux communs, plus soucieuses de leur apparence en toute circonstance, et dans un cadre normatif qui associe l'orthographe à une présentation de soi quasi physique comme dans le registre du vêtement[19], tiennent-elles à produire des textes corrects indépendamment de la situation ? Difficile de s'aventurer davantage dans des interprétations qui ne seraient que des conjectures d'un intérêt douteux.

Globalement, les élèves belges et ceux dont les parents ont le français comme langue maternelle réalisent moins d'écarts que les étrangers et ceux dont les parents ont une autre langue maternelle. Ici encore, la sensibilité au contexte peut intervenir dans l'explication du contraste : les belges et les élèves dont les parents ont le français comme langue maternelle s'adaptent de façon beaucoup plus nette au cours de français que leurs condisciples. L'origine socio-professionnelle des élèves n'éclaire que très faiblement les résultats. Signalons cependant la plus grande conformité des élèves dont les parents ont atteint l'enseignement supérieur et les scores particulièrement remarquables des enfants d'enseignants.

1.3.3. L'orthographe et les inégalités scolaires

Savoir construit en partie par l'école, l'orthographe jouait et joue encore un rôle important dans la sélection scolaire. Nous avons vu à cet égard la perception très nette que les élèves ont du rôle qu'elle joue dans les classements scolaires. L'enquête que nous avions réalisée en 1986-1987 permet d'établir la parfaite convergence entre les performances et les hiérarchies scolaires. Les résultats sont très contrastés selon la filière de l'enseignement : les élèves des sections professionnelles réalisent des scores nettement moins bons que ceux de l'enseignement technique, eux-mêmes moins conformes que les élèves de l'enseignement général. De la même manière, les élèves de professionnelle sont sur-représentés dans les groupe des élèves les moins conformes et les élèves du général dans le groupe des élèves les plus conformes. De plus, les élèves dont l'avancement scolaire est normal réalisent nettement moins d'écarts que ceux qui présentent un retard scolaire, surtout si celui-ci date de l'école primaire. Les écarts des «retardataires» sont particulièrement fréquents en formulation et ces élèves manifestent une plus faible sensibilité au contexte. Cela signifie probablement que ces élèves cumulent des difficultés de transcription, qui restent les plus importantes, à des difficultés de maîtrise de la langue et qu'ils peuvent adapter leur comportement avec moins de souplesse que leurs condisciples.

Mais comment peut-on comprendre la manière dont l'orthographe contribue à la sélection et au classement scolaire? Et quels lien entretiennent la maîtrise et l'utilisation du code avec l'origine sociale? Selon B. Lahire, «la «réussite» ou l'«échec» en orthographe et, particulièrement en orthographe dite grammaticale, sont des indicateurs tout à fait précis du degré d'attention portée au langage en tant que tel, aux relations qu'entretiennent entre eux les différents mots ou groupes de mots d'une phrase ou d'un texte, ainsi qu'aux relations virtuelles qu'entretiennent les mots dans les différents paradigmes de la grammaire, de la conjugaison ou du vocabulaire.»[20] Nous pourrions y ajouter que l'adaptation au contexte plus ou moins formel de la communication, c'est-à-dire la capacité de produire des variations stylistiques dans l'écriture est aussi un élément important de la pratique de l'écrit scolaire. Pour apprendre à écrire correctement, il faut construire un rapport réflexif au langage et à la situation de communication. Alors que notre étude ne permettait pas d'établir de relation très nette entre le niveau des performances et l'origine sociale, d'autres travaux, sans doute plus précis et plus centrés sur la question, permettent de l'affirmer. Par exemple, R. Establet note que «la tendance principale qui lie maîtrise de l'orthographe et origine sociale apparaît nettement».[21] Bernard Lahire pour sa part a relevé les fautes d'orthographe des travaux d'expression écrite d'élèves de l'enseignement primaire dans la périphérie lyonnaise. Les résultats obtenus peuvent être présentés sous la forme du tableau :

Pourcentage de fautes dans les «expressions écrites» d'élèves de CM1 selon l'origine sociale des élèves[22]

C.S.P. du père	0-5f	5-10f	10-15f	15-20f	20f/+
Art., com. n=14	14	21	29	21	14
Cad., prof. intel. sup. n=20	47	32	11	0	11
Prof. intermédiaires n=25	50	29	4	8	8
Employés n=13	50	50	0	10	33

D'après ces observations, on peut noter que les performances des élèves de père cadre, professions intellectuelles supérieures, professions intermédiaires ou employés s'opposent à celles des élèves de père artisan, commerçant ou ouvrier. Mais nous voyons aussi que l'on retrouve aux mêmes niveaux de performances des élèves d'origine sociale différente. «Bien sûr, les enfants des différents milieux sociaux n'ont pas autant de chance statistique de se trouver parmi les meilleurs performants scolaires, mais ce que l'on appréhende sous le terme de rapport réflexif au langage et de façon plus globale de rapport scriptural-scolaire au langage, n'est pas la propriété exclusive de certains groupes sociaux. Il n'y a aucune identité simple entre forme scolaire (rapport scriptural-scolaire au langage) et groupes sociaux.»[23] De plus, Lahire observe, tout comme nous l'avons fait, que les fautes d'orthographe grammaticale sont plus nombreuses que les fautes d'orthographe d'usage. Dans ce domaine, où le rapport réflexif au langage est décisif, les performances des élèves de père artisan, commerçant ou ouvrier sont moins bonnes que celles des autres élèves.

L'orthographe, et particulièrement l'orthographe grammaticale, met en jeu un rapport réflexif au langage qui n'est pas l'apanage exclusif de certaines catégories sociales, mais qui semble plus fréquent chez les cadres, les professions intellectuelles supérieures, les professions intermédiaires et les employés. Cependant nous avons vu précédemment que les performances en orthographe ne doivent pas nécessairement être interprétées en termes de compétence. Elles traduisent aussi un rapport à la norme et un jeu sur la norme, c'est-à-dire une définition de la norme relative aux contextes, une mobilisation des règles différenciée selon la perception de la situation sociale de communication.

La relation observée par un grand nombre de chercheurs entre la maîtrise de l'orthographe et l'origine sociale, si elle semble incontestable, risque cependant de masquer un processus de transformation des qualifications sociales liées à la maîtrise du code graphique. D'une part, à la fin du secondaire, l'enseignement de l'orthographe est poursuivi de façon systématique dans les filières les moins valorisées du système scolaire, les sections professionnelles ou techniques de qualification, alors que l'enseignement de transition privilégie la littérature et les connaissances linguistiques générales. Cette différence dans les programmes et dans les pratiques peut indiquer que la maîtrise du code graphique est considérée comme un savoir de base, qu'il faut continuer à enseigner à ceux dont les performances scolaires sont les plus faibles, alors que ceux «qui ont fait leurs preuves» en sont dispensés. Savoir de base, l'orthographe risque aussi de subir un discrédit lié à la stigmatisation des filières «basses». D'autre part, sur le terrain professionnel, la maîtrise de l'orthographe n'est plus nécessairement associée à un statut valorisé, elle participerait plutôt à la définition de certaines fonctions subalternes, comme celle de secrétaire par exemple. On aboutit ainsi à un paradoxe : alors que la mauvaise maîtrise du code graphique déqualifie sur le terrain scolaire et dans les jugements sociaux à l'œuvre dans de nombreuses interactions, sa bonne maîtrise, en tant que telle et considérée pour elle même ne qualifie pas, ou de façon dérisoire. Elle n'intervient comme qualification le plus souvent que lorsqu'elle s'ajoute à d'autres compétences, en participant à la présentation de l'individu, au même titre que le maintien corporel, le vêtement, etc.

1.4. L'orthographe et l'expérience scolaire

Dans l'école de masse d'aujourd'hui, l'orthographe semble soumise à une relativisation face à d'autres savoirs, dans un modèle culturel qui ne définit plus exclusivement l'intellectuel de référence par la culture littéraire. De plus, les choix pédagogiques laissent aujourd'hui une plus grande place à l'activité de l'élève dans la construction du savoir. Dans ce cadre, face à l'enseignement de l'orthographe, les enseignants peuvent éprouver le besoin de se choisir un style pédagogique entre l'apprentissage du code graphique «à l'ancienne», réputé efficace malgré tout, avec ses règles apprises par cœur, ses dictées, et l'éducation à l'expression et à la communication, fondée sur une maîtrise de la langue dans son ensemble, et non plus uniquement sur la langue écrite. L'orthographe, dans le cadre scolaire, semble prise entre deux logiques : celle de la diversification des savoirs scolaires et de la valorisation d'une pédagogie de la découverte, qui aboutit relativiser l'orthographe dans le processus éducatif; et celle de la sélection scolaire et du jugement social de la faute, qui contribuent à renforcer son poids symbolique. Face aux contradictions de la définition scolaire de l'orthographe, les enseignants avouent souvent leur malaise; les élèves quant à eux développent des attitudes de distance réflexive et un jeu sur la norme qui peut prendre la forme d'une soumission stratégique aux exigences scolaires.

1.4.1. La relativisation de l'orthographe dans la forme scolaire

La construction scolaire de l'orthographe s'appuie aujourd'hui sur des pratiques et des logiques profondément transformées depuis un siècle. Il faut donc comprendre l'usage du code et sa construction dans le nouveau système scolaire, la nouvelle définition de ses acteurs et la nouvelle configuration des savoirs. Dans ce cadre, on peut conclure que, même si certaines de ses valeurs symboliques sont réaffirmées, et si elle continue à jouer un rôle important dans la sélection scolaire, l'orthographe a été nettement relativisée.

En outre, l'enseignement de la langue maternelle, dans cette nouvelle configuration, a été lui-même recomposé : on attache une attention accrue à la communication orale, alors que l'enseignement du français se fondait autrefois exclusivement sur l'apprentissage de la langue écrite; les sciences du langage, linguistique et sociolinguistique, sont entrées par bribes dans la pédagogie de la langue, à côté de la grammaire scolaire. Entre les deux traditions, scientifique et pédagogique, aucune synthèse n'a vraiment été réalisée. Toutefois, l'enseignement de l'orthographe est aujourd'hui intégré à un enseignement de la langue qui recourt tantôt à la grammaire scolaire, tantôt aux sciences du langage et définit ainsi, de fait, une pluralité normative susceptible de placer enseignants et élèves devant des contradictions. Par exemple, comment hiérarchiser la norme communicative déduite de la linguistique et la norme prescriptive, de conformité au code graphique, portée par la grammaire scolaire?

Les pratiques et la philosophie pédagogique ont renversé la relation entre le savoir constitué et l'élève. Celui-ci n'est plus tenu d'assimiler un savoir, de l'incorporer par apprentissage; la mission de l'école est aujourd'hui davantage définie comme une éducation de la personne, et l'enseignement davantage centré sur l'univers affectif et intellectuel de l'enfant. Dans ce cadre, la langue n'est plus seulement considérée comme un savoir technique de base mais aussi comme le lieu privilégié des pratiques éducatives. Par exemple, l'enseignement du français accorde une large place à la compréhension des textes et des échanges oraux, ainsi qu'à l'expression verbale sous toutes ses formes. L'importance de l'orthographe et le temps qu'on y consacre à l'école ont considérablement diminué. De plus, l'objectif de l'enseignement de l'orthographe n'est plus de favoriser une maîtrise complète du code à l'école primaire. Et les méthodes de cet enseignement tendent à s'inspirer des pédagogies actives, en favorisant par exemple la découverte par l'élève des règles du code graphique en situation de lecture ou de communication.

Dans cette école de masse, où les savoirs se sont diversifiés et re-hiérarchisés, où l'enseignement du français puise aujourd'hui aussi bien dans les ressources offertes par la linguistique que dans celles de la grammaire scolaire, et où les méthodes d'enseignement s'inspirent de plus en plus des pédagogies actives, les enseignants font l'expérience de contradictions importantes et doivent souvent opérer des choix décisifs. Tiraillés entre la grammaire scolaire, la littérature et la linguistique, entre un ancrage strictement linguistique et une ouverture à la culture générale, entre un savoir constitué et figé dans les pratiques scolaires et une démarche de construction du savoir, entre un objectif d'éducation ou d'apprentissage, ils sont parfois amenés à faire le choix d'un style très marqué, comme nous l'avons vu à travers des modèles du «technicien de la langue» et du «thérapeute».

L'expérience de l'enseignement de l'orthographe, dans ce contexte, n'a plus grand-chose à voir avec la configuration scolaire de la fin du XIXe siècle. Aujourd'hui, le poids matériel et symbolique de l'orthographe à l'école s'est affaibli, et elle ne contribue plus sans ambiguïté à fonder le pouvoir de l'enseignant. Elle tendrait même à être perçue comme une source de difficultés, de contradictions et à affaiblir la position des enseignants, soumis à des pressions contradictoires, et qui avouent parfois leur sentiment d'impuissance.

1.4.2. L'ambivalence des enseignants

Les enseignants semblent, dans leurs attitudes à l'égard de l'orthographe, pris entre deux feux. Ils y attachent une grande importance et la valorisent parfois pour elle-même, mais elle s'intègre avec difficulté dans les orientations pédagogiques qu'ils choisissent et dans la pratique concrète de l'enseignement. Si l'orthographe reste une matière importante et son enseignement un des objectifs prioritaires de l'enseignement du français, c'est notamment parce que certains enseignants sont convaincus de la haute valeur du code pour lui-même. Trace de l'histoire et de la culture, il est aussi, comme par le passé, investi par certains de valeurs morales que son enseignement devrait permettre de transmettre aux élèves.

Mais cette justification du code pour lui-même cède souvent le pas à des considérations moins enchantées. L'orthographe est importante et son enseignement essentiel parce qu'elle contribue à la sélection scolaire et en fin de compte, à la sélection sociale. La faute est l'objet, dans divers types d'interactions, d'un jugement social implacable. Elle est souvent interprétée en termes de défaut intellectuel et moral, comme un manque d'éducation qui stigmatise les personnes. Ici, les enseignants manifestent clairement leur sensibilité, même si elle est attribuée au monde extra-scolaire, au modèle du bon usage qui fait de la conformité au code le signe de la qualité sociale.

Portant sur leurs épaules le poids symbolique de l'orthographe, sensibles aux pressions extra-scolaires qui s'exercent sur eux, et notamment celles des parents, les enseignants font l'expérience d'une profonde insécurité dans leurs pratiques d'enseignement. Ils relèvent tous la difficulté du code sans pour cela le critiquer et s'efforcent de favoriser la maîtrise de l'orthographe la meilleure possible chez les élèves. Mais ils déclarent souvent que cet apprentissage résiste aux méthodes pédagogiques qu'ils privilégient. La pédagogie de l'orthographe paraît alors éclatée dans un pluralisme de fait où chaque position se sent tenue de fournir un discours de justification. Le choix des pédagogies actives par exemple peut les amener à renoncer, non sans culpabilité, à enseigner efficacement l'ensemble du code. Ou alors, si l'enseignement de l'orthographe reste leur priorité, ils finissent par « revenir » aux méthodes traditionnelles, réaffirmées pour leur efficacité dans ce domaine. D'autres encore développent des trésors d'imagination pour trouver des méthodes adéquates, avec plus ou moins de succès.

L'ambivalence des enseignants à l'égard de l'orthographe les amène à renforcer la relativisation du code déjà amorcée par la diversification et la nouvelle hiérarchisation des savoirs scolaires. Conscients de l'importance des jugements sociaux associés à la faute mais sensibles aux difficultés des élèves, ils ont souvent tendance à «dédramatiser» et à relativiser l'importance de l'orthographe face à d'autres savoirs ou d'autres compétences. De plus, même s'ils affirment, comme enseignants, le caractère absolu de la norme, c'est-à-dire qu'ils exigent la conformité au code dans tous les types d'usages de l'écrit, on peut voir, dans leur pratique de scripteur et de lecteur, une relativisation contextuelle de l'orthographe. Exigeants pour la production écrite dans l'espace public, ils sont plus tolérants en ce qui concerne les usages privés, où ils admettent une certaine marge de manœuvre. La relativisation de l'orthographe chez les enseignants est ainsi double, relativisation disciplinaire et contextuelle.

L'expérience des enseignants face à l'orthographe est donc loin d'être sereine. Ils se sentent tenus de répondre à la fois à des pressions sociales extra-scolaires caractérisées par la permanence du jugement social de la faute et à l'objectif d'enseigner l'orthographe dans la nouvelle configuration des savoirs scolaires, qui contribue à relativiser l'importance du code. A l'intérieur du cadre scolaire, ils sont partagés entre la volonté de favoriser une acquisition efficace du code et un souci d'intégrer cet apprentissage dans un enseignement de la langue et dans une démarche de pédagogie de la découverte. Même chez les enseignants les plus séduits par un «retour» aux méthodes classiques, la relativisation de l'orthographe dans l'enseignement du français semble inévitable. Mais elle pourrait s'accompagner d'une diversification des choix pédagogiques, crispation sur le code chez certains, distance accrue avec lui chez d'autres.

1.4.3. Les élèves : le jeu sur la norme

Pour les élèves, l'orthographe est essentiellement un savoir scolaire. Ils insistent peu sur sa valeur intrinsèque, en revanche, ils se montrent très soucieux de rencontrer les exigences en orthographe lorsqu'elles sont liées à la sélection scolaire. Nous avons vu que l'orthographe est un assez bon indicateur du niveau scolaire. Le niveau des performances est en parfaite congruence avec la hiérarchie des filières et l'avancement scolaire. De plus, les enseignants, et surtout les élèves considèrent que son poids est décisif dans la sélection scolaire, notamment à la sortie de l'école primaire. Aussi, les élèves considèrent que la maîtrise de l'orthographe est importante pour leur «carrière» scolaire, même si son apprentissage est fastidieux et ennuyeux et son évaluation source d'un stress intense.

En dehors du cadre scolaire, ils affichent une certaine distance à la norme et considèrent que les jugements sociaux associés à la faute sont peu légitimes, voire totalement illégitimes. Ils disent «faire attention» lorsque l'exigence de conformité est formulée, au cours de français ou dans d'autres branches littéraires. Mais pour les autres disciplines, ainsi que pour leurs usages privés de l'écrit, l'utilisation du code leur semble inutile et contraignante. Les élèves ne se contentent pas de signaler leurs différences d'attitudes selon les contextes ; ils tiennent aussi souvent un discours sur la variation elle-même, variation de l'attention portée au code dans les pratiques et variation de la légitimité de l'évaluation. Quelques élèves accordent cependant une place à l'orthographe en fonction de leurs projets personnels, projets professionnels, mais surtout définis par la trajectoire scolaire qu'ils impliquent.

Dans leurs pratiques de l'écrit à l'école, les élèves manifestent à la fois leur distance à la norme et leur soumission à celle-ci. Leurs pratiques peuvent être caractérisées par la conformité parce que, même s'ils se déclarent moins soucieux d'écrire conformément au code graphique en dehors du cours de français, ils n'écrivent pourtant pas n'importe comment, et malgré le nombre important d'écarts que l'on relève parfois, leurs pratiques restent normées. De plus, comme nous l'avons vu, leurs performances varient sensiblement d'un contexte disciplinaire à l'autre, dans le sens d'une plus grande conformité dans les écrits qu'ils réalisent pour le cours de français. Manifestement, ils connaissent la norme, la reconnaissent, la soutiennent et en font usage dans le contexte le plus surveillé tout au moins.

Mais dans des situations où l'exigence scolaire de conformité est moindre ou même absente, ils font moins usage des normes et surtout, ils renoncent à mobiliser les règles de façon systématique, en se laissant guider par leur mémoire des mots ou par leur «sens» de la langue. C'est notamment dans le domaine de la transcription d'énoncés homophones, où la formalisation grammaticale est la plus nécessaire, que leurs performances varient le plus selon les contextes. Cela signifie que les règles grammaticales sont des ressources qui peuvent être mobilisées davantage dans un contexte surveillé, selon les compétences socialement différenciées d'un rapport réflexif au langage et d'une adaptation plus ou moins consciente aux exigences scolaires.

Les élèves, persuadés que l'orthographe est essentiellement un savoir scolaire qui n'a pas nécessairement beaucoup de sens en dehors de l'école, et conscients de son poids dans la sélection scolaire, développent probablement des usages stratégiques du code et de l'ensemble des règles qui le forment. Mais toutes les adaptations dans le sens de la conformité aux exigences scolaires ne doivent pas nécessairement être interprétées dans le cadre étroit de l'agir stratégique. S'adapter aux exigences scolaires, ce n'est pas toujours opérer un calcul rationnel pour maximiser ses chances de réussite ; cela peut être aussi le signe d'une adhésion affective à l'autorité et à la personne du professeur ou même à l'institution scolaire elle-même.

Usages stratégiques ou simplement adaptatifs, les pratiques de l'orthographe dans le cadre scolaire ne traduisent pas l'application mécanique d'une norme absolue, mais plutôt la conscience réflexive des normes et des types de jeux de langage où elle peuvent être mobilisées. L'observation du discours des élèves sur l'orthographe et de leur usage du code dans les pratiques d'écriture nous autorise sans doute à conclure, comme nous l'avions suggéré au Chapitre 1, que la conscience des normes linguistiques est enchâssée dans la conscience pragmatique de l'échange, et que les normes sont des ressources mobilisées dans des échanges définis par des jeux de langage particuliers.

1.4.4. L'orthographe et les logiques du système scolaire

Selon François Dubet[24], l'école est le lieu d'une tension entre différentes logiques, entre différents niveaux de pratiques relativement indépendants. Une logique de **production**, qui opère en référence à un modèle culturel, à un ensemble de valeurs et d'objectifs visés par l'activité éducative. Les pratiques qui se fondent sur cette logique contribuent par exemple à établir un choix et une hiérarchisation des savoirs, ainsi qu'à définir le sujet social de l'éducation, autrement dit, le modèle de l'intellectuel et du citoyen visé par l'éducation. Une logique de **sélection**, qui permet d'établir une hiérarchisation scolaire et un classement des compétences. Selon cette perspective, on peut voir que l'école distribue des qualifications en gardant une autonomie partielle vis-à-vis de la structure sociale, en contribuant à reproduire des inégalités sociales et à produire de nouvelles sources de différenciation. Enfin, une logique d'**intégration**, où l'école est d'abord une organisation qui construit des modalités de fonctionnement, un ensemble de statuts, de rôles, une organisation concrète du travail pédagogique... Ces trois logiques n'opèrent pas en parfaite congruence. Au contraire, elles fonctionnent de façon relativement autonome et l'expérience scolaire est précisément le lieu où, dans la pratique, l'acteur doit gérer les tensions entre ces différentes logiques et se créer une sorte de cohérence subjective.

L'orthographe, telle qu'elle est construite et utilisée à l'école, est différemment prise en charge par ces logiques, et notamment par la logique de production et celle de sélection. En termes de logique de production, elle est l'objet d'un débat, d'une controverse qui, nous le verrons, opère très largement en dehors du cadre scolaire. D'un côté, l'orthographe fait toujours partie des savoirs de base et est encore investie par de nombreux acteurs de hautes valeurs culturelles et morales. D'un autre côté, son poids dans la scolarité est relativisé face à d'autres savoirs qui contribuent à définir un modèle d'intellectuel moins caractérisé que par le passé par sa culture littéraire et, surtout, son enseignement systématique entre en contradiction avec les choix pédagogiques qui s'orientent le plus vers la construction des savoirs par des sujets actifs.

Même si elle n'est pas unanimement soutenue par les pratiques qui relèvent de la logique de production, et qu'elle est même mise à mal par certaines d'entre elles, l'orthographe joue un rôle explicite et décisif dans les pratiques de sélection. Les discours d'enseignants et d'élèves sont très clairs à cet égard, et particulièrement ceux des plus stigmatisés comme les élèves en secrétariat d'un lycée professionnel de la région grenobloise. La sélection scolaire qui se fonde sur l'orthographe favorise certainement les groupes sociaux qui ont le plus de familiarité avec un rapport réflexif au langage, avec la logique de l'écriture. Mais nous avons vu qu'aucune catégorie socio-professionnelle ne détient le monopole de ces compétences. On pourrait ici faire l'hypothèse que la sélection par l'orthographe reproduit surtout les inégalités de capital scolaire acquis dans la famille et les attitudes à l'égard de l'école et que, par là, elle est un accélérateur de la différenciation sociale fondée sur le capital scolaire.

En outre, les performances en orthographe, y compris celles qui sont produites dans le cadre de l'évaluation scolaire, ne mettent pas seulement en jeu une compétence linguistique, un rapport réflexif au langage, mais aussi une conscience pragmatique de l'échange en situation scolaire, et donc une maîtrise des jeux de langage. Par là, nous pouvons voir que la sélection scolaire réalisée par l'orthographe non seulement reproduit des inégalités sociales, ou plutôt culturelles en amont de l'école, mais aussi qu'elle contribue à produire de nouvelles sources de clivage dans l'école elle-même. Le jeu de l'élève sur la norme et sa conscience réflexive de la situation pragmatique des interactions scolaires peuvent lui permettre de se reclasser, à moins qu'ils ne tendent à le déclasser davantage. La maîtrise pragmatique de l'échange n'est pas une compétence sociale totalement indépendante de l'éducation pré-scolaire, et notamment de l'éducation familiale. Cependant, elle ouvre une possibilité d'activité concrète qui se joue sur le terrain scolaire, à l'école elle-même, et par laquelle l'élève prend activement position dans la classe.

L'expérience scolaire des élèves face à l'apprentissage de l'orthographe pourrait être caractérisée par la contradiction entre la logique de production, qui relativise l'orthographe, et celle de sélection, qui réaffirme son importance. Même si les élèves avouent leur angoisse face aux situations d'évaluation des performances en orthographe, par exemple par la dictée, l'hétérogénéité des normes n'est pas toujours vécue avec une grande anxiété, en tout cas d'après les sources que nous avons consultées. On pourrait cependant faire raisonnablement l'hypothèse que, dans certains contextes scolaires, des élèves puissent se sentir «piégés» par la discordance des normes, entre la formation et la sélection. Pour réduire les tensions et gérer l'incertitude, les élèves mettent les normes à distance et consentent à mobiliser les règles dans certaines situations scolaires, au cours de langue maternelle, chez les professeurs «qui font attention», dans les travaux d'évaluation. Cette adaptation à la diversité des normes qu'ils rencontrent à l'école peut prendre, chez certains, la forme d'une attitude stratégique pour augmenter leurs chances de réussite ou pour «limiter les dégâts», et pour maintenir un contact valorisant avec les enseignants.

Chez les enseignants, la gestion de logiques différentes et de normes contradictoires est souvent vécue dans le malaise. Persuadés qu'il faut enseigner l'orthographe parce qu'elle joue un rôle dans la sélection scolaire, ils présentent cette évidence comme s'ils n'avaient aucune prise sur elle, comme si elle leur était imposée de l'extérieur. Face aux élèves, qu'ils plaignent parfois d'être confrontés à tant de difficultés, ils ont souvent tendance à «dédramatiser» l'orthographe. De plus, leurs choix pédagogiques ne leur permettent pas toujours de rencontrer les exigences sociales et scolaires de maîtrise du code graphique. F. Dubet avait également noté ces tensions chez les professeurs, et notamment la contradiction qu'ils vivent entre le statut et le métier. Le statut, la position de l'enseignant dans l'organisation et le système scolaire est nettement dévalorisé, d'autant plus que les enseignants sont sensibles à la chute sociale du statut d'enseignant. S'ils ne se reconnaissent pas dans le statut, en revanche ils affirment leur adhésion au métier d'enseignant, défini comme le lieu d'une réalisation personnelle, comme une expérience relationnelle plus ou moins gratifiante, mais qui est constamment mise en contradiction avec le statut, qui menace de la détruire. Associée au statut, la sélection scolaire est souvent perçue de façon négative : «Ces jeux d'opposition du statut et du métier, du système et de l'expérience personnelle, apparaissent nettement dans la manière dont les professeurs se désolidarisent des pratiques collectives comme la sélection. Elle est décrite comme un mécanisme aveugle largement indépendant des choix personnels des enseignants. Ce sont les parents, la société, l'université qui imposent du dehors des processus auxquels les professeurs ne s'identifient pas nécessairement.»[25] L'enseignement de l'orthographe, tel que nous l'avons perçu, est probablement un des lieux concrets d'une expérience éclatée et problématique entre d'une part les exigences de la sélection et d'autre part la hiérarchie des savoirs, les choix pédagogiques et la qualité de la relation avec les élèves.

2. LE DÉBAT SUR LA RÉFORME

L'orthographe est aujourd'hui construite à l'école comme une institution problématique, qui cristallise un certain nombre de contradictions du système scolaire. Une des contraintes qui pèsent sur l'école touche à la charge symbolique associée à l'orthographe dans l'espace public. Les enseignants par exemple font souvent référence à l'importance accordée à l'orthographe par «la société», et dans les jugements sociaux. Souvent convaincus eux-mêmes de la valeur du code, ils doivent aussi répondre à la demande des parents et remplir ce qu'ils appellent souvent leur «mission sociale». Comment l'orthographe est-elle définie par les différents acteurs qui interviennent dans l'espace public et qui contribuent à construire un ensemble d'évidences culturelles diffusées notamment par les médias? Quelles sont les pratiques concrètes qui, dans l'espace public, sont engagées dans la construction sociale de l'orthographe?

Pour saisir la dynamique de construction de l'orthographe dans l'espace public, et notamment dans la presse, nous disposions d'une circonstance exceptionnelle, qui avait d'ailleurs stimulé le questionnement initial de cette recherche. De 1988 à 1991, la question de l'orthographe fut au centre d'un débat intense dans la presse française, comme, dans une moindre mesure, dans la presse des autres pays francophones. Des positions favorables à une simplification de l'orthographe furent émises, donnant lieu à des réactions, à un débat passionné. Ensuite, le Conseil supérieur de la langue française, présidé par le Premier ministre, proposa une liste de rectifications de l'orthographe. Après sa publication dans le *Journal Officiel*, le débat reprit de la vivacité, et déclencha une vaste polémique. Le débat public qui se noua dans la presse à cette occasion n'avait rien de futile : il nous semble mettre en question des choix de type politique décisifs pour la société française et qui touchent par exemple à la définition du lien social et au principe de la transformation de la société par elle-même. La société doit-elle être d'abord définie selon un principe de cohésion à des valeurs communes ou comme un lieu d'intégration démocratique ? Peut-on s'engager dans une voie de transformation sociale et quels acteurs légitimes peuvent intervenir dans ce processus ?

L'importance de ces questions suffit sans doute à réfuter tout caractère anecdotique à ces débats. Mais au-delà de la circonstance historique particulière, la question même de la réforme (des «simplifications», des «aménagements», des «rectifications»...) permet aussi de comprendre de quelle manière l'institution orthographe se stabilise et se transforme à la fois, comment le code reste immuable (et comment il continue à être construit comme intouchable) et comment aussi le sens qu'il prend pour les acteurs sociaux se transforme : emblème de la nation, de la modernité scripturale, l'orthographe devient pour certains l'enjeu d'une transformation modernisatrice et démocratique, pour d'autres le rempart à la décomposition du système normatif et à l'implosion du lien social, ou encore le lieu d'une résistance à la raison instrumentale la plus brutale, celle qui prend la forme d'une intervention technocratique.

Nous avons cherché à retracer le fil de ces événements et à y relever les interventions les plus susceptibles de donner lieu à une analyse qui nous permette de comprendre la dynamique sociale à l'œuvre dans la construction de l'orthographe. Les débats des années 1988-1989, la proposition de rectifications de 1990 et les polémiques de l'hiver 1990-1991 constituent ainsi le matériau sur lequel se fonde la réflexion. Ce sont surtout les discussions postérieures à la publication des rectifications qui ont retenu notre attention et qui font l'objet d'une analyse systématique : à partir de ce moment, le ton monte, le débat s'enfle, déborde largement des cercles habituellement concernés par ces questions, et les arguments touchent de plus en plus ce qui ressemble à un nœud de choix politiques décisifs. Nous tenterons de caractériser les différents intervenants dans ce débat, le type de discours qu'ils construisent, le récit qu'ils composent, et nous développerons des hypothèses qui devraient permettre de comprendre davantage ce qui s'est joué, dans la société française, à travers ces débats, et comment l'orthographe est construite, aujourd'hui, dans l'espace public français.

2.1. Histoire de la réforme de 1990

Depuis les débuts de l'imprimerie, diverses voix réformatrices se sont fait entendre, mais généralement avec des résultats dérisoires et dans un climat de vive contestation. La dernière initiative était celle de René

Haby, ministre de l'Education nationale, qui, en 1976 avait publié un arrêté de tolérance pour les examens et concours du ministère de l'Education. Cet arrêté ne fut jamais appliqué et les mouvements en faveur de la simplification ou de la tolérance furent sans effet. Au contraire, la tendance officielle semble plutôt à un retour à l'orthographe du milieu du siècle : l'Académie revient en 1987 sur les modifications qu'elle avait acceptées en 1975. Mais en 1988, le mouvement réformateur reprend de la vigueur : depuis la publication, dans *L'école libératrice*, des résultats d'un sondage favorable à une simplification de l'orthographe, l'idée d'une réforme est à nouveau mise en débat, dans la presse et dans quelques ouvrages.

Quelques mois plus tard, le Premier Ministre français, Michel Rocard, charge le nouveau Conseil supérieur de la langue française de rédiger un rapport sur les rectifications de l'orthographe. Ce rapport est déposé en juin 1990, discuté et approuvé par différentes institutions officielles, et publié dans le *Journal Officiel* le 6 décembre 1990. Après cette date, la polémique reprend de plus belle : diverses personnalités s'élèvent contre le projet et certains journaux relaient la contestation, tel *Le Figaro*. L'histoire récente des tentatives de «réforme» de l'orthographe est ainsi faite de deux débats publics passionnés et, entre les deux, de l'élaboration d'une proposition officielle de «rectifications» de l'orthographe. Nous examinerons chacune des phases du processus, en accordant une attention particulière aux débats qui ont suivi la publication du rapport au Journal officiel, où les résistances et les oppositions à la «réforme» ont été les plus vives.

L'histoire de la réforme et des débats auxquels elle a donné lieu s'organise en trois phases : la première est celle au cours de laquelle des positions réformatrices s'expriment dans l'espace public, dans des journaux et des ouvrages, en donnant lieu à un débat dans la presse ; la deuxième phase est celle de l'élaboration et de la publication d'un rapport sur les rectifications de l'orthographe par le Conseil supérieur de la langue française, période moins marquée par le débat public que par l'organisation d'une délibération dans et entre des institutions officielles ; enfin, suite à la publication du rapport, une nouvelle polémique s'engage entre partisans et opposants à la «réforme», où la presse semble avoir joué non seulement le rôle de média, mais aussi d'acteur du débat.

1. Le 20 février 1988, *L'école libératrice*, édition pour les écoles et collèges de la revue du Syndicat national des instituteurs, publie un dossier sur la simplification de l'orthographe. Au centre de la revue, figure un questionnaire sur la simplification et sur les propositions concrètes

d'aménagement, questionnaire à renvoyer à la rédaction. Les réponses récoltées sont donc parfaitement spontanées, et *a priori*, peu représentatives de l'ensemble de la profession ; elles ne sont d'ailleurs jamais présentées comme un sondage représentatif. Le 26 novembre, la même revue publie les résultats : sur 1.150 réponses, 1.035 sont favorables à une simplification de l'orthographe, soit 90 % des répondants. Deux jours plus tard, une dépêche de l'agence France-Presse signalait que 90 % des instituteurs souhaitaient une simplification de l'orthographe, sans préciser les conditions dans lesquelles fut réalisée l'enquête et notamment le biais introduit par le caractère spontané des réponses. Aussitôt, cette nouvelle fait les titres de la presse écrite et des journaux télévisés et la controverse s'engage, principalement dans les colonnes du *Figaro* et de *France-Soir*.

Le 7 février 1989, dix linguistes[26] lancent un appel à la modernisation de l'orthographe française, à la Une du *Monde*. Universitaires confirmés, spécialistes de leur discipline, certains impliqués dans la politique linguistique française, ils jouissent tous d'une forte reconnaissance sociale. Il faut selon eux réviser l'orthographe et la moderniser sans retard, notamment pour des raisons techniques, pédagogiques et politiques. En mars, le magazine *Lire* publie les résultats d'un sondage réalisé par IPSOS sur un échantillon représentatif de 900 personnes. En outre, les journalistes interrogent, sur base du même questionnaire, un certain nombre de personnalités du monde politique et médiatique. L'opinion exprimée par Michel Rocard, Premier ministre, et par Alain Decaux, ministre de la Francophonie, est favorable à une réforme. La même année encore, sont publiés plusieurs ouvrages sur l'orthographe qui apportent leur voix au courant réformateur. Il s'agit notamment de *Que vive l'ortografe*, de J. Leconte et Ph. Cibois, et de *Les délires de l'orthographe*, de Nina Catach.

2. Le 2 juin 1989, le Conseil supérieur de la langue française est créé par décret. Il est présidé par le Premier ministre M. Rocard, et composé de personnalités appartenant au monde littéraire, scientifique, industriel, aux médias, au monde de l'édition, de l'enseignement et de l'université, linguistes ou spécialistes d'une autre discipline, au spectacle...[27] De plus, en sont membres de droit le ministre de l'Education nationale et celui de la Francophonie, ainsi que les secrétaires perpétuels de l'Académie française et de l'Académie des sciences. Parmi les membres du conseil figurent encore trois personnalités étrangères appartenant à la francophonie : un écrivain marocain, une romancière québécoise et un linguiste belge. La composition du Conseil, et notamment la présence en son sein de trois ministres et du secrétaire perpétuel de l'Académie lui confère une auto-

rité particulière. Le 25 octobre 1989, lors de l'installation du Conseil, le Premier ministre prononce un discours au cours duquel il donne mandat au Conseil de préparer un rapport sur des aménagements de l'orthographe, destinés notamment à éliminer un certain nombre d'anomalies et d'absurdités ainsi que des contradictions entre les dictionnaires. Le Premier ministre fixe cinq points à examiner et qui devront faire l'objet de propositions claires et précises par le Conseil, après avoir consulté les personnes qu'il jugerait utile, y compris l'Académie française : le trait d'union, l'accent circonflexe, le pluriel des noms composés, l'accord du participe passé des verbes pronominaux et «Les anomalies des séries étymologiques désaccordées, du type des oppositions entre ciller et dessiller, trappe et chausse-trape, mais aussi l'orthographe des mots d'origine latine ou étrangère et autres incohérences, parmi lesquelles je range le problème des doubles consonnes à la jointure entre racine et désinence.»[28]

Le Conseil nomme ensuite une commission d'experts chargée d'examiner ces dossiers, linguistes, lexicographes, grammairiens, correcteurs d'imprimerie et enseignants, présidée par Maurice Druon, secrétaire perpétuel de l'Académie française.[29] Les travaux de la commission sont examinés par le Conseil, remis en chantier, soumis à nouveau au Conseil et à l'Académie française, déjà représentée au Conseil, ainsi qu'au Haut conseil de la Francophonie, au Conseil supérieur de la langue française du Québec et à celui de la Communauté française de Belgique. L'Académie, consultée et, aux dires des témoins, écoutée tout au long du processus, approuve à l'unanimité les propositions du Conseil, en mai 1990. Le Conseil supérieur, dans sa séance du 19 juin 1990, remet son rapport au Premier ministre, qui l'approuve et arrête ainsi la proposition de rectifications de l'orthographe. Après quelques remaniements mineurs, ce rapport est publié le 6 décembre au *Journal Officiel*, dans une série non juridique, souligne J.-M. Eloy : «comme il est d'usage pour les rapports d'organismes consultatifs, dans les «Documents administratifs» du Journal Officiel — c'est-à-dire une série à valeur informative, et non juridique ou réglementaire.»[30]

Les rectifications touchent moins de 2.000 mots, et même, selon A. Goosse, moins de mille : «En additionnant les diverses catégories [...] : entre huit-cents et douze-cents. Moins de huit-cents s'il s'agit des graphies qui ne sont encore dans aucun dictionnaire, moins de douze-cents si on tient compte de celles qui sont déjà enregistrées au moins une fois.»[31] En termes de fréquence, les formes modifiées représentent 0,35 % des mots, soit un mot par page (de 300 mots). La liste des rectifications est présentée, commentée et justifiée dans plusieurs ouvrages, notamment celui de A. Goosse, déjà cité et celui de N. Catach, *L'orthographe en débat*[32]. Ch. Muller précise que les protagonistes du débat sur la réforme ne disposaient généralement d'aucune information quantitative sérieuse[33]. Le décompte des rectifications est une entreprise vouée à l'incertitude, notamment parce que les modifications touchent des séries ouvertes. Selon Muller, les simulations réalisées sur des romans récents indiqueraient moins d'une rectification par page, soit nettement moins que les chiffres qui ont circulé en 90-91. Les rectifications touchent à certaines règles et à certaines graphies particulières. Pour les règles, J-M. Eloy présente le tableau synthétique suivant, d'ailleurs inspiré du texte officiel[34] :

Ancienne orthographe	*Nouvelle orthographe*	*Commentaire*
1. vingt-trois cent trois	vingt-trois cent-trois	trait d'union entre tous les numéraux
2. un cure-dent des cure-ongle cache-flamme(s)	un cache-flamme des cache-flammes	marque du pluriel si le nom composé est au pluriel
3. a) je céderai j'allégerais b) puissé-je	je cèderai j'allègerais puissè-je	*è* (accent grave) devant syllabe en *e* muet
4. il plaît, tait route, voûte	il plait, tait route, voute	circonflexe caduc sur *i* et *u* (5 exceptions)
5. il ruisselle il amoncèle	il ruissèle il amoncèle	verbes *-eler*, *-eter* : è + cons. simple (sauf jeter, appeler)
6. elle s'est laissée aller	elle s'est laissé aller	«laissé» suivi d'un infinitif : invariable
7. des jazzmen des lieder	des jazzmans des lieds	formation du pluriel à la française

En ce qui concerne les graphies particulières, le rapport proposait les rectifications suivantes[35] :

– soudure de composés à élément verbal : *brisetout*

– soudure de composés à élément nominal : *bassecour*

– soudure de noms onomatopéiques : *blabla*

– déplacement du tréma : *aigüe*

– ajout du tréma : *gageüre, argüer*

- ajout d'accent : *bésicles*
- modification d'accent : *allègrement*
- soudure de mots empruntés : *un apriori, bluejean*
- accentuation de mots empruntés : *véto, diésel*
- régularisation d'anomalies : *assoir, bonhommie*
- unification du suffixe *-iller* : *quincailler*
- unification de la terminaison *-ole* : *girole*
- suppression de la double consonne dans *interpeler, lunetier*

3. Après la publication du rapport, le débat public s'intensifie, principalement dans la presse. On peut relever, schématiquement, l'opposition des écrivains et le soutien des enseignants. Mais le phénomène le plus remarquable sans doute est l'intervention de certains organes de presse dans le débat, non seulement pour ouvrir leurs colonnes aux débatteurs, mais pour susciter la discussion et l'alimenter, notamment par un travail sur les titres et les caricatures. Au cours de l'hiver 90-91, les articles du Figaro, par exemple se font de plus en plus virulents. Il semble à cette époque que l'on assiste à la naissance d'une opinion publique plutôt défavorable aux propositions. Diverses personnalités lancent une pétition ; certains membres du Conseil reviennent sur leur approbation du rapport, tout comme certains académiciens.

L'Académie se réunit le 17 janvier 1990, pour réexaminer le dossier et confirme son vote du mois de mai, à une forte majorité (23 voix contre 6). Elle publie un communiqué pour réaffirmer son accord, tout en recommandant toutefois de ne pas rendre les modifications impératives, de les soumettre à l'épreuve du temps, et se réserve la possibilité de réexaminer les propositions sur base de l'observation de l'usage. Ce communiqué, assez ambigu, ne tranche pas véritablement la controverse et certains sont tentés de retenir davantage les réserves de l'Académie que son approbation. Dans les pratiques, l'adoption de la nouvelle graphie est extrêmement lente et partielle. Les lexicographes ont introduit un grand nombre de «rectifications» dans les dictionnaires et l'évolution, si elle se fait, tiendra probablement à la diffusion des nouvelles graphies par cette voie. Sur les autres terrains, le changement est très timide, en France, comme dans les autres pays francophones. J.-M. Eloy relève pourtant que «En Belgique et au Québec, où le fixisme est moins pesant qu'en France, on souhaite plus qu'en France une application des rectifications, mais sans aller jusqu'à en prendre l'initiative officielle et explicite, si Paris ne le fait pas.»[36]

En Belgique, l'Association Pour l'Application des Recommandations Orthographiques édite un bulletin trimestriel destiné notamment à informer ses membres sur le sort réservé aux rectifications en Belgique et en France. Il fait état de l'adjonction des formes rectifiées dans plusieurs dictionnaires, dans la dernière édition du Bon Usage, et de la publication de quelques revues selon la nouvelle orthographe dans la nouvelle édition du dictionnaire des difficultés de la langue française[37]. Cependant, la transformation reste extrêmement localisée. Elle n'a pas touché systématiquement l'enseignement, par exemple en Communauté française de Belgique, où le ministre compétent attend les conclusions d'un groupe de travail mis en place dans ses services administratifs. Les partisans de la réforme et de son application, en France comme en Belgique, ne cessent d'insister sur l'importance d'une mobilisation pour l'adoption de la nouvelle orthographe dans l'enseignement, les services publics, l'édition et la presse, et font appel à toutes les initiatives volontaristes, convaincus que la transformation de l'usage ne se fera pas toute seule...

2.2. Le premier débat public (1988-1989)

La question de l'orthographe fut remise au centre du débat public, en France et dans d'autres pays francophones, suite à diverses initiatives réformatrices, principalement prises par des enseignants (surtout des instituteurs) et des professionnels des sciences du langage. D'abord issu de l'école primaire, le mouvement réformateur est bientôt appuyé et relayé par des linguistes, qui complètent les premiers arguments. Le débat qui se noue alors, dans la presse française, prend la forme d'une mise en question de l'école et réactive la dimension emblématique de l'orthographe. La préparation et la célébration du bicentenaire de la Révolution française est la toile de fond sur laquelle viennent se projeter des débats dont la nature politique ne peut être mise en doute.

2.2.1. Les initiatives réformatrices

Depuis 1988, les partisans d'une réforme de l'orthographe développent plusieurs arguments, fondés principalement sur les sciences du langage, l'expérience de l'enseignement et sur des valeurs politiques. Le fait le plus remarquable de cette période est sans doute la convergence des positions des linguistes et des enseignants. Les acteurs du débat ne représentent pas forcément la majorité de leurs collègues ; aucune enquête ne permet de préciser le caractère peu ou prou représentatif des positions réformatrices des enseignants par exemple. Mais il est clair que les initiatives ont été prises essentiellement dans ces deux milieux professionnels. Il ne s'agit pas seulement d'une convergence de vues, mais aussi d'une véritable alliance : enseignants et linguistes s'échangent les arguments et se confortent mutuellement. Ainsi, le manifeste des linguistes prend-il appui sur le caractère «non transmissible» de la norme «au cours d'études raisonnables» et les instituteurs ou leurs représentants professionnels développent-ils des raisonnements fondés sur l'histoire de la langue.

Cette interpénétration des savoirs et des expériences n'aurait pas de quoi surprendre sans la référence à l'autonomie, voire à la divergence entre les traditions pédagogique et linguistique relevée il y a quelques décennies par André Chervel, qui notait l'autonomie de la grammaire scolaire et de la grammaire générale. Nous l'avons vu, les sciences du langage sont peu à peu entrées à l'école, par bribes, à côté de l'ancien savoir. Cette entrée de la linguistique à l'école n'a pas donné lieu à l'élaboration d'une nouvelle théorie linguistique cohérente, mais contribue sans doute à relativiser l'importance de l'orthographe et de la grammaire scolaire, notamment parce que les sciences du langage proposent une étude de la langue qui n'est plus exclusivement centrée sur l'écrit. Parfois source de contradictions, cette dualité théorique tend à susciter une mise à distance de l'orthographe comme norme absolue, impérative dans tous les contextes de communication.

D'autre part, la distance entre les deux traditions était aussi le fruit d'une faible implication des linguistes dans l'entreprise de scolarisation massive. Les philologues et les grammairiens du XIXe siècle se préoccupaient fort peu de l'enseignement de la langue à l'école élémentaire. Spécialistes de l'étude des textes dans le système des langues, et notamment en référence au latin et au grec, ils développaient une science fort étrangère aux problèmes de l'apprentissage généralisé du monolinguisme français. Au début du XXe siècle, la nouvelle linguistique, représentée par Saussure et Meillet opère un recentrage décisif sur l'oral. L'écriture n'est que la représentation de la parole; pour rompre avec la philologie, il faut partir de l'observation des usages oraux. Pendant des décennies, les linguistes formés à l'école de Saussure délaissent la langue écrite pour concentrer leurs efforts sur l'observation phonétique. Les développements de la discipline dans le monde francophone, ainsi que ceux de la sociolinguistique, à partir des années soixante, concernent presque exclusivement l'étude des usages oraux, tandis que l'écrit semble réservé à d'autres disciplines.

De plus, la linguistique moderne affirme sa «neutralité axiologique», son refus d'adopter une attitude normative et évaluative. De ce point de vue, la linguistique s'est aussi construite contre la grammaire scolaire et le travail normatif qui accompagne la diffusion massive de la langue écrite. Tandis que les linguistes cherchent à observer les usages oraux, sans préoccupation normative, l'école reste le domaine de la diffusion d'une culture écrite monolingue et façonnée par la théorie du bon usage. Enseignants et linguistes entretiennent ainsi une double distance : celle qui sépare l'observation de l'oral de la transmission de l'écrit, et celle qui sépare l'enregistrement et l'analyse « objective » de la didactique normative.

Depuis environ 20 ans pourtant, des points de convergence apparaissent entre les deux milieux professionnels. Les enseignants sont progressivement formés aux sciences du langage et les linguistes redécouvrent peu à peu le domaine de l'écriture, frappé depuis Saussure d'un véritable tabou[38]. L'engagement des dix signataires du manifeste du 7 février 1989 dans le débat sur l'orthographe semble marquer la fin d'une période d'indifférence, parmi les linguistes, aux questions relatives à la langue écrite et à sa normalisation. Les préoccupations des enseignants et des linguistes ont notamment réussi à converger au sein de l'Association pour l'Information et la Recherche sur les Orthographes et les systèmes d'Ecriture, association particulièrement active dans cette phase du débat. Les arguments des réformateurs, enseignants et linguistes, furent constamment entremêlés. Les distinguer et en attribuer la paternité à un groupe spécifique n'a pas toujours été possible, tant ces arguments ont circulé, ont été empruntés, repris, enrichis par les uns et les autres. Ils peuvent être rassemblés sous cinq catégories thématiques : l'argument historique, l'argument pédagogique, l'argument techno-économique, l'argument démocratique et l'argument international.

L'argument historique

L'histoire de la langue française et des autres langues est celle de réformes successives sans aucune altération des langues où elle s'applique : turc, albanais, hollandais, allemand, portugais, espagnol, russe, grec... Le français écrit a aussi été constamment modifié, sans discontinuité depuis le XVIe siècle, depuis l'invention de l'imprimerie. Notre orthographe est le résultat de ces changements successifs. En quelque sorte, l'aménagement de l'orthographe fait partie de la tradition française, ainsi que de la tradition de nombreuses autres langues dans le monde. En figeant l'orthographe et en refusant de la moderniser, on rompt avec la tradition qui a forgé notre langue. Et on prend le risque de creuser encore l'écart entre la langue orale et la langue écrite. La langue française est vivante, tout comme sa graphie. Figée, elle est menacée de mort.

Pour soutenir cet appel à l'intervention sur l'orthographe, certains, surtout enseignants, évoquent son illogisme, son manque de clarté, de simplicité et de rationalité. D'autres utilisent, parmi les arguments, la métaphore de l'outil : «Notre langue est un outil de travail. Il n'est pas pensable de travailler avec des outils ou machines n'ayant pas évolué depuis plus de cent ans.»[39] Ou encore, il faut aménager l'orthographe, «la réviser comme on dit d'une mécanique, en ôtant ce qui a cessé de servir et qui est devenu aberrant»[40]. Chez les linguistes, l'argument modernisateur se fonde aussi sur l'affirmation d'un savoir sur la langue : «On peut, avec les précautions du savoir et de l'expérience, adapter cette écriture sans pour autant nuire à la langue. [...] Cette modernisation que l'histoire nous permet, que la science nous suggère, les défis lancés à notre pays l'exigent.»[41]

Fondé sur les sciences du langage, l'argument historique propose une vision de l'histoire comme une succession de changements et d'interventions volontaires de la société. Par exemple : «l'écriture est faite pour l'homme et non l'homme pour l'écriture»[42] ou : «l'essentiel, c'est de faire bouger le système»[43]. Dans cette perspective, l'histoire n'est pas d'abord un patrimoine à préserver; c'est un processus dans lequel les hommes et la société interviennent volontairement. La langue est décrite comme un organisme vivant, comme un outil et comme un objet de savoir. Nous verrons plus loin que les affrontement sur la question de la «réforme» mettent en jeu différentes conceptions de l'histoire et différentes représentations du rôle que la science doit jouer dans la société.

Signalons encore que l'idée d'une réforme, terme utilisé au tout début du processus par *L'Ecole libératrice*, s'est progressivement muée en proposition de simplification, de modernisation, de révision, d'aménagement. Cette transformation du vocabulaire tient probablement à une position stratégique : l'idée d'une réforme de la langue et plus précisément de la langue écrite aurait risqué de cristalliser les oppositions fondées sur la célébration du patrimoine culturel. Mais le choix lexical qui se précise, chez les «réformateurs», découle aussi de l'évocation de l'histoire et des sciences du langage. Moderniser l'orthographe, ce n'est pas rompre avec le passé, c'est inscrire une intervention dans un processus, et finalement dans la continuité. Volonté de dédramatiser sans doute (d'euphémiser diront les opposants), mais aussi désir d'affirmer une continuité, celle de l'histoire comme processus que les hommes contribuent à construire. Par la suite, les opposants à ces modernisations réagiront essentiellement contre ce qu'ils ne cesseront d'appeler la réforme, terme finalement refusé et récusé par les plus ardents «modernisateurs».

L'argument pédagogique

Les enseignants surtout, évoquent l'inutile difficulté de l'orthographe et le temps passé à l'enseigner au détriment d'autres apprentissages. «Tant de temps passé pour si peu de résultats! et il y a tant à faire dans d'autres domaines.» «J'ai le sentiment d'avoir, pendant au moins une vingtaine d'années, fait œuvre vaine en enseignant l'orthographe traditionnelle et d'avoir spolié mes élèves d'autres savoirs plus directement assimilables et plus formateurs». «Une orthographe avec moins d'exceptions pourra s'étudier plus rapidement, laissant plus de temps à l'étude du vocabulaire et à la construction de phrases». «Les élèves ont tant de choses à apprendre qu'il faut leur éviter ce gâchis des particularismes ou exceptions.»[44] Ils souhaitent une orthographe plus claire et plus logique, qui favorise un apprentissage plus intelligent de la langue écrite. Le temps accordé à l'apprentissage de l'orthographe pourrait être utilisé avec plus de profit à la compréhension des textes et à la formation de l'intelligence.

L'apprentissage de l'orthographe, dans toute sa complexité n'est pas considéré comme formateur, en tout cas si on mise sur la compréhension des élèves. Les enseignants éprouvent à cet égard un malaise répercuté par le secrétaire général du SNI : «Les méthodes et les grammaires se révèlent impuissantes à justifier et expliquer au niveau scolaire les nombreux accidents de notre corpus graphique. Comment, par exemple, justifier bonhomie/bonhomme, rationnel/rationalité? Est-ce réellement convaincant d'enseigner une règle assortie d'une interminable liste d'exceptions qu'on n'a d'autre ressource que de mémoriser?»[45] Ce que les enseignants refusent, c'est d'enseigner un savoir qui ne peut pas être justifié et compris par l'élève. Enseigner selon eux, c'est favoriser la compréhension et le raisonnement, ce n'est pas transmettre un savoir figé.

De plus, la sélection scolaire et sociale fondée sur l'orthographe leur semble trop sévère. Une simplification pourrait réduire, chez certains élèves, le risque d'échec scolaire : «ce qui est plus grave, c'est l'exclusion de l'école et plus tard de la société que crée l'orthographe». «Toute simplification de l'orthographe réduira le pourcentage d'échecs dans tous les domaines et ce sont les enfants les plus défavorisés culturellement qui en profiteront.»[46] Soucieux de réduire l'échec scolaire, peu convaincus des vertus formatrices de l'apprentissage de l'orthographe, les enseignants veulent aussi affirmer la légitimité de leur intervention dans le débat sur l'orthographe : «L'avis des enseignants est aussi légitime que celui des écrivains ou du peuple. La langue du peuple lui vient aussi de l'école.»[47]

Les linguistes reprennent à leur compte les arguments fondés sur la difficulté d'enseigner l'orthographe, sur l'inutilité des exceptions, et sur la préoccupation de réduire l'échec scolaire : «Vouloir conduire 80% d'une classe d'âge au niveau du baccalauréat implique qu'on s'interroge sur l'écart qui se creuse entre le français écrit et parlé, sur une norme devenue en certains points impraticable et non transmissible au cours d'études raisonnables. Sur l'écart également entre la connaissance scientifique de l'orthographe et la pédagogie de cette orthographe, qui doit consacrer beaucoup de temps aux détails sans importance, et à des listes d'exceptions.»[48] Notons encore ici une référence à la science dont la pédagogie de l'orthographe semble insuffisamment instruite. D'avantage inspirée par les travaux scientifiques, la pédagogie pourrait éviter un travail fastidieux et inutile.

L'argument techno-économique

Quelques partisans de la modernisation de l'orthographe, aussi bien enseignants que linguistes, affirment l'urgence d'une intervention face aux transformations des techniques de communications et de stockage de l'information. L'orthographe complexe du français est source de difficultés techniques, et donc source d'erreur, mais elle représente aussi un coût important. De plus, pour ces deux raisons, le français est supplanté par l'anglais dans l'usages des techniques. «L'anglais, langue véhiculaire du troisième millénaire, dépourvu d'accentuation, a donné le code ASCII en informatique. C'est le code qui s'est imposé et que l'on trouve dans tous les ordinateurs et les imprimantes. [...] Ne parlons pas de la configuration des imprimantes. Ni de la conception des logiciels ou de leur traduction : un véritable casse-tête pour les programmeurs qui passent des mois à récrire un logiciel américain et à le restructurer entièrement au prix de pires difficultés...»[49] «En nos époques de triomphe de l'informatique, un bon argument serait sans doute que nos ordinateurs ne pourront jamais maîtriser l'invraisemblable complexité de notre orthographe à partir de prédicats grammaticaux.»[50] «L'écrit est en pleine expansion, qu'il soit imprimé ou qu'il soit électronique. La technologie informatique consomme, produit, stocke et diffuse d'immenses quantités de données : c'est là un trésor de savoir écrit, auquel on ne peut accéder qu'en évitant la défaillance graphique, et l'à-peu-près.»[51]

Certains linguistes, comme Maurice Gross, un des signataires du manifeste, proposent de remplacer les trémas et les accents par un accent plat, pour réduire les coûts de l'orthographe française dans l'usage informatique et lever le handicap du français face à l'anglais : « On évalue le surcoût entraîné par les accents, trémas et cédilles du français à 25 %. Les opérations de tri effectuées par l'ordinateur sont beaucoup plus longues et donc plus coûteuses en français qu'en anglais par exemple. Parce que l'anglais n'a pas d'accent. A une époque où le support informatique de l'écrit tend à occuper la première place, il y a de quoi faire réfléchir. Surtout que l'on peut affirmer aujourd'hui, grâce au traitement informatique de la langue, que le remplacement des trois accents et du tréma introduit dans notre langue moins de cinquante ambiguïtés nouvelles. »[52] Les modernisateurs tiennent généralement des propos plus modérés sur la question. Mais malgré leur souci de mettre plus en évidence le risque d'erreur que la question du coût, cet argument a fait scandale, auprès de certains écrivains notamment.

Il faut signaler que les propos inspirés par cet argument font un véritable appel à un travail de normalisation. Il ne s'agit pas de se contenter d'une norme appliquée de manière approximative. Dans ce domaine, la distance à la norme est intolérable parce qu'elle comporte des risques. Simplifier l'orthographe, la moderniser, ce n'est pas se contenter d'une plus grande tolérance à l'égard des écarts à la norme. C'est construire une norme applicable sans ambiguïté, simple et peu coûteuse.

L'argument démocratique

C'est ici sans aucun doute que les modernisateurs ont trouvé leurs accents les plus lyriques. L'orthographe est maîtrisée par une élite restreinte qui la défend comme marque de son prestige. « Se sont-ils mis à la place de tous ceux, ouvriers, techniciens, commerçants ou paysans, dont l'orthographe n'est pas le pain quotidien ? » « L'orthographe française et sa plus ou moins bonne maîtrise par les locuteurs francophones est un facteur de maintien durable des inégalités sociales et de la difficile intégration de certains immigrés dans l'Hexagone. L'orthographe est un des instruments de la différence des classes sociales ; sa simplification est donc un cheval de bataille susceptible de bousculer bien des barricades. »[53] « Parce que nous savons que la langue est la clé de l'insertion sociale, nous voulons, sans l'appauvrir, la rendre plus accessible au plus grand nombre. A quoi sert de combattre l'illetrisme installé si, dans le même temps, on ne cherche pas à supprimer les causes de son renouvellement ? Aujourd'hui, plus encore qu'il y a un siècle, l'exclusion du savoir exclut non seulement du pouvoir, mais de la capacité à gérer son destin. [...] Voulons-nous une société de citoyens également aptes à participer à la vie de la cité ? Alors, adaptons à leur diversité les moyens d'accès au savoir. »[54]

L'orthographe a une fonction ségrégative injuste. La simplifier est une œuvre de démocratie. Sur fond de célébration du bicentenaire de la révolution française, le combat pour la modernisation de l'orthographe réaffirme les valeurs républicaines et puise sans ambiguïté son lexique dans le registre politique. «Notre syndicat est animé par l'idéal laïque; l'émancipation des hommes et des femmes est sa raison d'être. A ce titre, il exprime les préoccupations de la profession et s'engage dans tous les combats pour démocratiser l'accès à la connaissance. La question de l'orthographe est trop chargée d'implications psychologiques, sociales et politiques pour la confiner à un débat de spécialistes. C'est pourquoi le SNI-pegc contribue à la poser devant la nation. L'année de la commémoration de la Déclaration des droits de l'homme y est, plus qu'une autre, propice.»[55] «En cette année du Bicentenaire de la Révolution, il convient de rappeler avec force que savoir lire et écrire, posséder pleinement les possibilités de cet instrument incomparable qu'est l'écriture est un droit civique, et l'accès à la culture écrite un droit des citoyens. [...] Les exigences nous pressent, aucune période n'est plus propice que l'année des droits de l'homme, aucune politique ne peut lier plus fortement la culture, la science et l'amour de la langue française.»[56]

Les modernisateurs se présentent ainsi implicitement, et parfois de façon très explicite, comme les héritiers de Grégoire, non le Grégoire de la face sombre, celui de l'éradication des patois, mais le Grégoire de la démocratisation de la langue nationale, celui de la «révolution dans la langue», selon l'expression de Balibar. Celui qui, pour démocratiser la langue écrite, propose de l'uniformer, de la simplifier et refuse de la condamner à l'invariabilité. Réformer l'orthographe (la moderniser, disent les linguistes, révolutionner la langue, disait Grégoire) c'est célébrer les valeurs d'universalisation démocratique de la langue française sur lesquelles repose le mythe républicain et moderniste de la France. La référence au registre politique est souvent implicite. Elle est parfois parfaitement explicite lorsque l'orthographe actuelle est dénoncée comme une survivance de l'Ancien Régime et les opposants comme des réactionnaires. Mais si les références aux conflits politiques sont fréquentes dans le débat sur la «réforme», nous verrons que les différentes positions ne peuvent pas se laisser appréhender simplement à travers ce clivage.

L'argument international

Le souci de favoriser la diffusion du français dans le monde côtoie très souvent l'argument pédagogique. Simplifier l'orthographe, c'est la rendre plus accessible aux élèves français, mais aussi à tous ceux qui, dans le monde, veulent utiliser la langue française. «Si nous souhaitons une simplification raisonnable de notre orthographe, c'est bien d'abord pour cela : favoriser l'apprentissage de notre langue à tous les jeunes Français, mais aussi à tous les enfants du Maghreb, d'Afrique noire, des Antilles, de l'océan Indien ou du Pacifique et à tous les étrangers qui étudient notre langue. »[57] « Nous ne serons heureux que le jour, le plus raproché possible, où non seulement nos enfants et petits-enfants, mais aussi le petit Maghrébin, le petit Africain, le petit Antilllais, le jeune Tahitien, le jeune Canaque, le jeune Indochinois... nous remercieront de leur avoir facilité l'accès à la langue française et de pouvoir la pratiquer correctement. »[58]

Le souci du rayonnement de la culture et de la langue françaises dans le monde s'exprime souvent à travers la menace du déclin de l'usage du français dans le monde et en Europe, face notamment aux usages de l'anglais, langue réputée simple et dont la normalisation est moins rigide. « Sera-t-elle encore en français demain, cette culture, si nous n'assurons pas à l'ensemble de la nation la transmission, la pratique et la connaissance satisfaisantes de l'instrument forgé pour eux au fil des siècles ? Notre langue deviendra-t-elle une langue minoritaire en Europe ? Son apprentissage, par le déclin d'une norme désuète, ne risque-t-il pas de décourager nos partenaires européens ? L'immobilisme est un handicap pour le développement de la francophonie. »[59]

2.2.2. Les réactions

Suite à la publication du résultat du « sondage » de *L'Ecole libératrice*, plusieurs articles sont consacrés à cette question dans la presse quotidienne. Certains journaux se contentent de signaler l'information, d'après la dépêche de l'Agence France-Presse. D'autres, comme *Le Figaro* et *France-Soir*, affirment leur opposition, tout en cédant la parole à diverses personnalités, plus ou moins favorables à la « réforme ». Par exemple, *Le Figaro* du 29 novembre 1988 interroge sept académiciens (Jacqueline de Romilly, André Frossard, Félicien Marceau, Maurice Rheims, Jacques de Bourbon-Busset, Jean Dutourd et Jean-Louis Curtis), deux politiques (Hubert Curien et Philippe de Villiers), deux écrivains (Paul Guth et Pierre Daninos), un médecin (Raymond Vilain), un journaliste (Bernard Pivot), un sportif (Luis Fernandez), un chanteur (Pierre Perret) et le président de la société des agrégés (Guy Bayet). *France-Soir*, le 30 novembre, laisse la parole à Bernard Pivot et à Maurice Druon, secrétaire perpétuel de l'Académie française.

Philippe Cibois s'est livré à une analyse des termes des débats menés dans ces deux journaux. Une des discussions les plus vives concerne

l'école : à l'argument pédagogique des «réformateurs», les opposants dénoncent l'évolution vers la facilité, le refus de l'effort, l'ignorance des élèves et des enseignants. «On écrit et on parle n'importe comment. [...] C'est un problème d'enseignement dès le berceau. On n'écrit pas n'importe quoi n'importe comment.»[60] «La simplicité en matière d'orthographe est une fausse solution qui ne mène à rien. On pourrait aussi commencer l'étude de l'histoire par le premier septennat de Mitterrand. Ou même supprimer les instituteurs pour laisser les enfants face au grand livre de la nature! Et puis à quoi bon apprendre la géographie? A quoi ça sert de savoir où sont les Malouines?»[61]

Les propos sur les enseignants sont parfois très durs : «Ou alors c'est que les instituteurs tirent au flanc pour en faire le moins possible.»[62] «Si les instituteurs veulent réformer l'orthographe, c'est parce qu'ils ne la connaissent pas.»[63] Cette phrase de Jean Dutourd, et d'autres propos du même auteur vont, par la suite, cristalliser l'hostilité des enseignants. Par exemple, Jean-Claude Barbarant, secrétaire général du SNI, s'en prend violemment à lui dans son plaidoyer pour la simplification. Le secrétaire perpétuel de l'Académie française, lui aussi, met en cause l'école et les enseignants : «Alors, de deux choses l'une, ou peut-être les deux choses à la fois : ils ne savent pas eux-mêmes l'orthographe ou ils ne savent pas l'enseigner. Ce n'est donc pas l'orthographe qu'il faut réformer mais la formation des instituteurs.»[64]

L'opposition à la «réforme» valorise **l'effort** exigé par l'apprentissage de l'orthographe. «Je ne connais pas au monde de plaisir qui ne demande pas un effort.»[65] «Je pense que l'orthographe et la connaissance précise de la grammaire sont à la base de tout. La difficulté de l'orthographe est un défi pour l'intelligence et c'est un exercice salutaire pour l'esprit.»[66] De plus, certains opposants affirment que l'orthographe ne réalise pas une **sélection** scolaire spécifique ni socialement injuste. D'une part, la sélection s'opère dans toutes les disciplines : «L'orthographe ne peut en aucun cas être considérée comme un mode de sélection. Tout est sélection.»[67] «Les mathématiques, la physique, la chimie... n'importe quelle discipline scolaire fait des clivages.»[68] Et d'autre part la sélection par l'orthographe n'est pas perçue comme injuste et comme une reproduction des inégalités sociales. A l'appui, de nombreux exemples a contrario : «Et que l'on ne vienne pas me dire que notre orthographe doit être allégée parce qu'elle est la cause de difficultés pour les élèves issus de familles peu cultivées! Mon père était mécano, ma grand-mère illettrée. Est-ce que cela m'a empêché de devenir, à vingt-trois ans, l'un des plus jeunes agrégés de France?»[69] «En aucun cas l'orthographe n'est un mode de sélection injuste. Le nombre de personnes sous la IIIe République, issues de milieu modeste, qui sont arrivées à occuper de très hautes fonctions est la preuve du contraire.»[70] «Chacun peut citer des camarades d'école ou de collège qui étaient supérieurs en orthographe et en rédaction à ceux issus de milieux plus cultivés.»[71]

Il faut conserver l'orthographe parce qu'elle est une trace de l'**histoire**, un élément du patrimoine national. «Simplifier signifierait couper notre langue de ses racines grecques, latines tout autant qu'anglo-saxonnes.»[72] «L'orthographe a une grande importance puisque, pour bien connaître le sens des mots, il faut autant que possible savoir leur origine, c'est-à-dire leurs racines latines ou grecques. C'est l'orthographe qui la marque.»[73] Ou encore : «Un peuple qui perd son orthographe perd sa mémoire et son intelligence.»[74] A la différence des modernisateurs, les opposants à la réforme insistent sur la nécessité de conserver dans la langue écrite les traces du passé pour elles-mêmes, parce que l'histoire est perçue comme un patrimoine à conserver fidèlement.

L'orthographe doit encore être préservée de toute intervention parce qu'elle est identifiée à la langue elle-même : «Ces personnes oublient malheureusement que l'orthographe est la colonne vertébrale de la langue française.»[75] Ou encore parce qu'elle façonne le visage des mots. Certains opposants, surtout des écrivains ou des créateurs, affirment leur **attachement à la physionomie du mot** et célèbrent l'esthétique idéographique de l'orthographe. «Si j'adore triturer les mots, je ne suis pas d'accord pour les charcuter.»[76] «Il y a dans les mots une euphonie, un certain mystère, un dessin. Le dessin d'un mot est très important.»[77] «Ces «ph» et «rh» donnent un charme fantastique à la langue française.»[78] «Je crois profondément que les mots ont une espèce d'harmonie.»[79]

Le registre **politique** est aussi utilisé, notamment en référence à la révolution : «Les instituteurs au participe présent réclament l'abolition des participes passés... Je suis consterné par ce sondage. [...] A partir de là, on s'engage dans le règne de Babel, de la non sélection où chacun se débrouille avec ses mots.»[80] Ou encore, pour d'autres, les propositions de réforme tiennent de la démagogie.[81]

Malgré ces répugnances, un certain nombre d'opposants déclarés à la réforme accepteraient de corriger quelques «bizarreries»[82], les «anomalies les plus flagrantes»[83], de «dépoussiérer, mettre un peu d'ordre et de logique dans les traits d'union, les redoublement de consonnes ou les pluriels»[84], de «supprimer les lettres parasites»[85]. Corriger quelques anomalies, introduire une simplification, mais «modérée et progressive»[86], «avec réserve et prudence»[87], «en douceur et en nuance»[88], et «à condition de ne pas remettre les principes en cause »[89]. Si les personnalités interrogées dans la presse refusent le plus souvent l'idée même de la réforme, ils ne s'opposent pas à quelques petits aménagements « raisonnables ». Ce fut d'ailleurs le parti adopté par le Conseil supérieur de la langue française, lors de l'élaboration du rapport sur les rectifications de l'orthographe. Apparemment, malgré des divergences sur l'idée même de réforme ou de modernisation, tout le monde pourrait se mettre d'accord sur quelques aménagements limités. Ce ne fut pourtant pas le cas. Il faudra, dans la suite de l'analyse, et pour comprendre le conflit persistant, distinguer les positions sur l'idée de réforme, sur les arguments des « modernisateurs » et sur les points précis du code graphique concernés par une intervention.

Les deux quotidiens français ne se contentent pas de céder la parole à quelques personnalités très parisiennes. Ils présentent aussi le dossier par des articles et surtout, l'annoncent par des titres ou des caricatures qui tournent les velléités de réforme en dérision. *France-Soir* titre : « Fotil réformé l'ortograf ? », utilisant une écriture phonétique que presque aucun « réformateur » ne soutient, et visant un effet comique. Nous verrons que la seconde phase du débat public sera féconde en utilisation d'une graphie phonétique dans la presse[90]. Ce type de titres, non seulement « tire » les positions modernisatrices vers leurs expressions les plus radicales (et très minoritaires), mais aussi il contribue à stimuler le choc affectif de l'attachement à la physionomie des mots. C'est notamment dans ce type de travail médiatique que la presse intervient comme un acteur dans le débat, tout comme dans la publication de caricatures comme celle du Figaro, où l'on voit Bernard Pivot annoncer, aux championnats d'orthographe, que « les eczéco seron départajé par une épreuve de so en oteur ». Dans les articles, les deux quotidiens appuient les oppositions à la réforme fondées sur le refus du laxisme, sur le constat de la baisse de niveau, et sur l'affirmation de l'attachement de l'opinion à l'orthographe.

Suite à la publication du manifeste des dix linguistes, le magazine *Lire* publie en mars 1989 un sondage IPSOS réalisé sur un échantillon (n=900) représentatif de la population française de 15 ans et plus. La majorité des personnes interrogées estiment l'orthographe et la grammaire françaises difficiles (près des trois quarts). Les opinions en matière de réforme sont en revanche très partagées : 44 % d'opinions favorables à une réforme contre 50 % défavorables. Le commentaire indique que les opinions favorables sont plus nettes à gauche qu'à droite, et sont même majoritaires chez les français dont le niveau d'études ne dépasse pas le secondaire.

Les auteurs de l'enquête notent l'ambivalence des résultats, et même certaines contradictions : pour la majorité des personnes interrogées, l'orthographe est une discipline scolaire comme une autre, mais elle est aussi un des charmes de la langue française, un élément du patrimoine, et ne constitue pas un casse-tête inutile. Pour la majorité d'entre eux encore (76 %), il est possible de retoucher l'orthographe pour en supprimer quelques bizarreries et absurdités, mais il est impossible de réformer l'orthographe sans dénaturer la langue française (65 %). Et surtout, malgré 44 % d'opinions favorables à une réforme, aucune des suggestions de simplification ne recueille l'assentiment d'une telle proportion de l'échantillon, sauf la suppression de l'accent circonflexe sur châle, qui recueille tout juste 44 % d'opinions favorables. Le commentaire précise : « Dès que l'on place les Français devant des solutions concrètes de réformes de l'orthographe, dans l'ensemble ils rechignent. [...] L'effet de surprise devant une nouvelle graphie a joué : plus la physionomie d'un mot change, moins on est d'accord. »[91] Par exemple, les réticences sont plus vives pour le remplacement des *ph* en *f* et des *x* en *s* dans les mots en « ou » que pour l'accent circonflexe. Le commentaire conclut que l'orthographe reste un tabou, mais un tabou partiel : « théoriquement les Français sont prêts à une réforme, plutôt légère, de l'orthographe; pratiquement, et avec des différences sensibles selon le niveau d'études ou les opinions politiques, ils en ont plutôt peur »[92].

Lire a également invité quelques personnalités parisiennes à répondre aux questions du sondage. Les opinions favorables à une réforme sont partagées par deux ministres (Michel Rocard et Alain Decaux), un comédien (Francis Huster), deux directeurs de quotidiens (André Fontaine et Serge July), un publicitaire (Jacques Séguéla), un éditeur (Robert Laffont), un industriel, le PDG de Renault (Raymond Lévy), un chanteur-écrivain (Yves Simon), une dessinatrice (Claire Bretécher) et un astro-physicien (Hubert Reeves). En revanche, y sont défavorables un animateur de télévision (Frédéric Mitterrand), un couturier (Karl Lagerfeld), deux journalistes-écrivains (Françoise Giroud et François Cavanna), un écrivain-ministre (Georges Semprun), et un scénariste et parolier (Jean-Loup Dabadie). Philippe Cibois a traité ces données par l'analyse des correspondances. Il relève le triangle significatif des positions très opposées à la réforme, représentées par Semprun, et des positions favorables scindées en deux sous-groupes, celles qui estiment que la réforme est urgente et les propositions concrètes de modification globalement acceptables, comme Rocard, July ou Fontaine; et celles qui acceptent une réforme minimale, limitée à quelques bizarreries, et qui considèrent que cette réforme n'est pas urgente, comme Bretécher.

Notons encore l'ambivalence qui s'exprime par exemple chez Francis Huster et que les auteurs du sondage avaient bien repérée : il se déclare très favorable à une réforme, mais n'accepte aucune des propositions concrètes de modification, ni la suppression des circonflexes, des traits d'union ou des lettres doubles, ni le remplacement de *ph* par *f* ou de *x* par *s* dans les noms en « ou »...

Les commentaires des personnalités parisiennes interrogées, ainsi que diverses prises de position dans la presse, sollicitées ou non, viennent encore alimenter le débat. Les partisans d'une réforme ou d'une modernisation insistent sur la nécessité de faire évoluer la langue, parce qu'elle est vivante et critiquent vivement la rigidité à laquelle on la soumet : empêchée d'évoluer, elle risque de « perdre du terrain », de « ne plus faire le poids », de mourir. « L'orthographe, c'est le costume de la langue, et ce costume doit varier. On ne peut plus porter des costumes du XIXe siècle. »[93] « Une langue est une structure vivante prise dans le flux de l'histoire, et, comme celle-ci, évolue, casse, se renouvelle. »[94] « Nous avons une langue qui à trop se replier sur elle-même devient une langue morte. Le français doit passer à l'offensive et cesser de se cramponner. Il perd du terrain, ça ne m'étonne pas. »[95] « Le français, trop rigide, ne fait plus le poids dans les technologies modernes. Il est un objet trop beau, trop réglementé. »[96]

Les « opposants » à la modernisation développent divers arguments, dont certains ont déjà été évoqués. Mais il semble que plus le débat s'élargit, dans la presse, moins les positions pro ou contra semblent suffisantes pour cerner le débat. Les discussions qui s'engagent et les arguments qui s'échangent ne peuvent plus, comme au tout début de la période, être résumés dans une attitude favorable ou défavorable à une intervention sur l'orthographe. Non seulement parce que, comme nous l'avons vu, l'idée même de réforme fait écran au débat sur la modernisation, mais aussi parce que les propos qui s'expriment jouent de plus en plus dans la nuance, jusqu'à brouiller la frontière entre les deux « camps ». Tel par exemple qui, favorable à une réforme parce qu'une langue vivante doit bouger, s'oppose à une intervention de l'Etat dans ce domaine. Les réactions tranchées à la publication du sondage de *L'Ecole libératrice* ou au manifeste des linguistes sont moins pertinentes, comme telles, pour comprendre le sens du débat que les explications parfois nuancées de la position affichée.

Au cœur du débat, l'école. Le problème ne tient pas à la difficulté de l'orthographe; c'est l'école et les enseignants qu'il faut mettre en question. « Même si les difficultés des instituteurs et des professeurs sont réelles et méritent attention et réflexion, certains communiqués rédigés par des enseignants, où ces derniers s'avouaient littéralement impuissants à enseigner l'orthographe, nous ont quand même choqué, scandalisé, car témoignant d'un fâcheux état d'esprit «munichois» qui en bien des circonstances n'a que trop tendance à se manifester en France.»[97] «Le problème de l'apprentissage et des méthodes pédagogiques est réel, et, quand il faut plonger au cœur du problème, voilà que, par glissement insidieux, on sort l'épouvantail de mon corps soi-disant malade. Car telle est l'imagination des décideurs, qu'on élude la difficulté en supprimant tout simplement le lieu où elle se trouve.»[98] «Agissons au contraire sur la pédagogie de l'orthographe.»[99]

Parmi les arguments des modernisateurs, le souci de rendre l'apprentissage du français plus **facile** est souvent critiqué. Non seulement parce que «c'est aussi sa complexité qui fait la richesse d'une langue»[100], mais aussi parce que l'idée même de tendre vers la facilité est insoutenable. «L'idée de réformer le français pour le rendre plus facile me paraît une aberration d'êtres médiocres.»[101] «On a peine à croire que cette importante découverte du savoir et de la pensée n'ait pas été faite plus tôt, dans le domaine du sport par exemple. Il suffirait, en effet, d'abaisser la corde, ou de raccourcir le 100 m, pour améliorer considérablement les performances sportives des jeunes français.»[102]

Un des thèmes d'affrontement semble être une **définition de la culture** et de la langue elle-même. Certains refusent de considérer la langue comme un instrument, comme un code, et s'indignent de la référence au monde de l'informatique et de la technique, ou, plus grave encore, à celui de l'économie, notamment dans le manifeste des linguistes. «Ne pouvez-vous voir dans l'écriture autre chose qu'un instrument? Car je suis la mémoire vivante, et pas uniquement l'outil de sa transmission. [...] Vous n'avez que des mots à désespérer, «consommer, produire, stocker et diffuser.»[103] «Sous la pression conjuguée des ordinateurs, des petits enfants, des linguistes et des ingénieurs en communication, la solution a été trouvée : on simplifiera l'orthographe.»[104]

Pour d'autres, ce qui est choquant dans les propositions de modernisation, c'est l'intervention dans le domaine de l'**intimité**. Parce que l'orthographe est une expérience intime qui relève du souvenir d'enfance, ou du corps lui-même. La moderniser, c'est réaliser un «équarrissage», une «amputation». «Il y a bien des choses bizarres, mais remplacer les x par un s pour le pluriel des mots en ou, non, c'est toute mon enfance!»[105] «L'idée même de réformer quelque chose d'aussi universel et intime me paraît un contresens.»[106] «Les mots ont une physionomie, un visage particuliers que l'on a pas le droit de déformer. C'est à l'écrivain, à l'élève, de fournir un effort pour se mettre au niveau de la langue, et non pas à celle-ci de s'abaisser au niveau du dernier de la classe ! »[107]

Un des accents les plus insistants dans le débat touche au **refus de l'intervention de l'Etat dans le domaine de la langue**. Il faut laisser faire l'évolution «naturelle»; les initiatives des enseignants, des linguistes et surtout des politiques en cette matière sont illégitimes, parce qu'elles brisent le flux naturel de l'évolution. «Si le français doit changer, il le fera dans sa continuité naturelle.»[108] «Mais tout s'est fait dans le mouvement de la vie et non par décision arrêtée.»[109] «Mais c'est d'abord l'usage qui fait évoluer la langue et il faut préserver, me semble-t-il, ce mode de transformation naturel.»[110] «La langue est vivante, elle est la marque de l'imaginaire, et il faut se méfier de toute attitude volontariste à son égard. Sa nouveauté, son changement ne peuvent venir que des stylos de l'imaginaire, du journalisme ou des bouches qui vivent avec elle, et non des laboratoires créés pour sa défense.»[111] Si certains attribuent à l'usage l'autorité en matière de changement linguistique, et finalement aux usagers contre les spécialistes et les politiques, d'autres affirment aussi la légitimité du point de vue des écrivains, même implicitement : «Cette initiative part de quelques mandarins de l'Université qui n'ont rien apporté à la littérature française et dont la prétention serait d'interdire aux autres l'accès des grands textes qu'ils conserveraient soigneusement pour eux.»[112]

2.2.3. Les enjeux

Les débats sur la «réforme» de l'orthographe mettent en jeu des thématiques diverses, mais dont la résonance politique semble évidente. Il est frappant de voir à quel point les arguments échangés et les explicitations des positions puisent dans le registre politique. L'usage du vocabulaire politique tient probablement du rituel qui accompagne la célébration du Bicentenaire. Mais, à notre avis, il ne faut pas seulement y voir un effet rhétorique. L'affrontement dans l'espace public à l'occasion de la réforme de l'orthographe est, par nature, politique. Non seulement parce que les positions peuvent être interprétées par une grille politique (ou tout au moins une telle interprétation mérite d'être discutée). Mais aussi parce qu'un des ressorts fondamentaux de la discussion est précisément d'affirmer ou de contester la nature politique de la question, par exemple à travers le débat sur la légitimité d'une intervention de l'Etat sur la langue.

Deux conceptions de l'histoire semblent s'affronter. D'une part, une histoire définie comme un processus sur lequel les hommes ont prise, qu'ils peuvent transformer et façonner. D'autre part, l'histoire est perçue comme un patrimoine à préserver contre les agressions, un trésor inaliénable de la nation. Le même type de clivage semble avoir été à l'œuvre lors de précédentes campagnes pour la réforme de l'orthographe, comme le précise Ph. Cibois, en même temps qu'il en propose une interprétation politique. Il note par exemple que les affrontements de la fin du XIXe siècle se sont déroulés dans le cadre d'une France déchirée entre « une gauche républicaine qui s'estime héritière de la Révolution et une droite royaliste puis en partie ralliée à la République, mais qui estime qu'il faut le plus possible lutter contre les effets pernicieux des idées révolutionnaires. »[113] Cibois précise qu'on ne peut établir de lien direct entre le clivage gauche-droite et les positions en matière de réforme de l'orthographe, mais il affirme « le lien profond qui existe entre l'opposition à la réforme orthographique et une certaine idée de la société contre laquelle s'est faite la Révolution. »[114] Le clivage politique au cœur des positions sur l'orthographe serait celui qui sépare les héritiers de la Révolution, pour qui la société doit être construite sur base d'un contrat social, en se donnant des institutions, et non en référence à une autorité transcendante et les opposants à la Révolution qui craignent la dissolution des liens sociaux et l'effondrement de l'ordre social.

Si cette analyse semble pertinente, au moins pour les affrontements de la fin du XIXe siècle et du début du XXe, on peut cependant faire l'hypothèse qu'aujourd'hui, les termes du débat se sont en partie transformés. La célébration du Bicentenaire de la Révolution réactive certainement, autour de l'orthographe, des positions politiques favorables ou défavorables à la Révolution. Mais nous feront ici l'hypothèse que l'affrontement politique, en 1988-1991, ne touche pas tant à une critique de la Révolution qu'à une difficulté de mobiliser son héritage. Ce qui nous semble en jeu aujourd'hui, ce n'est pas le clivage Ancien Régime/Révolution, c'est davantage la construction de l'histoire républicaine. La révolution elle-même et les valeurs républicaines doivent-elles être célébrées et préservées comme un trésor constitutif du patrimoine national, ou plutôt doivent-elles être réactivées dans un processus politique où les citoyens affirment leur capacité à transformer les institutions ? Nous suivrons, pour la suite de l'analyse, la piste d'un affrontement entre une définition « culturaliste » de la révolution, qui tend à la célébrer mais en même temps à la réifier comme pièce monumentale du musée national et une définition politique de la révolution, qui cherche surtout à mobiliser les citoyens dans un processus d'intervention sur les institutions, et affirme une volonté de « faire bouger le système ».

Une autre piste d'interprétation s'offre encore à nous et sera poursuivie lors de l'analyse de la seconde phase du débat. Elle touche à la discussion sur la légitimité d'une intervention de l'Etat sur la langue. Pour certains, l'orthographe et la langue appartiennent à la sphère de l'intimité, celle de l'enfance, celle du corps, ou encore au domaine de l'imaginaire et de la création. L'intervention des « spécialistes », parfois perçus comme des mécaniciens de la langue, réclamant d'urgence une intervention publique, est vécue comme une agression. Le scandale, pour les plus rétifs à la réforme, réside non seulement dans « l'équarrissage » de l'orthographe, mais surtout dans l'origine de l'intervention. L'alliance des linguistes et des politiques est le repoussoir contre lequel s'affirment des sujets dont les capacités d'expression, la mémoire et le corps sont menacés.

En même temps que s'exprime cette tension, se renoue une discussion plus classique sur la définition de la culture légitime. Alors que les modernisateurs insistent sur la nécessité de façonner une langue adaptée à la diversité des usages, et notamment aux usages informatiques, d'autres réaffirment une définition littéraire de la culture. La langue appartient aux créateurs dont la figure emblématique est l'écrivain. C'est dans le génie littéraire que la langue française s'est construite et c'est par lui qu'elle a pu rayonner dans le monde. Les usagers de l'ordinateurs et les « ingénieurs en communication » risquent de profaner la langue sacrée de la littérature française. Les accents politiques et culturels du débat semblent se conforter dans la condamnation des technocrates de la langue et des politiques, dont la légitimité, comme représentants de la nation, semble dérisoire face à la prétention des écrivains et des hommes de culture non pas à « représenter » les citoyens, mais à se poser en médiums de la culture la plus vivante.

Si ces hypothèses se confirment, et si les débats sur l'orthographe touchent autant à des questions politiques fondamentales (comment réaliser l'héritage de la révolution et de la modernité, peut-on concevoir une intervention politique sur un code qui, pour certains, n'est pas perçu comme tel, mais relève de l'intimité et de l'expressivité, quels sont les médiateurs légitimes de la citoyenneté), il n'y a rien d'étonnant à ce qu'elles aboutissent dans l'univers de l'école. Une des questions les plus cruciales dans ce domaine est sans doute celle de la légitimité de la sélection scolaire. Pour certains, l'orthographe contribue avec d'autres disciplines à opérer une sélection légitime fondée sur l'adhésion à des savoirs scolaires constitués, sur l'effort valorisé pour lui-même et sur le consentement à l'insécurité linguistique. D'autres insistent davantage sur la nécessité d'accorder les principes de la sélection avec la hiérarchie des savoirs, qui accorde aujourd'hui plus qu'hier une place importante aux compétences techniques et communicatives non définies exclusivement comme une conformité au code écrit. Enfin, pour d'autres encore, c'est le principe même de la sélection qui doit être mis en question. L'école, dans cette perspective, est davantage définie comme un lieu d'intégration que comme un lieu de sélection. La langue française, et en particulier la langue écrite, ne peut être un instrument de sélection; elle doit être accessible à tous et cet objectif est, en soi, suffisamment légitime pour justifier une intervention sur la langue.

2.3. La «guerre» médiatique (décembre 1990-janvier 1991)

Lors de la remise au Premier ministre du Rapport sur les rectifications de l'orthographe par le Conseil supérieur de la langue, la presse s'est généralement contentée de diffuser l'information, sans susciter ni répercuter beaucoup de polémiques. Même un des quotidiens les plus actifs au printemps 1989 titre très sereinement : «Des simplifications, mais pas de révolution.», «Orthographe : c'est décidé, on simplifie.»[115] Au cours de cette période, quelques débats, quelques critiques, mais surtout, beaucoup d'explications du processus de décision et du contenu du rapport, souvent qualifié de prudent et de modéré. De nombreux articles insistent sur l'avis favorable unanime de l'Académie française, qui offre la garantie que le rapport touche à quelques petites simplifications, mais en aucun cas à une réforme et que les nouvelles formes ne seront pas imposées.

La plupart des quelques critiques qui s'expriment alors utilisent des arguments que nous avons déjà évoqués. A signaler cependant l'intervention dans le débat de la Société des agrégés, qui représente environ 40 % des agrégés français. Dès le 19 juin, la Société des agrégés rend public un communiqué par lequel elle adresse ses critiques au Conseil supérieur de la langue française. Elle reproche essentiellement la tolérance des doubles graphies prévue par le rapport. Cette tolérance est source de désordre, elle conduit à Babel : «Une fois de plus, élèves, parents et maîtres seront désorientés et viendront à ne plus accepter aucune règle.»[116] De plus, les arguments du rapport sont démagogiques : la société des agrégés rappelle que l'enseignement de masse ne date pas de 1990, mais de 1880. Et surtout, les rectifications introduisent de nouvelles anomalies et certaines d'entre elles sont un véritable défi à la logique, comme par exemple les modifications du pluriel des noms composés, qui autoriseront le vide-ordure et le millepatte.

Le 10 juillet, la société des agrégés lance un appel à François Mitterrand et dénonce les dangers et les incohérences des rectifications. Celles-ci reviendraient à «créer une orthographe à la carte c'est-à-dire à tuer l'orthographe dans l'esprit des jeunes.»[117] Enfin, selon les agrégés, «les «experts» du Conseil supérieur de la langue française ont travaillé en laboratoire et se sont coupés des sentiments du peuple.»[118] De plus, dans cette épître au chef de l'Etat, la Société des agrégés réitère sa mise en garde contre le désordre engendré par la tolérance des doubles graphies : «Vouloir imposer une réforme et tolérer les usages actuels aboutit nécessairement à l'effacement de toute orthographe. Chacun écrira comme il l'entendra, puisqu'il n'y aura plus de règles certaines.»[119]

La nouveauté de l'argument tient à l'affirmation que la tolérance tue la norme. Une norme ne peut qu'être unique et sans ambiguïté; la diversité des normes et des usages pour différentes générations est insoutenable. Peut-être faut-il voir, dans ces affirmations, la trace d'une inquiétude, d'une nouvelle insécurité de certains enseignants face aux rectifications. Insécurisés par la complexité de la norme et par celle de son enseignement, certains enseignants redoutent encore davantage de ne pouvoir s'appuyer sur une norme invariable. De plus, l'arbitrage de la conformité graphique risque, en cas de doubles graphies, de leur échapper partiellement et peut-être craignent-ils de voir, face aux élèves et aux parents, leur position affaiblie s'ils ne peuvent s'appuyer sur une norme unique et commune à tous les usagers.

Cette interprétation, si elle était confirmée, pourrait nuancer les propos sur la transformation des relations entretenues entre l'orthographe et l'école. Nous avions précédemment noté que le modèle d'institutionnalisation réciproque de l'orthographe et de l'école, tel qu'il fonctionnait au XIXe siècle, n'était plus d'actualité aujourd'hui, parce que les enseignants éprouvent face à l'enseignement de l'orthographe, un malaise qui tient aux contradictions entre les fonctions de production et de sélection du système scolaire. A la faveur de cette réaction au projet de rectifications, il apparaît que cette transformation n'est pas aussi complète et unanime que nous l'avions supposée. Même si elle est source de difficultés, l'orthographe doit être réaffirmée pour certains comme une norme absolue. Le «mal irréversible», c'est la variation, et surtout la possibilité d'établir une nouvelle hiérarchie entre des formes, une qualification différenciée des graphies selon les scripteurs et les contextes, bref, la définition d'une norme relative, qui puisse être utilisée comme principe d'évaluation dans de multiples contextes. De plus, cette position de la Société des agrégés jette un éclairage intéressant sur la définition des missions de l'école : l'école n'est pas le lieu de l'apprentissage de la diversité normative; c'est un lieu de transmission d'une norme unique et invariable, commune à tous les citoyens, à toutes les générations.

Même si elles sont moins originales, il faut encore signaler les références politiques des propos émis par les représentants de la Société des agrégés. A l'appui des critiques, on convoque le Général de Gaulle, symbole historique de la nation : «Qu'auraient pensé les français de 1940, s'ils avaient entendu le Général de Gaulle déclarer qu'il allait assumer non une «tâche» nationale, mais une «tache» nationale?»[120] Et le recours ultime contre le projet de rectifications semble être François Mitterrand, le chef de l'Etat, garant de la norme et de l'unité nationale.

Cette réaction de la Société des agrégés méritait d'être signalée, pour l'originalité de ses arguments, mais aussi parce qu'elle fut la note la plus discordante de cette période relativement sereine du processus de modernisation. C'est essentiellement à l'occasion de la publication du rapport au *Journal Officiel*, le 6 décembre 1990, que le débat a repris de la vigueur. Nous allons tenter d'examiner ces polémiques, les acteurs du débat et la nature de leurs arguments, avant de proposer une interprétation, en cherchant à remettre en discussion et à enrichir les pistes que nous avions tracées lors de l'analyse de la première période.

2.3.1. Le corpus et la méthode

Au cours d'une brève période, qui va du 6 décembre 1990 au 19 janvier 1991, la presse a accordé une très large place au débat sur les rectifications. La presse des pays francophones comme le Québec, la Belgique et la Suisse, mais surtout la presse parisienne. Nous avons choisi de privilégier l'analyse de textes de la presse quotidienne et hebdomadaire française non seulement parce que la discussion y est plus intense et les textes plus nombreux, mais aussi parce que le débat de presse au Québec ou en Belgique par exemple, qui ne manque pas d'intérêt, réactive les arguments «classiques» déjà évoqués, et surtout semble attendre le lever de rideau d'une pièce qui se joue à Paris. Dans ces deux pays, l'argumentation politique, comme on pouvait s'y attendre, est plus discrète. De plus, malgré une opposition parfois vive aux rectifications, dans la presse francophone belge notamment, le climat du débat est loin d'atteindre les sommets de la tension, de la guerre médiatique qui se déroule en France.

Au Québec, le débat semble serein, et les rectifications plutôt bien accueillies : l'opinion publique et les «faiseurs d'opinion» sont familiarisés avec le principe de l'intervention publique sur la langue; et les usages du français écrit tendent à privilégier certains points de contact avec la langue orale, pour la graphie des néologismes par exemple. Plutôt favorables au projet, les journalistes, ou les responsables de la politique linguistique qui s'expriment par exemple dans les colonnes du *Devoir* soulignent la participation d'un des leurs aux travaux de la Commission. On semble prêt à mettre au point des mesures d'application pour la rédaction des textes officiels et pour l'enseignement primaire, malgré la diversité des procédures réglementaires qu'elles nécessitent. Toutefois, on attend le dénouement du conflit parisien avant d'entreprendre quoi que ce soit. De nombreux commentaires font des allusions, mi-amusées, mi-agacées, à l'aspect exotique et folklorique du conflit parisien.

La presse francophone belge, quotidienne et hebdomadaire, fait aussi largement écho au projet de rectifications et au débat français. Diverses opinions sont exprimées, le débat se noue, parfois avec vivacité, mais ici encore, on se tourne souvent vers Paris, convaincu que «c'est là que ça se passe». Le ministre de l'éducation de la Communauté française de Belgique, Ivan Yllief, se déclare favorable aux rectifications et prêt à les mettre en œuvre. Mais surtout, le rapport du Conseil supérieur de la langue française est défendu, dans la presse belge, par un avocat particulièrement écouté en matière d'orthographe. André Goosse a participé aux travaux de la Commission et a souhaité les voir aboutir. Mais le poids de son intervention dans le débat tient sans doute à sa position d'héritier de la tradition Grevisse. Collaborateur de Maurice Grevisse pendant de nombreuses années, il a poursuivi l'édition du *Bon Usage* en préservant les principes du maître, tout en réalisant des ouvertures importantes à la linguistique. Son nom est ainsi associé à l'apprentissage scolaire de l'orthographe et de la grammaire, et à la tradition normative. Le soutien qu'il apporte aux rectifications n'est pas perçu comme celui d'un «laxiste», mais plutôt comme celui d'une autorité qui conseille l'usage du français écrit dans l'espace public, en Belgique comme dans toute la francophonie.

En Suisse, alors que des enseignants se déclarent favorables aux rectifications, d'autres personnes critiquent explicitement le rapport. Non seulement pour ses «incohérences», mais aussi parce qu'il a été rédigé sans consulter les francophones helvétiques. Le débat, et les réponses françaises qui y sont apportées prennent l'allure d'un conflit centre-périphérie. Des membres du Conseil supérieur de la langue française ou de la Délégation précisent qu'une consultation des francophones suisses était impossible, vu l'absence d'institution délibérative sur la langue française en Suisse, comme cela existe en Belgique ou au Canada.

Le débat se noue dans la presse française autour du rapport et des procédures de son élaboration. Il réactive les arguments de la première phase qui avaient pourtant été peu évoqués lors de la remise du rapport au Premier ministre. Mais, alors que dans la première phase, les «modernisateurs» avaient donné le coup d'envoi du débat, la polémique reprend en décembre à l'initiative des opposants aux rectifications. Nous avons sélectionné un peu plus de 60 articles de presse de divers types parus dans les quotidiens et hebdomadaires français au cours de l'hiver 90-91 : articles d'information, éditoriaux, billets d'humeur, synthèses des événements... Le corpus constitué possède ainsi une définition spatiale et temporelle précise. Mais il présente aussi certains éléments d'hétérogénéité : la taille des articles, certains d'entre eux n'excédant pas quelques lignes, d'autres couvrant plusieurs pages ; les auteurs, journalistes professionnels, autorités culturelles ou médiatiques, témoins ou acteurs du processus d'élaboration des rectifications ; l'originalité du propos, argumentation personnalisée ou recueil de citations ; sans oublier les titres des articles et les caricatures...

Face à une telle diversité, il était difficile d'appliquer un traitement rigoureusement identique à tous les textes, et par exemple, de les soumettre séparément à une analyse de récit[121]. De plus, comme un des objectifs de l'analyse est de comprendre la construction collective de l'orthographe dans l'espace public, on avait intérêt à saisir l'ensemble des articles comme un seul récit, sans pourtant renoncer à identifier, chaque fois que cela était nécessaire, les protagonistes du débat par leurs propos caractéristiques. Le travail d'analyse des textes a donc nécessité une double démarche : une lecture de la diversité des discours, des énonciateurs et des arguments qu'ils développent et une construction d'un récit «synthétique» qui noue entre eux les propos particuliers pour comprendre l'histoire commune à laquelle ils participent.

2.3.2. La diversité des discours

Dans cette première phase de l'analyse, il s'agit d'identifier les énonciateurs qui ont pris part au débat ainsi que le discours qu'ils élaborent, les arguments qu'ils invoquent. Nous avions déjà signalé plus haut la difficulté d'identifier avec précision les intervenants et de leur attribuer un discours spécifique. Parce que les arguments s'entremêlent et aussi parce que les énonciateurs ont toujours des contours flous : les écrivains qui s'expriment, par exemple, ne représentent peut-être pas l'ensemble de la «profession», tout comme les enseignants ou les linguistes. Indépendamment de toute représentativité des collectifs qui s'expriment ou qui sont évoqués, c'est la position adoptée dans le débat par l'énonciateur qui nous intéresse : de quel «lieu» social parle-t-on? Sur quel univers de référence fonde-t-on le discours? La difficulté n'est cependant pas complètement levée parce qu'un bon nombre de ces «références» ne figurent pas explicitement dans les textes. Elles peuvent cependant en être déduites par interprétation, parfois avec assez peu d'ambiguïté. L'identification des énonciateurs et la qualification de leurs propos n'est donc pas une opération simple et sans risques. Elle exige un recours incessant au travail hypothétique et surtout, elle interdit les classements mécaniques en catégories «propres», qui auraient permis, par exemple, de séparer l'inventaire des énonciateurs de celui des discours en présence.

Les énonciateurs ne sont pas immédiatement identifiables. Mais s'il y a un type d'intervenant qui mérite d'être mis en pleine lumière, c'est **la presse** elle-même, et plus précisément quelques journaux. En effet, comme nous l'avions noté lors de l'analyse de la phase précédente, certains journaux entrent résolument dans le débat. *Le Figaro* surtout et *France-Soir*, actifs dans la première phase, reprennent du service au cours de l'hiver 90-91. Leur intervention est systématiquement hostile à ce qu'ils appellent «la réforme». Dans l'autre camp, l'engagement de *Libération* est nettement plus discret et moins soutenu. Les autres organes de presse n'affichent pas de position nette, tout en faisant écho au débat, comme *Le Monde* par exemple. Ou alors, les opinions varient selon le journaliste professionnel ou occasionnel des «libres propos», «tribunes libres» et autres «cartes blanches». L'exemple le plus frappant de la diversité des positions est sans doute celui du *Nouvel Observateur*, où la chronique hebdomadaire de Defeil de Ton, farouche opposant à la «réforme», côtoie un article incendiaire de Jacques Julliard, «opposé aux opposants».

L'intervention du *Figaro* est sensible sous plusieurs aspects. D'abord la constance et la continuité du discours, au *Figaro*, où la même journaliste, Muriel Frat, signe la quasi totalité des articles presque quotidiens consacrés à la «réforme». En face, *Libération* «se contente de quelques articles non signés, avec la mention «d'après AFP», de quelques articles signés et d'un dossier de quatre pages, le 8 janvier 1991, qui dénonce plus les arguments des opposants qu'il ne défend la réforme. Fréquence donc, constance et continuité anti-réformatrice au *Figaro*. De plus, ce quotidien utilise souvent, dans les titres et les articles, un vocabulaire qui renvoie au registre du combat, et même de la guerre. Par exemple : le 21 décembre 1990, il titre : « Orthographe : la fronde de l'Académie »; le 24 décembre : « Henry Troyat entre dans la fronde »; le 27 décembre : « Bazin et Nourissier montent en ligne »; le 28 décembre : « Mobilisation contre la réforme de l'orthographe »; le 3 janvier : « Les adversaires de la réforme de l'orthographe ne désarment pas »; le 4 janvier : « La bataille de l'orthographe s'amplifie. Une académicienne dans la mêlée »; et le 21 janvier : « Orthographe : deuxième round à l'Académie ». Le 28 décembre, André Frossard publie un petit texte humoristique, construit sur la métaphore des opérations militaires : « Nuit calme sur l'ensemble du front de l'orthographe. Activité de patrouilles au bord de la Seine, dans le secteur du Quai Conti, où le lieutenant d'Ormesson a fait plusieurs prisonniers. Le sapeur Pivot a démoli un nombre inhabituel d'ouvrages, et le chef d'état-major Druon s'est retiré sur une colline pour prendre une vue générale du champ de bataille. La conclusion d'un armistice semble possible, moyennant un échange de traits d'union et d'accents circonflexes. »

D'autres journaux font aussi référence à l'univers de la guerre, mais de façon moins systématique, comme *Libération*, les 22 et 23 décembre : « Insurrection contre la nouvelle orthographe »; le 8 janvier, sous la plume de François Reynaert : « Une « guerre » peut en cacher une autre. Une étrange cohorte d'académiciens endormis, d'écrivains précieux, de réactionnaires fieffés et de gauchistes atrabilaires, de députés sans cause et de penseurs inspirés, creuse d'une plume vitupérante les tranchées de la seule guerre qui ait grâce à leurs yeux : la guerre de l'orthographe. » Ou encore le *Journal du Dimanche*, le 23 décembre : « La bataille du nénufar »; *Le nouvel observateur*, 27 décembre-2 janvier, Jacques Julliard : « Mourir pour nénuphar ? La France du béret basque et de la baguette parisienne a trouvé sa nouvelle ligne Maginot : celle de l'orthographe. »

Le recours au vocabulaire de la guerre a sans doute pour effet de passionner le débat, et surtout de présenter les discours comme des positions tranchées *pour* et *contre*, de construire une opinion bipolarisée autour d'un enjeu conflictuel. Il faut bien sûr signaler que cette représentation du débat ne relève pas de la fiction pure, dans la mesure où quelques autres intervenants, hors presse, développent aussi la métaphore de la guerre. Et nous avons vu combien, dans la première phase, les intervenants avaient tendance à se définir en *pro* et *contra*. Cependant, on peut faire l'hypothèse que l'insistance du *Figaro* sur ce registre a pu contribuer à creuser l'écart entre les positions et a stimulé la constitution des « camps ». Et que, probablement, mais dans une moindre mesure, *Libération* a répondu à cette annonce de déclaration de guerre.

Le Figaro et *France-Soir* interviennent encore dans le débat en donnant largement la parole à leurs lecteurs. Dans de nombreux quotidiens, les lecteurs peuvent exprimer leur point de vue dans un « courrier des lecteurs » ou une rubrique du même genre. Mais il s'agit ici de tout autre chose : les deux journaux consacrent des articles et même des grands titres à l'opinion défavorable de leurs lecteurs. Ces opinions ne sont pas seulement publiées, elles sont mises en scène, commentées dans des articles, et même, elles sont suscitées. *France-Soir*, le 19 décembre, titre en première page : « Tous contre la réforme. 98 % de nos lecteurs n'en veulent pas », et en page six, sous rubrique *Notre référendum*, « Vous avez été 3.205 à répondre à nos questions. 36 seulement veulent mettre un tréma sur gageure. 98 % de nos lecteurs disent non à la réforme de l'orthographe. » L'article présente les résultats d'un « référendum » sur base des réponses spontanées de lecteurs à la question : « Etes-vous pour ou contre l'application de ces nouvelles règles par les journalistes de *France-Soir*? » Ensuite, viennent des extraits de lettres de lecteurs.

Le 29 décembre, *Le Figaro* titre : « La polémique continue. Orthographe : nos lecteurs contre la réforme. Leur abondant courrier en témoigne : ces « rectifications » ne leur plaisent décidément pas. » Suit un article de présentation et de commentaire d'extraits de lettres de lecteurs. Il faut signaler bien sûr, que comme dans le cas du « sondage » de *L'Ecole libératrice*, ce « référendum » et ce courrier des lecteurs n'ont aucun caractère qui permet de juger de la représentativité des propos. Mais même si l'on prend au sérieux l'opposition des lecteurs du *Figaro* et de *France-Soir* aux rectifications, il faut noter que ces articles mettent en scène la position de leur lectorat et contribuent à construire la fiction d'une opinion publique constituée, c'est-à-dire qu'ils supposent que « l'opinion » est informée, qu'elle n'est pas indifférente, ni hésitante, ni partagée, et qu'elle a clairement « choisi son camp ». Depuis le sondage IFOP publié par *Lire* en mars 1989 pourtant, aucune information ne précise l'état de l'opinion publique. Mais il devient évident, dans toute la presse que « quasiment personne n'en veut », que « les rectifications sont impopulaires », que « les français sont contre ». Nous ne cherchons pas ici à contester des « données » qui en fait n'en sont pas, mais à souligner l'effet possible de ces informations dans le débat, et notamment la création de la fiction d'une opinion publique qui s'exprime d'une seule voix.

Comme lors de la première phase, les deux quotidiens français utilisent quelquefois dans leurs titres et articles une graphie d'allure phonétique, mais en fait aberrante. Le 19 décembre, François Crouzet écrit dans *Le Figaro* : « Touédi élonvien trotar »; le même jour, *France-Soir* cite une de ses lectrices : « Le francé est sureman la plu bel langue du monde et il seré stupid d'en détruire la baze, a savoir les rassines la tine et graicque. Une pacioné de litérature. » Les photos représentent généralement les personnalités censées occuper le devant de la scène : Maurice Druon, Bernard Pivot, Jean d'Ormesson, etc. Les caricatures de Figaro associent explicitement la « réforme » à la perte de popularité de Mitterrand et de Rocard (le 24 décembre) ou aux diverses crises qui traversent la société française (28 décembre).

Mais ces deux quotidiens et l'ensemble de la presse cèdent surtout la parole à d'autres intervenants. Parmi les plus présents, des **écrivains**, généralement opposés aux rectifications. Ils reprochent au rapport de défigurer les mots, de changer leur **physionomie**. Par exemple, Henri Troyat : « Je suis tout à fait hostile à la suppression de l'accent circonflexe. Supprimer cet accent, c'est défigurer l'âme d'un mot. »[122] Ou encore, Roger Gouze : « Le passé d'une langue est inscrit dans le visage de ses mots. Alexandre Vialatte dit à peu près : « Il faut aimer notre vieille langue avec ses bizarreries comme on aime le visage de sa grand-mère, avec ses rides. »[123] Ils affirment souvent leur attachement à l'**esthétique** de la langue française et de sa graphie, comme Françoise Sagan : « Le français est une langue superbe, il n'y a aucune raison de la changer. Ecrire nénuphar avec un f, c'est enlever tout son charme à la langue. »[124]

Les rectifications n'affectent pas seulement le visage des mots et leur esthétique. En changeant la graphie des mots, elles finissent par atteindre les sonorités de la langue, et même l'univers de la **signification** : « l'œil écoute », dit Hector Biancotti, citant Claudel : « l'écriture a ceci de mystérieux qu'elle parle »[125]. Michel Sénéchal, Directeur de l'Ecole d'art lyrique de l'Opéra de Paris, appuie encore ce propos : « La prononciation de notre langue, et l'expression qui en découle, est intimement liée à l'orthographe. La sonorité des phrases et des mots est indissociable de la musique voulue et écrite par les compositeurs. »[126] Selon Bernard Frank, « un exéma démange moins sans son z »[127]; et pour André Frossard, « la voute n'a plus d'ogive sans son accent circonflexe. »[128]

Les écrivains affirment souvent leur opposition aux rectifications par **amour** de la langue et des mots, dont ils se font les champions. Par exemple, Félicien Marceau déclare : « J'aime les mots, et je ne souhaite pas qu'ils changent. »[129]; et Pierre-Jean Remy : « Je suis amoureux des accents circonflexes et j'adore les traits d'union. »[130] Pour certains, la question de l'orthographe concerne d'abord les **écrivains et les poètes**. Les interventions volontaristes sur l'orthographe ne sont pas légitimes. C'est dans le travail d'écriture littéraire ou poétique que l'évolution doit se produire : « Ne sont-ils (les poètes) pas pourtant les premiers concernés, puisque le mot est la matière précieuse avec laquelle ils construisent des œuvres, qui, de siècle en siècle, enrichissent notre patrimoine culturel? Victor Hugo, Vigny, Lamartine ou Cocteau se retourneraient dans leur sépulture. Laissons au temps, au hasard et aux poètes le soin d'affiner les délicates articulations de l'écriture. »[131] déclare Jean-Pierre Rosnay, directeur du club des poètes.

Aux écrivains, se joignent aussi d'autres personnalités médiatiques, diverses **autorités culturelles, intellectuelles ou politiques**, académiciens, journalistes, députés... qui interviennent dans le débat parfois spontanément, parfois sollicités par les journalistes, et le plus souvent pour s'opposer aux rectifications. Ils relèvent souvent des mots selon eux particulièrement sensibles au changement, parfois utilisés dans les titres des journaux pour annoncer le sujet de l'article, par exemple, les nouvelles graphies d'ognon et de nénufar. Certains se disent **choqués** de la transformation des mots, tout comme des lecteurs du Figaro ou de France-Soir : « Tous les weekends, je fais des piqueniques près des nénufars. Je mange des ognons emportés dans mon charriot. Avouez que cela choque. »[132]; ou : « Les aprioris et les statuquos heurtent mes images mentales. »[133]

La langue française et la graphie des mots sont des **monuments historiques** qu'il faut préserver. « Oignon : ce mot est un des derniers représentants d'une ancienne forme orthographique qu'il faut conserver pieusement. Une orthographe historique, comme il existe des monuments historiques. Supprimer le i de oignon, c'est envoyer les bulldozers contre une église gothique. »[134] Dans le même article, Maurice Rheims déclare : « Ma langue, c'est celle de Diderot, Voltaire, Flaubert, Proust, et elle est sacrée. »[135] Et R. Gouze : « La langue française, c'est comme un vieux mur. Si vous retirez une pierre, vous allez en faire trop, et le mur va s'écrouler. »[136] C'est non seulement un monument historique, mais aussi un **monument national**, notamment pour Jacques Vergès : « La position du gouvernement est arbitraire et antinationale. [...] Les socialistes sont des cosmopolites, ils n'ont pas le sens de la nation. »[137]

La langue française et sa continuité graphique apparaissent à certains comme le rempart contre le **déclin** de toute la société. Selon Jean d'Ormesson, « Au moment où s'écroulent, minées de l'intérieur, tant de traditions et d'institutions — et où, pour compliquer un peu les choses, s'écroulent aussi les révolutions qui se proposaient de détruire ces traditions et ces institutions —, on dirait que les gens se raccrochent à la langue comme à une des rares bouées qui subsistent après un grand naufrage. »[138] Quelques jours plus tard, dans le même quotidien, Michel Sénéchal déclare : «En cette triste époque du déclin français en tout genre constaté, sachons défendre la dernière grande valeur qui nous reste : la langue française. »[139]

Tout s'écroule, et notamment l'**école**. Les enseignants ont démissionné et ont renoncé à exiger des élèves le travail nécessaire à l'acquisition de l'orthographe. Par exemple, Jean d'Ormesson : «C'est assurément une démission de l'enseignement. Sur la pression d'un certain nombre de professeurs qui ne veulent plus enseigner les difficultés. »[140]; ou encore Jacques Vergès, qui dénonce la démagogie du projet socialiste d'amener 80 % des élèves au bac : «L'orthographe, c'est quelque chose que l'on doit acquérir par le travail. [...] Tout ça pour tenir des promesses mirifiques qui ne veulent rien dire : comme d'obtenir 80 % de bacheliers pour une classe d'âge. »[141] Pour plusieurs intervenants dans le débat, la référence ultime de l'école est **Jules Ferry**. L'école Ferryste est l'étalon avec lequel on juge l'école d'aujourd'hui, en déclin manifeste. Hélène Carrère d'Encausse : «Il faut réformer l'école élémentaire. Il faut revenir à l'école primaire telle que Jules Ferry l'avait imposée et qui a parfaitement rempli son rôle. [...] L'orthographe, c'est une excellente formation intellectuelle. »[142]

Les propos de Defeil de Ton sur ce thème sont éclairants : «Jules Ferry voulait le français pour tous, enseigné à tous. En cette fin de millénaire, pour la première fois dans l'histoire de France, vivent côte à côte des arrière-grand-mères et des arrière-petites-filles qui ont appris le même français. Ils veulent casser ça. Bardés de diplômes, ils déclarent aux gens simples : «Le français que nous connaissons si bien, nous, il est trop difficile pour vous. Nous allons le mettre à votre portée.» Jules Ferry voulait que chacun pût accéder à sa connaissance. Rocard juge sa connaissance inaccessible aux citoyens ordinaires. Il y a du mépris, au fond de tout ça. Rocard, c'est l'anti-Jules. »[143]

Si l'école Ferryste semble le modèle pour certains, c'est notamment parce qu'elle enseigne la même norme unique à tous, et à plusieurs générations. Elle contribue ainsi à créer une **cohésion** sociale qui serait mise en péril par la tolérance de doubles graphies, et l'apprentissage différencié selon les générations. Plusieurs intervenants soulignent la confusion, la pagaille engendrée par les rectifications et surtout, la division sociale qu'elles risquent d'engendrer. François Bayrou : «Comment expliquer aux jeunes que le Petit Larousse, qui a été pendant des décennies le livre sacré dans les familles, le lieu de référence et de rassemblement, [...] propose maintenant deux orthographes, qu'il sépare désormais ceux qui savent, devenus les ignorants, des autres qui n'en savent pas plus!»[144]; Jean d'Ormesson : «Maintenant, le français risque d'être à deux vitesses, une vitesse pour le passé, une vitesse pour l'avenir, une vitesse pour les savants, une vitesse pour les autres.»[145]; certains font même la comparaison avec les maths modernes : «On repère la même rupture qui, dans le cas des mathématiques, a débouché sur une division entre les générations.»[146]

Certains partisans des rectifications, et même certains de leurs artisans appuient cette nécessité d'une norme unique, pour ne pas rompre la cohésion sociale. Par exemple, Charles Muller déclare que le processus d'élaboration du rapport visait à écarter la menace d'une division entre différents types d'écoles : «Aujourd'hui, le manifeste de l'Association pour l'information et la recherche sur les orthographes et les systèmes d'écriture a fait des propositions de réforme, avec l'idée que ces nouveaux usages soient considérés comme corrects et que les enseignants soient libres de les appliquer. C'était la révolution... Le rêve de la fin des exceptions risquait de séduire les instituteurs. Imaginez que le syndicat donne l'ordre de ne plus compter les fautes, et que l'enseignement libre se charge d'enseigner l'orthographe traditionnelle ! D'où le contre-feu des dix linguistes et leur appel dans Le Monde, dans lequel ils remplacent les arguments démagogiques par des arguments historiques et linguistiques. D'où l'opération Rocard, pour mettre fin à un mouvement qui serait allé trop loin.»[147]

Le changement et la tolérance des doubles graphies sont aussi perçus comme dangereux parce qu'ils opèrent une **redéfinition des classements sociaux**, et pourraient être source d'une nouvelle discrimination. Certains, comme Jean Dutourd, avouent explicitement leur attachement aux difficultés qu'ils ont surmontées : «Je suis désespéré à l'idée qu'on rétablisse les fautes d'orthographe dont je me suis débarrassé avec tant de peine.»[148] Un lecteur du *Figaro* craint qu'à l'avenir, «les bons élèves soient pénalisés.»[149] Et surtout, le changement et la tolérance des doubles graphies brouillent les jugements de conformité, et finalement les classements sociaux, comme l'affirme ce lecteur de *France-Soir* : «Dans vingt ans, certains écriront encore nénuphar, et d'autres nénufar. Comme certains comptent encore en anciens francs. Et on ne saura plus qui a fait la faute !»[150]

François Crouzet développe explicitement ce propos, en insistant sur la nouvelle discrimination engendrée par les rectifications : «Ils ne songeaient sûrement qu'à simplifier la vie et à égaliser les chances de départ des enfants; ils ont créé une nouvelle discrimination. L'attachement aux anciens usages, absurdes et charmants [...] va vite créer entre ceux qui continueront à le partager une franc-maçonnerie, une société fermée, une minorité. [...] Formée à l'ancienne école, c'est cette minorité-là qui, à l'heure actuelle, tient évidemment les commandes dans tous les domaines. Comme il est de règle, elle transmettra à ses enfants le respect, même ironique, de ses rites. Que croit-on qu'il se passera quand, en concurrence avec ceux d'Argenteuil ou de Bron, les enfants de Neuilly, Auteuil ou Passy enverront une lettre de candidature ? »[151]

Alors que Nina Catach et d'autres linguistes cherchaient à «faire bouger le système», certaines personnalités craignent précisément que ces rectifications, prétendument légères et modérées, n'ouvrent une **brèche** dans laquelle pourrait s'engouffrer une véritable réforme. Cette réflexion sur les conséquences des rectifications, et sur la découverte de leur ampleur pourrait, selon certains, expliquer le revirement de quelques académiciens. Henry Troyat affirme : «Nous avions l'impression qu'il s'agissait d'une réformette. Lorsque nous avons voté sur l'ensemble des propositions, nous ne nous sommes pas vraiment rendu compte des conséquences de la réforme.»[152] La publication des rectifications dans le *Journal Officiel*, avec la liste des mots concernés a, selon certains académiciens, provoqué un choc, lorsqu'ils ont découvert par là «l'importance» du changement qu'ils avaient contribué à introduire.

Mais pour d'autres, ce n'est pas tant l'ampleur des rectifications qui est préoccupante, c'est ce qu'elle inaugure comme perspective de bouleversements futurs : «On projette (*-jète?*) une réformette (*-mète?*), on se retrouve avec une révolution. [...] Ce *nénufar* ouvre une brèche. [...] Et l'invariabilité de «on les a *laissé* faire» ne préfigure-t-elle pas un changement de la *règlementation* du participe passé? Est-ce, déjà, l'édifice qui *chancèle*? La route serait, de longue date, balisée par ceux que Bayrou appelle «le clan des linguistes»»[153] Defeil de Ton appuie également ce propos : «Ils mentent. Ils disent : «Nos rectifications sont minimes. Il s'agit de quelques modifications.» La vérité est celle-ci : Rocard veut une refonte totale de l'orthographe. Dans un premier temps, il souhaite, ce sont les termes de sa directive, briser un tabou. Ce tabou brisé, c'est-à-dire si les rectifications publiées par le *Journal Officiel* sont mises en pratique, le «groupe de travail» qu'il a nommé s'attaquera à la phase suivante. Le but, jamais déclaré publiquement mais avoué en privé, est de procéder par étapes, de deux ans en deux ans par exemple, à coups de listes de rectifications successives.»[154]

L'argument le plus récurrent des opposants aux rectifications est sans doute l'affirmation qu'**on ne gouverne pas la langue par décret**.

Jacques Vergès et Jean d'Ormesson se font les champions de cet argument, repris par beaucoup d'autres, et qui figure dans le débat comme un leitmotiv. Vergès déclare par exemple : «L'orthographe, comme la langue, est le résultat de toute une histoire, d'une lente maturation. Ceux qui anticipent sur l'histoire se trompent toujours.»[155] et : «Aucune autorité et aucun gouvernement ne peut anticiper sur l'évolution. [...] Aucune autorité ne peut légiférer dans le domaine de la langue. C'est l'usage qui fait la langue. C'est avant tout au peuple français de lentement faire évoluer sa langue, la mûrir.»[156] Jean d'Ormesson affirme avec force l'autorité de **l'usage** sur la langue. Il adresse une lettre ouverte aux apprentis sorciers, «qui ont voulu précéder l'usage au lieu de le suivre.»[157] Il précise : «Il y a un juge, un patron, un arbitre, un maître suprême : c'est l'usage. Qui décide? c'est vous tous. Si l'ordonnance de Villers-Cotterêts décide que le français, désormais, sera parlé par tous, c'est que tous, en France, parlent déjà le français. L'ordonnance de Villers-Cotterêts ne fait qu'entériner dans les actes du royaume et devant les tribunaux l'usage universel. La langue est un phénomène collectif et démocratique par excellence. Il est l'expression même de la fameuse société civile. On ne la transforme pas par décret. Les décrets ne peuvent rien faire d'autre que de reconnaître un usage préexistant. Qui réforme une langue, une grammaire, une orthographe? Ni le gouvernement, ni les syndicats, ni un comité, ni même un haut comité, ni l'Académie. C'est le peuple.»[158]

L'usage reçoit parfois une définition paradoxale. Valorisé comme seule autorité légitime sur la langue et son évolution, il est aussi suspecté de «fautes». Un lecteur du Figaro déclare : «Au lieu d'entériner l'usage, on avalise les fautes de ceux qui en font fi.»[159] Ou bien l'usage renvoie aux usagers, détenteurs de la vérité linguistique, ou bien il renvoie à une norme fixée qui ne se dit pas, et qui peut-être ne se perçoit pas comme telle et de laquelle les usagers peuvent s'écarter dans leurs pratiques, ou encore il renvoie, en continuité avec Vaugelas, aux pratiques d'une partie des usagers, dont le principe même de la sélection est occulté. Le flou et l'ambiguïté de la définition de l'usage est encore perceptible dans le débat sur l'issue réservée par l'Académie aux rectifications. Muriel Frat, qui a laissé une large place dans ses articles à l'affirmation de la souveraineté de l'usage et a appuyé ces propos, écrit : «Le texte accepté remet donc la réforme sine die et demande au gouvernement de ne pas la mettre en application. Elle ne sera pas prise en compte par les éditeurs de manuels scolaires et de dictionnaires. Elle n'aura donc aucune chance d'entrer dans l'usage et sera, par conséquent, rejetée lorsqu'elle passera à nouveau, dans quelques années, devant l'Académie française.»[160] Il y a probablement un paradoxe à soutenir que la langue se fait dans l'usage mais que les mesures d'application du gouvernement auraient risqué d'affecter l'usage, notamment par la voie des manuels scolaires. Nous reviendrons plus loin à cette définition problématique de l'usage, qui cristallise un des conflits les plus vifs du débat sur les rectifications.

L'association «Le français libre», créée par François Bayrou, rassemble autour de ce thème écrivains et autres personnalités médiatiques qui refusent d'appliquer les rectifications dans leurs ouvrages. Au même moment, se forme un «Comité Robespierre«, qui préconise «La guillotine morale du mépris contre les technocrates sans âme et sans pensée qui ont osé profaner notre langue.»[161] Jacques Vergès, Léon Schwartzenberg, François Cavanna, Roger Caratini et Jacques Benveniste en sont membres. Ce dernier déclare : «La langue française appartient, d'une manière indivisible, au peuple français et aux autres peuples qui en font usage.»[162] Le Comité Robespierre précise encore : «Nul n'a le droit de légiférer sur elle, ni le plus haut magistrat de l'Etat, ni aucune assemblée, ni aucune institution.»[163]

Alain Genestar dénonce l'intrusion de la loi dans le domaine de la langue, comme dans d'autres domaines : «Voici un beau combat livré contre l'arbitraire, contre la réglementation systématique de tout et de rien. Déjà nous sommes ceinturés par décret dans nos voitures. Déjà nous n'avons plus le droit de fumer là où cela nous plaît. Alors qu'on nous laisse donc tranquilles et libres de nos mots.»[164] D'autres se contentent de poser une question qui n'attend qu'une seule réponse, comme Defeil de Ton : «L'Etat doit-il tout diriger? La langue française relève-t-elle des compétences du gouvernement français? Sa graphie, ses règles grammaticales sont-elles soumises à l'autorité d'un Premier ministre?»[165] ou P.-L. Sulitzer : «Est-ce à une loi de régir nos mœurs, notre patrimoine culturel?»[166]

Le repoussoir, pour certains, c'est la langue artificielle que risque de devenir le français soumis à l'aménagement linguistique. Par exemple, Jacques Vergès : «On veut faire un basic french comme il y a un basic english. Cette réforme vise à faire du français un espéranto. Le français n'est pas une langue artificielle.»[167] Mais surtout, ce qui cristallise les critiques, c'est l'origine du projet de rectifications. On dénonce les «**technocrates** de Matignon» et «le clan des linguistes». Bernard Pivot s'est senti piégé par les professionnels : «En participant activement aux travaux, j'ai pu me rendre compte que les dés étaient pipés. [...] Lors du vote, bien entendu, les professionnels, habitués, l'emportent évidemment sur les amateurs. [...] Mais où je ne suis plus du tout en accord avec cette commission, c'est lorsque les linguistes profitent de la situation pour faire davantage.»[168] Le Comité Robespierre, nous l'avons vu, dénonce les «technocrates sans âme». Et Muriel Frat veut remettre les linguistes à «leur juste place» : «Si la circulaire ne voyait pas le jour, les enfants des écoles primaires n'étudieraient pas les nouvelles règles d'orthographe à partir de la rentrée 1991. Et le travail des experts resterait une réflexion sur la langue française. Ni plus, ni moins.»[169]

Encore une fois, ce thème a inspiré Defeil de Ton. Les linguistes, coupés du peuple, veulent faire son bonheur malgré lui : «C'est qu'on ne pouvait plus décider entre soi de l'avenir de la langue. On n'était plus au chaud dans les bureaux du ministère. On avait le peuple qui s'exprimait, les utilisateurs du français. [...] Lui, Hagège, il sait qu'il a raison. Elle, Nina Catach, autre «expert» présent à l'émission, elle sait qu'elle a raison. *France-Soir* demande à ses lecteurs s'il doit utiliser la nouvelle orthographe préconisée par le gouvernement. Il reçoit plus de 3.000 lettres. 98 % des lettres sont contre ! On connaît, n'est-ce pas, ces soi-disant socialistes qui veulent faire le bonheur du peuple malgré lui. L'Europe de l'Est est en train de se débarrasser des siens. Vous l'ignorez, nous disent les nôtres, mais vous désirer écrire les mots autrement qu'ils ne s'écrivent.»[170] Et quelques semaines plus tard : «Le bruit qui court est que l'Académie invitera le gouvernement à renoncer à son plan qui était d'imposer aux enfants son orthographe inventée. Nous, les adultes, l'Académie nous conseillait de faire ce que nous voulons. C'est tout su ce que nous voulons. Depuis un siècle que la même vielle école de technolinguistes cherche obstinément à nous refiler ses concoctions, toujours les mêmes, nous nous obstinons à les ignorer.»[171]

Les **correcteurs** d'imprimerie se joignent également aux opposants. Mais leurs arguments sont très différents de ceux du «Français libre» ou du Comité Robespierre. Ils dénoncent essentiellement les incohérences du rapport, et font d'importantes objections **techniques**. La discussion s'engage ici essentiellement du point de vue strict du code graphique. Les correcteurs ont épluché le document paru au *Journal Officiel*, relevé les problèmes qu'il soulève et dressé la liste des «incohérences». Plusieurs journalistes soulignent combien le ton et la nature de leur argumentation tranche avec ceux des autres personnalités qui prennent la parole, et qui n'abordent pratiquement jamais une réflexion à propos du code graphique lui-même.

Les propos favorables aux rectifications sont nettement moins fréquents dans la presse. Les **enseignants**, notamment, sont particulièrement discrets. Alors qu'ils étaient à l'initiative de la première phase du débat, la discussion semble ici largement leur échapper. Quelques journaux relèvent la division des enseignants. L'association française des enseignants de français (Alef) approuve la réforme et estime qu'elle ne va pas assez loin : « Le texte nous semble réintroduire le mouvement dans ce qui était paysage figé, renouer avec l'Histoire. »[172] Pour le SNI-Pegec, la réforme, « un peu hésitante, va dans le bon sens. »[173] Mais la fédération nationale des docteurs d'Etat diplômés des universités de France s'oppose aux rectifications. Selon Raphaëlle Rérolle, beaucoup d'enseignants sont perplexes : « Peu consultés, mal informés, ils attendent avec circonspection les changements qui leur seraient imposés par le haut. »[174] Selon cette journaliste, « les réactions varient sensiblement de l'école au collège. Plus directement confrontés aux problèmes d'apprentissage, les instituteurs se déclarent souvent favorables à une réforme. »[175] Et de plus, ils estiment généralement qu'on ne peut se contenter d'une « réformette », mais qu'il faut aller plus loin et rationaliser la langue en profondeur.

Quelques **linguistes** prennent la parole pour réaffirmer l'argument historique déjà développé lors de la première phase. Certains d'entre eux déclarent explicitement fonder leur soutien aux rectifications sur une **connaissance** de la langue qui ne peut être à la portée de tous les citoyens et notamment des enfants, parce qu'on ne peut l'expliquer. Par exemple, Gérard Gorcy déclare : « Nous n'avions pas de critères pour l'expliquer à des enfants. Vous croyez qu'en écrivant gêne avec un accent circonflexe, tous les gens ont à l'esprit la géhenne, c'est-à-dire l'allusion à l'enfer, d'où vient ce mot ? »[176] Pour Charles Muller, l'opposition des correcteurs n'est pas légitime : « Les correcteurs sont contre ? Ce sont des exécutants. C'est comme l'infirmière qui discute l'ordonnance du médecin. »[177] *L'idiot International* donne dans le même registre, l'ironie en plus : « de plus en plus de gens sympathiques sont contre : même Françoise Sagan, Bernard-Henry Lévy et Jeanne Moreau, philologues de haut vol comme chacun sait. A quand Mireille Mathieu ? Qu'on se le dise, la réforme de l'orthographe est à l'eau. Démagogie oblige. »[178]

Une des préoccupations de certains réformateurs reste l'adéquation du français écrit aux **usages informatiques**. Par exemple, Charles Muller : « L'ordinateur, à son tour, exige une norme catégorique : si vous changez l'orthographe d'un mot, il ne comprend plus rien. Et il faut que tout le monde puisse se servir d'un ordinateur. La réflexion sur une réforme de l'orthographe a été transformée par les moyens de l'informatique. »[179] Michel Rocard surtout, prend la parole pour exprimer son souhait de voir se calmer l'affrontement autour des rectifications, en précisant que « la bataille de l'industrialisation de la langue pour l'informatique en dépend.»[180] *Libération* précise que «Le premier ministre a défendu, hier, sa réforme au nom des besoins industriels du pays. Il a assuré que ce que le problème qui l'intéressait avant tout était celui de la simplification de la langue, au nom des besoins industriels de la France dans la bataille de l'industrialisation informatique et de la traduction automatique par ordinateurs.»[181]

Quelques journalistes appuient les rectifications en affirmant leur position pour le **mouvement** et contre l'immobilisme. C'est notamment un thème qui déchaîne Jacques Julliard : «De Maurice Rheims à Cavanna, du brocanteur de la haute à l'anarchiste en peau de lapin, ce n'est qu'un cri, celui qui a retenti aux six coins de l'hexagone chaque fois que ce pays s'est senti chatouillé dans sa routine, ébranlé dans son immobilisme hercynien, menacé dans son conservatisme révolutionnaire. [...] Mais qu'importe, puisqu'à défaut de talent une grimace d'intégrisme orthographique vous donne figure d'amoureux fou de notre langue? J'ai écrit moi-même l'an dernier que l'on aime sa langue comme une maîtresse, avec emportement, pour ses défauts autant que pour ses perfections. De là à en faire une momie... Je ne vois pas que l'on aime quelqu'un sans parfois le bousculer, ni que l'on fasse l'amour à une femme sans déranger un peu sa toilette. [...] La France compte aujourd'hui plus de névroses que de fromages; la pire d'entre elles étant cette horreur de toute nouveauté, commune à la gauche et à la droite, qui fait d'elle un pays de petits vieux trembleurs, d'intelligences grabataires, d'ardeurs refroidies, d'imaginations flageolantes.»[182]

Et François Reynaert appuie : «Le front du refus milite pour l'immobilisme contre l'évolution. [...] Le combat n'oppose plus la droite à la gauche. Il oppose ceux qui, au nom de valeurs de gauche et de droite, ont désormais en commun un passéisme, une peur panique de l'avenir qui leur ferait jurer que l'«Europe va noyer l'identité française», que «l'école va mal» ou que naturellement «la réforme de l'orthographe va abâtardir notre belle langue». «Le vrai clivage», disait récemment le sociologue Alain Touraine, «est désormais entre les partisans de l'Ordre et ceux du Mouvement». Michel Rocard a tenté, avec ô combien de prudence et de modestie, «le mouvement» [...]»[183].

Ceux qui montent au créneau pour soutenir les rectifications semblent plus animés par leur refus des arguments des opposants que par l'adhésion au projet lui-même. C'est manifestement le cas de Jacques Julliard et de François Reynaert, qui dénonce «L'incroyable outrance des arguments lancés par le «front du refus» antiréformiste à la face des malheureux promoteurs de ce qui n'est jamais qu'un toilettage de notre langue retorse.»[184] On vise surtout les écrivains : «Les arguments de type esthétique (c'est plus joli avec un chapeau, par exemple) dont l'élitisme précieux se combat par son propre ridicule.»[185]; et un instituteur interrogé par *Ici-Paris* : «Si les hommes de lettres s'élèvent contre la réforme, c'est uniquement par égoïsme. Connaître l'orthographe, c'est en quelque sorte posséder un certain pouvoir, celui de l'instruction. Cet acquis, ils ne supportent pas qu'on le mette en doute.»[186] Ou encore les académiciens : «Avec leur insistance sur «l'usage» contre «le décret», ils se placent en juges suprêmes d'une période de probation bien vague. Décourageront-ils le *Petit Robert* et le *Petit Larousse* qui les remplacent depuis des années dans le rôle du «greffier de l'usage» et qui ont approuvé les modifications du rapport Rocard?»[187]

Les «opposants aux opposants» réagissent surtout à l'affirmation que l'intervention de l'Etat ne puisse toucher la langue. Ils relèvent l'importance du **rôle de l'Etat** dans la construction de la langue, et dénoncent la fiction de l'usage, affirmé comme seul détenteur légitime de la norme. Jacques Julliard : «Quand les anti-réformateurs récusent toute réglementation, d'où quelle vienne, et brandissent la primauté absolue de l'usage, ils se moquent du monde. Car, loin de préconiser le laxisme orthographique, qui serait la conséquence inéluctable du recours exclusif à l'usage, les mêmes se retranchent derrière un fixisme absolu de la langue et le caractère immuable de règles arbitrairement édictées par les grammairiens totalitaires du XIXe siècle.»[188] Et François Reynaert : «En fait, l'argument le plus fréquent est de type libéral. «On ne gouverne pas la langue par décret», disent les membres de l'association le Français libre, de François Bayrou. Mais toute l'histoire de la langue française, de l'édit de Villers-Cotterêts à la création de l'Académie française [...] est une histoire dirigiste, imposée «d'en haut». [...] Rocard [...] s'inscrit dans la tradition des réformes des XVIIe, XVIIIe, XIXe siècles, induites par le pouvoir central.»[189]

Ces différents discours prennent, dans la presse, la forme d'affrontements entre deux camps, favorable ou défavorable aux rectifications. Mais sous ce débat, en apparaît un autre qui risque d'être occulté paradoxalement par sa trop grande proximité avec celui qui touche aux rectifications. En appuyant ou en s'opposant aux rectifications, quelques intervenants ont aussi touché une autre question : la langue, et même **la langue écrite, doit-elle être normée?** Pour certains, c'est une exigence de l'évolution linguistique, de la culture écrite et de la culture informatique. Gérard Gorcy : «Il faut bien un minimum de règles pour que ces mots nouveaux soient naturalisés dans le système français.»[190]; Jacques Julliard : «La vérité est que la place croissante de l'écrit dans notre civilisation exige une certaine réglementation à l'usage général.»[191]; et Charles Muller : «L'ordinateur, à son tour, exige une norme catégorique : si vous changez l'orthographe d'un mot, il ne comprend plus rien.»[192]

Pour d'autres, la langue doit être un espace de liberté, de création, à l'abri du terrorisme de la dictée. Michel Tournier déclare : «Il faut faire cesser le terrorisme de la dictée qui rejette dans les ténèbres extérieures ceux qui font des fautes. Dictée et dictature se ressemblent. Il faut laisser les gens écrire comme ils veulent. Il suffirait de décider qu'il n'y a plus de fautes. Là, ce serait une vraie réforme. Il n'y a pas plus de raisons d'obliger les gens à écrire selon des règles que de décréter que certains vêtements sont élégants, et d'autres pas. L'orthographe n'est que la façon dont chacun écrit le français.»[193] Et Jean-Pierre Verghegen : «Je ne suis pas du tout intéressé par ce débat. Ce n'est que remplacer des contraintes par d'autres contraintes. Des réformettes, ça ne vaut pas le coup. Mais si on fonce à pleins tubes, je dis oui. La langue doit être un espace de liberté fou, on doit revenir à la situation d'avant l'Académie française, quand tout était possible.»[194]

2.3.3. Les récits

La lecture des différents thèmes du débat, l'identification des intervenants et des arguments qu'ils construisent peuvent aussi donner matière à une opération synthétique qui tente de nouer entre eux ces bribes de discours pour définir l'histoire à laquelle ils participent. Le travail de synthèse pourrait être polarisée autour de deux objets, la langue et la société : quelle définition leur donner, comment les transformer et qui peut intervenir dans ce processus. Mais pour rester fidèle aux choix que nous avons opérés, et envisager non la dimension sociale de la langue ou la dimension linguistique du social, mais ces deux «ordres» confondus dans une même dynamique sociale, il fallait au contraire se garder de séparer ce qui est, dans le discours même des intervenants, inextricablement lié.

L'objet du récit qui s'élabore, à travers la discussion sur l'orthographe et les rectifications, peut être défini dans les termes d'un projet politique défini de manière conflictuelle. D'une part, nous avons vu qu'une grande partie des intervenants cherche avant tout à garantir la stabilité sociale : les changements sont source de confusion, ils risquent de bouleverser les classements sociaux et surtout, ils menacent la **cohésion** sociale. Pour d'autres, il importe de mettre la société en mouvement, de la faire évoluer pour tendre vers l'égalité de participation des citoyens à l'espace social. Le clivage classique entre les partisans de l'ordre ou du mouvement se double ici de définitions contrastées de la société idéale. Pour les uns, c'est d'abord une société cohésive où tous les citoyens partagent la même norme unique, quel que soit leur âge ou leur niveau de formation. L'autre discours ne vise pas la cohésion en tant que telle, mais l'**intégration** des citoyens dans un même espace, en acceptant le principe de leur diversité.

Ces deux dimensions sont notamment distinguées par O. Tschannen, à partir d'une lecture du *Suicide* et des classiques de la sociologie de la religion. L'intégration sociale concerne « la manière dont les individus sont attachés à la société »[195] tandis que la cohésion (et son terme contradictoire, l'anomie) touche à « l'emprise d'un système de normes sur les acteurs sociaux »[196]. Il souligne en outre que ces deux axes sont généralement confondus dans la tradition sociologique où la soumission à un ordre moral cohérent est perçue comme une condition de fonctionnement du système social et de la participation des différents groupes dans la dynamique sociale. Nous faisons l'hypothèse que ces deux dimensions sont dissociées dans les discours sur les rectifications et que, même si on peut observer un recouvrement partiel de ces deux thématiques, les opposants aux rectifications se sont signalés par leur insistance sur l'ordre moral, la cohérence du système de normes, la cohésion, et que les « réformateurs », ainsi que les opposants aux opposants, ont affirmé leur souci d'accroître la capacité de la société à intégrer des individus dans un système social caractérisé par une pluralité normative, notamment celle que vivent, dans la tension, les élèves et les enseignants, les professionnels de la communication et de l'informatique...

La définition des acteurs légitimes qui doivent intervenir pour réaliser ces projets politiques donne lieu à un conflit qui a pris une place centrale dans le débat sur les rectifications. D'une part, l'**Etat** peut intervenir, non pas pour dicter une norme unique qui s'impose à tous, mais pour créer les conditions de l'intégration des citoyens, notamment en élargissant un cadre normatif figé, source d'exclusion, et en rendant les normes existantes plus accessibles à la diversité des citoyens. De plus, selon ce type de récit, la transformation de la société ne peut avoir lieu sans l'intervention de l'Etat, qui est perçu sinon comme le moteur, du moins comme l'agent privilégié de cette transformation. Concrètement, l'Etat renvoie ici à une définition républicaine modernisatrice. C'est l'Etat du système scolaire, des institutions politiques, mais aussi celui qui veille à garantir le dynamisme économique de la société, notamment dans « la bataille de l'informatique ».

D'autre part, l'Etat est réfuté comme acteur légitime de la langue, tout comme J.-M. Klinkenberg l'avait relevé à propos des débats sur la féminisation des noms de profession en Communauté française de Belgique. Il note : «...toute intervention des pouvoirs publics en matière de langue a vite des relents de caporalisme, sinon de totalitarisme.»[197] Pour ceux qui refusent le principe d'une intervention de l'Etat, c'est l'**Usage** qui est affirmé comme le seul acteur légitime de la société. Lui seul construit «naturellement» les principes et les valeurs qui fondent la cohésion sociale. Dans ce cadre, les normes sont perçues comme des émergences sociales «spontanées», comme des cristallisations de pratiques, comme des formes. Nous avons déjà noté le flou et l'ambiguïté de la définition de l'usage. Le plus souvent, il renvoie aux citoyens, aux français, au peuple. L'usage, dans cette perspective, serait ainsi défini par les pratiques stabilisées, cristallisées de tout un peuple. Mais lorsqu'on cherche à identifier les agents concrets qui pourraient incarner ce «peuple», on ne trouve aucune institution, aucun représentant légitime et surtout cette qualité est refusée à tous les acteurs potentiels : si les «technocrates de Matignon», Rocard et le «clan des linguistes» en sont par définition exclus, il faut encore noter que tous les autres agents potentiels sont renvoyés à leurs particularismes. Par exemple, on peut noter que ce discours populiste n'accorde pas le moindre crédit aux instituteurs, réputés ignorants et accusés de céder à la facilité. Sujet d'un récit défini par une quête de cohésion sociale, l'usage, le «peuple» ne peut pourtant être incarné par personne. Il ressemble plutôt à une abstraction, à un actant sans agent[198], et paradoxalement à un être extra-social, caractérisé par une vitalité propre, en marge des académies, du monde littéraire, des médias, des instituts de recherche, des entreprises, des partis et des institutions politiques... et même en marge de l'école.

Pour appuyer la légitimité de ces différents acteurs, on évoque des garants parfois définis par les mêmes termes, à savoir l'**Histoire**. Mais nous avions vu précédemment que l'Histoire elle-même donne lieu à différentes interprétations : pour certains, c'est un processus dans lequel on peut et on doit intervenir pour transformer la société; pour d'autres, c'est un patrimoine à préserver, un corpus de normes, de valeurs, d'institutions, de «monuments» qui ont été édifiés par une société révolue, mais dont on réclame l'héritage. La tension qui s'exprime ici, comme certains témoins du débat sur les rectifications l'ont signalé, ne peut être résumée par le conflit classique gauche-droite, ou encore Ancien Régime-Révolution, notamment parce que la Révolution et la République elles-mêmes peuvent donner lieu aux deux discours sur l'histoire : une révolution-patrimoine, une révolution-processus. De plus, les linguistes appuient souvent leur position sur l'affirmation d'un **savoir**, d'une science qui les autorise à intervenir dans le débat et à proposer les rectifications. En revanche, les opposants au projet réagissent avec une grande vivacité à la définition de la langue comme objet de savoir. Ils n'y opposent pas un garant explicite, mais leur réfutation des arguments des linguistes suggère une valorisation du registre de la **pratique** : la langue écrite n'appartient pas à quelques scientifiques de laboratoire, elle appartient à tous ceux qui la pratiquent, en supposant d'ailleurs cette pratique généralisée (ou en occultant la question de sa généralité).

Alors que les **linguistes** se définissent comme les adjuvants d'une intervention légitime de l'Etat, en vertu de leur connaissance de l'histoire et du système de la langue, ils sont perçus par les autres comme des voleurs de langue. Face au pouvoir «technocratique» affirmé par les linguistes, on oppose des corps, des images sonores ou mentales, des mémoires, des émotions. Pour certains, le type d'acteur susceptible de protéger les corps et les mémoires des bouleversements technocratiques, ce sont les **écrivains**. Non seulement parce qu'ils sont impliqués dans la pratique de l'écriture, mais surtout parce qu'ils en font une œuvre créatrice. La création littéraire est le lieu où pourrait se réaliser la synthèse pratique de l'usage et où «le peuple» pourrait trouver, non pas un représentant, mais plutôt un médium.

Cet axe, qui oppose une intervention jugée technocratique par certains, caractérisée par l'alliance entre les politiques et les scientifiques, à tout un peuple d'émotions et d'images mentales dont les écrivains sont les défenseurs nous semble plus fondamental encore que le conflit entre l'ordre et le mouvement. Ou plutôt, le conflit ordre/mouvement prend tout son sens lorsqu'on y superpose la tension entre ce que nous pourrions appeler le «technocratisme à visée démocratique» et le «populisme des émotions». En effet, la position volontariste des linguistes «réformateurs» et leur option pour le mouvement sont fondées notamment sur la confiance en la science comme principe d'orientation et en l'Etat comme acteur légitime. De l'autre côté, les corps et les mémoires sont des espaces de résistance et non de transformation sociale. Ils représentent une inertie, une force négative, parce qu'ils s'affirment au nom d'une violence subie.

Il n'est cependant pas certain que le récit qui met en scène les «technocrates» et la résistance des corps et des mémoires soit parfaitement convergent avec celui qui définit la société en termes de cohésion ou d'intégration. Même si certains intervenants dans le débat affirment les deux positions et les entremêlent (résistance des corps et cohésion sociale/volontarisme technocratique et intégration sociale), ces deux thèmes pourraient en fait être assez fortuitement articulés dans le discours des «opposants». Nous pourrions faire l'hypothèse que cette fusion n'est pas théoriquement nécessaire, et qu'ainsi, les deux axes pourraient appartenir à deux récits différents. Ou encore que «le» discours d'opposition aux rectifications est une composition de discours différents, l'un centré sur l'axe technocratie/résistance des corps, l'autre sur l'axe cohésion/intégration. Le «mariage» entre ces deux types de discours pourrait s'être conclu de façon conjoncturelle à la faveur de la publication d'un projet qui menace, selon les différents groupes d'opposants, à la fois les corps et la cohésion sociale. De plus, les discours sur la cohésion sociale pourraient avoir eu un effet rhétorique sur l'autre conflit : les corps qui subissent la «violence technocratique» trouveraient ainsi dans l'idée d'une société dont la cohésion est menacée une métonymie de leur intégrité physique et psychique mise en péril. Ressource rhétorique d'autant plus puissante qu'elle permet le glissement d'une expression subjective individualisée à une parole collective.

Ecrivains et linguistes sont aussi caractérisés par des pratiques de la langue écrite contrastées : les uns appartiennent à l'univers du travail créatif et à celui de la tradition littéraire; les autres, au monde de la connaissance d'une langue-objet. Ces derniers insistent sur la diversité des pratiques d'écriture : elles touchent notamment aux relations internationales, à la communication informatisée et même au monde de l'économie. Face à cette définition **profane** de l'écriture, les écrivains sont les gardiens d'une langue **sacrée**, d'un trésor littéraire qui est le réservoir mythique de la société cohésive. L'école est prise à témoin dans les deux discours, mais pour les uns, le propos est nostalgique et célèbre l'école ferryste pour ses vertus cohésives; les autres affirment davantage la préoccupation d'une école de l'avenir qui doit réussir l'accès du plus grand nombre à des savoirs diversifiés.

2.3.4. Interprétations

Au cours de la première phase du débat, les discussions semblaient dominées par un registre politique qui puisait largement à la source de l'histoire de la révolution. Le débat sur l'orthographe était une des scènes où s'est jouée la célébration du bicentenaire; et les positions réformatrices pouvaient être lues comme l'expression d'une fidélité à la figure de Grégoire par exemple. Pendant l'hiver 90-91, le conflit politique s'est réaffirmé. Mais le débat sur l'héritage de la révolution fut moins explicite. Bien sûr, au Grégoire des réformateurs de 89, certains ont opposé Robespierre, pour réclamer «la guillotine morale contre les technocrates sans âme... ». Mais cette référence ressemble davantage à une plaisanterie, à un coup médiatique, à une variation ironique sur le leitmotiv révolutionnaire.

En revanche, le recours à la figure de Jules Ferry semble beaucoup plus sérieux. Le symbole de l'école républicaine, gratuite, laïque et obligatoire; celle aussi qui a réalisé un immense travail d'enculturation, qui a largement contribué à la valorisation de l'effort et à la diffusion de la promesse de mobilité sociale par l'éducation. Et surtout celle qui a réussi, selon certains opposants aux rectifications, à fonder une société cohésive en diffusant des savoirs et des normes, organisés en corpus cohérent, à tous les citoyens pendant plusieurs générations. Au centre des débats classiques sur la crise de l'école, qui ont un intérêt indéniable mais que nous n'aborderons pas systématiquement, figure précisément la question de la cohésion sociale. L'âge d'or des nostalgiques de Jules Ferry, c'est celui d'une société soudée autour d'un système de normes centralisées et cohérentes. Ce qui se défait, ce qui se dénoue, c'est l'emprise de ce système de normes sur les citoyens.

La cohésion sociale — l'emprise d'un système de normes et de valeurs cohérentes sur les citoyens — est-elle une condition de fonctionnement de la société ? Autrement dit, l'anomie implique-t-elle nécessairement la désintégration sociale, la rupture des liens sociaux ? Ou au contraire la convergence entre l'intégration et la cohésion n'est-elle qu'une modalité parmi d'autres de l'histoire des sociétés ? Selon Olivier Tschannen[199], la réponse de Parsons, ou encore celle de Bellah, appuie l'hypothèse des effets désintégrateurs de l'anomie et de la pluralisation des normes. Selon eux, la soumission des acteurs à un ensemble de valeurs et de normes, à une «religion civile», à des symboles et à des rituels communs... est un préalable à l'intégration des individus dans le système social.

D'autres travaux sociologiques appuient l'hypothèse inverse : la cohésion sociale n'est pas une condition nécessaire à l'intégration des sociétés. Pour Fenn ou Luhman, par exemple, une société peut être traversée par une pluralité de normes, même contradictoires, sans sombrer dans le chaos. Chaque acteur social participe à plusieurs sphères d'activités, à plusieurs réseaux d'échanges. Il est ainsi confronté à une pluralité de normes, au polythéisme des valeurs, selon l'expression de Max Weber. Pour Fenn, l'anomie, ou du moins la pluralité normative, pourrait tout aussi bien avoir des vertus intégratrices : par exemple, dans une société duale, les exclus acceptent d'autant mieux leur exclusion qu'ils peuvent prendre une distance à un système de normes et de valeurs centrales. Ainsi, «l'anomie est une condition d'existence de l'ordre social moderne.»²⁰⁰ Luhman réfute également la nécessité d'une cohérence normative pour l'intégration sociale. Chaque acteur social participe à plusieurs sous-systèmes. Il n'a pas à intérioriser un système normatif centralisé parce que la société n'a pas de centre. Elle est une combinaison de sous-systèmes compatibles entre eux, et dont l'intégration ne doit rien à un univers de normes et de valeurs qui les surplomberait.

La discussion théorique entre ceux que Tschannen appelle les «moralistes» et les «cyniques» pourrait éclairer le débat entre les opposants aux rectifications, qui craignent que l'institutionnalisation de la pluralité normative n'engendre l'effondrement de l'ordre social, et les partisans de la «réforme», surtout sensibles à la question de la participation des citoyens à la vie sociale, et particulièrement à certaines de ses sphères, l'école, le système culturel transformé par l'informatique et le champ des échanges économiques. Bien entendu, il ne faut pas voir dans les propos des différents intervenants au débat sur l'orthographe une tentative de confirmation de l'une ou l'autre thèse. La réflexion de Tschannen amène plutôt à suggérer qu'un des enjeux de la «guerre» de l'orthographe pourrait être, au-delà des polémiques conjoncturelles autour du bicentenaire ou de la critique de la classe politique socialiste, non seulement la question des principes d'orientation et de transformation de la société, mais aussi la définition de l'idée même de société. Une société est-elle viable si tous les citoyens n'ont pas accès aux différentes sphères des échanges sociaux, semblait signifier l'appel des linguistes. A quoi répond la question angoissée des opposants aux rectifications : une société est-elle viable si elle défait l'ensemble de normes cohérentes qui la fonde ?

L'intérêt de l'analyse des débats sur l'orthographe ne tient pas seulement à l'identification de deux définitions de la société. Elle permet aussi de s'interroger sur la façon dont les deux discours se sont séparé, ont divergé, et, à l'occasion des rectifications, sur la manière dont ils se sont construits comme des positions conflictuelles. La célébration du bicentenaire fut problématique parce que l'héritage de la révolution comportait, en indivision, des principes de cohésion et d'intégration sociales, des normes et des valeurs, mais aussi un mode de participation des citoyens au fonctionnement de la société. Les débats sur l'orthographe de 89 à 91 semblent indiquer que les deux propos se sont séparés. Aujourd'hui, ce ne sont pas les mêmes acteurs qui tiennent le discours de la cohésion et de l'intégration.

Cette évolution vers la divergence des deux discours (intégration et cohésion) pourrait faire écho aux observations de D. Lapeyronnie²⁰¹ sur la fin des sociétés nationales. Selon lui, le modèle d'intégration des sociétés nationales, qui était fondé sur une congruence entre une haute culture et un espace politique[202], s'est décomposé. La société et l'espace politique ne se correspondent plus parce que les grandes institutions ont perdu leurs capacités d'intégration : les institutions ouvrières, mais aussi l'école, la religion, la famille... sont davantage définies comme des espaces relationnels que comme des lieux de socialisation. Le pouvoir intégrateur de l'Etat et des grandes organisations s'est affaibli en même temps que la vie sociale a pris de l'autonomie et est devenue un lieu de conflits centrés sur la production de la culture. Les questions de la participation des citoyens à un ordre économique, politique et national se sont dissociées de la dynamique des échanges et des réseaux sociaux. Ceux-ci sont structurés par des conflits culturels, qui touchent aux normes et aux valeurs; tandis que le monde de la participation à la société est structuré par la dynamique de compétition des groupes pour les statuts économiques et politiques.

La dissociation des discours sur l'intégration et la cohésion pourrait ainsi être perçue comme une des formes de la séparation entre le monde de la participation économique et politique, qui se projette dans un espace national, et celui de la dynamique des échanges et des réseaux de relations à définition culturelle. Le discours sur la cohésion sociale relevé dans le débat sur les rectifications est une pratique de distance vis-à-vis de l'espace national. C'est sans doute pour cette raison que les références institutionnelles y sont toujours négatives, sauf si elles se rapportent au passé, à l'école ferryste par exemple. L'école d'aujourd'hui n'est plus un lieu de production de cohésion sociale, mais la cohésion se fonde sur un ensemble de normes et de valeurs, d'orientations culturelles, que l'école du passé a contribué à construire. En revanche, le discours «réformateur» est inspiré par des préoccupations de participation des citoyens à un espace politique et à un espace économique définis dans le cadre national. Les thèmes de la «bataille de l'informatique» par exemple, de l'accès massif des élèves au bac, de la participation démocratique... sont développés à partir du point d'ancrage de l'espace politique. Ils ne cherchent pas avant tout à rencontrer les problèmes qui naissent des confrontations culturelles autour des valeurs et des normes.

La séparation des discours de l'intégration et de la cohésion n'implique pas nécessairement leur construction en positions conflictuelles. Pourquoi le débat sur l'orthographe a-t-il donné lieu à un conflit qui s'est, selon nos hypothèses, cristallisé autour des définitions de la société cohésive et de la société intégratrice? Nous avions vu que la langue écrite, et en particulier l'orthographe française a été construite comme une institution moderne. Elle résulte de la convergence, dans l'école du

XIXᵉ siècle, de la logique de l'écriture, de la théorie du bon usage et de l'affirmation nationale. A ce titre, elle relève d'une définition complexe qui articule étroitement les questions de la participation à l'espace national, politique et économique et celles de la dynamique des échanges sociaux. L'orthographe, telle qu'elle a été fixée et célébrée au XIXᵉ siècle, était à la fois une clé d'accès à l'emploi, à la citoyenneté, à la distinction sociale et un rituel de célébration d'une totalité sociale définie dans l'espace national et perçue comme principe de sens du lien social, comme l'aboutissement des réseaux d'échanges sociaux.

L'orthographe, comme institution moderne et nationale, était ainsi fondée sur la congruence, sur la fusion des dimensions qui ont aujourd'hui tendance à se dissocier dans les discours et les pratiques des acteurs sociaux. Prise entre l'intégration et la cohésion, l'orthographe, et finalement, pour beaucoup, toute la langue, risquent d'être confisquées par des groupes suspectés soit de la réduire à un instrument de participation à la société, en ignorant le rôle qu'elle peut jouer dans une dynamique identitaire, soit de la réduire à un patrimoine, à un ensemble de valeurs qui ne peuvent être mobilisées pour transformer, ou même garantir l'intégration des individus à la société.

L'affrontement entre ces deux mondes, le déchirement de l'orthographe en deux dimensions, est aussi l'histoire de la séparation de l'Etat et de la société. Les acteurs sociaux se séparent entre ceux qui jouent le jeu de l'Etat et ceux qui jouent celui de la société; et ils s'affrontent parce que l'investissement sur l'un des pôles est perçu comme un déni de l'autre. Si l'Etat et la société sont désencastrés, ou en tout cas s'ils apparaissent comme tels à la faveur du conflit sur l'orthographe, c'est aussi parce que, malgré l'importance des thèmes politiques dans le débat et l'inflation lexicale politique, le processus de l'affrontement entre les positions n'a pas été construit sur un mode politique, mais plutôt sur celui d'un affrontement de principes culturels. Le ton du débat a été donné par différents acteurs qui, en termes de logique objective, ont refusé d'entrer dans un processus de délibération politique. Par exemple, sans mettre en doute les aspirations transformatrices et démocratiques des «réformateurs», on peut noter qu'en appuyant leur propos sur une position d'expertise, sur la science, et en renonçant à mettre ce savoir en délibération, ils ont contribué à verrouiller le débat politique sur les transformations de l'orthographe, et finalement à en faire un affrontement entre agents culturels autour de définitions divergentes de la culture. De la même manière, et plus nettement encore, le discours des opposants s'est construit contre le débat politique : en célébrant un usage désincarné, et en refusant à quiconque la qualité d'acteur de la langue, les opposants en ont fait un objet méta-historique, sur lequel la société elle-même n'a pas de prise, un domaine intouchable sur lequel la délibération politique n'a pas de sens, est nécessairement absurde.

Le récit qui oppose des «technocrates» à des corps et à des mémoires peut aussi être vu comme un des affrontements typiques de la modernité, telle qu'elle est analysée par A. Touraine[203]. Alors que le projet moderne visait la correspondance entre l'acteur et le système, entre la rationalisation et la subjectivation, entre la raison instrumentale et le sujet, l'histoire des sociétés modernes est celle de l'emprise croissante du système sur les acteurs, de la mise à l'écart du sujet par la raison instrumentale. La modernité s'est amputée d'une partie d'elle-même, de la subjectivisation, de l'affirmation de la liberté et de la responsabilité des acteurs. La modernité a éclaté, en séparant vie publique et vie privée. Dans un monde rationalisé, où triomphe la raison instrumentale, l'univers des identités et des désirs entre en collision avec celui des techniques et des logiques organisationnelles.

Dans les sociétés hypermodernes, dans ces sociétés sans acteurs, émerge l'affirmation d'un sujet défini comme liberté créatrice. Le sujet est l'affirmation d'une liberté de contrôle sur soi-même et d'une liberté de transformer la société. Ainsi, pour Touraine, «Le sujet est la volonté d'un individu d'agir et d'être reconnu comme acteur.»[204] Il distingue une face défensive de l'affirmation du sujet, celle qui tente de résister à l'emprise du système, des organisations, de la rationalisation; et la face libératrice du sujet, celle de l'engagement de la liberté dans une entreprise créatrice de transformation sociale.

Les corps, les images mentales et sonores, les émotions, les mémoires qui se dressent contre les «technocrates de Matignon», contre les linguistes de laboratoire sont incontestablement des affirmations subjectives qui valorisent le pôle de la vie privée, le monde vécu, la liberté des individus contre la rationalité instrumentale, les appareils politiques, l'espace public. Le discours des opposants aux rectifications peut ainsi être vu comme une affirmation de sujets, comme l'expression d'une liberté d'agir sur la langue. Si les thèmes de la résistance à la technocratie, à la rationalisation destructrice sont clairs, les appels à une mobilisation transformatrice, à une liberté d'entreprendre et de transformer les relations sociales sont quasiment absents du discours des opposants. Les sujets, définis ici comme des corps et des mémoires, sont une force d'inertie, un lieu de résistance, en aucun cas une force engagée dans une dynamique transformatrice. Les opposants s'affirment comme sujets, comme principes de liberté, mais c'est une liberté de refus, de résistance à une aliénation.

Ces sujets ont la capacité de dénier aux scientifiques, aux politiques, la propriété sur la langue et l'autorité pour intervenir sur elle. Mais ils ont renoncé à s'engager (ou ils ont refusé de le faire) dans une dynamique de transformation de la langue. A mettre toute leur énergie dans la résistance à l'aliénation, et à force de dénier à quiconque le droit d'intervenir sur la langue, ils ont perdu la capacité de se définir comme des acteurs de leur propre langue. Les sujets qui s'élèvent contre les rectifications revendiquent la propriété de la langue, mais en affirmant cette liberté, ils perdent en même temps toute capacité d'intervention. De telle sorte que la langue qu'ils tentent d'arracher aux laboratoires et aux commissions d'experts leur revient comme une propriété intouchable, et sur laquelle ils auraient posé eux-mêmes les scellés.

Le conflit sur l'orthographe est un affrontement dans et sur la crise du politique. Les partisans des rectifications, même s'ils affirment leur volonté d'intervenir sur l'histoire, la capacité de la société à créer ses institutions, et par là, un droit et un devoir politique d'intervenir sur la langue, ont renoncé eux-mêmes à construire le débat comme une délibération démocratique dans l'espace public. Leur confiance en la science semble inversement proportionnelle à celle qu'ils accordent en la capacité des acteurs sociaux à soutenir un débat politique sur la langue. Pour réussir l'entreprise de modernisation de l'orthographe, ils ont choisi de se poser en experts, comme les détenteurs d'un savoir qui, par lui-même, définit les principes d'orientation de la transformation de la langue.

Or, sans dénier la compétence des linguistes engagés dans le processus d'élaboration des rectifications, on peut leur opposer deux critiques fondamentales : d'abord, il faut préciser que le savoir sur lequel ils s'appuient est fondé sur un travail d'objectivation et d'abstraction de l'échange linguistique ; ces opérations furent une des conditions de la fécondité de la linguistique moderne, comme ce fut le cas pour l'ensemble des sciences humaines. Mais si le travail scientifique omet de garder en mémoire la construction de l'objet de savoir qui le fonde et les réductions qu'elle opère, il risque de s'engager dans la voie du cloisonnement disciplinaire et de contribuer à renforcer la fiction scientiste selon laquelle le terrain s'efface sous la carte. Objet de savoir, la langue est fondée sur l'observation des échanges sociaux. Elle n'est pas seulement un système, elle est aussi le principe d'une activité sociale complexe. Les opérations d'objectivation et d'abstraction ne sont fécondes que si elles permettent de revenir à la source du questionnement, et notamment à la complexité des échanges sociaux et de la construction sociale des normes. Le discours des réformateurs, après s'être nourri de l'expérience problématique des instituteurs face à l'enseignement de l'orthographe, s'est transformé en un propos d'expert qui a oublié de renvoyer le débat à la complexité des échanges qui contribuent à construire la langue. En d'autres termes, certains partisans des rectifications ont manqué l'occasion de sortir de leur cloisonnement disciplinaire.

De plus, en se posant comme experts, ils affirment que la science peut guider les principes de transformation de la langue. Alors que les visées démocratiques des réformateurs sont incontestables, et leur volontarisme évident, le choix de la position d'expertise a eu pour effet de retirer la question de l'orthographe de l'espace de délibération politique. Autrement dit, les linguistes engagés dans les rectifications ont aussi manqué l'occasion de faire de l'orthographe le lieu d'une transformation politique. De ce point de vue, et en regard de leurs ambitions transformatrices et démocratiques, le débat sur les rectifications est un échec. Non seulement parce que l'Académie a «enterré la réforme», mais surtout parce que, en prétendant détenir les principes de transformation de la langue, ils ont contribué eux-mêmes à créer un affrontement culturel sur la langue, et à réactiver considérablement l'interdit qui pèse sur elle, au lieu de s'appuyer sur leur connaissance de l'histoire de la langue pour réclamer et construire une délibération politique sur l'orthographe.

Le discours favorable aux rectifications a été ainsi largement dominé par une méfiance du politique, par la conviction que la société n'a pas la capacité d'intervenir sur la langue dans un processus de délibération politique. Du côté des opposants, la défiance est plus grande encore. Chez certains, c'est non seulement une défiance, mais aussi un refus radical de transformer la société et la langue. Les transformations, parce qu'elles sont perçues comme une menace pour la cohésion sociale, sont sources d'insécurité profonde. Les tentatives de modernisation, d'aménagement, de rectification, sont perçues comme l'expression d'un orgueil démesuré. Dans ce cadre, le politique doit être le lieu de la neutralisation des ambitions transformatrices. En refoulant le débat du politique, zone dangereuse par excellence, on le construit comme un affrontement culturel où s'affirment des sujets libres d'exercer leur force d'inertie et de résistance, mais incapables, comme corps et comme mémoires, de s'engager dans une activité créatrice.

Le débat sur l'orthographe est un révélateur de la crise politique qui touche la société française, comme l'ensemble des sociétés occidentales. Certains refusent toute idée de transformation politique, et, par là, refusent le principe même de la modernité : une société qui se transforme est menacée d'éclatement, et il faut mobiliser les énergies pour contenir toute tentative d'intervention dans l'histoire. La société refuse de s'autoproduire, de s'engendrer elle-même. Pour d'autres, alors qu'ils appellent de leurs vœux une transformation du code du français écrit, et veulent affirmer haut et clair le droit d'intervenir dans l'histoire, la société n'est pas capable, par elle-même, de transformer ses institutions par la voie de la délibération politique. La société doit se transformer, mais elle doit choisir de déléguer la question des orientations à des experts.

Au cours de l'analyse des débats, il était impossible de rester insensible aux arguments échangés, comme probablement le lecteur de ces lignes a pu l'éprouver. Si la volonté de comprendre le conflit est restée constante, elle n'a pas cependant empêché de se forger une conviction. Tout d'abord, celle que les acteurs sociaux ont la liberté d'intervenir sur les institutions, et même sur une réalité aussi complexe que la langue. Il faut dénoncer la dépossession radicale des usagers réalisée par le discours populiste de certains opposants, qui, en ne cessant de célébrer le peuple, finit par lui dénier toute existence autre que celle d'un clan d'aborigènes transplantés dans un musée de verre sous les yeux écarquillés d'écrivains à prétentions ethnographiques. Il faut dénoncer le discours de la peur, celui de l'éclatement de la société, parce qu'à force de chercher son ombre, la société finira par renoncer à elle-même, et refusera l'expression de la diversité.

La société peut intervenir sur elle-même, sur ses institutions, sur la langue. Mais les transformations qui se construisent dans les laboratoires finissent par briser la confiance des individus à s'affirmer comme des acteurs de leur propre langue. Il faut dénoncer l'option technocratique des linguistes réformateurs, leur aveuglement disciplinaire, leur déni du politique. Etre acteur de sa propre langue, ce n'est pas attendre les recommandations d'un comité d'experts. C'est accepter de recourir au monde de la connaissance pour accroître la maîtrise de son activité et en transformer les conditions. Etre un scientifique, linguiste, ou sociologue, qui accepte de s'engager dans la transformation de la société, ce n'est pas guider, en technicien, en expert, les choix politiques ; c'est au contraire créer les conditions d'une délibération démocratique et exiger que la connaissance soit mise au service de la liberté des acteurs sociaux[205].

Ces quelques considérations polémiques viennent encore appuyer l'idée (était-ce nécessaire?) que l'orthographe est une institution et un champ d'expérience sociale politiquement chargés, chauds, conflictuels. L'orthographe, fixée par l'école du XIXe siècle est bien une institution vivante aujourd'hui. Non seulement parce que la référence au code graphique joue comme une contrainte et comme une ressource dans les pratiques d'écriture, mais aussi parce que l'orthographe est, en France, au centre d'un débat extrêmement tendu, qui touche à des questions politiques fondamentales mais qui finit par prendre la forme d'un affrontement culturel. L'orthographe est une institution vivante, mais problématique. Elle est écartelée entre l'intégration et la cohésion, entre la raison instrumentale et l'affirmation de sujets défensifs, engagés dans une entreprise de résistance, mais dégagés des processus de transformation sociale.

L'orthographe est une institution problématique parce qu'elle est une forme de la modernité : elle est un objet d'investissement aussi bien de ceux qui refusent la modernité que de ceux qui la célèbrent ; définie par certains comme un instrument de communication démocratique, elle est affirmée par d'autres comme une des normes centrales d'un système de valeurs sacré, méta-historique ; elle est objet d'un discours rationnel et d'investissement affectifs ; lieu d'une transformation et lieu d'une résistance. Et finalement, c'est une institution sur laquelle peuvent se cristalliser tous les affrontements politiques et culturels contemporains. Les acteurs qui contribuent à construire l'orthographe dans le débat public ont refusé, ou n'ont pas réussi à en faire un objet de délibération et de transformation politique. Refoulée du politique, elle est devenue l'enjeu d'un affrontement culturel, qui met aux prises des agents culturels et des définitions de la culture. La construction du français national et de l'orthographe fut perçue, depuis la révolution, comme une entreprise centrale d'une nation en formation, et elle relevait par là d'un système de normes impératif et absolu. Aujourd'hui, la relative distance vis-à-vis du code va de pair avec une sensibilité sociale accrue aux significations projetées sur l'orthographe. Plus qu'un code et qu'une institution, elle est devenue un lieu de production des significations.

3. L'ÉCRITURE ET LES TRANSFORMATIONS DU SYSTÈME DE COMMUNICATION

L'institution de l'orthographe française, (la construction d'un code graphique et des significations sociales dont il était chargé) fut étroitement solidaire des développements de la modernité en France, et notamment de l'extension de la logique de l'écriture. Le code, nous l'avons vu, reste stable depuis le XIXe siècle. Cependant les conditions concrètes de la communication écrite ont profondément changé : les moyens de communication se sont considérablement diversifiés, par le recours au téléphone, à la radio, à la télévision, au fax, aux réseaux informatiques... De plus, le système de communication s'est intensifié : il couvre un espace beaucoup plus large, opère beaucoup plus rapidement, et permet des échanges plus fréquents. Comment la logique de l'écriture et la pratique concrète de l'écrit sont-elles redéfinies dans le système des communications ? Comment caractériser le nouvel espace réservé à l'écriture dans l'ensemble des communications ? Et comment cette nouvelle définition de l'écrit est-elle susceptible de transformer les normes du code graphique, ou en tout cas, leur perception et leur usage pratique ?

La réponse à ces questions est loin d'être simple. Elle appelle un raisonnement fondé sur les transformations qualitatives de l'écriture (et pas seulement sur les transformations quantitatives, plus ou moins d'écrit...), sur les domaines de relations sociales où elle intervient et surtout, sur la manière dont elle compose avec d'autres modes de communication, le son, l'image, l'informatique... Les pratiques de l'écrit et les logiques sociales fondées sur l'écriture nous semblent soumises à une triple évolution : la logique de l'écriture s'approfondit, alors que les pratiques de l'écrit refluent de certains domaines de relations sociales ; dans un système de communications diversifié, l'écriture entre en composition avec d'autres univers de signes et les différents systèmes sémiotiques ont tendance à s'interpénétrer ; enfin, l'intensification des communications et la vitesse de transmission des informations contribuent à définir un nouvel espace pour l'écriture, encore davantage caractérisée par l'activité critique et réflexive.

3.1. Approfondissement de la logique de l'écriture et reflux de l'écrit

La logique de l'écriture, fondée sur la capacité de stocker l'information, de l'abstraire d'un contexte, de la travailler, de la découper, de la critiquer... s'est considérablement approfondie, notamment grâce aux ressources de l'informatique. L'informatique, issue elle-même d'une opération de stockage et de mise en forme de l'information fondée sur la logique de l'écriture, accroît encore les possibilités de stockage et de travail sur l'information. On dispose aujourd'hui d'une somme importante d'informations, de textes susceptibles de donner lieu à une lecture distanciée, réflexive, critique. Selon ce type de raisonnement, l'informatique ne réalise pas de rupture avec le monde de l'écriture. Elle est au contraire une des réalisations les plus achevées de la logique de l'écriture à laquelle elle offre de nouvelles ressources.

Mais la logique de l'écriture s'approfondit encore parce qu'elle s'étend à des domaines d'activité sociale jusqu'ici peu ou incomplètement scripturalisés. Par exemple, les tentatives de définir une pédagogie de la langue orale à l'école sont constamment prises dans la tension entre la distance à l'écrit et le recours à la logique de l'écriture. Définir une pédagogie de l'oral, qui rencontre la spécificité de l'échange oral, suppose une distance avec le modèle saussurien de la langue, du code abstrait, pour prendre en compte le contexte de l'échange, la situation pragmatique de communication, l'interaction. Mais, comme le montre Ph. Perrenoud[206], même si l'on vise à favoriser la maîtrise pratique de l'oral, on en vient souvent à définir des normes ou tout au moins des modèles de relations sociales. Le travail sur l'oral suppose une codification de type scriptural, par exemple par le découpage des énoncés en séquences, la lecture critique et distanciée de l'échange... Même soucieuse de rencontrer la spécificité et la complexité de l'échange oral, une pédagogie de l'oral est toujours aussi un travail de scripturalisation.

De même, depuis quelques décennies, la construction de la communication en discipline scientifique, en savoir, procède de l'approfondissement de la logique de l'écriture : même si elle prend en compte différentes dimensions de l'échange social, et non pas uniquement ses dimensions linguistiques, par exemple les dimensions corporelles comme le fait la proxémique, le travail des communicateurs définit une communication *per se*, organise des découpages, favorise la lecture critique et le commentaire... bref, les communications sociales, comme discipline, contribuent à scripturaliser non seulement la parole, mais l'interaction elle-même. En définissant une communication *per se*, en constituant l'interaction en objet, par le travail d'observation, de codification et parfois par celui de normalisation, voire de prescription des comportements, la science de la communication construit une nouvelle grammaire et contribuent à généraliser la logique de l'écriture.

Si la logique de l'écriture s'approfondit et s'étend, les pratiques concrètes de l'écrit ne couvrent pas tout l'espace des relations sociales. Dans certains domaines, elles semblent même avoir reflué au profit d'autres types d'échanges, et notamment au profit de l'oral. Par exemple, dans le domaine de la sélection professionnelle, le recours à l'épreuve écrite et même à l'évaluation de l'orthographe était quasiment généralisé à la seconde moitié du XIXe siècle et au début du XXe. La connaissance de la langue maternelle écrite et, dans le domaine francophone, de l'orthographe, était un des domaines où la sélection professionnelle s'exerçait de la façon la plus systématique. Aujourd'hui, la sélection professionnelle fondée sur l'évaluation de la maîtrise de la langue maternelle écrite a perdu de l'importance, notamment dans le secteur privé, au profit de l'évaluation d'autres compétences, les compétences techniques et la maîtrise orale des langues étrangères.

E. Dardenne et A. Eraly ont réalisé une enquête auprès de 28 entreprises situées en Communauté française de Belgique sur l'usage du français dans les grandes entreprises. A propos des pratiques de recrutement du personnel cadre, ils notent : «L'examen de la maîtrise de la langue maternelle est quant à lui fort négligé : 8 entreprises seulement examinent d'assez près, notamment par écrit, la maîtrise de la langue maternelle du candidat (dans notre cas le français) et 10 déclarent lui accorder «une certaine attention». Plutôt que de faire l'objet d'un examen écrit et systématique, la maîtrise de la langue maternelle participe d'une impression générale du recruteur, lequel sera favorablement influencé par une belle diction, un vocabulaire varié... Aux dires de nos interlocuteurs, l'orthographe, le style, l'art de la synthèse, le vocabulaire, ... ne constituent plus, en général, les premiers critères de sélection, encore moins des critères d'exclusion. Clairement, les compétences techniques et la connaissance des langues ont aujourd'hui pris le pas sur la maîtrise de la langue maternelle.»[207]

Alors que la sélection se fonde moins sur l'évaluation des compétences en français écrit, elle s'exerce de façon systématique et généralisée sur la maîtrise des langues étrangères, évaluée essentiellement à partir des usages oraux. Et la maîtrise de la langue maternelle écrite est davantage perçue comme une composante de la personnalité sociale du candidat, comme un des atouts dont on dispose dans la présentation de soi, au même titre que l'apparence physique, corporelle, vestimentaire... D'une exigence explicite et centrale à l'embauche, la maîtrise de la langue écrite est devenue un signe de qualité sociale, une ressource expressive de la «personnalité» du candidat.

Il reste cependant des professions où la maîtrise de la langue écrite, et en particulier de l'orthographe, reste une exigence explicite, comme par exemple, pour les secrétaires. Mais ces positions professionnelles, tout comme celle des correcteurs d'imprimerie, sont faiblement valorisées. Elles sont définies par le rôle d'exécutant, et leur intervention sur les textes est perçue comme une mise en forme finale. Le métier de correcteur par exemple semble avoir perdu un crédit considérable : les techniques de traitement de texte, de correction automatique, et la souplesse des opérations de transmission dans le monde de l'édition notamment tendent à limiter leur intervention. Par exemple, les correcteurs du journal *Le Soir* n'interviennent presque plus jamais sur les textes rédigés par les journalistes. Leur intervention se limite à la vérification et à la correction systématique des nécrologies ou des petites annonces, où toute erreur peut avoir des conséquences commerciales tangibles.

Le reflux de l'écrit dans certains domaines et le nouvel investissement sur l'oral tiennent probablement à la diversification des moyens de communication dont on dispose aujourd'hui. La transmission généralisée du son et de l'image, les possibilités de mise en forme graphique de l'information et le recours systématique à ces médias dans de nombreuses activités tend à déplacer l'attention, autrefois exclusivement accordée à la plume, vers la communication orale, l'image et le corps. Cependant, le reflux de l'écrit dans certains secteurs d'activité ne peut pas être interprété comme un affaiblissement de la logique de l'écriture, comme nous venons de le voir. Au contraire, c'est parce que la logique de l'écriture s'est généralisée et qu'elle s'applique aujourd'hui aux domaines du son et de l'image que les pratiques de l'écrit sont mises en concurrence avec d'autres formes d'échange, et notamment avec une nouvelle oralité, profondément scripturalisée.

3.2. L'interpénétration des systèmes sémiotiques

Les moyens de communication se sont diversifiés et les pratiques d'écriture entrent aujourd'hui en composition avec d'autres univers de signes. L'écrit intervient à côté et en complémentarité avec d'autres supports. Par exemple, comme le note P. Lévy, «L'envoi d'un texte est de plus en plus souvent accompagné ou suivi d'un coup de téléphone. L'article commente souvent un événement que chacun connaît déjà par la télévision, il redouble une communication de vive voix à un colloque, etc.»[208] De plus, les développements de la communication par le son et par l'image supposent une utilisation fréquente de l'écrit dans un grand nombre d'opérations intermédiaires et décisives. Par exemple, le journaliste de radio écrit intégralement son billet avant d'en faire lecture à l'antenne et les émissions de télévision ou les films supposent la mise au point d'un script. Dans la presse, l'image et le texte se répondent, se commentent et s'interprètent mutuellement.

L'écriture n'intervient pas seulement en complémentarité avec la communication par le son ou par l'image; elle se fond aussi dans un système de communication où différents univers sémiotiques sont imbriqués. Il n'est pas toujours possible d'isoler, dans les échanges, la dimension scripturale de la dimension sonore ou iconique. Il serait probablement plus difficile aujourd'hui de repérer les pratiques sociales tramées par l'écriture des autres modes de communication, comme les travaux de

Goody avaient pu le faire en distinguant l'oralité de l'écriture. Aujourd'hui, l'oralité elle-même est en grande partie scripturalisée, tout comme les pratiques d'écriture peuvent déboucher sur une transmission orale. Les possibilités ouvertes par la communication multimédia et la numérisation des informations vont certainement contribuer encore à favoriser l'interpénétration des systèmes de signes, où le son, la lettre et l'image se répondent, peuvent être traduits sur un autre support et s'interprètent réciproquement.

L'oralité, l'écriture, le son et l'image, la transmission des données ne constituent plus des sphères d'activités et de relations sociales indépendantes les unes des autres. Selon P. Lévy, le travail créatif pourrait s'orienter davantage vers la constitution d'équipes : « La nouvelle écriture hypertextuelle ou multimédia sera certainement plus proche du montage d'un spectacle que de la rédaction classique, où l'auteur se souciait que de la cohérence d'un texte linéaire et statique. Elle demandera des équipes d'auteurs, un véritable travail collectif. »[209] Tout comme il n'existe plus aucun texte qui ne suppose le travail de plusieurs intervenants, auteurs, critiques, dactylographes..., l'écriture pourrait devenir elle-même un travail de composition de plusieurs systèmes sémiotiques.

3.3. Le nouvel espace de l'écriture

L'écriture suppose une séparation des univers de la production et de la réception des textes. Un texte n'est compréhensible que s'il est cohérent et s'il se suffit à lui-même. Pour combler l'écart entre l'univers culturel de l'énonciateur et des récepteurs, le texte doit être le plus indépendant possible des circonstances particulières de sa production ou de sa réception. D'autre part, l'extension de l'écriture a supposé, depuis la Renaissance, le développement d'une science de l'interprétation, l'herméneutique, qui tente de réduire l'écart entre l'auteur et le lecteur. Or, la diversification et l'intensification des communications transforment les modalités de l'échange écrit. Les conditions du travail d'écriture et des activités de lecture ont changé, parce que, en raison de la diversification et de l'accélération des communications, la transmission d'un texte peut toujours être accompagnée d'un commentaire, ou encore, parce que l'auteur et le lecteur, dans un univers quadrillé par les médias et les réseaux informatiques, partagent un grand nombre de références culturelles, partagent un même hypertexte, selon l'expression de Lévy.

Les messages écrits sont ainsi de moins en moins reçus en dehors de toute référence contextuelle. Lorsque les messages étaient rares et leur transmission lente, le texte devait contenir en lui-même les principes de sa signification et il était conçu pour une durée relativement longue. La vitesse de transmission de l'information, la souplesse d'utilisation des supports informatiques et notamment ses usages interactifs tendraient, selon Lévy, à favoriser une sorte de retour à l'oralité, où les interlocuteurs partagent des références culturelles communes et où ils peuvent interagir en temps réel. La vitesse, l'anéantissement de la durée semblent être une des caractéristiques majeures de la transformation des communications : «L'écriture était l'écho sur un plan cognitif de l'invention sociotechnique du délai et du stock. L'informatique, au contraire, participe au travail de résorption d'un espace-temps social visqueux, à forte inertie, au profit d'une réorganisation permanente et en temps réel des agencement sociotechniques : flexibilité, flux tendu, zéro stock, zéro délais.»[210]

L'intensification et l'accélération des communications affectent aussi le mode de connaissance. L'écriture avait ouvert à la fois la nécessité de l'herméneutique et du discours objectif, qui visait à établir la vérité. Dans l'univers de communications intenses et en temps réel, les critères de connaissance définis en termes d'objectivité, d'universalité, de vérité, cèdent le pas à la pertinence locale et à l'opérativité. Par exemple, selon Lévy, les banques de données ne visent pas à rassembler «toutes les connaissances vraies sur un sujet, mais l'ensemble du savoir utilisable par un client solvable. Il s'agit moins de diffuser des lumières auprès d'un public indéterminé que de mettre une information opérationnelle à la disposition des spécialistes. Ceux-ci veulent obtenir l'information la plus fiable, le plus vite possible, pour prendre la meilleure décision. Or cette information opérationnelle est essentiellement périssable, transitoire.»[211] De plus, les capacités de réorganisation permanente du corpus d'information incitent à ne garder l'information qu'à son état le plus récent. Alors que les possibilités de stockage sont énormes, de nombreux usages de l'informatique visent exclusivement à prendre en compte l'opération en cours.

Les connaissances sont ainsi définies par l'informatique comme un corpus changeant et transitoire. De plus, l'inflation des données disponibles exige tout un travail de structuration, d'élaboration d'interfaces entre les données et l'utilisateur. Pour utiliser les informations, il faut davantage se doter d'outils d'orientation, de «navigation», de modèles transitoires que de critères objectifs et universels. Dans ce cadre, la production du savoir ne vise pas tant à établir une vérité qu'à répondre à une utilité socialement définie au présent.

La logique de l'écriture qui suppose un travail d'objectivation, un raisonnement critique, une réflexivité, continue à s'approfondir. Mais elle existe aujourd'hui à côté d'un univers qui tend à sortir de l'histoire, de la recherche de la vérité, pour privilégier l'opérativité et l'utilité instantanée. La communication informatisée en temps réel est loin de couvrir tous les types d'échanges sociaux. A côté d'un monde défini par une vitesse pure, l'écriture joue un rôle décisif pour l'activité réflexive et pour la délibération politique. Libérée en grande partie de la gestion des stocks, l'écriture peut être définie encore plus nettement qu'auparavant comme un espace critique et réflexif. Par son inertie même, elle permet une distance, une mise en question des principes d'utilité et de calcul rationnel. Elle offre aussi la possibilité de construire un espace public de délibération en marge des marchés totalement libres que semblent être les réseaux **informatiques**.

3.4. Les transformations des pratiques de l'orthographe

Comment les transformations du système de communication et de l'écriture pourraient-elles affecter la construction et l'usage des normes de la langue écrite? Faute d'une exploration systématique de ces questions, on se bornera ici à évoquer quelques hypothèses pour amorcer la réflexion. Les pratiques d'écriture persistent dans un grand nombre d'activité sociales, et refluent dans d'autres domaines, notamment celui des activités économiques. De plus, l'écrit est souvent accompagné d'un message sur d'autres supports. L'exigence de conformité orthographique pourrait ainsi s'affaiblir dans certaines sphères d'activité, parce que l'écrit n'est ni le support exclusif, ni le support privilégié des échanges économiques. Un message écrit, même non conforme à l'orthographe académique, peut souvent être compris tel quel et peut aussi à tout moment être corrigé, effacé. La vitesse des communications informatisées pourrait tendre à dédramatiser la «faute» puisqu'elle ne dure pas au-delà de l'opération en cours.

La nécessité d'atteindre une vitesse de transmission maximale pourrait aussi contribuer à renforcer la codification et la simplification de la langue écrite pour l'usage informatique. Tout comme le recours à la numérisation pourrait exiger une simplification du code, puisqu'il doit être rapidement traductible sur d'autres supports. D'autre part, l'imbrication des systèmes sémiotiques pourrait offrir de nouvelles ressources pour la création des graphies, comme on peut le constater par exemple dans l'usage généralisé, parmi les jeunes générations, de *K7* pour *cassette*. Les transformations du système de communication pourraient ainsi jouer en faveur d'une dédramatisation de la faute, d'une simplification du code écrit et d'un renouvellement de la créativité graphique rendu possible par l'interpénétration des systèmes de signes.

Mais les pratiques d'écriture n'ont pas été complètement transformées par la diversification, l'intensification et l'accélération des communications. Dans certains secteurs d'activité, à l'école par exemple, l'exigence de conformité à l'orthographe académique reste importante, même si elle est problématique; et nous avons vu que dans l'ordre symbolique, l'attachement à l'orthographe fixée au XIXe siècle est réaffirmée avec force dans l'espace public. Les usagers du français écrit risquent ainsi d'être confrontés à des univers qui proposent différentes définitions des normes : à l'école, dans l'entreprise, la presse, les médias, les réseaux informatiques, la correspondance intime..., l'orthographe académique pourrait ne plus jouer le rôle de norme générale et unique du code écrit. Elle pourrait ainsi devenir l'emblème d'un sous-système culturel propre à la société française en marge des sphères d'activité économiques et des échanges de la vie privée.

4. CONTRADICTIONS, CONFLITS ET TRANSFORMATIONS NORMATIVES

Au XIXe siècle, l'école et l'orthographe entretenaient des relations d'institutionnalisation réciproque. Aujourd'hui, le lien entre l'école et l'orthographe s'est, à certains égards, relâché, et sous d'autres aspects, il s'est tendu davantage. L'orthographe semble prise entre deux mouvements contradictoires : sa relativisation face à d'autres savoirs et l'affirmation continue de l'importance de l'orthographe dans la sélection scolaire, et plus largement dans la sélection sociale. L'orthographe semble ainsi au cœur des contradictions du système scolaire, entre les logiques de production et de sélection, selon la typologie de F. Dubet.

Le débat sur la «réforme» peut être lu comme un affrontement qui met aux prises deux définitions de la société et du lien social (cohésion vs intégration). Dans ces débats, les dimensions de cohésion et d'intégration sociales sont disjointes et construites en positions conflictuelles. Ce qui se sépare et s'affronte, c'est précisément ce que l'orthographe, née avec la modernité, avait réussi à conjoindre au XIXe siècle. Elle était à la fois un vecteur d'intégration, parce qu'elle était une des clés d'accès à l'emploi et à la citoyenneté, et un des éléments sur lesquels pouvait se fonder la cohésion sociale, dans la célébration d'une nation construite autour d'un système de normes cohérent. Aujourd'hui, les réseaux de relations sociales, traversés par des conflits culturels, autour des normes et des valeurs, et l'espace national, fondé sur la définition des statuts économiques et politiques, ne se correspondent plus. Dans l'ordre des représentations politiques, les questions des valeurs culturelles et de la participation à la société appartiennent désormais à des sphères étrangères l'une à l'autre.

Le second thème de l'affrontement concerne la définition des acteurs légitimes de la dynamique sociale. Pour les uns, c'est l'Etat qui doit intervenir pour garantir les conditions d'intégration des citoyens au système social. Les autres réfutent toute légitimité à l'Etat et affirment la primauté de l'usage, du «peuple». Mais l'usage, tel qu'il est défini dans le débat sur l'orthographe, est un acteur abstrait puisqu'aucun agent concret ne peut intervenir sur la langue et la société en son nom. C'est une catégorie actorielle vide, une entité extra-sociale, caractérisée par l'inertie. L'intervention de l'Etat est perçue comme une agression des corps, des mémoires, des émotions, des images mentales. Le discours contre-réformateur appelle à une résistance, pour préserver ces corps et ces mémoires et pour garantir la dynamique propre de «l'usage».

Pour appuyer leurs propos, les différents intervenants dans le débat cherchent tous la garantie de l'histoire; mais pour certains, celle-ci est définie comme un processus dans lequel la société peut intervenir, alors que pour les autres, c'est d'abord un patrimoine à préserver. De telle sorte que le discours des opposants aux rectifications peut être caractérisé par une célébration du passé qui est en fait un refus de l'histoire. Différents acteurs sont évoqués pour favoriser la dynamique sociale définie comme objectif prioritaire : d'une part, les linguistes, caractérisés par leur savoir; d'autre part, les écrivains, susceptibles de protéger les corps et les mémoires agressés par l'intervention des «technocrates».

Les caractéristiques du discours «réformateur» (insistance sur l'intégration sociale, sur le rôle positif de l'Etat et confiance dans la science pour guider la transformation sociale) pourraient justifier sa désignation sous les termes de technocratisme à visée démocratique. En revanche le choix délibéré d'une définition culturelle de l'orthographe comme valeur cohésive, l'affirmation exclusive de l'usage, du peuple, comme réceptacle de la vérité culturelle et la position de résistance adoptée par les corps et les mémoires nous permettent de synthétiser le récit contre-réformateur comme un populisme des émotions.

Alors que le discours réformateur appelle une transformation modernisatrice de la société, les opposants aux rectifications affirment leur distance à la modernité. Ils réagissent contre l'emprise croissante du système sur les acteurs, contre la raison instrumentale qui menace d'étouffer les sujets, contre les interventions technocratiques. L'affirmation d'une subjectivité, la valorisation du monde vécu, de la liberté des individus contre les appareils politiques et techniques caractérisent leurs propos. Mais les sujets qui s'affirment sont définis comme des corps, des mémoires doués d'une force d'inertie, d'une capacité de résistance, mais pas d'une force engagée dans une dynamique transformatrice. C'est une liberté de refus. Les sujets des contre-réformateurs, tout en affirmant leur liberté de résistance, ont perdu la capacité de se définir comme acteurs de leur propre langue.

Dans ce débat, l'Etat et la société semblent désencastrés. Cette disjonction des deux ordres participe d'une crise politique plus générale qui se traduit aussi sur le terrain particulier de la définition de l'orthographe. Malgré l'importance des thèmes politiques dans les discours, le débat n'a pas été construit sur le mode d'un conflit politique, mais sur celui d'un affrontement culturel. Les différents intervenants opèrent, pour des raisons différentes, et selon des modalités différentes, un déni du politique, en refusant d'entrer dans un processus de délibération politique. D'abord parce que les contre-réformateurs définissent la langue et l'orthographe comme des objets méta-historiques sur laquelle la société n'a pas de prise ; ils refusent ainsi le principe même de la modernité, la liberté de la société d'intervenir sur elle-même. Dans ce cadre, le politique ne peut être que le lieu de la neutralisation des dynamiques dangereusement transformatrices. Ensuite parce que les partisans des rectifications, et notamment les linguistes, se sont placés dans une position d'expertise et ont affirmé que la science pouvait guider les choix à opérer. De la sorte, ils ont contribué, contre leur propre volonté, à verrouiller le débat politique sur l'orthographe. L'affirmation de la raison « scientifique » semble corollaire d'une méfiance du politique, d'une faible foi en la capacité de la société à soutenir un débat politique sur la langue et des citoyens à mobiliser un savoir pour accroître leur liberté d'intervention sur la langue.

A l'issue de l'analyse du débat sur la réforme, on peut réaffirmer l'importance de la charge symbolique qui pèse sur l'orthographe. Dans les échanges relevés dans la presse, elle apparaît comme un écran où se projettent des significations, comme un prétexte à une définition de la culture et des acteurs culturels légitimes. L'attention aux pratiques d'écriture est dérisoire et le registre symbolique semble avoir pris toute la place. L'orthographe, aujourd'hui comme hier, est une institution vivante, en vertu de son caractère emblématique. Mais sa signification a changé. Il y a un siècle, elle était l'emblème de la modernité triomphante, de la culture scripturalisée, de la stratification sociale fondée sur l'effort d'éducation, de la nation. Emblème de l'école elle-même. L'orthographe est à présent déchirée entre l'intégration et la cohésion sociales, entre l'Etat et la société, entre l'Histoire et le passé, entre les appareils et les corps, entre la science et l'expérience, entre la raison instrumentale et les sujets. C'est une institution vivante, mais qui ne peut donner lieu qu'à une guerre, et dont l'issue est incertaine.

Les transformations de l'orthographe, son glissement de l'institution moderne unificatrice à l'objet d'une expérience problématique, de la convergence des logiques normatives à leur éclatement peuvent encore être confrontées aux hypothèses de la dérégulation et de la déformalisation des normes. «La dérégulation concerne les rapports de l'Etat à la société : l'Etat abandonne un certain nombre de règles et de comportement interventionnistes, voire même se dessaisit de certaines de ses compétences traditionnelles pour les confier à la société civile. La déformalisation concerne la norme sociale : il s'agit d'une critique du formalisme des règles et des législations figées. A la dévalorisation du dogmatisme des formes, correspond une valorisation de la négociation des décisions, de la mobilité des échanges, et du respect de situations toujours complexes et particulières.»[212]

La question de la dérégulation des normes linguistiques ne peut pas être abordée sans précautions. A première vue, les matières linguistiques, et en particulier l'orthographe, semblent moins l'objet d'une intervention explicite et directe de l'Etat qu'elles le furent au XIXe siècle et de plus en plus laissées au libre jeu des régulations dans différents champs d'activités sociales, comme par exemple dans les médias. Mais dans le même temps, les domaines de l'intervention de l'Etat se sont diversifiés et multipliés, en étendant considérablement le champ d'usage de la langue officielle. Il faut encore signaler qu'en Belgique, les matières linguistiques font l'objet d'une régulation explicite, mais qu'elles sont davantage perçues comme l'enjeu d'un partage politique et territorial de l'espace national que comme des questions susceptibles de justifier une régulation des comportements au sein d'une même communauté linguistique. Parmi d'autres initiatives, les pouvoirs publics ont entrepris d'intervenir ces dernières années sur l'orthographe et sur la féminisation des noms de profession, respectivement en France et en Communauté française de Belgique. Mais ces interventions furent perçues par beaucoup, dans l'espace public, comme une intrusion. L'intervention de l'Etat sur la langue est illégitime, pour certains, parce l'usage est le seul dépositaire de la transformation des normes. La contestation de l'intervention de l'Etat a contribué, dans le cas des rectifications de l'orthographe, à l'échec relatif de la politique linguistique.

Dans cette mesure, plutôt qu'une dérégulation, on observe une incapacité de l'Etat à promouvoir une politique linguistique légitime et, finalement, à intervenir explicitement sur la langue. En matière d'orthographe, l'Etat semble avoir perdu toute prise sur un ensemble de normes qu'il a très largement contribué à façonner au cours des siècles précédents. Il s'agit en fait plus d'une crise du politique que d'un délaissement de la production des normes au profit d'autres lieux de régulation. Dans le cas des rectifications de l'orthographe, l'Etat cherchait précisément à intervenir pour limiter les effets, ou reprendre en charge d'éventuelles régulations dans le domaine des usages informatiques de la langue, ou pour éviter des initiatives locales, dans certains réseaux d'enseignement notamment.

La difficulté politique et technique des interventions de l'Etat sur la langue pourrait donner lieu à plusieurs interprétations : on peut considérer par exemple que le travail de démocratisation de la langue française est accompli et qu'en organisant la scolarisation et la diffusion massive du français, l'Etat s'est dessaisi de la langue toute entière absorbée par la communauté nationale. Une intervention de l'Etat n'aurait de sens, dans cette perspective, que si elle répondait à une volonté délibérée et exprimée par la société. Et si les initiatives réformatrices échouent, c'est parce qu'elles n'ont pas réussi à construire une interface entre la diversité des groupes sociaux et l'Etat, c'est par défaut d'une société civile capable de traduire en termes politiques les aspirations à la transformation des normes, ou par défaut d'un consensus construit par délibération dans l'espace public. On peut lire aussi, sans contredire ce qui précède, la critique de l'intervention de l'Etat sur la langue comme le symptôme d'une crise de la notion d'intérêt général. Personne ne peut intervenir sur la langue, personne ne peut saisir l'Etat d'une demande d'intervention parce que les initiatives sont toujours suspectes de traduire des intérêts particuliers, au détriment des intérêts d'autres groupes sociaux. Et dans ce cas, soit on accepte de considérer la société comme une agglomération d'intérêts concurrents, soit on s'engage dans la construction d'un consensus en favorisant des processus politiques délibératifs et représentatifs, susceptibles de transformer la diversité des intérêts en orientations collectives, même provisoires et fragiles.

Le constat de la crise de légitimité des interventions publiques sur la langue ne doit pourtant pas occulter la continuité des régulations à travers l'école, qui reste le haut lieu de la transmission et de la construction des normes linguistiques, même si elle est soumise, elle aussi, à une désinstitutionnalisation qui tend à en faire un lieu d'expérience. Mais, à côté des régulations scolaires de la langue, comment concevoir une politique linguistique explicite, fût-elle démocratique, comme le réclame J.-M. Klinkenberg[213]? Si la langue appartient aux citoyens, elle doit aussi être reconnue comme enjeu politique des relations entre les divers groupes de la société. Cela signifie que les politiques linguistiques inspirées de principes démocratiques ne doivent pas se contenter d'un «accompagnement pédagogique», mais surtout qu'elles doivent assumer les définitions politiques de la langue. Ce qui aurait supposé par exemple, dans le cas des rectifications de l'orthographe, que l'on ait encouragé le développement d'un débat sur les questions politiques centrales portées notamment par les enseignants, à savoir la définition des missions de l'école aujourd'hui. Comme nous l'avons vu, les réformateurs eux-mêmes, ardents démocrates pour la plupart, ont contribué à faire glisser ce débat vers l'affrontement entre le monde de la connaissance et celui des émotions. Avec l'intention d'appuyer la critique de l'orthographe-institution, qui portait en elle la critique de l'école française entamée par les enseignants, certains réformateurs (et notamment les linguistes) ont étouffé le débat politique sur l'orthographe en cherchant l'apaisement des tensions autour de la célébration du savoir. Une politique linguistique n'a de sens que si elle procède d'une reconnaissance des débats et des conflits politiques qui éclosent dans la société. Reconnaître le politique dans la langue, activer les débats, et mettre la connaissance au service de l'argumentation dans un processus de délibération nous semblent les voies privilégiées d'une nouvelle forme de régulation publique de la langue.

La question de la déformalisation des normes de la langue écrite appelle également une réponse nuancée. Dans certains types d'échanges, les usages concrets de l'orthographe nous semblent jouer dans le sens d'une déformalisation, tandis que, dans l'espace public, on continue à célébrer le code comme norme formalisée. La pluralisation des normes et même l'éclatement de l'orthographe comme norme unique et système de valeurs cohérent caractérisent les pratiques de l'orthographe dans l'univers scolaire : l'orthographe est déchirée entre deux définitions culturelles, celle d'un patrimoine inaliénable et celle d'un savoir relativisé face à d'autres savoirs; et ces définitions culturelles entrent encore en contradiction avec l'affirmation continue du rôle de l'orthographe dans la sélection scolaire et les classements sociaux. Dans l'espace public, le débat sur la réforme a révélé plusieurs affrontements : entre deux univers normatifs, celui qui valorise une société cohésive et celui qui valorise une société intégratrice; entre la science et les émotions; l'Etat et la société. Ces différentes références normatives ne jouent pas le jeu d'une dynamique de congruence; au contraire, elles se séparent de plus en plus et s'affrontent parfois brutalement.

La définition concrète de la norme dans la pratique de l'écriture se diffuse ; l'orthographe absolue et prescriptive a cédé le pas, dans certains types d'activité, à l'interprétation des normes en situation. A l'école, l'introduction de certains concepts des sciences du langage, comme ceux de registre, de style, tout comme l'insistance sur une définition de la langue comme outil de communication, tendent à favoriser l'apprentissage d'une norme relative au contexte de l'échange linguistique et à privilégier l'acquisition des procédures interprétatives qui permettent le choix des références normatives adéquates. L'orthographe n'est plus tout à fait la norme absolue qu'elle était devenue au XIXe siècle, même si le credo pédagogique n'a pas complètement renoncé à la célébrer comme telle. Les comportements des élèves sont très clairs à cet égard : les règles du code graphique sont d'autant plus mobilisées que la situation de communication est scolaire et évaluative. En dehors de ces contextes, l'orthographe pour elle-même n'a pas de légitimité, si ce n'est comme «sens» de l'écriture incorporé, «naturel».

La diversité des références normatives et souvent même leurs contradictions placent les acteurs sociaux devant la nécessité d'élaborer un travail singulier de composition des normes qui suppose une distance réflexive avec les différentes logiques sociales. L'acteur ne colle plus à aucun de ses rôles, il est tenu de garantir leur multiplicité et de construire un équilibre précaire entre eux, une cohérence provisoire. Les enseignants par exemple, dans leurs pratiques de l'enseignement de l'orthographe, doivent trouver une formule pour réduire l'insécurité qui résulte de la multiplicité de leurs interventions : garants de la culture littéraire mais ouverts à la société et aux techniques, pédagogues et agents de sélection sociale, attachés à leurs élèves et soucieux de remplir leur «mission sociale», convaincus et responsables... L'expérience de l'enseignement de l'orthographe est vécue par beaucoup d'entre eux comme une épreuve. Les élèves quant à eux semblent jouer sur la diversité des normes. Mais certains d'entre eux ont perdu toute marge de manœuvre, ceux qui finissent par recevoir de plein fouet les conséquences d'une sélection scolaire pourtant prévisible, comme ces élèves en secrétariat de Grenoble, conscientes d'avoir été «reléguées» en lycée professionnel pour leurs faibles performances en orthographe, et découvrant que pour l'embauche, dans leur secteur, c'est capital...

Mais l'orthographe, comme corpus de normes explicite, n'a pas bougé dans ses principes. Le code lui-même n'a pas été déformalisé. Certains de ses usages tendent à le construire aujourd'hui comme une norme relative alors que les discours sur l'orthographe renforcent souvent sa définition comme valeur absolue pour elle-même. La célébration assez large dans l'espace public des vertus de l'orthographe comme norme prescriptive semble en contradictions avec le registre de la pratique : de nombreuses pratiques du code travaillent à sa déformalisation, alors que la définition explicite de l'orthographe reste, dans l'espace public, celle d'une norme formalisée, absolue et prescriptive. A tel point que la distinction contextuelle la plus significative, chez les usagers du code, est sans doute celle que les élèves et les enseignants eux-mêmes opèrent entre communication privée et publique. Cela signifie que l'usage public de l'orthographe, dans les communications écrites publiques ou dans les discours sur la norme dans les médias par exemple, ressemble toujours à une célébration d'une norme formalisée.

La déformalisation de l'orthographe est une formule peu adéquate parce qu'elle risque de masquer la continuité d'une affirmation du code comme norme absolue et prescriptive dans l'espace public. Les contradictions entre usages privés et publics de l'orthographe, entre une déformalisation et la continuité de la formalité du code, pourraient probablement faire l'objet d'une comparaison avec d'autres champs normatifs. Le constat de la divergence des constructions de l'orthographe dans l'espace privé et dans l'espace public, ou encore dans les usages profanes et sacrés, suggère encore de chercher à comprendre si ces divergences constituent des contradictions problématiques ou nécessaires. Problématiques si on considère que les deux logiques divergentes créent une sorte de schizophrénie sociale, où espace privé et espace public s'ignorent l'un et l'autre ; nécessaires si c'est précisément la relativisation de la norme dans les pratiques qui est à la source du raidissement, pour ne pas dire la fossilisation du code.

NOTES

[1] Baudelot C. et Establet R., 1989.
[2] *Op. cit.*, p. 24.
[3] Avignon, 1864, cité par Baudelot C. et Establet R., 1989, p. 178.
[4] Chervel A. et Manesse D., 1989.
[5] Hachez T. et Wynants B., 1991.
[6] *Op. cit.*, p. 29-30.
[7] *Op. cit.*, p. 31-33.
[8] *Op. cit.*, p. 34.
[9] Billiez J., Lucci V. et Millet A., 1990.
[10] Ce qui, en soi, ne constitue pas un défaut, mais pourrait faire écran à notre compréhension du sens que les acteurs de l'enseignement accordent à l'orthographe.

[11] Tous les extraits d'entretiens sont tirés de Billiez J., Lucci V. et Millet A., 1990. Les locuteurs caractérisés par la lettre I sont des instituteurs, par la lettre P des professeurs.

[12] La sélection professionnelle fondée sur l'orthographe et même plus généralement sur la maîtrise de l'écrit est loin d'être aussi importante que certains enseignants le pensent. Par exemple, selon une étude récente sur l'usage du français dans les grandes entreprises en Belgique [Dardenne-Eraly, 1995], la maîtrise de la langue maternelle est un critère négligé à l'embauche des cadres. Voir 3.1. L'approfondissement de la logique de l'écriture et le reflux de l'écrit.

[13] *Op. cit.*, p. 36.

[14] *École élémentaire, Programme et instructions*, CNDE, Le livre de Poche, 1985, p. 26, cité par Billiez J., Lucci V. et Millet A., 1990, p. 32.

[15] *Cahiers du SeGEC*, mai 1995.

[16] Chervel A. et Manesse D., 1989.

[17] *Op. cit.*, p. 188.

[18] Hachez T. et Wynants B., 1991.

[19] Voir Ch. 2, 2. Les théories du Bon usage.

[20] Lahire B., 1993, p. 183.

[21] Establet R., 1985, *La Rentabilité sociale différentielle de la scolarisation*, Thèse pour le doctorat ès-lettres et sciences humaines, Université de Nantes, p. 723, cité par Lahire B., 1993, p. 184.

[22] Lahire B., 1993, p. 185.

[23] *Op. cit.*, p. 186.

[24] Dubet F., 1991.

[25] *Op. cit.*, p. 223.

[26] Il s'agit de : Nina Catach, Directeur de recherche au CNRS; Bernard Cerquiglini, Professeur à l'Université Paris VII; Jean-Claude Chevalier, Professeur à l'université Paris VIII; Pierre Encrevé, Professeur à l'université Paris VIII; Maurice Gross, Professeur à l'université Paris VII, Directeur du Laboratoire d'automatique documentaire et linguistique; Claude Hagège, Professeur au Collège de France; Robert Martin, Professeur à l'université Paris IV; Michel Masson, Professeur d'hébreu à l'université Paris III; Jean-Claude Milner, Professeur à l'université Paris VII; Bernard Quémada, Directeur de recherche au CNRS, vice-président du Conseil supérieur de la langue française.

[27] Le Conseil supérieur de la langue française est composé des personnalités suivantes, outre les membres de droit : Pierre Aigrain, physicien, ancien secrétaire d'État chargé de la recherche; Érik Arnoult-Orsenna, homme de lettres; Jean-Louis Beffa, président-directeur général de Saint-Gobain; Tahar Ben Jelloun, écrivain; Jean-Claude Chevalier, linguiste; Jean Daniel, directeur du Nouvel Observateur; Georges Duby, historien; Pierre Encrevé, linguiste; Michèle Gendreau-Massaloux, recteur de l'Académie de Paris; Jean-Luc Godard, cinéaste; André Goosse, philologue; Roger Gouze, délégué général de l'Alliance française; Maurice Gross, linguiste; Claude Hagège, linguiste; Anne Hébert, écrivain; Dominique Jamet, président de la Bibliothèque de France; Jérôme Lindon, éditeur; Francis Lorentz, président-directeur général du groupe Bull; Jean Maheu, président-directeur général de Radio-France; Luc Montagnier, professeur à l'Institut Pasteur; Pierre Perret, compositeur de chansons; Bernard Pivot, journaliste; Bernard Quémada, linguiste.

[28] Discours du Premier ministre Michel Rocard au Conseil supérieur de la langue française, le 25 octobre 1989, cité par A. Goosse, 1991, p. 23.

[29] La commission d'experts était composée de cinq linguistes, Bernard Cerquiglini, Nina Catach, André Martinet, Charles Muller, André Goosse; des responsables des dictionnaires Robert et Larousse, J. Rey-Debove et C. Kannas; d'un inspecteur général à l'Éducation nationale, J. Bersani; du chef-correcteur au journal *Le Monde*, J.-P. Collignon.

[30] Eloy J.-M., 1992, p. 118.

[31] Goosse A., 1991, p. 24.
[32] Catach N., 1991.
[33] Muller Ch., 1992.
[34] Eloy J.-M., 1992, p. 118.
[35] *Op. cit.*, p. 119.
[36] *Op. cit.*, p. 124.
[37] En juin 1997, une dizaine de revues publiées en Belgique suivent les rectifications de 1990.
[38] Bien sûr, ce propos souffre d'une généralisation excessive et ne rend pas compte du travail sur l'écriture et même sur l'orthographe réalisé par de nombreux linguistes, comme par exemple ceux de l'équipe du CNRS sur l'histoire et la structure de l'orthographe. Ces travaux, qui ont aujourd'hui gagné en visibilité, sont pourtant assez peu représentatifs de l'énorme quantité de recherches qui s'appliquent à observer les usages oraux.
[39] Propos rapporté par J. Leconte dans Cibois P. et Leconte J., 1989.
[40] Manifeste des dix linguistes, *Le Monde*, 7 février 1989.
[41] Manifeste.
[42] Cibois P. et Leconte J., *op. cit.*
[43] Catach N., «Osons faire bouger la norme!», entretien, *Le Monde de l'Éducation*, octobre 1989, p. 56.
[44] Propos rapportés par J. Leconte.
[45] Barbarant J.-C., postface à Cibois P. et Leconte J., 1989, p. 141.
[46] Propos rapportés par J. Leconte.
[47] Barbarant J.-C., postface à Cibois P. et Leconte J., 1989, p. 133.
[48] Manifeste.
[49] Propos rapportés par J. Leconte.
[50] Leconte J., *Simplifions notre orthographe*, in Cibois P. et Leconte J., 1989, p. 29.
[51] Manifeste.
[52] Gross M. entretien au *Monde de l'Éducation*, octobre 1989, p. 46.
[53] Propos rapportés par J. Leconte.
[54] Barbarant J.-C., postface à Cibois P. et Leconte J., 1989, p. 142.
[55] *Op. cit.*, p. 143.
[56] Manifeste.
[57] Leconte J., *Simplifions notre orthographe*, in Cibois P. et Leconte J., 1989, p. 17-18.
[58] *Op. cit.*, p. 64.
[59] Manifeste.
[60] André Frossard, *Le Figaro*, 29 novembre 1988.
[61] Raymond Vilain, *ibidem*.
[62] Pierre Perret, *ibidem*.
[63] Jean Dutourd, *ibidem*.
[64] Maurice Druon, *France-Soir*, 30 novembre 1988.
[65] Félicien Marceau, *Le Figaro*, 29 novembre 1988.
[66] Jean-Louis Curtis, *ibidem*.
[67] Félicien Marceau, *ibidem*.
[68] Bernard Pivot, *ibidem*.
[69] Paul Guth, *ibidem*.
[70] Jean-Louis Curtis, *ibidem*.
[71] Maurice Druon, *France-Soir*, 30 novembre 1988.
[72] Guy Bayet, *Le Figaro*, 29 novembre 1988.
[73] Maurice Druon, *France-Soir*, 30 novembre 1988.
[74] Philippe de Villiers, *Le Figaro*, 29 novembre 1988.
[75] Guy Bayet, *ibidem*.

[76] Pierre Perret, *ibidem*.
[77] André Frossard, *ibidem*.
[78] Paul Guth, *ibidem*.
[79] Félicien Marceau, *ibidem*.
[80] Philippe de Villiers, *ibidem*.
[81] Guy Bayet, *ibidem*.
[82] Félicien Marceau, *ibidem*.
[83] Jean-Louis Curtis, *ibidem*.
[84] Bernard Pivot, *ibidem*.
[85] Paul Guth, *ibidem*.
[86] Jacques de Bourbon-Buset, *ibidem*.
[87] Maurice Rheims, *ibidem*.
[88] Paul Guth, *ibidem*.
[89] Jacqueline de Romilly, *ibidem*.
[90] Tout comme, d'ailleurs, lors de tentatives précédentes, comme le note Nina Catach, 1989. Le 8 août 1893, *Le Figaro* réagissait à une proposition de réforme en ces termes : « Il se fai gran brui dans la Press dé réform ortografic don M. Gréar sé fai le champion é ke lacadémi fransèse a voté dans un de sé dernière séance... Son Altès le duc d'Aumale vient de protesté par letr contr ce vot, estiman kune décision de cet importance noré pas du étr pris par un ossi petit nonbr de manbr... »
[91] « Faut-il réformer l'orthographe ? », *Lire*, n° 162, mars 1989.
[92] *Op. cit.*
[93] Francis Huster, *Lire*, mars 1989.
[94] Yves Simon, *ibidem*.
[95] André Fontaine, *ibidem*.
[96] Hubert Reeves, *ibidem*.
[97] Jean-Pierre Colignon, *Le Monde*, 8 septembre 1989.
[98] Charles Fantin, *Pourquoi abhorrer quand on peut haïr ?*, in Pivot B., 1989.
[99] Jean-Pierre Colignon, *Le Monde de l'Éducation*, octobre 1989.
[100] Tahar Ben Jelloun, *ibidem*.
[101] Hector Biancotti, *Figaro-Madame*, 24 mars 1989.
[102] Danièle Sallenave, *Le Monde de l'Éducation*, octobre 1989.
[103] Charles Fantin, *Pourquoi abhorrer quand on peut haïr ?*, in Pivot B., 1989.
[104] Danièle Sallenave, *Le Monde de l'Éducation*, octobre 1989.
[105] Françoise Giroud, *Lire*, mars 1989.
[106] Frédéric Mitterrand, *ibidem*.
[107] Anne Hébert, *Le Monde de l'Éducation*, octobre 1989.
[108] Karl Lagerfeld, *Lire*, mars 1989.
[109] Charles Fantin, *Pourquoi abhorrer quand on peut haïr ?*, in Pivot B., 1989.
[110] Mme Gendreau-Massaloux, *Le Monde de l'Éducation*, octobre 1989.
[111] Yves Simon, *Lire*, mars 1989.
[112] Angelo Rinaldi, *L'Événement du jeudi*, 16 mars 1989.
[113] Cibois P. et Leconte J., 1989, p. 86.
[114] *Op. cit.*, p. 87.
[115] *France-Soir*, le 19 juin 1990.
[116] Voir par exemple *Le Quotidien de Paris*, le 21 juin 1990.
[117] Agence France Presse, le 10 juillet 1990.
[118] *Le Figaro*, le 11 juillet 1990.
[119] *Ibidem*.
[120] *Le Quotidien de Paris*, le 21 juin 1990.

[121] Telle qu'elle est présentée par exemple dans Remy J. et Ruquoy D., 1990, *Sociologie et analyse de contenu*, Bruxelles, Publications des Facultés Universitaires Saint-Louis.
[122] *Le Figaro*, 24 décembre 1990.
[123] *La Dépêche de Dijon*, 31 décembre 1990.
[124] *Le Figaro*, 4 janvier 1991.
[125] *L'Express*, 27 décembre 1990.
[126] *Le Figaro*, 27 décembre 1990.
[127] *L'Express*, 27 décembre 1990.
[128] *Ibidem*.
[129] *Le Figaro*, 21 décembre 1990.
[130] *Ibidem*.
[131] *Le Figaro*, 21 décembre 1990.
[132] *France-Soir*, 19 décembre 1990.
[133] *Le Figaro*, 29 décembre 1990.
[134] *France-Soir*, 19 décembre 1990.
[135] *Ibidem*.
[136] *La Dépêche de Dijon*, 31 décembre 1990.
[137] *Le Journal du Dimanche*, 30 décembre 1990.
[138] *Le Figaro*, 22-23 décembre.
[139] *Le Figaro*, 27 décembre 1990.
[140] *Valeurs actuelles*, 24 décembre 1990.
[141] *Le Journal du Dimanche*, 30 décembre 1990.
[142] *Le Figaro*, 4 janvier 1991.
[143] *Le Nouvel Observateur*, 27 décembre 1990.
[144] *France-Soir*, 19 décembre 1990.
[145] *Le Figaro*, 22-23 décembre 1990.
[146] *Le Figaro*, 28 décembre 1990.
[147] *Libération*, 8 janvier 1991.
[148] *France-Soir*, 19 décembre 1990.
[149] *Le Figaro*, 29 décembre 1990.
[150] *France-Soir*, 19 décembre 1990.
[151] *Le Figaro*, 19 décembre 1990.
[152] *Le Figaro*, 24 décembre 1990.
[153] *L'Express*, 27 décembre 1990.
[154] *Le Nouvel Observateur*, 27 décembre 1990.
[155] *France-Soir*, 19 décembre 1990.
[156] *Le Journal du Dimanche*, 30 décembre 1990.
[157] *Le Figaro*, 22-23 décembre 1990.
[158] *Ibidem*.
[159] *Le Figaro*, 29 décembre 1990.
[160] *Le Figaro*, 18 janvier 1991.
[161] *Libération*, 22-23 décembre 1990.
[162] *Ibidem*.
[163] *Ibidem*.
[164] *Le Journal du Dimanche*, 23 décembre 1990.
[165] *Le Nouvel Observateur*, 3 janvier 1991.
[166] *Ici-Paris*, 2 janvier 1991.
[167] *Le Journal du Dimanche*, 30 décembre 1990.
[168] *Le Journal du Dimanche*, 23 décembre 1990.
[169] *Le Figaro*, 24 décembre 1990.
[170] *Le Nouvel Observateur*, 27 décembre 1990.

[171] *Le Nouvel Observateur*, 17 janvier 1991.
[172] *Le Figaro*, 24 décembre 1990.
[173] *Le Monde*, 17 janvier 1991.
[174] *Ibidem*.
[175] *Ibidem*.
[176] *L'Est Républicain*, 13 décembre 1990.
[177] *Libération*, 8 janvier 1991.
[178] *L'Idiot International*, 9 janvier 1991.
[179] *Libération*, 8 janvier 1991.
[180] *Libération*, 8 janvier 1991.
[181] *Ibidem*.
[182] *Le Nouvel Observateur*, 27 décembre 1990.
[183] *Libération*, 8 janvier 1991.
[184] *Ibidem*.
[185] *Ibidem*.
[186] *Ici-Paris*, 2 janvier 1991.
[187] *Libération*, 18 janvier 1991.
[188] *Le Nouvel Observateur*, 27 décembre 1990.
[189] *Libération*, le 8 janvier 1991.
[190] *L'Est Républicain*, 13 décembre 1990.
[191] *Le Nouvel Observateur*, 27 décembre 1990.
[192] *Libération*, 8 janvier 1991.
[193] *Le Figaro*, 14 décembre 1990.
[194] *Libération*, 8 janvier 1991.
[195] Durkheim E., 1930, *Le suicide*, Paris, PUF (1897), cité par Tschannen O., 1989, «Anomie et intégration sociale. Fenn, Luhmann et le paradigme néo-durkheimien», in *Cahiers V. Pareto*, n° 83, p. 124.
[196] Tschannen O., 1989, «Anomie et intégration sociale. Fenn, Luhmann et le paradigme néo-durkheimien», in *Cahiers V. Pareto*, n° 83, p. 124.
[197] Klinkenberg J.-M., 1995, p. 93.
[198] Ou sans acteur, selon les lexiques.
[199] Tschannen O., 1989.
[200] *Ibidem*, p. 132.
[201] Lapeyronnie D., 1990.
[202] La congruence gellnerienne.
[203] Touraine A., 1992.
[204] *Ibidem*, p. 242.
[205] La mise au point d'A. Bastenier, plus nuancée que les propos tenus ici, nous semble extrêmement précieuse : «L'heure de la sociologie comme science du diagnostic social advient pleinement dans les sociétés de culture démocratique, où plus personne et aucun «système» ne peut se pavaner de ce qu'il entretiendrait des rapports privilégiés avec la vérité ultime sur l'humain, où le principe est admis que la conception à laquelle on se rallie en société à propos de la liberté, de la justice et de la dignité humaine est une construction sociale qui doit préalablement être publiquement débattue. En nourrissant de ses analyses la délibération publique à propos des enjeux et des choix de société, la sociologie aide à voir ce qui se trame réellement au travers des tensions et des conflits entre acteurs sociaux.» Bastenier A., 1995, p. 27.
[206] Perrenoud Ph., 1989.
[207] Dardenne E. et Eraly A., 1995, p. 29.
[208] Levy P., 1993, p. 137.
[209] *Op. cit.*, p. 122.

[210] *Op. cit.*, p. 129.
[211] *Op. cit.*, p. 130.
[212] De Munck J., 1995, p. 5.
[213] Klinkenberg J.-M., 1995(b).

Conclusion

L'orthographe est une institution moderne : elle s'est construite dans le processus de rationalisation et de scripturalisation du monde, dans l'affirmation du statut conquis et dans le travail d'édification de l'Etat-nation français ; elle a été fixée, diffusée et sacralisée par l'école du XIXᵉ siècle où convergent ces trois logiques. L'orthographe est à la fois un code concret (un corpus de normes) et une institution qui synthétise et articule étroitement la logique de l'écriture, la théorie de *Bon Usage* et l'affirmation nationale. Cela signifie qu'elle est fondée sur la congruence, sur l'intrication d'un mode de connaissance, de principes de mobilité sociale et d'une définition de l'Etat-nation comme principe de sens du lien social. Comme norme unique, absolue et prescriptive, elle symbolise l'unité de la nation, elle synthétise les principes dynamiques et statiques de définition de la société cohésive et intégratrice et elle contribue à garantir la correspondance de l'acteur et du système. Apprendre et se conformer à l'orthographe au XIXᵉ siècle, c'était tout à la fois se soumettre à la culture écrite et à la rationalité instrumentale, s'engager dans une quête de distinction sociale, ou, du moins dans une affirmation de la qualité sociale de l'individu et célébrer un système de normes sur lequel la société nationale avait projeté son unité.

Aujourd'hui, l'orthographe peut nous sembler, à certains égards, étonnamment vivante. Elle donne toujours lieu à la construction de significations sociales extrêmement puissantes dans l'espace public comme à l'école. Mais elle a perdu son unité. Le code est resté inchangé depuis le XIXe siècle, mais il n'est plus mobilisé aujourd'hui comme une norme absolue qui surplombe toutes les situations sociales. Il donne lieu à des définitions contextuelles et, chez les élèves, est réduit à une norme purement scolaire. Aujourd'hui, l'orthographe est prise dans les contradictions des différentes logiques du système scolaire, et elle est l'objet, chez tous les acteurs de l'école, d'une expérience problématique. Elle a aussi perdu son unité parce que les deux dimensions qu'elle avait conjointes, la cohésion et l'intégration sociales, se sont séparées dans un débat qui s'est noué comme un affrontement culturel. Elle est déchirée entre un discours sur la fondation de la société autour d'un système de normes et de valeurs stables et un discours sur la nécessité de favoriser les dynamiques intégratrices de la société. Et surtout, elle est l'enjeu d'un conflit qui oppose la connaissance et le monde vécu, le système et l'acteur, la raison instrumentale et l'authenticité des émotions.

L'orthographe a été construite dans la modernité comme une institution, c'est-à-dire comme un ensemble de normes élaborées dans l'activité sociale, soumises à une extension spatiale et temporelle et qui participent à la production et à la reproduction d'un système social cohérent, la France moderne. Aujourd'hui, l'orthographe est toujours vivante, mais elle apparaît démembrée. Elle est un lieu de contradictions, un enjeu de conflits. L'orthographe n'est plus un principe d'unité mais d'hétérogénéité. La théorie de la structuration suggérait une étude de la genèse des normes construites dans l'activité sociale, par des acteurs réflexifs, engagés dans la production de la société. On évitait par là les apories d'un dualisme théorique qui aurait décroché le code des significations qui le construisent, le système social des échanges sociaux concrets.

Pour entrer dans la démarche analytique proposée par la théorie de la structuration, il fallait accepter la référence à l'idée d'une totalité sociale, à un système, que Giddens ne définit pas de façon substantielle, mais qu'il décrit comme un réseau d'échanges et d'activités significatifs. Concrètement, on voit bien que l'orthographe est une propriété structurelle, un ensemble de contraintes et de ressources mobilisées dans diverses activités qui ont contribué à fonder et à dynamiser, dans le passé, le système social qui peut être identifié à la France moderne. Aujourd'hui, l'orthographe offre des contraintes et des ressources à des activités multiples, c'est un code et un ensemble de significations vivants dans de nombreux échanges sociaux. Mais la diversité des activités dans lesquelles elle est engagée, les contradictions et les conflits qu'elle cristallise nous font douter de la réalité d'une dynamique de construction positive de la société définie comme le lieu d'une synthèse.

Le monde social n'a plus de centre et l'action n'a plus de principe d'unité, affirme F. Dubet[1]. Le monde social n'a plus de centre parce que la société est traversée par de multiples logiques autonomes qui portent des systèmes de normes et de valeurs différenciés. Le déclin des sociétés industrielles et de leur capacité d'intégration a contribué à l'éclatement du système normatif en un véritable polythéisme des valeurs, selon l'expression de M. Weber. Le monde social n'a plus de centre parce que les registres cognitifs, normatifs et expressifs se sont séparés, et parce que les logiques qui relèvent du système d'intégration, du système de compétition et du système culturel se sont autonomisées.

Les acteurs, confrontés à cette pluralité normative, construisent un type d'activité dont on ne peut saisir le principe d'unité, mais qui ressemble à un travail singulier de composition des différentes logiques sociales. Concrètement, les acteurs sont souvent amenés à adopter plusieurs points de vue, à incarner successivement différents rôles non hiérarchisés, comme nous l'avons vu par exemple chez les enseignants, tour à tour pédagogues, garants du patrimoine culturel, ou encore agents de sélection scolaire. Selon Dubet, l'expérience désigne le travail réalisé par les individus pour construire une unité à partir de la diversité de leurs orientations. La pluralité des références normatives, des valeurs, des principes d'action, les incite aussi à se construire une position de détachement et de distance subjective avec le système. L'aliénation désigne la difficulté à maîtriser la diversité des logiques sociales, à sauvegarder une distance réflexive avec le système, et à construire une unité, même provisoire et fragile, dans l'activité.

L'orthographe nous semble aujourd'hui complètement prise dans l'expérience et la diversité des principes qui organisent l'activité sociale. Face aux définitions de l'orthographe comme principe de sélection et comme savoir, à l'école, enseignants et élèves font l'épreuve de l'hétérogénéité des normes et tentent de se construire une position d'activité attachée à chaque situation d'échange. Dans le débat sur la réforme, les dynamiques culturelles et politiques sont perçues comme autonomes et contradictoires, et donnent lieu aux définitions contrastées de l'orthographe comme valeur cohésive et comme principe d'intégration (et d'exclusion), comme valeur *per se* et comme instrument des échanges sociaux. Enfin, le monde de la connaissance et celui des émotions, des corps et des mémoires sont profondément désarticulés. Et le débat sur la réforme a projeté sur l'orthographe toutes ces bribes d'une expérience problématique.

La perspective de la sociologie de l'expérience ne contredit pas la théorie de la structuration mais la complète plutôt. Elle permet notamment de poser la nécessité d'une distinction entre la notion de système social, défini comme un jeu d'interdépendance entre divers ordres d'activités sociales et par sa capacité à réguler la diversité, et la réalisation historique d'un système social construit comme hiérarchisé et centralisé qui est une des références privilégiées des sciences sociales dans l'univers francophone et qui finit souvent par masquer le concept de système lui-même. Paradoxalement, la notion d'expérience nous permet d'interroger celle de système. La sociologie de l'expérience procède d'une rupture avec le monde des institutions qui ont façonné l'idée de la nécessité d'une cohérence culturelle, comme nous l'avons vu par exemple de la politique linguistique révolutionnaire. En découvrant que la cohérence est non une propriété du système, mais un travail réalisé par les individus, la sociologie de l'expérience définit la compétence des acteurs engagés dans des transactions multiples comme l'objet privilégié du questionnement sociologique. Et cette compétence est d'autant plus mise en jeu que le système social — dans sa version de réalisation historique cette fois — ne garantit plus la cohérence des logiques économiques, politiques, culturelles...

On pourrait ainsi voir la transformation des pratiques de construction et d'usage de l'orthographe contemporaine comme une illustration fidèle des processus d'éclatement de la France moderne et de la cohérence des principes de l'activité sociale dans l'institution scolaire. Mais cette formulation nous semble peu satisfaisante, au moins pour deux raisons. Tout d'abord parce que la mise en perspective historique des deux mondes, celui de l'homogénéité (perdue ou abandonnée) et celui de l'hétérogénéité contemporaine, bien qu'elle soit féconde, n'est pas encore une explication des transformations qu'elle suggère. On risque alors, devant ce vide, de céder au doute de l'illusion rétrospective. Et si la France moderne républicaine et cohésive n'était qu'une fiction post-moderne ? Et si l'activité sociale n'avait jamais eu de principe de cohérence, quoi qu'en aient dit des générations de sociologues ?

Mais un retour au thème des transformations de l'orthographe peut nous aider à distinguer les mutations de la société moderne française, comme configuration construite sur l'idée d'une unité et une cohérence systémique, du propos sur le concept de système social, renouvelé par la théorie de la structuration et la sociologie de l'expérience. L'orthographe du XIXe siècle a bien été construite comme une norme unique, absolue, prescriptive et solidaire d'un système social cohérent. Et dans de nombreuses pratiques contemporaines, elle est utilisée comme une norme relative aux différents contextes de communication. L'homogénéité et l'hétérogénéité peuvent ainsi être rétablies pour décrire les transformations de l'orthographe et de la société, sans qu'elles impliquent nécessairement une distance avec une analyse sociologique qui tente d'articuler la réflexion sur l'implication des acteurs dans l'activité sociale et les effets de composition du système social.

Mais on rencontre encore une autre objection à la formulation énoncée plus haut. Les transformations de l'orthographe n'illustrent pas le processus d'hétérogénéisation de la société. Elles y participent pleinement. Elles en sont aussi la matière. L'orthographe et la langue nationale scripturalisés ne subissent pas les secousses telluriques d'un ébranlement dont l'épicentre serait ailleurs. La modernité française s'est faite dans la langue et dans l'orthographe ; les distances et les attachements indéfectibles à l'orthographe comme norme absolue participent au travail contemporain de définition d'une société polythéiste qui hésite entre la quête et le renoncement à son unité.

NOTE

[1] Dubet F., 1994.

Bibliographie

Achard P., *La sociologie du langage*, Paris, PUF, coll. «Que sais-je?», 1993.

Aleong S., «Normes linguistiques, normes sociales», in *La norme linguistique*, textes colligés et présentés par E. Bédard et J. Maurais, Gouvernement du Québec, Paris, Le Robert, coll. «l'Ordre des mots».

Armangaud F., *La pragmatique*, Paris, PUF, coll. «Que sais-je?», 1985.

Bakhtine M., *Le marxisme et la philosophie du langage*, Paris, Minuit (Volochinov, 1929), 1977.

Balibar R., *L'institution du français. Essai sur le colinguisme des Carolingiens à la République*, Paris, PUF, 1985.

Bastenier A. et Dassetto F., *Immigration et espace public. La controverse de l'intégration*, Paris, CIEMI-L'harmattan, 1993.

Bastenier A., «Plaidoyer pour une sociologie compréhensive des pratiques économiques», in *Recherches sociologiques*, 3, 1995, vol. XXVI.

Baudelot Ch. et Establet R., *Le niveau monte. Réfutation d'une vieille idée concernant la prétendue décadence de nos écoles*, Paris, Seuil, coll. «L'épreuve des faits», 1989.

Benko G.B., «Espace, temps, pouvoir — rencontre avec Paul Virillo», in *Espace et Sociétés*, n° 46, Paris, L'Harmattan, 1985, p. 5-19.

Berger P. et Luckmann T., *La construction sociale de la réalité*, Paris, Méridiens Klincksieck, coll. «Sociétés», 1986.

Bernstein B., *Langage et classes sociales*, Paris, Minuit, 1975.

Billez J., Lucci V. et Millet A., *Orthographe mon amour*, Grenoble, Presses Universitaires de Grenoble, 1990.

Blanche-Benveniste C. et Chervel A., *L'orthographe*, Paris, Maspero, 1969.

Bourdieu P., *Le sens pratique*, Paris, Minuit, 1980.

Bourdieu P., *Ce que parler veut dire. L'économie des échanges linguistiques*, Paris, Fayard, 1982.

Calvet L.-J., *Pour et contre Saussure*, Paris, Petite bibliothèque Payot, 1975.

Calvet L.-J., *La sociolinguistique*, Paris, PUF, coll. «Que sais-je?», 1993.

Catach N., *L'orthographe*, Paris, PUF, coll. «Que sais-je?», 1982.

Catach N., *Les délires de l'orthographe*, Paris, Plon, 1989.

Catach N., *L'orthographe en débat*, Paris, Nathan, 1991.

Catach N., Petitjean L. et Tournier M. (coordonnateurs), «Orthographe et société», in *Mots, Les langages du politique*, 28, septembre 1991.

Certeau M. de -, Julia D. et Revel J., *Une politique de la langue — La Révolution française et les patois*, Paris, NRF, 1975.

Chervel A., *Histoire de la grammaire scolaire*, Paris, Petite Bibliothèque Payot, 1981.

Chervel A. et Manesse D., *La dictée. Les Français et l'orthographe 1873-1987*, Paris, Calman-Lévy, 1989.

Cerquiglini B., *La naissance du français*, Paris, PUF, coll. «Que sais-je?», 1991.

Cibois P. et Leconte J., *Que vive l'orthographe*, Paris, Seuil, 1989.

Dardenne E. et Eraly A., *L'usage du français dans les grandes entreprises. Une étude en Belgique francophone*, Bruxelles, Communauté française Wallonie Bruxelles, Service de la langue française, coll. Français et Société, n° 8, 1995.

De Munck J., *Déformalisation, dérégulation et justice procédurale*, Louvain-la-Neuve, Université Catholique de Louvain, Carnets du centre de philosophie du droit, n° 10, 1995.

Delchambre J.-P., *L'articulation du rationnel et de l'affectif. Essai de problématisation*, Louvain-la-Neuve, Mémoire de maîtrise en sociologie, UCL, Département des sciences politiques et sociales, 1993.

Doroszewski W., «Quelques remarques sur les rapports de la sociologie et de la linguistique : E. Durkheim et F. de Saussure» (1932), in Pariente J.-C., *Essais sur le langage*, Paris, Minuit, Le sens commun, 1969.

Dubet F., *Les lycéens*, Paris, Seuil, 1991.

Dubet F., *Sociologie de l'expérience*, Paris, Seuil, 1994.

Ducrot O. et Todorov T., *Dictionnaire encyclopédique des sciences du langage*, Paris, Seuil, coll. «Points Sciences humaines», 1972.

Durkheim E., *Les règles de la méthode sociologique*, Paris, PUF (Alcan 1895), 1986.

Elias N., *Qu'est-ce que la sociologie?*, Paris, Agora, 1991.

Eloy J.-M., «Politique et aménagement linguistique : les Rectifications de l'orthographe française publiées en 1990», in *Terminologie et Traduction*, Bruxelles, Commission des Communautés européennes, Service de traduction, Unité «terminologie», 1992.

Encrevé P., «Labov, linguistique, sociolinguistique», Préface à Labov W., *Sociolinguistique*, Paris, Minuit, 1976.

Francard M., *L'insécurité linguistique en Communauté française de Belgique*, Bruxelles, Communauté française de Belgique, Service de la langue française, coll. «Français & société», n° 6, 1993.

Furet F., Ozouf J., *Lire et écrire*, Paris, Minuit, 1977.

Furet F., *Penser la Révolution française*, Paris, Gallimard, 1978.

Gagne G., «Norme et enseignement de la langue maternelle», in *La norme linguistique*, Paris, Le Robert.

Gellner E., *Nations et nationalisme*, Paris, Payot, 1989.

Giddens A., *La constitution de la société*, Paris, PUF, coll. «Sociologies», 1987.

Goody J., *La Raison graphique. La Domestication de la pensée sauvage*, Paris, Minuit, 1986(a).

Goody J., *La logique de l'écriture*, Paris, A. Colin, 1986(b).

Goody J., *Entre l'oralité et l'écriture*, Paris, PUF, coll. «Ethnologies», 1994.

Goosse A., *Le bon usage*, Gembloux, Duculot, 1986.

Goosse A., *La « nouvelle » orthographe*, Louvain-la-Neuve, Duculot, 1991.
Guion J., *L'institution orthographe*, Paris, Le Centurion, 1974.
Hachez T. et Wynants B., *Les élèves du secondaire et la norme du français écrit*, Bruxelles, Communauté française de Belgique, Service de la langue française, coll. «Français & société», n° 3, 1991.
Herder J.G., *Traité de l'origine du langage*, Paris, PUF (1778), 1986.
Houdebine A.-M., «Norme, imaginaire linguistique et phonologie du français contemporain», in *Le Français moderne*, 1, janvier 1982, p. 42-51.
Klinkenberg J.-M., «Les niveaux de langue et le filtre du bon usage», in *Le Français moderne*, 1, janvier 1982, p. 52-61.
Klinkenberg J.-M., «La crise des langues en Belgique», in *La crise des langues* (dir. J. Maurais), Paris, Le Robert, coll. «L'ordre des mots», 1985.
Klinkenberg J.-M., «Diction, lection : chou vert ou vert chou?» in *Le Français moderne*, décembre 1992, p. 225-231.
Klinkenberg J.-M., Préface de Francard M., *L'insécurité linguistique en Communauté française de Belgique*, Bruxelles, Communauté française de Belgique, Service de la langue française, coll. «Français & société», n° 6, 1993.
Klinkenberg J.-M., *Des langues romanes*, Louvain-la-Neuve, Duculot, coll. «Champs linguistiques», 1994(a).
Klinkenberg J.-M., «Discours pluricodes et nouvelles technologies» in *Eutopias*, 2° época, Centro de Sémiotica y Téoria del espectaculo. Universitat de València & Asociacion Vasca de Semiotica, Vol. 48, 1994(b).
Klinkenberg J.-M., «Après la «guerre de la cafetière» : à qui appartient la langue?», in *La Revue Nouvelle*, n° 5, Bruxelles, 1995(a), p. 90-97.
Klinkenberg J.-M., «Pour une politique de la langue française», in *La Revue Nouvelle*, n° 9, Bruxelles, 1995(b), p 56-71.
Labov W., *Sociolinguistique*, Paris, Minuit, 1976.
Labov W., *Le parler ordinaire*, Paris, Minuit, 1978.
Lahire B., *Culture écrite et inégalités scolaires. Sociologie de «l'échec scolaire » à l'école primaire*, Lyon, Presses universitaires de Lyon, 1993.
Lahire B., Thin D. et Vincent G., «Sur l'histoire et la théorie de la forme scolaire», in Vincent G. éd., *L'éducation prisonnière de la forme scolaire*, Lyon, Presses universitaires de Lyon, 1994.
Lapeyronnie D., «Intégration et sociétés nationales», in *L'intégration des minorités immigrées en Europe*, Actes du colloque international, Paris, 8-9 octobre 1990, 1991, p. 165-178.
Lapierre J.-W., *Le pouvoir politique et les langues*, Paris, PUF, coll. «La politique éclatée», 1988.
Le Berre Y. et Le Dû J., «Parité et disparité : sphère publique et sphère privée de la parole», in *La Bretagne linguistique*, vol. 10, Université de Bretagne Occidentale, Brest, 1996, p. 7-25.
Ledrut R., *La forme et le sens dans la société*, Paris, Librairie des méridiens, 1984.
Levy P., *Les technologies de l'intelligence. L'avenir de la pensée à l'ère informatique*, Paris, Seuil, Point Sciences, 1990.
Marchello-Nizia C. et Picoche J., *Histoire de la langue française*, Paris, Nathan, 1991.
Masson M., *L'orthographe : guide pratique de la réforme*, Paris, Seuil, coll. «Points Actuels», 1991.
Meillet A., «L'état actuel des études de linguistique générale», in *Linguistique historique et linguistique générale*, Paris, Champion (1906), 1948.
Meillet A., «Comment les mots changent de sens», in *Linguistique historique et linguistique générale*, Paris, Champion (L'année sociologique 1905), 1948.

Merleau-Ponty M., *Phénoménologie de la perception*, Paris, Gallimard, 1945.

Moeschler J. et Reboul A., *Dictionnaire Encyclopédique de Pragmatique*, Paris, Seuil, 1994.

Moreau M.-L., «Français oral et français écrit : deux langues différentes?» in *Le Français moderne*, 3, juillet 1977, p. 204-242.

Muller Ch., «Données quantitatives et réforme» in *Le Français moderne*, décembre 1992, p. 209-217.

«Orthographe : le dossier du débat» in *Le Monde de l'Education*, 164, octobre 1989.

Peirce Ch. S., *Ecrits sur le signe*, Paris, Seuil, coll. «L'ordre philosophique», 1978.

Perrenoud Ph., *Bouche cousue ou langue bien pendue? L'école entre deux pédagogies de l'oral*, Document de travail introductif pour les Rencontres Romandes «Vers une pédagogie de l'oral?», Neuchâtel, 11-12 septembre 1989.

Pivot B., *Le livre de l'orthographe. Amours, délices... réformes*, Paris, Hatier, 1989.

Syndicat des Correcteurs, 1991, Trait d'union, anomalies et caetera. Analyse des «rectifications» de l'orthographe et contre-propositions, Paris, Climats, 1991.

Remy J., «Liens dynamiques entre la forme et le sens ou l'épistémologie sociologique de Raymond Ledrut», in *Espace et Sociétés*, 57-58, 1990, p. 158-168.

Remy J., «La mode, les positions moyennes et les spatialisations du social», in *Espace et Sociétés*, 73, 1994, p. 51-71.

Rousseau J.-J., *Essai sur l'origine des langues*, Bordeaux, Ducros (1781), 1968.

Saussure F. de -, *Cours de linguistique générale*, édition critique préparée par T. de Mauro, Paris, Payot (1915), 1979.

Simmel G., *Sociologie et épistémologie*, Paris, PUF, coll. «Sociologies», 1981.

Staline J., *Le marxisme et les problèmes de linguistique*, Pékin, Editions en langue étrangère, 1975.

Touraine A., *Critique de la modernité*, Paris, Fayard, 1992.

Trudeau D., *Les inventeurs du bon usage (1529-1647)*, Paris, Minuit, coll. «Arguments», 1992.

Tschannen O., «Anomie et intégration sociale Fenn, Luhmann et le paradigme néo-durkeimien», in *Cahiers Vilfriedo Pareto*, n° 83, 1989.

Vaugelas C. Favre de -, *Remarques sur la langue française utiles à ceux qui veulent bien parler et bien écrire*, Paris, Champ libre (1647), 1981.

Wittgenstein L., *Investigations philosophiques*, Paris, Gallimard (1953), 1986.

Table des matières

PRÉFACE 5

INTRODUCTION 9
A. Les processus d'objectivation et de subjectivation..................... 11
B. Cohésion et intégration sociales 12
C. Les transformations du rapport à la norme 12

Chapitre 1
LES NORMES LINGUISTIQUES 15

1. L'être social de la langue.. 15
1.1. Saussure et Durkheim... 17
1.2. Structure et variation 26
1.3. Système et activité 40
1.4. Langue et topologie du lien social.. 53

2. Repères sociologiques 61
2.1. La théorie de la structuration 61
2.2. La sociologie des formes sociales 66

3. Sociologie des normes linguistiques...................................... 69

Chapitre 2
L'INSTITUTION DE L'ORTHOGRAPHE 77

1. La logique de l'écriture 79
1.1. La raison graphique 79
1.2. L'alphabétisation en France 89

2. La notion de *bon usage* 97
2.1. La norme savante contre la norme sociale 99
2.2. La concurrence des deux modèles normatifs 101
2.3. La soumission aux règles de l'usage 102
2.4. Le *Bon Usage*, doctrine du statut conquis 105

3. Le français national 108
3.1. La naissance du français et les serments de Strasbourg 108
3.2. Le français et la révolution 112

4. La construction sociale de l'orthographe 120
4.1. La genèse de l'orthographe française 121
4.2. L'institution de l'orthographe dans la forme scolaire 136

Chapitre 3
PRATIQUES ET USAGES DE L'ORTHOGRAPHE 149

1. L'orthographe et l'école 151
1.1. L'enseignement de l'orthographe 152
1.2. Les profs, les élèves et l'orthographe 159
1.3. Les performances 174
1.4. L'orthographe et l'expérience scolaire 184

2. Le débat sur la réforme 193
2.1. Histoire de la réforme de 1990 194
2.2. Le premier débat public (1988-1989) 200
2.3. La «guerre» médiatique (décembre 1990-janvier 1991) 218

3. L'écriture et les transformations du système de communication 250
3.1. Approfondissement de la logique de l'écriture et reflux de l'écrit 251
3.2. L'interpénétration des systèmes sémiotiques 254
3.3. Le nouvel espace de l'écriture 255
3.4. Les transformations des pratiques de l'orthographe 257

4. Contradictions, conflits et transformations normatives 258

CONCLUSION 273

BIBLIOGRAPHIE 279

CHEZ LE MÊME ÉDITEUR

PSYCHOLOGIE ET SCIENCES HUMAINES
collection publiée sous la direction de MARC RICHELLE

1 Dr Paul Chauchard : LA MAITRISE DE SOI. 9e éd.
7 Paul-A. Osterrieth : FAIRE DES ADULTES. 16e éd.
9 Daniel Widlöcher : L'INTERPRETATION DES DESSINS D'ENFANTS. 9e éd.
11 Berthe Reymond-Rivier : LE DEVELOPPEMENT SOCIAL DE L'ENFANT ET DE L'ADOLESCENT. 13e éd.
22 H.T. Klinkhamer-Steketée : PSYCHOTHERAPIE PAR LE JEU. 4e éd.
24 Marc Richelle : POURQUOI LES PSYCHOLOGUES? 6e éd.
25 Lucien Israel : LE MEDECIN FACE AU MALADE. 5e éd.
26 Francine Robaye-Geelen : L'ENFANT AU CERVEAU BLESSE. 2e éd.
27 B.F. Skinner : LA REVOLUTION SCIENTIFIQUE DE L'ENSEIGNEMENT. 3e éd.
29 J.C. Ruwet : ETHOLOGIE : BIOLOGIE DU COMPORTEMENT. 3e éd.
38 B.-F. Skinner : L'ANALYSE EXPERIMENTALE DU COMPORTEMENT. 2e éd.
40 R. Droz et M. Rahmy : LIRE PIAGET. 3e éd.
42 Denis Szabo, Denis Gagné, Alice Parizeau : L'ADOLESCENT ET LA SOCIETE. 2e éd.
43 Pierre Oléron : LANGAGE ET DEVELOPPEMENT MENTAL. 2e éd.
45 Gertrud L. Wyatt : LA RELATION MERE-ENFANT ET L'ACQUISITION DU LANGAGE. 2e éd.
49 T. Ayllon et N. Azrin : TRAITEMENT COMPORTEMENTAL EN INSTITUTION PSYCHIATRIQUE
52 G. Kellens : BANQUEROUTE ET BANQUEROUTIERS
55 Alain Lieury : LA MEMOIRE
58 Jean-Marie Paisse : L'UNIVERS SYMBOLIQUE DE L'ENFANT ARRIERE MENTAL
59 Jacques Van Rillaer : L'AGRESSIVITE HUMAINE
61 Jérôme Kagan : COMPRENDRE L'ENFANT
62 Michel S. Gazzaniga : LE CERVEAU DEDOUBLE
64 X. Seron, J.L. Lambert, M. Van der Linden : LA MODIFICATION DU COMPORTEMENT
65 W. Huber : INTRODUCTION A LA PSYCHOLOGIE DE LA PERSONNALITE. 2e éd.
66 Emile Meurice : PSYCHIATRIE ET VIE SOCIALE
67 J. Château, H. Gratiot-Alphandéry, R. Doron et P. Cazayus : LES GRANDES PSYCHOLOGIES MODERNES
68 P. Sifnéos : PSYCHOTHERAPIE BREVE ET CRISE EMOTIONNELLE
69 Marc Richelle : B.F. SKINNER OU LE PERIL BEHAVIORISTE
70 J.P. Bronckart : THEORIES DU LANGAGE
71 Anika Lemaire : JACQUES LACAN. 8e éd. revue et augmentée.
72 J.L. Lambert : INTRODUCTION A L'ARRIERATION MENTALE
73 T.G.R. Bower : DEVELOPPEMENT PSYCHOLOGIQUE DE LA PREMIERE ENFANCE. 4e éd.
74 J. Rondal : LANGAGE ET EDUCATION
75 Sheila Kitzinger : PREPARER A L'ACCOUCHEMENT
76 Ovide Fontaine : INTRODUCTION AUX THERAPIES COMPORTEMENTALES
77 Jacques-Philippe Leyens : PSYCHOLOGIE SOCIALE. 2e éd.
78 Jean Rondal : VOTRE ENFANT APPREND A PARLER 3e éd.
79 Michel Legrand : LE TEST DE SZONDI
80 H.J. Eysenck : LA NEVROSE ET VOUS
81 Albert Demaret : ETHOLOGIE ET PSYCHIATRIE
82 Jean-Luc Lambert et Jean A. Rondal : LE MONGOLISME. 4e éd.
83 Albert Bandura : L'APPRENTISSAGE SOCIAL
84 Xavier Seron : APHASIE ET NEUROPSYCHOLOGIE
85 Roger Rondeau : LES GROUPES EN CRISE?

86 J. Danset-Léger : L'ENFANT ET LES IMAGES DE LA LITTERATURE ENFANTINE
87 Herbert S. Terrace : NIM. UN CHIMPANZE QUI A APPRIS LE LANGAGE GESTUEL
88 Roger Gilbert : BON POUR ENSEIGNER?
89 Wing, Cooper et Sartorius : GUIDE POUR UN EXAMEN PSYCHIATRIQUE
90 Jean Costermans : PSYCHOLOGIE DU LANGAGE
91 Françoise Macar : LE TEMPS, PERSPECTIVES PSYCHOPHYSIOLOGIQUES
92 Jacques Van Rillaer : LES ILLUSIONS DE LA PSYCHANALYSE. 2e éd.
93 Alain Lieury : LES PROCEDES MNEMOTECHNIQUES
94 Georges Thinès : PHENOMENOLOGIE ET SCIENCE DU COMPORTEMENT
95 Rudolph Schaffer : COMPORTEMENT MATERNEL
96 Daniel Stern : MERE ET ENFANT, LES PREMIERES RELATIONS. 3e éd.
97 R. Kempe & C. Kempe : L'ENFANCE TORTUREE
98 Jean-Luc Lambert : ENSEIGNEMENT SPECIAL ET HANDICAP MENTAL
99 Jean Morval : INTRODUCTION A LA PSYCHOLOGIE DE L'ENVIRONNEMENT
100 Pierre Oleron et al. : SAVOIRS ET SAVOIR-FAIRE PSYCHOLOGIQUES CHEZ L'ENFANT
101 Bernard I. Murstein : STYLES DE VIE INTIME
102 Rondal/Lambert/Chipman : PSYCHOLINGUISTIQUE ET HANDICAP MENTAL
103 Brédart/Rondal : L'ANALYSE DU LANGAGE CHEZ L'ENFANT. 2e éd.
104 David Malan : PSYCHODYNAMIQUE ET PSYCHOTHERAPIE INDIVIDUELLE
105 Philippe Muller : WAGNER PAR SES REVES
106 John Eccles : LE MYSTERE HUMAIN
107 Xavier Seron : REEDUQUER LE CERVEAU
108 Moreau/Richelle : L'ACQUISITION DU LANGAGE. 5e éd.
109 Georges Nizard : ANALYSE TRANSACTIONNELLE ET SOIN INFIRMIER
110 Howard Gardner : GRIBOUILLAGES ET DESSINS D'ENFANTS, LEUR SIGNIFICATION
111 Wilson/Otto : LA FEMME MODERNE ET L'ALCOOL
112 Edwards : DESSINER GRACE AU CERVEAU DROIT
113 Rondal : L'INTERACTION ADULTE-ENFANT
114 Blancheteau : L'APPRENTISSAGE CHEZ L'ANIMAL
115 Boutin : FORMATION ET DEVELOPPEMENTS
116 Húsen : L'ECOLE EN QUESTION
117 Ferrero/Besse : L'ENFANT ET SES COMPLEXES
118 R. Bruyer : LE VISAGE ET L'EXPRESSION FACIALE
119 J.P. Leyens : SOMMES-NOUS TOUS DES PSYCHOLOGUES?
120 J. Château : L'INTELLIGENCE OU LES INTELLIGENCES?
121 M. Claes : L'EXPERIENCE ADOLESCENTE
122 J. Hayes et P. Nutman : COMPRENDRE LES CHOMEURS
123 S. Sturdivant : LES FEMMES ET LA PSYCHOTHERAPIE
124 A. Pomerleau et G. Malcuit : L'ENFANT ET SON ENVIRONNEMENT
125 A. Van Hout et X. Seron : L'APHASIE DE L'ENFANT
126 A. Vergote : RELIGION, FOI, INCROYANCE
127 Sivadon/Fernandez-Zoïla : TEMPS DE TRAVAIL, TEMPS DE VIVRE
128 Born : JEUNES DEVIANTS OU DELINQUANTS JUVENILES?
129 Hamers/Blanc : BILINGUALITE ET BILINGUISME
130 Legrand : PSYCHANALYSE, SCIENCE, SOCIETE
131 Le Camus : PRATIQUES PSYCHOMOTRICES
132 Lars Fredén : ASPECTS PSYCHOSOCIAUX DE LA DEPRESSION
133 Mount : LA FAMILLE SUBVERSIVE
134 Magerotte : MANUEL D'EDUCATION COMPORTEMENTALE CLINIQUE
135 Dailly/Moscato : LATERALISATION ET LATERALITE CHEZ L'ENFANT
136 Bonnet/Tamine-Gardes : QUAND L'ENFANT PARLE DU LANGAGE
137 Bruyer : LES SCIENCES HUMAINES ET LES DROITS DE L'HOMME
138 Taulelle : L'ENFANT A LA RENCONTRE DU LANGAGE

139 de Boucaud : PSYCHOLOGIE DE L'ENFANT ASTHMATIQUE
140 Duruz : NARCISSE EN QUETE DE SOI
141 Feyereisen/de Lannoy : PSYCHOLOGIE DU GESTE
142 Florin et al. : LE LANGAGE A L'ECOLE MATERNELLE
143 Debuyst : MODELE ETHOLOGIQUE ET CRIMINOLOGIE
144 Ashton/Stepney : FUMER
145 Winkel et al. : L'IMAGE DE LA FEMME DANS LES LIVRES SCOLAIRES
146 Bideau/Richelle : PSYCHOLOGIE DEVELOPPEMENTALE
147 Schmid-Kitsikis : THEORIE CLINIQUE ET FONCTIONNEMENT MENTAL
148 Guggenbühl/Craig : POUVOIR ET RELATION D'AIDE
149 Rondal : LANGAGE ET COMMUNICATION CHEZ LES HANDICAPES MENTAUX
150 Moscato et al. : FONCTIONNEMENT COGNITIF ET INDIVIDUALITE
151 Château : L'HUMANISATION OU LES PREMIERS PAS DES VALEURS HUMAINES
152 Avery/Litwack : NEE TROP TOT
153 Rondal : LE DEVELOPPEMENT DU LANGAGE CHEZ L'ENFANT TRISOMIQUE 21
154 Kellens : QU'AS-TU FAIT DE TON FRERE?
155 Rondal/Henrot : LE LANGAGE DES SIGNES. 2ᵉ éd.
156 Lafontaine : LE PARTI PRIS DES MOTS
157 Bonnet/Hoc/Tiberghien : AUTOMATIQUE, INTELLIGENCE ARTIFICIELLE ET PSYCHOLOGIE
158 Giovannini et al. : PSYCHOLOGIE ET SANTE
159 Wilmotte et al. : LE SUICIDE
160 Giurgea : L'HERITAGE DE PAVLOV
161 Ionescu : MANUEL D'INTERVENTION EN DEFICIENCE MENTALE N° 1
162 Ionescu : MANUEL D'INTERVENTION EN DEFICIENCE MENTALE N° 2
163 Pieraut-Le Bonniec : CONNAITRE ET LE DIRE
164 Huber : PSYCHOLOGIE CLINIQUE AUJOURD'HUI
165 Rondal et al. : PROBLEMES DE PSYCHOLINGUISTIQUE
166 Slukin : LE LIEN MATERNEL
167 Baudour : L'AMOUR CONDAMNE
168 Wilwerth : VISAGES DE LA LITTERATURE FEMININE
169 Edwards : VISION, DESSIN, CREATIVITE
170 Lutte : LIBERER L'ADOLESCENCE
171 Defays : L'ESPRIT EN FRICHE
172 Broome Walace : PSYCHOLOGIE ET PROBLEMES GYNECOLOGIQUES
173 Aimard : LES BEBES DE L'HUMOUR
174 Perruchet : LES AUTOMATISMES COGNITIFS
175 Bawin-Legros : FAMILLES, MARIAGE, DIVORCE
176 Pourtois/Desmet : EPISTEMOLOGIE ET INSTRUMENTATION EN SCIENCES HUMAINES
177 Sloboda : L'ESPRIT MUSICIEN
178 Fraisse : POUR LA PSYCHOLOGIE SCIENTIFIQUE
179 Ruffiot : PSYCHOLOGIE DU SIDA
180 McAdams/Deliège : LA MUSIQUE ET LES SCIENCES COGNITIVES
181 Argentin : QUAND FAIRE C'EST DIRE...
182 Van der Linden : LES TROUBLES DE LA MEMOIRE
183 Lecuyer : BEBES ASTRONOMES, BEBES PSYCHOLOGUES : L'INTELLIGENCE DE LA 1ʳᵉ ANNEE
184 Immelmann : DICTIONNAIRE DE L'ETHOLOGIE
185 Collectif : ACTEUR SOCIAL ET DELINQUANCE
186 Fontana : GERER LE STRESS
187 Bouchard : DE LA PHENOMENOLOGIE A LA PSYCHANALYSE
188 Chanceaulme : MOURIR, ULTIME TENDRESSE
189 Rivière : LA PSYCHOLOGIE DE VYGOTSKY
190 Lecoq : APPRENTISSAGE DE LA LECTURE ET DYSLEXIE

191 de Montmolin/Amalberti/Theureau : MODELES DE L'ANALYSE DU TRAVAIL
192 Minary : MODELES SYSTEMIQUES ET PSYCHOLOGIE
193 Grégoire : EVALUER L'INTELLIGENCE DE L'ENFANT
194 Gommers/van den Bosch/de Aguilar : POUR UNE VIEILLESSE AUTONOME
195 Van Rillaer : LA GESTION DE SOI
196 Lecas : L'ATTENTION VISUELLE
197 Macquet : TOXICOMANIES ET FORMES DE LA VIE QUOTIDIENNE
198 Giurgea : LE VIEILLISSEMENT CEREBRAL
199 Pillon : LA MEMOIRE DES MOTS
200 Pouthas/Jouen : LES COMPORTEMENTS DU BEBE : EXPRESSION DE SON SAVOIR ?
201 Montangero/Maurice-Naville : PIAGET OU L'INTELLIGENCE EN MARCHE
202 Colin A. Epsie : LE TRAITEMENT PSYCHOLOGIQUE DE L'INSOMNIE
203 Samalin-Amboise : VIVRE A DEUX
204 Bourhis/Leyens : STEREOTYPES, DISCRIMINATION ET RELATIONS INTERGROUPES
205 Feltz/Lambert : ENTRE LE CORPS ET L'ESPRIT
206 Francès : MOTIVATION ET EFFICIENCE AU TRAVAIL
207 Houziaux : EDUCATION DU PATIENT ET ORDINATEUR
208 Roques : SORTIR DU CHOMAGE
209 Bléandonu : L'ANALYSE DES REVES ET LE REGARD MENTAL
210 Born/Delville/Mercier/Snad/Beeckmans : LES ABUS SEXUELS D'ENFANTS
211 Siguan : L'EUROPE DES LANGUES
212 de Bonis : CONNAITRE LES EMOTIONS HUMAINES
213 Retschitzki/Gurtner : L'ENFANT ET L'ORDINATEUR
214 Leyens/Yzerbyt/Schadron : STEREOTYPES ET COGNITION SOCIALE
215 Tiberghien : LA MEMOIRE OUBLIEE
216 Wynants : L'ORTHOGRAPHE, UNE NORME SOCIALE
217 Rondal : L'EVALUATION DU LANGAGE
218 Moreau : SOCIOLINGUISTIQUE, CONCEPTS DE BASE

Manuels et Traités

Droz-Richelle : MANUEL DE PSYCHOLOGIE
Hurtig-Rondal : MANUEL DE PSYCHOLOGIE DE L'ENFANT (Tome 1)
Hurtig-Rondal : MANUEL DE PSYCHOLOGIE DE L'ENFANT (Tome 2)
Hurtig-Rondal : MANUEL DE PSYCHOLOGIE DE L'ENFANT (Tome 3)
Rondal-Seron : LES TROUBLES DU LANGAGE (DIAGNOSTIC ET REEDUCATION)
Fontaine/Cottraux/Ladouceur : CLINIQUES DE THERAPIE COMPORTEMENTALE
Godefroid : LES CHEMINS DE LA PSYCHOLOGIE